# PYTHON PARA DATA SCIENCE

## e Machine Learning Descomplicado

# PYTHON PARA DATA SCIENCE

## e Machine Learning Descomplicado

Amílcar Netto
Francisco Maciel

Rio de Janeiro, 2023

**Python para Data Science e Machine Learning**

Copyright © 2021 da Starlin Alta Editora e Consultoria Eireli.
ISBN: 978-65-5520-337-0

Todos os direitos estão reservados e protegidos por Lei. Nenhuma parte deste livro, sem autorização prévia por escrito da editora, poderá ser reproduzida ou transmitida. A violação dos Direitos Autorais é crime estabelecido na Lei nº 9.610/98 e com punição de acordo com o artigo 184 do Código Penal.

A editora não se responsabiliza pelo conteúdo da obra, formulada exclusivamente pelo(s) autor(es).

**Marcas Registradas**: Todos os termos mencionados e reconhecidos como Marca Registrada e/ou Comercial são de responsabilidade de seus proprietários. A editora informa não estar associada a nenhum produto e/ou fornecedor apresentado no livro.

Impresso no Brasil — 1a Edição, 2021 — Edição revisada conforme o Acordo Ortográfico da Língua Portuguesa de 2009.

**Erratas e arquivos de apoio:** No site da editora relatamos, com a devida correção, qualquer erro encontrado em nossos livros, bem como disponibilizamos arquivos de apoio se aplicáveis à obra em questão.

Acesse o site **www.altabooks.com.br** e procure pelo título do livro desejado para ter acesso às erratas, aos arquivos de apoio e/ou a outros conteúdos aplicáveis à obra.

**Suporte Técnico:** A obra é comercializada na forma em que está, sem direito a suporte técnico ou orientação pessoal/exclusiva ao leitor.

A editora não se responsabiliza pela manutenção, atualização e idioma dos sites referidos pelos autores nesta obra.

**Dados Internacionais de Catalogação na Publicação (CIP) de acordo com ISBD**

N476p Netto, Amilcar

Python para Data Science e Machine Learning: Descomplicado / Amilcar Netto, Francisco Maciel. - Rio de Janeiro : Alta Books, 2021.
416 p. ; 17cm x 24cm.

Inclui bibliografia, índice e apêndice.
ISBN: 978-65-5520-337-0

1. Data Science. 2. Dados. 3. Python. I. Maciel, Francisco. III. Título.

2021-2035 CDD 005.13
CDU 004.62

**Elaborado por Vagner Rodolfo da Silva - CRB-8/9410**

Rua Viúva Cláudio, 291 — Bairro Industrial do Jacaré
CEP: 20.970-031 — Rio de Janeiro (RJ)
Tels.: (21) 3278-8069 / 3278-8419
www.altabooks.com.br — altabooks@altabooks.com.br
www.facebook.com/altabooks — www.instagram.com/altabooks

**Produção Editorial**
Editora Alta Books

**Diretor Editorial**
Anderson Vieira

**Gerência Comercial**
Daniele Fonseca

**Coordenação Financeira**
Solange Souza

**Editor de Aquisição**
José Rugeri
acquisition@altabooks.com.br

**Produtores Editoriais**
Ian Verçosa
Illysabelle Trajano
Larissa Lima
Maria de Lourdes Borges
Paulo Gomes
Thiê Alves
Thales Silva

**Equipe Comercial**
Alessandra Moreno
Daiana Costa
Fillipe Amorim
Kaique Luiz
Tairone Oliveira
Thiago Brito
Vagner Fernandes
Victor Hugo Morais
Viviane Paiva

**Equipe Ass. Editorial**
Brenda Rodrigues
Caroline David
Luana Goulart
Marcelli Ferreira
Mariana Portugal
Raquel Porto

**Marketing Editorial**
Livia Carvalho
Gabriela Carvalho
marketing@altabooks.com.br

Atuaram na edição desta obra:

**Revisão Gramatical**
Alessandro Thomé
Katia Halbe

**Diagramação**
Ronaldo Alexandre

**Capa**
Marcelli Ferreira

**Ouvidoria:** ouvidoria@altabooks.com.br

Editora afiliada à:

# Dedicatória

Dedico esta obra ao meu primogênito, Martin.

***Amílcar***

A todos os professores, pela sua valiosíssima contribuição na construção de um mundo melhor. Se hoje esta obra existe, é, em larga medida, pelo empenho de muitos de vocês, que dedicaram tempo e competência para que nos tornássemos capazes de aprender e passar adiante esse conhecimento.

***Francisco***

# Agradecimentos

A Karolina, pela paciência e pelo incentivo constantes nessa jornada de pouco mais de vinte anos de crescimento e conhecimento.

Aos meus pais, por terem incutido em mim o valor do conhecimento.

Aos meus amigos, inclusive o coautor desta obra, pelo apoio e pela disponibilidade na solução dos inúmeros problemas que se apresentaram.

***Amílcar***

A Deus, pois sem Ele, nada seria possível.

A minha família, por me ensinar o valor do amor incondicional.

Aos amigos, a família que podemos escolher, em especial ao amigo e coautor, Amílcar, pela disponibilidade para sempre ajudar.

***Francisco***

# Sobre os autores

**FRANCISCO MARCELO DE BARROS MACIEL** é brasileiro, nascido em Vitória de Santo Antão, Pernambuco.

Pós-graduado em Engenharia de Sistemas pela Escola Superior Aberta do Brasil (ESAB) e graduado em Tecnologia em Sistemas de Informação pela Faculdade de Informática do Recife (FACIR), o autor também cursou Ciência da Computação e Química, graduações que não concluiu, ambas na Universidade Federal de Pernambuco (UFPE). Atualmente é Analista de Informática no TRT — 6ª Região (Pernambuco) —, onde ingressou por concurso de provas e títulos. Anteriormente, também foi servidor concursado do Ministério Público da União e Ministério Público do Estado de Pernambuco. Paralelamente, hoje é sócio da SmartBD Solutions, empresa de soluções de Big Data para empresas de vários portes.

Este é seu quarto livro de informática, área pela qual é absolutamente apaixonado desde seu primeiro curso de programação, aos 11 anos de idade. Tem particular interesse por desenvolvimento orientado a objetos, engenharia de software e Machine Learning (Aprendizado de Máquina). Quando não está trabalhando na área, o autor aproveita para ler todo tipo de livros e revistas e assistir a filmes e séries diversos.

**AMÍLCAR DE ABREU NETTO** é brasileiro, nascido em Itajubá, Minas Gerais.

Pós-graduado em Redes de Computadores pela Escola Superior Aberta do Brasil (ESAB) e graduado em Filosofia pela Faculdade Martinho Lutero (FML). Atualmente é técnico ministerial do MPU, lotado no MPT — Ministério Público do Trabalho, onde ingressou por concurso de provas e títulos. Também é sócio da SmartBD Solutions, empresa que cria soluções de Big Data.

Este é seu segundo livro de informática.

Tem particular interesse por infraestrutura de TI, DevOps e Machine Learning (Aprendizado de Máquina). Quando não está trabalhando na área, o autor aproveita seu tempo com a família e divide com a esposa, Karolina, os cuidados com o primogênito, Martin.

# Apresentação

Seja muito bem-vindo(a) ao fabuloso mundo do Aprendizado de Máquina e da Ciência de Dados! Essa é, sem exageros, a área mais promissora do mercado atual, sendo referenciada, de forma um tanto folclórica, como "o emprego mais *sexy* do século XXI".

Se você olhar o índice dos dez livros mais vendidos sobre programação de computadores, por exemplo, notará uma certa "acomodação" dos temas: a maior parte dessas obras focará os mesmos princípios e técnicas, e isso não é uma coisa ruim, apenas uma consequência do fato de que as linguagens de programação já existem há décadas e estão mais que sedimentadas em seus respectivos nichos de mercado. Por outro lado, a área de Aprendizado de Máquina / Ciência de Dados/Data Science, ou como queira chamá-la, ainda tem "um quê" de inexplorada, um tanto de "Oeste selvagem". As coisas nessa área estão acontecendo ***agora***, e tudo é muito novo.

Não nos entenda errado — os algoritmos e métodos estatísticos e matemáticos que são usados em ***Data Science/Machine Learning*** já existem há um bom tempo, mas só recentemente os computadores pessoais alcançaram o poder de processamento e nível de conectividade suficientes para viabilizá-los ***de fato***. E isso é uma coisa muito boa: há uma miríade de possibilidades e de novidades a serem descobertas e exploradas, e quem sabe você não seja a próxima pessoa a "elevar o jogo a outro nível" nesta área de estudos?

Este livro é dividido em partes:

Os cinco primeiros capítulos fazem uma gentil introdução à linguagem de programação Python. Eles lhe darão a base necessária nessa ótima linguagem para que você possa acompanhar os códigos no restante do livro. Se você já conhece Python, sinta-se à vontade para "pular" essa parte. Aqui, gostaríamos de fazer um alerta: este ***NÃO*** é um livro sobre linguagem de programação — explicaremos apenas o que consideramos suficiente (na realidade, um subconjunto bem restrito do vasto universo que Python se tornou) para que você possa acompanhar os tópicos de ***Machine Learning/Data Science***.

Todos os capítulos da primeira parte têm exercícios resolvidos e propostos para ajudar a fixar o conteúdo. Eles ***NÃO*** são opcionais. Tente resolvê-los e compare suas soluções com aquelas fornecidas. Muitas vezes, não há apenas uma resposta correta. Nos capítulos seguintes, seu exercício será construir os modelos e aplicar os algoritmos aos dados fornecidos.

Nos Capítulos de 6 a 8, você será apresentado(a) às ferramentas necessárias para realizar o trabalho — tentamos, como sempre, manter a complexidade em um nível aceitável para estudantes iniciantes e intermediários. Nessa parte, você será introduzido(a) às bibliotecas ***Pandas***, ***NumPy***, ***Scikit-Learn*** e ***MatplotLib*** — cada uma delas com uma função importante na área.

A terceira parte, que vai dos Capítulo 9 ao 16, apresenta os algoritmos de aprendizagem de máquina mais conhecidos. Tentamos abordá-los com o mínimo de base teórica possível e mostramos ***como fazer*** e ***por que fazer***, mas os meandros do funcionamento desses algoritmos só serão destrinchados onde for ***realmente necessário***, para não perdermos o foco.

Finalmente, a última parte corresponde ao Capítulo 17, onde você conhecerá uma das mais ***espetaculares*** ferramentas com as quais tivemos o prazer de trabalhar, o ***Orange Data Mining***, uma ferramenta ***visual*** que permite realizar complexas análises de dados ***sem uma linha de código***. É importante salientar que você deve ler os capítulos anteriores. Eles explicam como fazer as coisas com a linguagem Python para que você tenha condições de entender melhor o funcionamento da ferramenta e realizar análises, quando os problemas não se adequarem perfeitamente ao exigido pelo **Orange**.

Em algumas listagens do livro, acrescentamos numeração às linhas *apenas para facilitar a referência no texto*, no entanto, esses números *não devem ser digitados*, pois a linguagem Python ***NÃO*** usa numeração de linhas. Sempre que uma linha precisar ser interrompida e continuada na linha seguinte, será utilizado o caractere \ como indicacão.

Quem deve ler este livro: estudantes, profissionais e curiosos de qualquer área que desejam aprender ***Machine Learning/Data Science*** de maneira *hands-on* (mão na massa), abstraindo as complexidades matemáticas e estatísticas envolvidas. Em particular, avisamos que *não é necessário ter frequentado um curso de cálculo ou estatística para compreender os tópicos desta obra.*

Quem não deve ler esse livro: qualquer pessoa que já tenha conhecimentos de nível intermediário a avançado em ***Machine Learning/Data Science***, pois provavelmente terá pouco a aprender aqui. Em particular, gostaríamos de advertir que *este não é um livro sobre linguagem de programação, cálculo ou estatística.* Esses assuntos serão tratados apenas com a profundidade necessária para que o leitor possa acompanhar os exemplos fornecidos.

## Sobre o material para *download*:

No site da Editora Alta Books, você encontrará disponíveis para *download* materiais complementares à obra: o código-fonte dos exemplos discutidos, bem como a resposta aos exercícios resolvidos e propostos. Os arquivos estão organizados em uma pasta de nome ***código*** e, dentro dessa, em subpastas, ***cap_01***, ***cap_02*** etc.

Finalmente, todo trabalho humano é sujeito a falhas, então, se encontrar qualquer problema com os exemplos ou mesmo no texto do livro, por favor, envie um e-mail para a editora — teremos o maior prazer em realizar as correções.

Esperamos que você aprecie a leitura desta obra tanto quanto nós apreciamos criá-la.

Um forte abraço!

***Os autores.***

# Sumário

Algoritmos de classificação ... 124
Aprendizagem não supervisionada ... 125
Verificação cruzada ... 127
Sobreajuste e sub-ajuste (Overfitting e Underfitting) ... 129
Matriz de confusão ... 131
Métricas ... 132
Dilema viés-variância ... 132
Algoritmos de classificação ... 124
Aprendizagem não supervisionada ... 125
Verificação cruzada ... 127
Sobreajuste e sub-ajuste (Overfitting e Underfitting) ... 129
Matriz de confusão ... 131
Métricas ... 132

# Parte 1

# INTRODUÇÃO À LINGUAGEM PYTHON

# 1
# Python para Iniciantes

Seja muito bem-vindo(a) ao fabuloso mundo do Aprendizado de Máquina (***Machine Learning***). Para que você possa aproveitar plenamente o conteúdo deste livro, é necessário um conhecimento inicial da linguagem de programação Python, utilizada para implementar todos os exemplos que serão criados ao longo da obra.

Neste primeiro capítulo (e até o final do Capítulo 5), ofereceremos um curso (bastante) resumido de Python, apenas o suficiente para que você possa acompanhar esta obra do começo ao fim. Se você já programa com essa linguagem, sinta-se livre para seguir para o Capítulo 2 (se, por outro lado, você nunca programou em Python, mas, desejar se aprofundar na linguagem, sugerimos consultar as referências bibliográficas, no final do livro).

Faremos algumas suposições a seu respeito:

- Você já cursou alguma disciplina de programação ou tem conhecimento do assunto como autodidata. Se seu domínio de linguagens de programação for básico, não se preocupe. Para o acompanhamento deste material, não serão exigidos conhecimentos avançados de programação, você precisará apenas de sólidos fundamentos de lógica e não se "aterrorizar" com matemática (aviso aos que se "aterrorizaram" só com a menção dessa matéria: você não precisa ser um gênio do cálculo para acompanhar este assunto. Na realidade, as ferramentas que apresentaremos servem justamente para que você possa abstrair a parte mais "indigesta" dessa ciência).
- Você sabe usar um editor de textos para programação.

- Você sabe navegar na internet com o *browser* de sua preferência.

Python é uma das linguagens de programação mais populares na atualidade e é uma das mais utilizadas para Análise de Dados e, em particular, para Machine Learning (veremos a relação entre esses dois conceitos na Parte 2 do livro). Entre duas características marcantes, podemos destacar:

- É uma linguagem de ***alto nível*** — escrever um programa nesse tipo de linguagem é mais fácil, pois sua sintaxe é mais parecida com a linguagem humana. Nesse sentido, Python é ***extremamente enxuta*** e facilita demais o desenvolvimento de programas ricos em recursos com poucas linhas de código.
- É ***fortemente tipada***, ou seja, os tipos de dados são verificados em todas as operações para garantir que sejam compatíveis.
- É ***dinamicamente tipada*** — esse conceito costuma ser confundido por iniciantes. Basicamente, dizer que Python é uma linguagem dinamicamente tipada significa que os tipos de dados de suas variáveis são inferidos automaticamente, a partir do valor armazenado nelas. É permitido até mesmo alterar o tipo de dado de uma variável em tempo de execução (embora essa seja considerada uma prática ruim).
- É ***multiparadigma***, podendo ser classificada ao mesmo tempo como linguagem imperativa, funcional e, no paradigma imperativo, como orientada a objetos e procedural.
- É ***interpretada*** — seus programas são executados por meio de um ***interpretador***, que é específico para cada sistema operacional. Na realidade, primeiro o código é ***compilado*** para um formato intermediário, com extensão .pyc, que é conhecido como bytecode. Esse processo é muito semelhante ao usado, por exemplo, pela linguagem Java.
- É ***case sensitive*** — faz diferenciação entre maiúsculas e minúsculas, de modo que ***variavel1*** é diferente de ***Variavel1*** e de

***VARIAVEL1***. É recomendável o uso de algum padrão de nomenclatura consistente para evitar conflitos. Um dos mais usados pela comunidade de desenvolvedores Python é o padrão snake case, que consiste em escrever os identificadores em minúsculas, separando palavras com um símbolo de *underscore* (_), quando necessário. Por exemplo: data_nascimento, usuario_conectado, media_aritmetica etc.

| | |
|---|---|
| **Aviso** | Este não é, realmente, um livro sobre *linguagem de programação*. Oferecemos aqui apenas conhecimento suficiente para que você possa acompanhar os exemplos fornecidos e estendê-los conforme sua necessidade.<br>Para quem já programa com alguma linguagem moderna, o aprendizado de Python deve ser tranquilo.<br>Se você deseja aprofundar seu conhecimento dessa linguagem, sugerimos consultar as referências bibliográficas. |
| **Aviso** | Em algumas listagens, numeraremos as linhas do programa para facilitar a referência no texto explicativo. Esses números de linhas servem apenas para referência e não devem ser digitados. Por exemplo, o código:<br>1. print('Teste 1')<br>2. print('Teste 2')<br>deve ser, na realidade, digitado assim:<br>print('Teste 1')<br>print('Teste 2') |

## Por que Python?

Python tem obtido vasta aceitação entre profissionais de Ciência de Dados desde o começo dos anos 2000. Além disso, de acordo com o respeitado índice de popularidade de linguagens de programação PYPL (PopularitY of Programming Language),[1] que é calculado pela frequência com que tutoriais de uma dada linguagem são buscados

1 <http://pypl.github.io/PYPL.html> Acesso em: 7 nov. 2019.

no Google, Python já é a linguagem mais popular no mundo, ultrapassando ***Java***, que reinava absoluta há alguns anos.

Algumas razões para sua adoção do ***Machine Learning*** são:

- Facilidade de integração com bibliotecas legadas, escritas em C, C++ e Fortran, as quais foram bastante usadas por mais de trinta anos em áreas tão diversas como álgebra linear, estatística e diversas técnicas que envolvem matemática.
- Popularidade entre pesquisadores.
- Comunidade de desenvolvedores bastante ativa.
- Extenso conjunto de bibliotecas para *Machine Learning*. Para ficar em alguns exemplos, podemos citar: TensorFlow, Keras, Scikit-Learn etc.
- Poderosas bibliotecas de análise de dados e visualização, como: SciPy, Pandas, Seaborn etc.

Obviamente, Python não é a única alternativa para tarefas de ***Machine Learning***. A linguagem R, por exemplo, é uma forte concorrente nessa área. Em alguns cenários onde o ***desempenho*** é crítico, às vezes é necessário usar C/C++. Mesmo para esses casos, convém avaliar, alternativamente, o uso de Python em conjunto com frameworks que permitem processamento em paralelo.

## Antes de começar, instale as ferramentas

Poderíamos começar com um simples editor de textos para programação e comandos no *prompt* de seu sistema operacional, porém, como esta obra é sobre ***Machine Learning***, utilizaremos desde já o Anaconda, uma distribuição gratuita e open-source das linguagens Python e R, bem como várias ferramentas que simplificam a implantação e o gerenciamento de pacotes para computação científica. Se você ainda não o tiver instalado, siga as instruções do Apêndice I ou II, dependendo do sistema operacional instalado em seu computador, e retorne a esta página em seguida.

| **Aviso** | Não advogamos o uso exclusivo desta ou daquela ferramenta, em absoluto. Você pode executar todo o código Python deste capítulo com um simples editor de textos para programação e linha de comando. Entretanto, como muitos cientistas de dados e pesquisadores usam a plataforma *Anaconda*, construiremos os exemplos nela. Se você for mais adepto da velha e boa linha de comandos, veja a seção "Rodando o *Jupyter Notebook* por linha de comandos", adiante neste capítulo. |
|---|---|

## Iniciando com o Jupyter Notebook

A primeira ferramenta com a qual teremos contato é o ***Jupyter***[2] ***Notebook***. Ele permite registrar anotações, como em um bloco de notas (daí seu nome), incluindo código Python, que pode ser executado e testado *dentro do citado bloco de notas*. Nesse contexto, um bloco de notas é um documento que contém código e outros elementos, como texto, figuras, equações, links etc. Devido a essa flexibilidade, eles são bastante utilizados para apresentar a descrição de uma análise de informações e seus resultados, podendo até mesmo servir para fazer a própria análise em *tempo real*.

Para abri-lo, no Windows, clique no menu ***Iniciar***, localize o ***Anaconda Navigator*** e execute-o. Ou, se você usa Linux ou alguma variante deste, abra um terminal e digite:

*anaconda-navigator*

Será mostrada a tela da Figura 1.1

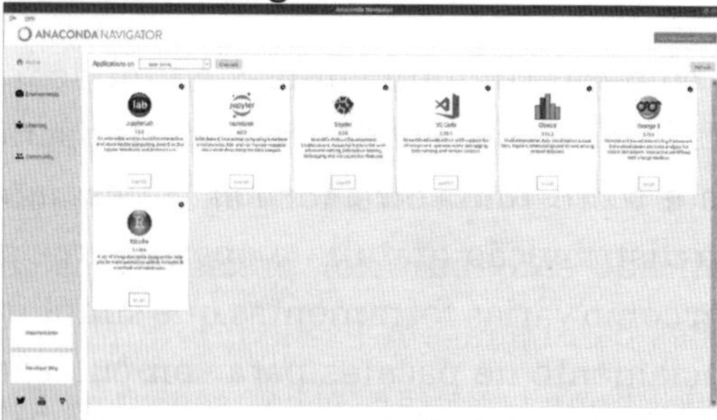


2 Na realidade, ***Jupyter*** é um ***acrônimo*** de ***Ju***lia, ***Pyt***hon e ***R***, as três primeiras linguagens a serem fornecidas com a ferramenta (atualmente, ele suporta muitas outras).

Figura 1.1 — Tela inicial do *Anaconda Navigator*.

Clique no botão "Launch", logo abaixo da logomarca do Jupyter Notebook (a segunda, da esquerda para a direita, na Figura 1.1) para iniciar o **Jupyter Notebook**. Perceba que se trata de uma aplicação que roda no **browser**, então, seu *browser* padrão será aberto.

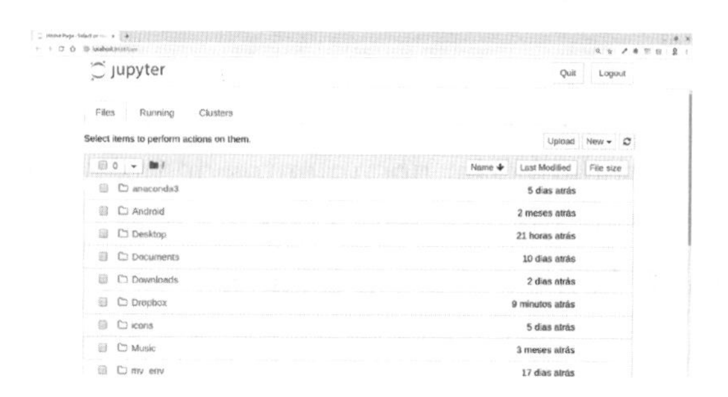


Figura 1.2 — Tela inicial do *Jupyter Notebook*.

O painel principal, também conhecido como Dashboard, mostra uma lista das subpastas disponíveis na pasta atualmente selecionada. Pense nele como um gerenciador de arquivos: com ele, você pode criar blocos de notas, editá-los ou exclui-los, por exemplo.

No exemplo da Figura 1.2, essa pasta é a raiz de uma unidade de disco (representada por /). Tudo o que for digitado será automaticamente salvo.

Para aprendermos como imprimir informações na tela (chamada, como em muitas linguagens de programação, de "saída padrão", pois é o local para onde o programa direciona as informações de saída, se nada for especificado em contrário), precisaremos conhecer a primeira das funções da linguagem Python: ***print( )***. Ainda na tela do ***Jupyter Notebook***, clique no botão "***New***", selecione ***Python 3*** e entre nas opções da caixa de combinação que se abrirá, conforme mostra a Figura 1.3.

Figura 1.3 — Criando um novo documento no *Jupyter Notebook*.

Será aberta uma nova aba em seu *browser*, como a exibida na Figura 1.4, onde você poderá criar documentos de texto, escrever e testar código em Python no mesmo local. O texto em um bloco de notas do ***Jupyter Notebook*** é organizado em ***células.***

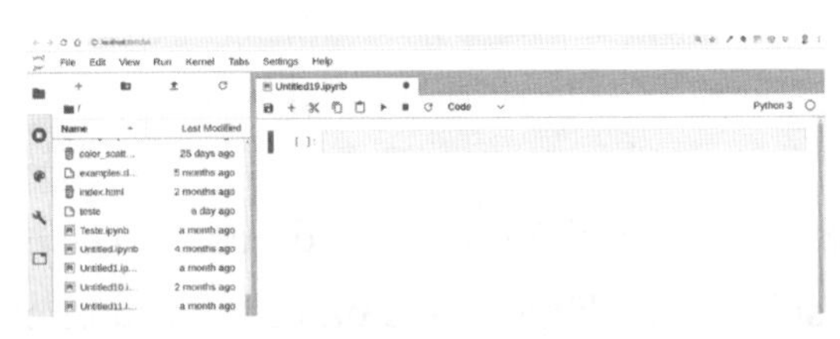


Figura 1.4 — Tela de criação de documentos do *Jupyter Notebook*.

## Rodando o Jupyter Notebook por linha de comandos

Se, por algum motivo, você não quiser ou não puder executar o ***Anaconda*** em sua máquina (por exemplo, por restrições de **hardware**), você pode instalar o ***Jupyter Notebook*** a partir de um terminal/**prompt de comandos/PowerShell**, dependendo do sistema operacional usado. Para tal, antes de mais nada, tenha o Python 3 e uma versão atualizada do gerenciador de pacotes PIP.

Para instalar a ferramenta, digite:

```
pip3 install jupyter
```

E para executá-la, em seguida:

```
jupyter notebook
```

Seu *browser* padrão será aberto no endereço http://localhost:8888, mostrando a tela inicial do Jupyter Notebook, já vista na Figura 1.2. Sua interface é dividida em três abas: ***Files***, ***Running*** e ***Clusters***. Para nossas necessidades, trabalharemos apenas na primeira dessas abas, denominada ***Files***.

Nela, você visualiza e pode realizar operações como criar, renomear, excluir e atualizar arquivos, bastando selecionar o(s) arquivo(s) ou pasta(s) desejado(s) e utilizar o botão correspondente na interface, como destacado na Figura 1.5.

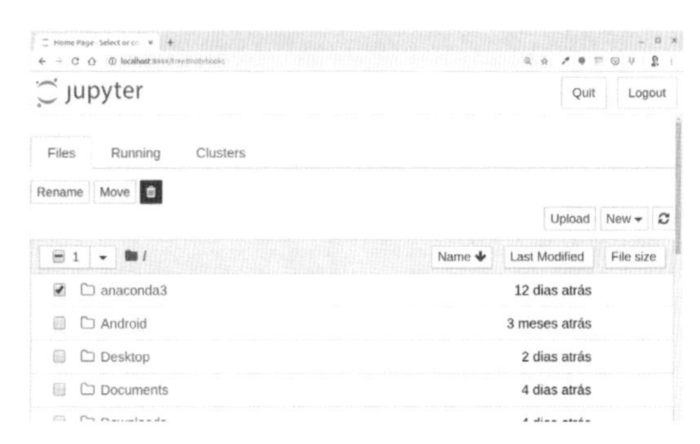


Figura 1.5 — Controles que agem sobre arquivos e pastas na interface do *Jupyter Notebook*.

Para que esses controles sejam mostrados, você deve selecionar algum arquivo ou pasta no painel da listagem. Os botões são autoexplicativos:

- ***Rename*** — permite renomear o item selecionado.
- ***Move*** — mostra uma caixa de diálogo onde você pode mover o item selecionado para outra localização.
- ***Excluir*** (ícone de lixeira) — serve para eliminar o item selecionado.
- ***Upload*** — como o nome indica, com esse comando, você pode realizar *uploads* de arquivos. Eles serão enviados para um servidor ***JupyterHub***, usado para compartilhar blocos de notas.

- ***New*** — A partir desta caixa de combinação, você pode criar arquivos e pastas ou abrir sessões de terminal para testar comandos.

## Escrevendo na saída padrão

A instrução ***print( )*** é usada em Python para escrever na tela. Para ver um exemplo, posicione o cursor em uma célula vazia e digite:

```
print('Hello, World!')
```

Tecle ***alt* + *enter***. Será mostrada uma mensagem como a da Figura 1.6.

Figura 1.6 — Escrevendo na tela.

| **Aviso** | Apesar da comodidade de copiar e colar o código, se você estiver lendo uma versão eletrônica deste livro, sugerimos que, ao menos no início, digite o código. Em nossa experiência, isso melhora a fixação do assunto e evita erros difíceis de localizar para um principiante, como, por exemplo, um caractere de aspa (') convertido erroneamente ao ser colado no *notebook*. |
|---|---|

Observe, ainda, que, à medida que você digita no ***Jupyter Notebook***, se você teclar ***tab*** após iniciar uma instrução, serão mostradas sugestões de valores para completar o comando — recurso conhecido como autocomplete. Veja um exemplo na Figura 1.7.

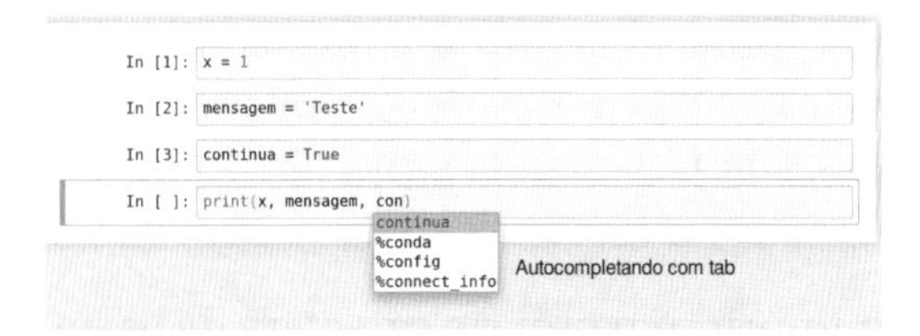


Figura 1.7 — Autocompletando com tab.

Na Figura 1.7, também pode ser vista a forma de declarar variáveis em Python. Simplesmente atribua um valor a um identificador (no exemplo, ***x***, ***mensagem*** e ***continua***), e a variável será criada e inicializada com esse valor.

Você também pode usar ***print( )*** para exibir uma lista de variáveis e/ou constantes, bastando separá-las por vírgula, como na linha 4 da Figura 1.8, onde são mostrados os valores contidos nas variáveis ***x***, ***mensagem*** e ***continua***, cada uma contendo um tipo de dado diferente. Adiante, na seção "Variáveis e tipos de dados", este assunto será detalhado.

```
In [1]: x = 1
In [2]: mensagem = 'Teste'
In [3]: continua = True
In [4]: print(x, mensagem, continua)
        1 Teste True
In [ ]:
```

Figura 1.8 — Imprimindo o conteúdo de muitas variáveis.

## Imprimindo caracteres especiais

Quando for necessário imprimir caracteres de controle, como tabulação, quebra de linha etc., você deve usar os seguintes códigos:

- **\n** — *new line* — envia uma quebra de linha para a saída padrão.
- **\t** — *tab* — imprime uma tabulação (semelhante a teclar *tab*).
- **\r** — *return* — equivale a pressionar um *enter*.

Além disso, se precisar imprimir um caractere de formatação, usado pela função print( ) (por exemplo, uma aspa simples ou aspas duplas), basta ***precedê-lo com uma barra invertida (\).*** Ex:

print("Conheça o bar Apóstrofo\'s")

E se precisar imprimir o próprio caractere de barra invertida, é só duplicá-lo:

print("A barra invertida é esta: \\")

Na Figura 1.9, você pode visualizar o resultado dessas duas instruções no ***Jupyter Notebook.***

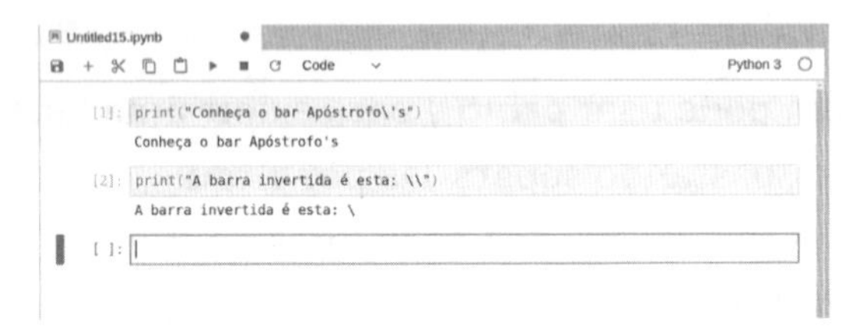


Figura 1.9 — Imprimindo caracteres especiais.

## Separadores e quebras de linha

Eventualmente, você pode precisar formatar os resultados de mais de uma chamada à função print( ) em uma só linha. O comportamento padrão da linguagem é colocar uma quebra de linha automática ao final de cada chamada a print( ). Para alterar essa característica, você pode usar o parâmetro opcional ***end***. Por exemplo, passando uma string vazia, como:

print('No meio do caminho ', end='')

print('tinha uma pedra.')

Imprimirá:

No meio do caminho tinha uma pedra.

Se você passar algum caractere como parâmetro, ele será impresso após o valor passado como primeiro argumento, ou seja:

print('No meio do caminho ', end='####')

Imprimirá:

No meio do caminho ####

A Figura 1.10 mostra a saída daquelas instruções.

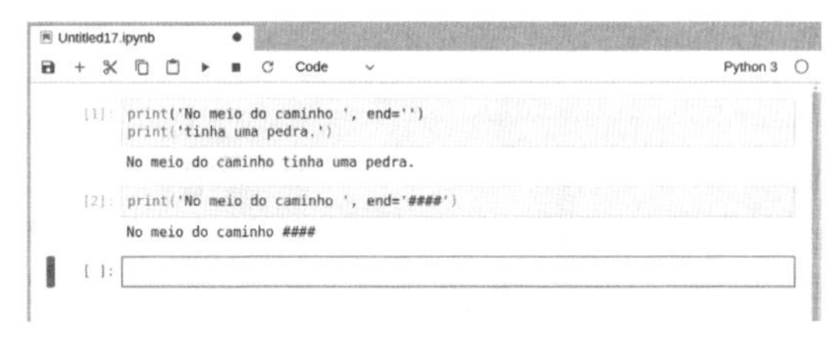


Figura 1.10 — Imprimindo separadores e quebras de linha.

## O parâmetro sep

Outro parâmetro opcional da função print( ), *sep.*, se declarado, serve para especificar um caractere que será utilizado para separar os valores de uma lista sempre que uma for passada à função print( ). Por exemplo:

print("A", "B", "C", 0, sep="*")

Imprimirá:

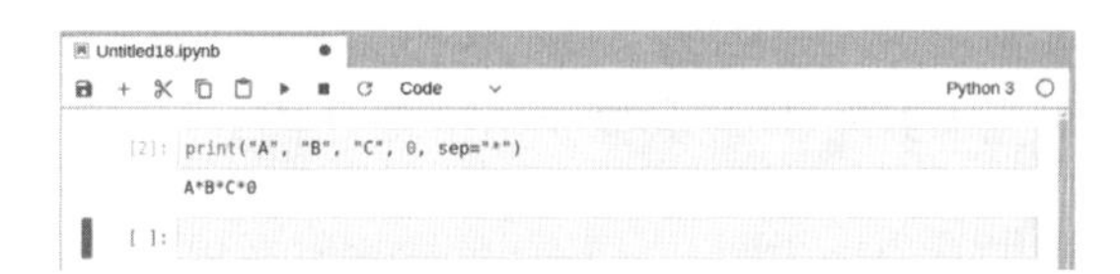


Figura 1.11 — Usando o parâmetro sep.

Esse parâmetro pode ser usado também para, em uma mesma chamada a print( ), imprimir uma lista de valores em linhas diferentes, usando o caractere \n para quebrar as linhas. Experimente digitar:

print("A", "\n", "B", "\n", "C", "\n")

Você verá um resultado como o da Figura 1.12.

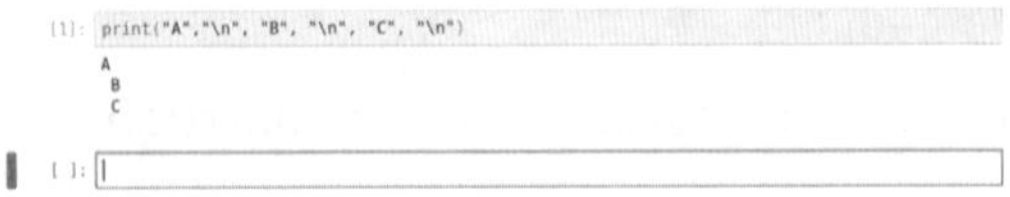

```
[1]: print("A","\n", "B", "\n", "C", "\n")
A
 B
 C

[ ]:
```

Figura 1.12 — Resultado da execução.

Perceba que, na instrução mostrada na Figura 1.12, foram inseridos espaços em branco antes de todas as letras, exceto da primeira. Isso se deve ao modo como o Python imprime listas — considerando o espaço em branco como o separador padrão para listas; se você não desejar esse comportamento, use o parâmetro **sep** para especificar outro separador (ou mesmo nenhum, passando sep=""). No exemplo em questão, a formatação poderia ser ajustada, fazendo o código ficar assim:

```
print("A", "\n", "B", "\n", "C", "\n", sep="\n")
```

O que produziria na saída:

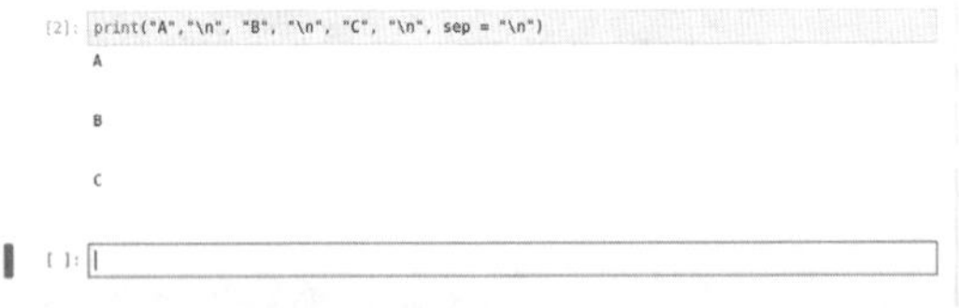

```
[2]: print("A","\n", "B", "\n", "C", "\n", sep = "\n")
A

B

C

[ ]:
```

Figura 1.13 — Corrigindo a formatação.

## Alterando a pasta de trabalho

É muito provável que, ao criar seus próprios arquivos no ***Jupyter Notebook*** ou qualquer outra ferramenta que você utilize, você deseje salvar seu trabalho em uma pasta específica de seu computador ou da rede local, para acessá-la novamente quando necessário. Para isso, é bastante útil conhecer dois dos "comandos mágicos"[3] do ***Jupyter Notebook***:

- ***%pwd*** — Mostra a pasta atualmente utilizada.

3 Para conhecer os outros comandos, consulte a documentação do Jupyter Notebook em: <https://jupyter-notebook.readthedocs.io/en/stable/notebook.html>.

- *%cd* — Muda a pasta atual.

A Figura 1.14 mostra um exemplo de seu uso.

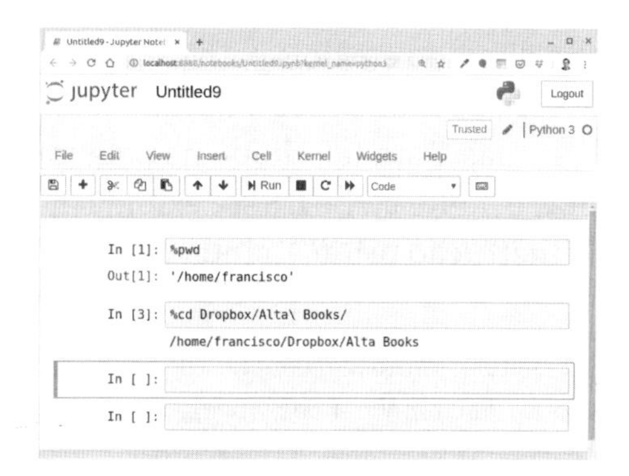


Figura 1.14 — Usando comandos "mágicos".

## Usando o Spyder

O ***Jupyter Notebook*** é um bom ponto de partida para a grande maioria dos novatos em ***Machine Learning***, mas quando você começar a ganhar familiaridade com a linguagem Python, será mais produtivo trabalhar com um ***IDE*** (Integrated Development Environment — Ambiente de Desenvolvimento Integrado). Há uma tremenda variedade de tais ferramentas no mercado, com características diversas. Recomendamos que experimente algumas e use aquela com a qual se sentir mais confortável. Neste livro, usaremos o Spyder, que faz parte do Anaconda, que já citamos. A Figura 1.15 mostra sua tela inicial, após a digitação de algumas instruções.

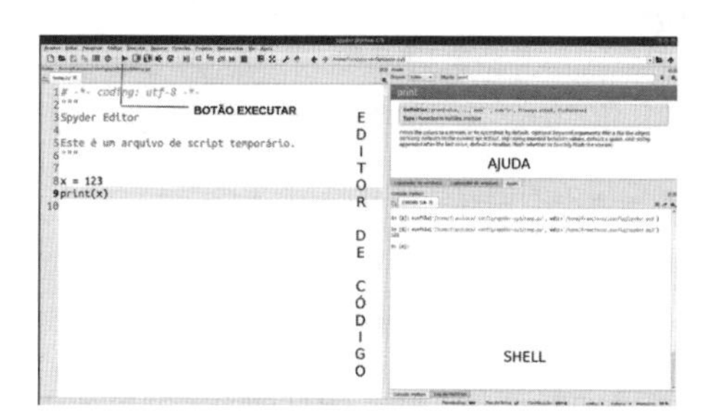


Figura 1.15 — Tela inicial do Spyder.

No ***Spyder***, você pode executar programas Python, depurar código, etc., de uma maneira mais parecida com a dos ambientes tradicionais de programação. Sua interface está dividida em três painéis. O maior, à esquerda (editor de textos), é onde você criará seus códigos. O lado direito da interface é dividido em dois painéis: no painel superior, você pode obter ajuda acerca de instruções e declarações da linguagem, escritas em seus programas. Para tal, clique na palavra-chave cuja ajuda você deseja consultar e digite ***ctrl* + *I***. Será exibida ajuda no painel. Observe o exemplo da instrução print( ), ainda na Figura 1.15.

| | |
|---|---|
| **Dica** | Alguns leitores provavelmente ficarão confusos sobre qual ferramenta adotar: *Jupyter Notebook*, *Spyder* ou outra qualquer. A resposta dependerá de suas preferências pessoais e do tipo de projeto a ser desenvolvido. Aqueles que pensam como ***desenvolvedores*** podem estranhar, a princípio, o *Jupyter Notebook*, pois sempre ficarão pensando: "Como implementarei algo com isso para entregar ao cliente?" Nem sempre o resultado de um projeto de *Machine Learning* será uma aplicação executável — há casos em que um relatório atenderá às necessidades do cliente (e, para isso, o *Jupyter Notebook* mostra-se bastante prático). Se for *realmente* preciso implementar uma aplicação completa, o Python, com as bibliotecas que serão mostradas ao longo do livro, é uma ótima escolha. |

## Comentários no código

Para comentar trechos do seu código, você pode usar o símbolo de #, para comentários de uma só linha, ou ***"""* comentário *"""***, para múltiplas linhas. Comentários são ignorados pelo interpretador em tempo de execução e servem para ajudar a documentar melhor o código. Veja exemplos na Listagem 1.1.

```
"""
Este programa escreve 'Hello, World!' na saída padrão
Este é um comentário de múltiplas linhas
"""
print('Hello, World!') # Escreve na tela (Comentário de uma só linha)
```

Listagem 1.1 — Exemplos de comentários (hello.py).

## Variáveis e tipos de dados

Em Python, variáveis são declaradas atribuindo-se um valor inicial a elas, como na Listagem 1.2. O tipo de dados desse valor determina o tipo da variável.

Uma observação importante: como a linguagem é *dinamicamente tipada*, o tipo de uma variável pode ser alterado *em tempo de execução*, bastando, para isso, atribuir um novo valor de um tipo diferente. Para verificar o tipo de uma variável, você pode usar a função ***type( )***. Abra o Spyder, digite e execute o script da Listagem 1.2.

```
x = 1                  # x contém um inteiro
print(type(x))
x = 'abc'      # Agora, x contém uma string
print(type(x))
x = True       # E agora, um booleano
print(type(x))
```

Listagem 1.2 — Inicializando variáveis (variaveis.py).

Para executar o programa, clique no menu Executar, comando Executar ou tecle F5, ou, ainda, clique no *botão executar*, representado por um triângulo verde, destacado, anteriormente na Figura 1.15. O resultado exibido no painel "Console 1/A" será:

```
<class 'int'>
<class 'str'>
<class 'bool'>
```

Essa saída mostra os tipos de cada informação armazenada no endereço de memória da variável x, que, no nosso exemplo, primeiro foi inicializada com um inteiro, 1; em seguida, modificada para conter uma string, 'abc'; e, finalmente, alterada outra vez, para guardar um valor booleano, True.

Além disso, você deve ter percebido a palavra reservada ***class*** no resultado. Isso quer dizer que todos os valores citados são ***objetos*** das classes em questão. Em Python, ***todos os tipos de dados são objetos***.

Os tipos de dados básicos (ou ***primitivos***) da linguagem são:

- ***Strings*** — consistem em cadeias de caracteres. Podem ser delimitadas por aspas simples ou duplas (só não é permitido iniciar a *string* com um delimitador e terminar com outro diferente).
- ***Numéricos*** — armazenam números, que podem pertencer aos seguintes domínios:
  3. ***int*** — números inteiros.
  4. ***float*** — números de ***ponto flutuante***, ou seja, que podem representar números reais.
  5. ***complex*** — números ***complexos*** (que admitem a unidade ***imaginária***).
- ***Booleanos*** — Podem receber apenas os valores ***True*** (verdadeiro) e ***False*** (falso). Como a linguagem é ***case sensitive***, essas constantes, quando utilizadas, devem ser digitadas como mostrado, com a primeira letra maiúscula, e as demais minúsculas.
- ***None*** — ***None*** é um tipo de dado que corresponde a valor nenhum ou, se preferir, informação não atribuída. É equivalente ao ***null*** de outras linguagens de programação. Não confunda com o, False ou uma string vazia.

## Interpolando valores em um texto

Python tem uma sintaxe que permite ***interpolar*** valores em uma string, ou seja, inserir tais valores no meio da string em uma posição delimitada por certos marcadores. Cada marcador começa com um símbolo de %, seguido por uma letra que especifica o tipo do dado que será interpolado:

- **d** — inteiro com sinal (também pode ser usado **i** no lugar de **d**).
- **f** — número de ponto flutuante (decimal).
- **o** — valor na base octal — converte números para octal.

- **x** — valor na base hexadecimal — converte números para hexadecimal.
- **s** — *string* — imprime um texto literal na posição.
- **%%** — exibe um sinal de porcentagem na posição. Muito útil para exibir percentuais em resultados.
- ***quantidade_de_decimais*** — imprime um número decimal com quantidade de casas decimais fornecidas (Cuidado aqui: o símbolo a usar é um ponto(.); ***quantidade_de_decimais*** é um valor numérico que indica com quantas casas decimais o dado deve ser apresentado).

Observe alguns exemplos de utilização:

```
print('Código do usuário: %d' % 27)
print('15 em octal é %o' % 15)
print('100 em hexadecimal é %x' % 100)
print('pi com duas casas decimais é aproximadamente %.2f' % 3.1415926)
print('pi com três casas decimais é aproximadamente %.3f' % 3.1415926)
nome = 'Fulano'
print('Meu nome é %s' % nome)
```

Listagem 1.3 — Formatação de strings (formatacao_strings.py).

Se você executar o código da Listagem 1.3, obterá na tela:

```
Código do usuário: 27
15 em octal é 17
100 em hexadecimal é 64
pi com duas casas decimais é aproximadamente 3.14
pi com três casas decimais é aproximadamente 3.142
Meu nome é Fulano
```

Eventualmente, você precisará interpolar, ***na mesma string***, mais de uma variável do mesmo tipo de dados. Uma maneira de fazê-lo é passá-las entre parênteses e separadas por vírgulas.[4] Por exemplo:

```
print("Constantes – pi: %.2f, e: %.2f" % (3.1415926,2.718281))
```

Exibirá:

```
Constantes – pi: 3.14, e: 2.72
```

## Formatando dados com f-strings

Introduzidas na versão 3.6 do Python, as ***strings literais formatadas***, ou simplesmente, ***f-strings***, permitem exibir dados interpolados de maneira bem mais elegante que com os códigos de formatação vistos na seção anterior: basta colocar a expressão a ser interpolada entre chaves ({ }). Por exemplo, o código da Listagem 1.3 pode ser reescrito como na Listagem 1.4.

```
1. codigo = 27
2. pi = 3.1415926
3. print(f'Código do usuário: {codigo}')
4. print(f'15 em octal é {15:o}')
5. print(f'100 em hexadecimal é {100:x}')
6. print(f'pi com duas casas decimais é aproximadamente {pi:.2f}')
7. print(f'pi com três casas decimais é aproximadamente {pi:.3f}')
8. nome = 'Fulano'
9. print(f'Meu nome é {nome}')
```

Listagem 1.4 — Interpolação com f-strings (interpolacao_f_strings.py).

Destacamos, na Listagem 1.4:

- ***linha 4*** — para converter um valor para octal, ele deve ser declarado como: {***valor***:o}.

---

4 De fato, essa representação é um tipo de dados de Python, denominado “tupla”. Ele será abordado mais adiante, no Capítulo 2.

- ***linha 5*** — da mesma forma, para converter um valor para hexadecimal, a sintaxe usada é: {valor:x}.
- ***linhas 6 e 7*** – nessas linhas, o conteúdo da variável pi foi formatado como do tipo ***float***, com duas casas decimais na linha 6 (***{pi:.2f}***) e três casas decimais na linha 7 (***{pi:.3f}***).

Você pode até mesmo imprimir o resultado de expressões matemáticas, que serão avaliadas, e o resultado, mostrado na saída padrão. Por exemplo:

```
print(f'A média aritmética simples entre 4 e 5 é {(4 + 5) / 2}')
```

Que imprimirá:

```
A média aritmética simples entre 4 e 5 é 4.5
```

## Formatação do código

Uma das características mais marcantes da linguagem Python é a importância dada à *formatação do código*. Um programa Python deve ser, antes de mais nada, legível.

Para enfatizar a legibilidade, ao contrário da maioria das linguagens de programação conhecidas, Python não delimita seus blocos de código com chaves (como nas linguagens derivadas de C) ou palavras reservadas (como *begin* e *end*, do Pascal): a maneira escolhida no projeto da linguagem foi usar indentamento para destacar esses trechos. Há até mesmo um nome especial para um trecho de código indentado: ***suíte***.[5]

Por exemplo, o programa da Listagem 1.5 imprime a soma dos números de 1 a 100.

```
soma = 0
for i in range(1,101):
   soma = soma + i
print(f'A soma dos números de 1 a 100 é {soma}.')
```

Listagem 1.5 — Somando valores (soma_1_a_100.py).

5 Nesse contexto, a palavra ***suíte*** é, por tradição, usada como um substantivo masculino, logo, não convém dizer ***a suíte***, e, sim, ***o suíte de código***.

Nessa listagem, o código indentado é "entendido" pelo interpretador da linguagem como um bloco sobre o qual será realizada uma ***iteração***.

| Aviso | Se você nunca programou em Python, provavelmente está se indagando por que a função *range( )* recebe como argumentos 1 e 101, em vez de 1 e 100, como seria de se esperar na maioria das linguagens tradicionais. Isso será explicado no Capítulo 5, quando falarmos de *loops*. |
|---|---|

| Aviso | Pelo fato de delimitar seus blocos, digo, *suítes* de código dessa maneira, programas em Python são, em geral, mais legíveis que os de outras linguagens de programação, porém, isso vem com um custo: você precisa ser bastante cuidadoso ao indentar seu código, do contrário, pode terminar com alguns defeitos difíceis de localizar nos seus programas. |
|---|---|

Outro detalhe é que espaços em branco dentro de parênteses e colchetes são ignorados. Pode parecer um detalhe insignificante, mas, quando bem usado, melhora muito a legibilidade dos programas. Por exemplo, você provavelmente concordará que

```
matriz_4x3 = [[21, 22, 23],
              [24, 25, 26],
              [27, 28, 29],
              [30, 31, 32]]
```

é mais legível que

```
matriz_4x3 = [[21, 22, 23],[24, 25, 26],[27, 28, 29],[30, 31, 32]]
```

É possível, ainda, usar um caractere de barra invertida (\) ao final de uma linha de código para indicar que ela continua na linha seguinte, como:

```
xy = x * \
    y
```

## Escopo de variáveis

Escopo é o termo usado em linguagens de programação para referenciar os lugares no código criado onde uma variável pode ser utilizada. Em Python, existem dois escopos: local e global.

- ***Variáveis locais*** — são visíveis, isto é, podem ser utilizadas apenas onde forem definidas. Por exemplo, uma variável definida dentro do corpo de uma função/método só pode ser acessada *dentro dessa função/método*. Do mesmo modo, variáveis declaradas dentro de um suíte são locais a ele, não podendo ser usadas fora.
- ***Variáveis globais*** — podem ser usadas em qualquer lugar do código. Há duas formas de declarar uma variável global em Python: a primeira, implícita, consiste simplesmente em inicializar a variável fora de qualquer *função*.[6] Por exemplo, o código da Listagem 1.6 exibe a definição de uma variável global dessa maneira. Não se preocupe em entender o restante dessa listagem agora. Isso ficará mais claro no decorrer do capítulo.

```
""" Exemplo de variável global """

codigo = "123321" # Definição fora do corpo da função – variável global

def testar( ):
    print(f'Dentro da funçao testar( ), codigo = {codigo}')

testar( )
print(f'Fora da funçao testar( ), codigo = {codigo}')
```

Listagem 1.6 — Criando uma variável global(variavel_global.py).

Executando o código da listagem 1.6, você obterá na saída:

```
Dentro da funçao testar( ), codigo = 123321
```

6 Em Python, uma ***função*** é um trecho de programa que é executado separadamente e pode ou não retornar um valor para o código que o chamou. Corresponde ao conceito de *sub-rotina* na teoria de Linguagens de Programação. Mais adiante no capítulo, você verá como criar funções personalizadas.

Fora da funçao testar( ), codigo = 123321
O que demonstra que o valor da variável foi preservado entre as chamadas, dentro da função ou fora desta.

A outra forma de criar uma variável global é *explicitamente*, por meio da instrução *global*, como na Listagem 1.7.

```
1. teste1 = 123
2.
3. def funcao_f( ):
4.     global teste2
5.     teste2 = 456
6.     for x in range(1,10):
7.         z = x * 2
8.         print(f'z = {z}')
9.     print(f'Valor de z, após o loop: {z}')
10.    print(f'Valor de teste1, dentro da função: {teste1}')
11.    print(f'Valor de teste2, dentro da função: {teste2}')
12.
13.funcao_f( )
14.print(f'Valor de teste1, fora da função: {teste1}')
15.print(f'Valor de teste2, fora da função: {teste2}')
16.print(f'Valor de z, após o loop: {z}')
17.
```

Listagem 1.7 — Criando uma variável global(variavel_global_vs_local.py).

Na linha 1, a variável teste1 é definida com o valor inteiro 123. Como ela está em uma linha isolada, funciona como uma variável global, da mesma maneira que a variável codigo, na Listagem 1.7. Mais adiante, na linha 4, declaramos a variável teste2, com o modificador *global*, que faz com que ela seja também global, desta vez de forma explícita. Perceba que as variáveis *globais*, teste1 e teste2, mesmo quando executadas fora da função funcao_f( ), mantém seus valores; o mesmo não ocorrendo com a variável z, a qual, ao tentarmos acessar na linha 16, provoca um erro, pois não estava mais em um escopo válido, conforme pode ser visualizado na Figura 1.16.

```
z = 2
z = 4
z = 6
z = 8
z = 10
z = 12
z = 14
z = 16
z = 18
Valor de z, após o loop: 18
Valor de teste1, dentro da função: 123
Valor de teste2, dentro da função: 456
Valor de teste1, fora da função: 123
Valor de teste2, fora da função: 456
Traceback (most recent call last):
  File "/home/francisco/Dropbox/Alta Books/Machine Learning/código/cap_01/variavel_global_vs_local.py", line 16, i
n <module>
    print(f'Valor de z, após o loop: {z}')
NameError: name 'z' is not defined
>>> |
```

Figura 1.16 — Resultado da execução da Listagem 1.7.

# Operadores: aritméticos, lógicos e de comparação

Os operadores matemáticos da linguagem podem agrupados em:

## Operadores aritméticos

Usados, como o nome indica, para realizar operações aritméticas. A Tabela 1.1 lista esses operadores e alguns exemplos.

| Operador | Descrição | Exemplos |
|---|---|---|
| + | Adição: soma seus operandos. | x = 1 + 2<br>y = a + b<br>x = x + 1 |
| – | Subtração: subtrai seus operandos. | a = 4 – 3<br>y = a – 2<br>z = z – 3 |
| * | Multiplicação: multiplica seus operandos. | x = x * y<br>x = 3 * z<br>a = a * c |

*Continua*

| Operador | Descrição | Exemplos |
| --- | --- | --- |
| / | Divisão real: divide seus operandos, retornando um número de ponto flutuante (número real) como resultado. Lembre-se de que não é permitido realizar uma divisão por zero (se você tentar, obterá um erro). | v = 4 / 2<br>w = v / 3<br>t = t / 5 |
| % | Resto (inteiro) da divisão dos operandos — essa operação é denominada *módulo*. | a = x % 11<br>b = 5 % 3<br>b = b % 2 |
| ** | Potenciação ou exponenciação: eleva o operando à esquerda (base) à potência do operador à direita (expoente). | x = 2 ** 3<br>y = x ** 5<br>z = z ** x |
| // | Divisão inteira: divide seus operandos, retornando um número inteiro como resultado. | a = 10 // 3<br>b = a // 5<br>c = c // 4 |

Tabela 1.1 – Operadores aritméticos.

Da mesma maneira que você aprendeu na escola, o resultado da divisão real de dois números reais é sempre outro número real; enquanto o resultado da divisão inteira será um número inteiro.

Você pode utilizar, ainda, uma sintaxe alternativa para operações de atribuição em Python, que é semelhante à utilizada na linguagem C. Para declarar:

variável = variável operador valor

você pode escrever:

variável operador = valor

Por exemplo:

```
b = b + 1
c = c - b
d = d * c
x = x / 7
```

Você pode escrever:

```
b + = 1
c - = b
d * = c
x / = 7
```

| Dica | No entanto, esses atalhos não são muito populares entre programadores Python, pois a linguagem privilegia a *legibilidade do código.* |
|---|---|

## Precedência dos operadores aritméticos

As regras de precedência para operadores aritméticos em Python são idênticas àquelas da matemática:

1. Primeiro são avaliadas as expressões dentro de *parênteses*, dos internos para os externos. Não há colchetes ou chaves nas expressões matemáticas do Python — esses símbolos são utilizados para outras finalidades, conforme será discutido quando virmos os conceitos de tuplas e dicionários.
2. Se for necessário, aninham-se vários parênteses, um dentro do outro, e aplica-se a regra número 1: eliminam-se primeiro os parênteses internos.
3. Em seguida, resolvem-se as operações de *exponenciação.*
4. São avaliadas, na sequência, as operações de *divisão* e *multiplicação*, na ordem em que aparecerem.
5. Finalmente, são resolvidas as operações de *adição* e *subtração*, também na ordem em que aparecerem.

   Por exemplo, na expressão:

   ```
   7 + 6 * 5
   ```

   Primeiro será realizada a multiplicação (6 * 5 = 30), e, em seguida, a soma (7 + 30 = 37). Se for necessário alterar a prioridade da expressão, utilizam-se parênteses:

   ```
   (7 + 6) * 5
   ```

   Que dará como resultado 65.

## Associatividade do operador de exponenciação

Quando uma expressão tem múltiplos operadores de mesma precedência, utiliza-se, em geral, a regra da *associatividade*: a expressão será avaliada da esquerda para a direita. Entretanto, há uma exceção: o operador de exponenciação (**), que é associativo da direita para a esquerda. Por exemplo:

```
print(5 * 2 // 3)   # Imprime: 3
print(5 * (2 // 3)) # Imprime: 0
```

No primeiro caso, primeiro é calculado o valor de 5 * 2 , obtendo-se 10; depois, é calculado o resultado da divisão inteira de 10 por 3 (aprox. 3,3; a parte inteira é 3).

O segundo exemplo usa parênteses para alterar a precedência: primeiro é calculada a divisão inteira de 2 por 3, resultando em 0; em seguida, esse valor é multiplicado por 5, obtendo-se como resultado 0.

O operador de *potenciação*, por sua vez, tem associatividade da direita para a esquerda. Assim:

```
print(2 ** 2 ** 3)   # Imprime: 256 (2 8)
print((2 ** 2) ** 3) # Imprime: 64 (4 3)
```

## Operadores de igualdade/desigualdade

Esses operadores verificam se seus argumentos são iguais ou diferentes, conforme o caso. O operador de comparação de igualdade é o "duplo igual" (==), que checa se o operando à esquerda do sinal é igual ao operando à direita, retornando o valor ***booleano True***, em caso positivo, ou ***False***, se os valores forem diferentes.

| Aviso | Em Python, todos os tipos de dados são, na realidade, objetos, portanto, para comparar corretamente o conteúdo de duas variáveis, convém observar se elas contêm o mesmo tipo de objeto, para não terminar comparando "laranjas" e "bananas", como se diz. |
|---|---|

Os exemplos da Listagem 1.8 imprimem o resultado de várias comparações. Teste o código no ***Spyder*** ou no ***Jupyter Notebook***.

```
1. print(5 == 3)          # resultado: False
```

```
2. print(10 == 10)           # resultado: True
3. print("maçã" == "maçã")   # resultado: True
4. print("maçã" == "Maçã")   # resultado: False
5. print(2 + 2 == 4)         # resultado: True
6. print(10 == 10.0)         # resultado: True
```

Listagem 1.8 — Exemplos de comparações de igualdade (igualdade.py).

Nas linhas 1 e 2 da listagem, fazemos o teste de igualdade entre dois inteiros. Não há nada de especial aqui: as comparações retornam os valores esperados pelo senso comum (afinal, 5 *não é* igual a 3 e 10 *é* igual a 10).

As linhas 3 e 4 mostram a comparação de duas palavras (que, doravante, chamaremos de ***strings***). Perceba que, ao comparar uma palavra com inicial minúscula com a mesma palavra começada por maiúscula (linha 4), o resultado é ***False***. Isso evidencia que Python é uma linguagem ***case sensitive***. Apenas quando as palavras são grafadas respeitando-se as mesmas caixas, como na linha 3, o resultado da comparação é ***True***.

Na linha 6, um inteiro é comparado com um número real. Antes de efetuar a comparação, Python converte os operadores para o tipo mais abrangente, quando possível, por isso, a comparação não causa um erro, como aconteceria em algumas linguagens de programação.

Ao executar esse código, você deverá visualizar:

```
False
True
True
False
True
True
```

Se existe o operador de comparação de igualdade, há também o de desigualdade: !=. Entenda-o como o <> da álgebra que você já conhece. Trocando o operador da Listagem 1.8 de igualdade para o de desigualdade, os resultados seriam alterados, como mostrado nos comentários da Listagem 1.9.

```
1. print(5 != 3)              # resultado: True
2. print(10 != 10)            # resultado: False
3. print("maçã" != "maçã")    # resultado: False
4. print("maçã" != "Maçã")    # resultado: True
5. print(2 + 2 != 4)          # resultado: False
6. print(10 != 10.0)          # resultado: False
```

Listagem 1.9 — Exemplos de comparações de desigualdade (desigualdade.py).

Como você já deve esperar, ao rodar o código da Listagem 1.9, você visualizará dados invertidos em relação aos dos resultados da Listagem 1.8:

```
True
False
False
True
False
False
```

## Operadores lógicos

Testam condições lógicas e, portanto, sempre retornam resultados ***booleanos*** (***True*** ou ***False***). São eles:

1. **and** — retorna True se ambos os seus argumentos forem True. Equivale ao ***E*** *da* ***Lógica Matemática.***
2. **or** — retorna True se ao menos um de seus argumentos for True. Equivale ao ***OU*** *da* ***Lógica Matemática.***
3. **not** — inverte o resultado de seu operando: se receber *True*, retorna *False*; se receber *False*, retorna *True*. Equivale à ***NEGAÇÃO da Lógica Matemática.***

A Tabela 1.2 resume o uso desses operadores.

| x | y | x and y | x or y | not x |
|---|---|---|---|---|
| True | True | True | True | False |
| True | False | False | True | False |
| False | True | False | True | True |
| False | False | False | False | True |

Tabela 1.2 — Tabela-verdade dos operadores lógicos do Python.

## Operadores de comparação

Esses operadores servem para comparar números, estabelecendo uma relação de ordem entre eles, ou seja, funcionam exatamente como os símbolos de >, <, >= e <= da matemática. A Tabela 1.3 lista os operadores de comparação de Python:

| Operador | Descrição | Exemplos |
|---|---|---|
| > | Maior que: retorna True se o argumento à esquerda for maior que o argumento à direita do operador. | 2 > 3 # False<br>4 > 2 # True<br>5 > 5 # False |
| < | Menor que: retorna True se o argumento à esquerda for menor que o argumento à direita do operador. | 10 < 12 # True<br>30 < 15 # False<br>20 < 20 # False |
| >= | Maior ou igual: retorna True se o argumento à esquerda for maior ou igual ao argumento à direita do operador. | 51 >= 52 # False<br>53 >= 51 # True<br>51 >= 51 # True |
| <= | Menor ou igual: retorna True se o argumento à esquerda for menor ou igual ao argumento à direita do operador. | 3 <= 6 # True<br>9 <= 3 # False<br>3 <= 3 # True |

Tabela 1.3 — Operadores de comparação do Python.

Os operadores de comparação podem ser agrupados como em: x < y < z

Os **operadores de comparação** e o **operador de atribuição** (=), **NÃO** são associativos. Ou seja:

x < y < z NÃO significa (x < y) < z NEM x < (y < z)

Na realidade, x < y < z é equivalente a:

x < y and y < z

e é avaliado da esquerda para a direita.

| Aviso | Algumas linguagens de programação permitem escrever >= ou => de modo intercambiável, bem como <= e =<. Esse NÃO é o caso de Python. Os operadores devem ser digitados conforme foi mostrado na Tabela 1.3, ou haverá erro de sintaxe. |
|---|---|

## Módulos

Como a maioria das linguagens de programação, Python possui ***mecanismos de extensão***. Em geral, tais mecanismos são representados por um sistema de pacotes que permite criar conjuntos de novas funcionalidades e incorporá-las à linguagem, se necessário.

Por padrão, a linguagem Python já disponibiliza uma série de recursos, conhecidos genericamente como a ***biblioteca padrão*** da linguagem (por exemplo, funções como *int( )*, *input( )*, *print( )* são todas parte da biblioteca padrão). Funcionalidades extras são agrupadas em ***módulos***, que, para serem utilizados, devem ser, primeiro, *importados*.

Para importar uma ou mais funções de um módulo, você precisa escrever:

```
from nome_do_módulo import identificador_1, identificador_2...
identificador_n
```

Onde:

- **nome_do_módulo** é o identificador do módulo a ser importado.

- **identificador_1**, **identificador_2... identificador_n** são os nomes das funções/classes do módulo que você usará.

Às vezes, é conveniente atribuir um *alias* ("apelido") ao recurso importado, seja porque você já tem um import com o mesmo nome em seu código, ou seu nome original é muito extenso, ou ainda porque esse *alias* se popularizou entre os usuários do módulo, entre outras justificativas. Por exemplo, as bibliotecas ***PANDAS*** e **PyPlot** (que faz parte da ***MatplotLib***), que usaremos mais adiante no livro, costumam ser importadas assim:

```
import matplotlib.pyplot as plt
import pandas as pd
```

Para chamar algo que foi definido em uma biblioteca, é necessário especificar o nome ou o *alias* dela antes. Por exemplo, supondo que você importou a biblioteca ***PANDAS*** com o alias pd e agora queira usar a função read_csv( ) dela, seu código deverá ser parecido com:

```
pd.read_csv('arquivo.csv')        # Chamando a partir do alias pd
```

Você também pode importar, explicitamente, código específico de um determinado módulo e usá-lo em outro, sem *alias*:

```
from pandas import read_csv
read_csv('arquivo.csv')                    # # Chamando SEM
o alias
```

| | |
|---|---|
| **Aviso** | É *permitido*, apesar de não ser nem um pouco *recomendado*, importar todo o conteúdo de um módulo, declarando:<br>from nome_do_módulo import *<br>Evite essa sintaxe, pois existe a possibilidade de sobrescrever, acidentalmente, identificadores já definidos em seu código por outros declarados no módulo importado. |

## Exercícios resolvidos

1. Crie uma nova pasta em seu computador, chamada exercícios. Abra o ***Jupyter Notebook*** e altere a pasta de trabalho

para ele. Crie um novo bloco de notas. Insira algum comentário ***no código***. Defina, nesse bloco de notas, duas variáveis, ***nome*** e ***idade***, contendo seus dados, e em outra célula, imprima "Nome: ***seu nome***, Idade: ***sua idade***", interpolando as variáveis no lugar das expressões em negrito.

2. Adicione uma linha com os seguintes caracteres: 's, "x" e \\.
3. Crie uma variável Pi e inicialize-a com 3.1415926. Imprima: Pais.
4. Imprima o valor de (5 * 7)-((6*4)+(20/2)).

Solução:

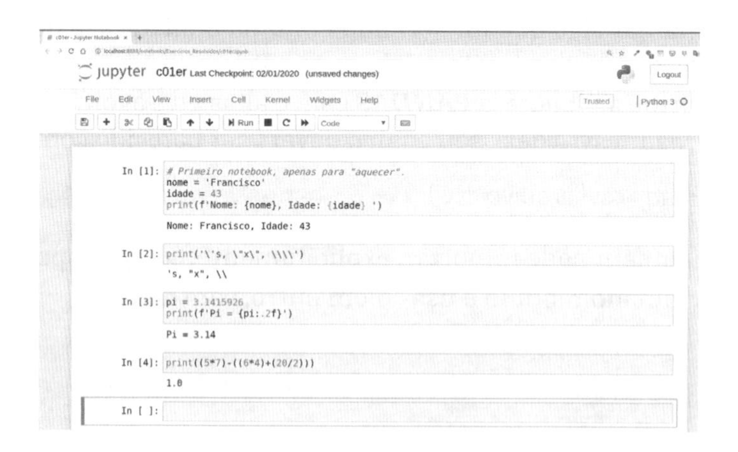


## Exercícios propostos

1. Inicie o ***Spyder*** e crie um novo arquivo. Repita os passos do exercício resolvido e salve o resultado em um arquivo .py.
2. Crie uma variável denominada eh_impar e inicialize-a com o resultado de **(57%2==0)**. Imprima seu conteúdo na tela. Por que o resultado foi um booleano, e não um valor numérico?
3. Crie um programa com três variáveis ***a***, ***b*** e ***c***, que contenham os coeficientes de uma equação de grau 2 (inicialize-os com qualquer valor ***numérico*** que desejar (em um caso

real, esses valores seriam lidos de um arquivo ou fornecidos via teclado, mas, para as necessidades deste capítulo, eles devem ser entrados diretamente no código) e imprima o valor do discriminante da equação, de acordo com a fórmula de Bhaskara. Caso não se lembre mais desse assunto, o discriminante é dado pela fórmula: $\Delta = b^2 - 4 \cdot a \cdot c$.

4. Converta o código da questão anterior em uma função de nome ***delta( ), sem parâmetros***. Como fazer para passar os valores de ***a***, ***b*** e ***c*** para ***delta( )***?

5. Declare três variáveis denominadas ***palavra***, ***numero*** e ***booleano*** e atribua-lhes os valores iniciais ***"Teste"***, ***15*** e ***True***. Em seguida, imprima duas linhas que mostram seus conteúdos, interpolados com textos. Para a primeira linha, use o operador %, e, para a segunda, utilize uma f-string. Seu resultado deve ser semelhante a:

   Usando %: palavra = 'Teste', numero = 15 e booleano = True.

   Usando f-string: palavra = 'Teste', numero = 15 e booleano = True.

# 2
# Coleções

A maioria das linguagens de programação modernas oferece recursos para manipular dados agrupados em coleções, seja acessando-os por meio de um ***índice numérico*** ou uma ***chave string*** ou outros recursos, dependendo da linguagem adotada. Python tem quatro tipos de dados predefinidos para representar coleções: listas, tuplas, conjuntos e dicionários, cada um deles com suas peculiaridades quanto ao modo como tratam elementos repetidos, como mantêm ou não a ordem de seus itens e se podem ou não sofrer alterações após criados. Além disso, as coleções podem ser ***variáveis*** ou ***invariáveis***,[1] dependendo se seus elementos podem ser alterados após a criação da coleção ou não.

## Listas

Talvez este seja o tipo de coleção mais usado pelos programadores Python. Na realidade, a simplicidade com que a linguagem permite manipular listas é uma das características que a tornam tão atraente para tratar grandes volumes de dados.

Uma lista é um conjunto de dados **ordenado**, ou seja: o primeiro item da lista recebe o índice 0; o segundo, 1; e assim por diante.

Para declararmos uma variável do tipo lista, basta igualar seu ***identificador*** (nome) aos dados contidos na lista, separados por vírgula e delimitados por colchetes:

*identificador = [elemento 0, ..., elemento n-1]*

---

1 Em alguns materiais, você poderá encontrar as expressões ***mutável*** e ***imutável*** no lugar de ***variável*** e ***invariável***. Trata-se, porém, do mesmo conceito.

Na Listagem 2.1 é mostrada a criação de uma lista, bem como a sintaxe empregada para obter o valor de um elemento armazenado na lista:

```
1. lista_carros = ['Gol', 'Uno', 'HB20', 'Ka']   # Criando uma lista
2. print(f'Conteúdo da lista: {lista_carros}')   # Imprimindo toda a
3.                                                # lista
4. print(f'O primeiro elemento da lista é {lista_carros[0]}')
5. print(f'O quarto elemento da lista é {lista_carros[3]}')
6. print(f'O quinto elemento da lista é {lista_carros[4]}')
```

Listagem 2.1 — Criando listas (criacao_listas.py).

Na linha 1, criamos uma variável, lista_carros, e armazenamos nela strings contendo os nomes de quatro modelos de veículos. Essa é a maneira do Python para criar uma lista de objetos (no caso presente, os objetos são ***strings***, mas poderiam ser de qualquer outro tipo de dados).

Para acessar as informações guardadas em lista_carros, passamos como argumento o ***índice*** do elemento desejado na lista. A partir do código exibido, podemos depreender que:

- Os índices em Python são baseados em zero, ou seja, o primeiro elemento da lista é acessado como lista_carros[0].
- Uma tentativa de acessar um elemento com um índice inválido, como na linha 6 da listagem, onde tentamos recuperar o valor do quinto elemento (o de índice 4), resultará em ***erro***, pois a lista tinha apenas quatro elementos.

A execução do código na Listagem 2.1 no Spyder resultará na seguinte saída:

```
Conteúdo da lista: ['Gol', 'Uno', 'HB20', 'Ka']
O primeiro elemento da lista é Gol
O quarto elemento da lista é Ka
Traceback (most recent call last):
(mensagens omitidas...)
```

```
print(f'O quinto elemento da lista é {lista_carros[4]}')
IndexError: list index out of range
```

A mensagem de erro ao final da saída indica que foi realizada uma tentativa de acessar um índice inválido da lista (como só armazenamos quatro elementos, a tentativa de ler o item lista_carros[4], que seria o quinto (lembre-se de que os índices são baseados em zero), resulta em um erro em tempo de execução. Se você experimentar emitir, logo após a execução desse código, um comando

```
print(lista_carros)
```

perceberá que os elementos da lista serão impressos **na ordem em que foram armazenados**. Guarde essa informação na sua mente: as listas mantêm a ***ordem relativa*** entre seus elementos. As listas do Python são semelhantes aos arrays dinâmicos encontrados em outras linguagens de programação, podendo crescer/diminuir de tamanho em tempo de execução, por meio da inclusão e remoção de itens. É possível até mesmo realizar uma composição de listas que contêm outras listas, que contêm mais listas... como na Listagem 2.2.

```
carros_populares = ['Gol', 'Uno', 'HB20', 'Ka']
superesportivos = ['Ferrari', 'Lamborguini', 'Porsche']
lista_carros = [carros_populares, superesportivos]
print(f'Conteúdo da lista de carros: {lista_carros}')
```

Listagem 2.2 — Composição de listas (listas_compostas.py).

Se você executar esse código, verá na saída:

```
Conteúdo da lista de carros: [['Gol', 'Uno', 'HB20', 'Ka'], ['Ferrari',
'Lamborguini', 'Porsche']]
```

Perceba que a lista é composta por duas outras listas: uma com os carros populares, e outra com os superesportivos.

As listas compostas são, na verdade, arrays bidimensionais, e seus elementos podem ser acessados por meio de seus índices com uma sintaxe como a da Listagem 2.3.

```
carros_populares = ['Gol', 'Uno', 'HB20', 'Ka']
superesportivos = ['Ferrari', 'Lamborguini', 'Porsche']
lista_carros = [carros_populares, superesportivos]
print(f'Carros populares: {lista_carros[0]}')
print(f'Superesportivos: {lista_carros[1]}')
```

Listagem 2.3 — Acessando listas compostas como arrays bidimensionais (arrays_bidimensionais.py).

Na Listagem 2.3, quando escrevemos lista_carros[0], por exemplo, estamos querendo dizer: "retorne o elemento de índice 0 da lista lista_carros." Como esse elemento é, ele próprio, uma lista, esta será usada. A execução do código daquela listagem resultará em:

```
Carros populares: ['Gol', 'Uno', 'HB20', 'Ka']
Superesportivos: ['Ferrari', 'Lamborguini', 'Porsche']
```

Para acessarmos os elementos de lista_carros individualmente, podemos escrever:

```
print(f'Segundo carro popular: {lista_carros[0][1]}')
```

Nesse contexto, lista_carros[0][1] retornará o segundo elemento (índice 1) da lista que está na posição 0 de lista_carros. Veja a Tabela 2.1.

| lista_carros | índices |
|---|---|
| 0 | [0]='Gol', [1]='Uno', [2]='HB20', [3]='Ka' |
| 1 | [0]='Ferrari', [1]='Lamborguini', [2]='Porsche' |

Tabela 2.1 — Lista bidimensional.

A Figura 2.1 mostra, no ***Spyder***, o resultado da execução dos códigos citados.

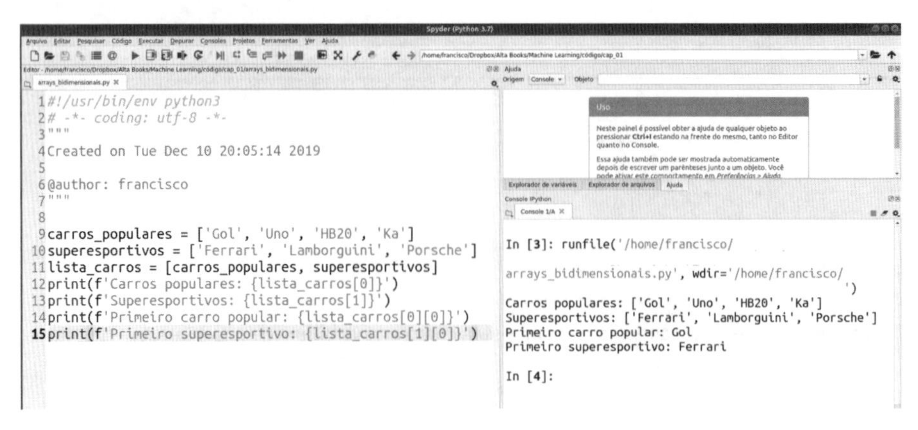


Figura 2.1 — Resultado da execução da Listagem 2.3.

Perceba, no console, os resultados esperados. Com este tópico, queremos que você consiga usar a sintaxe para acesso a elementos de listas de qualquer tamanho pelo ***índice*** desses elementos. Note que, nas linhas 12 e 13 da figura, acessamos lista_carros por um só índice, o que devolveu uma nova lista como resultado, pois aquela é ***bidimensional***; já nas linhas 14 e 15, usamos ***dois*** índices, o que produziu como resultado ***apenas um*** elemento de cada lista.

| Aviso | A lista é um tipo de dados **variável**, ou seja, seus elementos podem ser alterados ou excluídos em tempo de execução, modificando seu conteúdo.<br>Além disso, ela pode conter qualquer tipo de dados: o primeiro elemento pode ser um inteiro; o segundo, uma string; o terceiro, um booleano; o quarto, um objeto, o que força o programador a ser mais cuidadoso ao gerenciar objetos dessas coleções. |
|---|---|

## Inicializando e adicionando elementos dinamicamente a uma lista

Mostramos na Listagem 2.1 como criar uma lista contendo strings. Você pode inicializar suas listas com vários tipos de dados, inclusive com tipos diferentes, como citado no aviso anterior — diz-se que as coleções, em Python, são ***heterogêneas***. Essa característica permite muita flexibilidade para quem trabalha com ***Machine Learning***.

Às vezes você precisará começar seus programas com uma lista vazia e, paulatinamente, adicionar itens e ela, como em programas interativos, onde os dados são fornecidos em tempo real pelo usuário. Para esses casos, pode-se usar o método ***append( )*** da classe ***List***. Sua finalidade é acrescentar elementos a uma lista. Observe um exemplo no programa da Listagem 2.4.

```
lista_produtos = [ ]
print(f'Criando uma lista de produtos vazia: {lista_produtos}')
print('Adicionando caneta esferográfica preta à lista:')
lista_produtos.append('caneta esferográfica preta')
print(lista_produtos)
print('Adicionando caneta esferográfica azul à lista:')
lista_produtos.append('caneta esferográfica azul')
print(lista_produtos)
print('Adicionando resma de papel sulfite à lista:')
lista_produtos.append('resma de papel sulfite')
print(lista_produtos)
```

Listagem 2.4 — Adicionando elementos a uma lista dinamicamente (lista.py).

A execução do código da Listagem 2.4 produzirá na saída:

```
Criando uma lista de produtos vazia: [ ]
Adicionando caneta esferográfica preta à lista:
['caneta esferográfica preta']
Adicionando caneta esferográfica azul à lista:
['caneta esferográfica preta', 'caneta esferográfica azul']
Adicionando resma de papel sulfite à lista:
['caneta esferográfica preta', 'caneta esferográfica azul', 'resma de
papel sulfite']
```

Perceba que os novos itens são adicionados ***ao final da lista***.

## Alterando os elementos de uma lista

Uma lista é um tipo de dados **variável**, ou seja, seus elementos podem ser alterados após sua criação. Logo, se quiséssemos substituir o elemento de índice 2 de lista_produtos, criada na Listagem 2.4, poderíamos escrever:

```
print('Alterando um elemento da lista:')
lista_produtos[2] = 'resma de papel A4'
print(lista_produtos)
```

E o elemento seria alterado. Observe o resultado da execução na Figura 2.2.

| Aviso | Os índices, em Python, são *baseados em zero*, ou seja, o primeiro elemento tem índice zero; o segundo, um; e assim por diante. |
|---|---|

```
Criando uma lista de produtos vazia: []
Adicionando caneta esferográfica preta à lista:
['caneta esferográfica preta']
Adicionando caneta esferográfica azul à lista:
['caneta esferográfica preta', 'caneta esferográfica azul']
Adicionando resma de papel sulfite à lista:
['caneta esferográfica preta', 'caneta esferográfica azul', 'resma de papel
sulfite']
Alterando um elemento da lista:
['caneta esferográfica preta', 'caneta esferográfica azul', 'resma de papel A4']
```

Figura 2.2 — Alterando um elemento de uma lista.

## Verificando relações de pertinência

Testar se um elemento está contido ou não em uma determinada coleção é uma necessidade muito comum. Para tal, usa-se o operador in. Por exemplo, na lista de strings que criamos na Listagem 2.4, lista_produtos, para verificar se o valor *'borracha'* está na lista, escreva:

```
if 'borracha' in lista_produtos:
    # mais código...
```

Ou seja, se existir no objeto lista_produtos um objeto contendo a string "borracha", execute o código do suíte.[2]

| Aviso | Lembrando mais uma vez: em Python, *tudo é um objeto*, logo, strings também o são, e como listas armazenam objetos (pois são coleções de dados), você poderia guardar qualquer outro tipo de objeto nelas. E mais outro lembrete: as listas são coleções **variáveis**, por isso, você consegue incluir elementos nelas depois de criadas. O mesmo não pode ser feito com coleções como tuplas, por exemplo, que são imutáveis. |
|---|---|

| Aviso | O operador *in* realiza uma comparação item a item, o que pode ser demorado, dependendo do tamanho da lista em que a operação for realizada, por isso, use com moderação. |
|---|---|

Do mesmo modo, você pode testar se um objeto **não pertence** à lista com *not in*:

```
um_produto = 'lápis grafite n. 02'
if um_produto not in lista_produtos:
    print('Produto não cadastrado!')
```

## Removendo elementos de uma lista

Há mais de uma maneira de retirar elementos de uma lista. Para isso, você pode:

1. Usar o método remove( ) da classe List. Esse método recebe como parâmetro o ***objeto*** que deve ser removido da lista, ou seja, para usar esse método, você precisa conhecer antecipadamente o ***objeto*** que será removido. Por exemplo, após executar o código da Listagem 2.4, suponha que você queira retirar de lista_produtos o elemento 'resma de papel A4'. Com o método remove( ), isso é feito escrevendo:

```
lista_produtos.remove('resma de papel A4')
```

2 A serve para testar condições. Ela será examinada em detalhes na seção ***Estruturas Condicionais***, mais adiante neste capítulo.

Se você tentar remover um objeto não existente na lista, receberá um erro.

2. Aplicar o método pop( ) da classe List. Esse método recebe como parâmetro **opcional** o índice do objeto que será excluído da lista e retorna esse o objeto removido para o código chamador; se nenhum parâmetro for fornecido, será retirado o último objeto incluído na lista. No caso desse método, você deve fornecer o ***índice*** do objeto que será removido; se nada for fornecido, será removido o último elemento incluído na lista. Ainda no código da Listagem 2.4, se você colocar em seu programa

```
lista_produtos.pop( )
```

será removido o elemento que estava na última posição da lista. Por outro lado, se você passar um índice, digamos 1, será removido o elemento dessa posição (mais uma vez: os índices, em Python, começam em zero, logo, `pop(1)` removerá o segundo item da lista, se esse existir). Se você tentar remover um índice correspondente a uma posição inexistente, receberá um erro.

3. Utilizar a instrução del. Essa instrução remove uma variável local, inicializando-a com `None`. Essa variável pode ser um elemento de uma lista ou qualquer outro tipo. Dê preferência aos outros dois métodos citados, pois essa instrução, quando mal usada, pode trazer efeitos colaterais (por exemplo, se você colocar em seu código ***del lista_produtos***, em vez de ***del lista_produtos[1]***, eliminará toda a lista no lugar de um elemento).

Existem mais algumas técnicas que podem ser usadas para excluir dados de uma lista, mas para nossas necessidades, as três que foram citadas são suficientes.

## Obtendo o tamanho de uma lista

Muito frequentemente, você precisará verificar o tamanho de uma coleção em seus programas. Em Python, isso é realizado pela função predefinida len( ). Por exemplo, se você executar o código da Listagem 2.4 e, em seguida, emitir o comando

```
print(len(lista_produtos))
```

receberá como resposta 3, pois existem três elementos na lista citada.

## Estendendo uma lista

Outra operação comum com listas em Python é a ***extensão***, que nada mais é do que a ampliação de uma lista pela ***união***[3] com os elementos de outra. O método usado para estender uma lista é extend( ), para o qual mostramos alguns exemplos de uso na Listagem 2.5.

```
usuarios = [ ]
usuarios_informatica = ['Adriano','Bruno','Carlos']
usuarios_contabilidade = ['Daniele', 'Elisa','Fernanda']
print(f'Lista vazia de usuários: {usuarios}')
print(f'Usuários da informática: {usuarios_informatica}')
print(f'Usuários da contabilidade: {usuarios_contabilidade}')
print('Unindo as listas. Primeiro, testando com a informática:')
usuarios.extend(usuarios_informatica)
print(usuarios)
print('Agora, acrescentando a contabilidade:')
usuarios.extend(usuarios_contabilidade)
print(usuarios)
```

Listagem 2.5 — Estendendo uma lista (estender.py).

A execução do código da Listagem 2.5 deverá mostrar:

```
Lista vazia de usuários: [ ]
Usuários da informática: ['Adriano', 'Bruno', 'Carlos']
Usuários da contabilidade: ['Daniele', 'Elisa', 'Fernanda']
Unindo as listas. Primeiro, testando com a informática:
```

---

3 Na realidade, não se trata de uma união como na teoria dos conjuntos, pois quando estendemos uma lista, acrescentando os elementos de outra, podem aparecer elementos duplicados, o que não é permitido com conjuntos.

```
['Adriano', 'Bruno', 'Carlos']
Agora, acrescentando a contabilidade:
['Adriano', 'Bruno', 'Carlos', 'Daniele', 'Elisa', 'Fernanda']
```

Perceba que os itens foram unidos ***na ordem em que foram realizadas as chamadas a*** extend( ). Se você tivesse chamado essa função primeiro com os elementos da lista usuarios_contabilidade, os usuários da informática seriam acrescentados ao ***final*** da lista, em vez de ao início.

## Inserindo um elemento no meio de uma lista

Eventualmente, você precisará de uma maneira de inserir elementos ***no meio*** de uma lista. Para essa tarefa, a biblioteca padrão de Python fornece-nos a função insert( ). Ela recebe como parâmetros, essa ordem: um ***índice***, que informa a posição onde o novo elemento será inserido; e um ***valor***, o objeto que será posto naquela posição. Os elementos posteriores ao índice fornecido serão deslocados para a direita, ou seja, se a inserção for realizada na posição ***n*** da lista, o elemento que antes ocupava esse lugar será deslocado para a posição n + 1; o próximo, se existir, para a posição n+2, e assim por diante... A Listagem 2.6 mostra um exemplo de seu uso.

```
# Primeiro, crio uma lista com algumas ferramentas:
ferramentas = ['Alicate de Pressão','Chave Philips','Formão']
print('Lista inicial de ferramentas: ', ferramentas)
# Agora, adiciono mais duas, de forma a manter a ordem alfabética:
ferramentas.insert(2, 'Chave Torx')
print('Comprei uma chave torx: ', ferramentas)
ferramentas.insert(0, 'Alicate de corte')
print('Comprei um alicate de corte: ', ferramentas)
```

Listagem 2.6 — Inserindo elementos em uma lista (insert.py).

A execução do código da listagem mostrará na tela:

```
# Primeiro, crio uma lista com algumas ferramentas:
ferramentas = ['Alicate de Pressão','Chave Philips','Formão']
```

```
print('Lista inicial de ferramentas: ', ferramentas)
# Agora, adiciono mais duas, de forma a manter a ordem alfabética:
ferramentas.insert(2, 'Chave Torx')
print('Comprei uma chave torx: ', ferramentas)
ferramentas.insert(0, 'Alicate de corte')
print('Comprei um alicate de corte: ', ferramentas)
```

Perceba que os índices passados são as posições nas quais os novos elementos serão incluídos, "empurrando" os itens já existentes "para a frente".

## "Fatiando" listas

A maneira "pythônica"[4] de acessar determinadas porções de uma coleção, seja ela uma lista, tupla etc., é pelo uso de fatias, ou slices. Uma fatia é um ***pedaço*** da coleção, delimitado como nos exemplos da Listagem 2.7.

```
1. numeros = [0, 1, 2, 3, 4, 5, 6, 7, 8, 9]
2. print(f'Lista original: {numeros}')
3. primeiro_elemento = numeros[0]
4. print(f'Primeiro elemento: {primeiro_elemento}')
5. ultimo_elemento = numeros[-1]
6. print(f'Último elemento: {ultimo_elemento}')
7. penultimo_elemento = numeros[-2]
8. print(f'Penúltimo elemento: {penultimo_elemento}')
9. quatro_primeiros = numeros[:4]
10.print(f'Quatro primeiros elementos: {quatro_primeiros}')
11.tres_ultimos = numeros[-3:]
12.print(f'Três últimos elementos: {tres_ultimos}')
13.sem_os_extremos = numeros[1:-1]
```

4 Pythônico é um neologismo que significa, grosso modo, "idiomático do Python", ou seja, código que segue as características geralmente aceitas pela comunidade de desenvolvedores da linguagem.

```
14.print(f'Sem o primeiro e o último elementos: {sem_os_extremos}')
15.numeros2 = numeros[:]
16.print(f'Realizando uma cópia da lista inteira: {numeros2}')
```

Listagem 2.7 — "Fatiando" uma lista (slices.py).

Perceba que a maneira como obtivemos o último, os três primeiros ou os três últimos elementos é diferente do modo que você provavelmente está acostumado a realizar tais operações em outras linguagens de programação.

Os "pedaços" que foram delimitados, chamados de "fatias" ou "***slices***", são definidos com a seguinte sintaxe:

```
identificador [ início: fim: salto]
```

Onde:

- **identificador** — nome da coleção.
- **início** — índice do primeiro elemento que será retornado. Se omitido, será assumido o valor 0 (que corresponde ao primeiro elemento).
- **fim** — índice do primeiro elemento que **NÃO** será devolvido. Em Python, um intervalo é sempre ***aberto à direita***, ou seja, o índice final determina a primeira posição **APÓS** os dados que serão incluídos no intervalo. Se omitido, será assumido o índice do último elemento.
- **salto** — se especificado, define de quantas em quantas posições os elementos devem ser "pulados" para gerar a fatia. Se omitido, será assumido o valor 1, ou seja, nenhum elemento será deixado de fora.

Observe na Listagem 2.7:

Na linha 3, armazenamos na variável ***primeiro_elemento*** o item de índice 0, que é o primeiro da lista.

Na linha 5, para obtermos o último elemento, usamos o índice -1. Essa técnica é bastante usada em Python. Passando um índice ***ne-***

***gativo***, o elemento a ser retornado será buscado da direita para a esquerda. Observe a Figura 2.3.

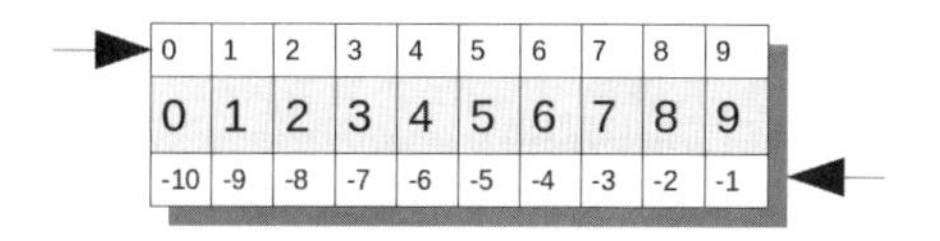


Figura 2.3 — Como funcionam os índices em Python.

Na linha 11, passamos um índice ***negativo*** (-3) para o início do intervalo e não especificamos nenhum valor para o final. Isso é interpretado pelo Python como "devolva o elemento da posição -3 até o final da coleção". Como é possível ver na Figura 2.3, a posição -3 corresponde ao antepenúltimo elemento da lista, que tem, neste caso, o índice 7, e como os intervalos retornados sempre ***incluem o primeiro elemento***, o resultado será a lista ***[7, 8, 9]***.

Na linha 13, o intervalo ***[1, -1]*** fará com que sejam retornados os itens a partir do índice 1 (inclusive), que é o segundo da lista (pois, enfatizando mais uma vez, os intervalos em Python são ***baseados em zero***), e o elemento que antecede o último, de índice -1, que será desprezado, pois os intervalos para fatias são definidos ***abertos à direita***.

Na linha 15, a atribuição ***numeros2 = numeros[:]*** faz com que a variável numeros2 guarde a lista numeros com ***todos os seus elementos***. Isso, efetivamente, cria uma ***cópia em memória*** da lista original.

## Tuplas

Tuplas são coleções semelhantes às listas, porém ***imutáveis***, ou seja, uma vez criadas, seus elementos não podem mais ser alterados. Se você tentar alterar um elemento de uma tupla, receberá uma exceção ***TypeError: 'tuple' object does not support item assignment***. Podem ser criadas especificando seus elementos entre ***parênteses***, em vez dos colchetes, usados para listas, ou mesmo com uma atribuição como na Listagem 2.8.

```
tupla_inteiros = (1, 2, 3)
tupla_strings = ('A', 'B', 'C')
```

```
tupla_booleanos = (False, True)
```

Listagem 2.8 — Exemplo de criação de tuplas (tuplas.py).

A execução do código da Listagem 2.8 mostrará:

```
Criando uma tupla de inteiros: (1, 2, 3)
Criando uma tupla de strings: ('A', 'B', 'C')
Criando uma tupla de booleanos: (False, True)
```

| | |
|---|---|
| **Aviso** | Uma sintaxe alternativa para criar tuplas é eliminar completamente os delimitadores. Por exemplo:<br>`uma_tupla = 1, 2, 3, 4, 5   # equivale a uma_tupla = \`<br>`#(1, 2, 3, 4, 5)`<br>Essa sintaxe é menos usada por ser um tanto confusa. |

Os iniciantes em Python costumam questionar a utilidade das tuplas, principalmente se vêm de outras linguagens de programação. Tuplas são um modo muito eficaz de armazenar múltiplos valores para serem retornados por funções, sendo equivalentes ao conceito de **registros** de outras linguagens de programação — informações relacionadas que devem ser representadas agrupadas, como, por exemplo, a ficha de um estudante. Uma tupla permite reunir informações e tratá-las como um só objeto.

| | |
|---|---|
| **Dica** | Listas e Tuplas são tipos de dados ordenados — ou seja, que mantêm uma ordem entre seus elementos, permitindo comparações como "o item de índice A está localizado antes/após o de índice B", por exemplo — e que diferem quanto ao fato de serem variáveis ou não. São úteis para armazenar dados em que a *ordem* entre eles é importante.<br>Quando a ordem dos elementos na coleção não é relevante, pode-se utilizar os tipos *Conjunto* e *Dicionário*. |

## Conjuntos

**Conjuntos** servem para agrupar elementos semelhantes,[5] ***sem repetição*** e ***sem ordenação*** entre eles, como acontece na matemática (ou seja, algumas operações não fazem sentido, como tentar obter o elemento de índice n do conjunto, por exemplo). Conjuntos podem armazenar outras coleções ***invariáveis***, ou seja, você **não** pode armazenar uma lista como elemento de um conjunto, mas uma tupla é permitido. Há duas maneiras de declarar um conjunto em Python:

1. Explicitamente, colocando seus elementos entre chaves. Ex.: conjunto_pares = {0, 2, 4, 6, 8}.
2. Usando a **função set( )**. Nesse caso, você começará criando um conjunto vazio ou passará uma coleção de elementos que deverão ser armazenados no conjunto.

| | |
|---|---|
| **Aviso** | *Sempre* que precisar criar um conjunto vazio, use a função *set( )*:<br>conjunto_vazio = set( )<br>Se você atribuir conjunto_vazio = { }, a variável conjunto_vazio apontará, na verdade, para um *dicionário* (explicado mais adiante). |

## Operações sobre conjuntos

A linguagem Python implementa as seguintes operações sobre conjuntos:

| Representação | Significado |
|---|---|
| A \| B ou A.union(B) | Retorna o conjunto união de A com B, sem alterar seus valores. |
| A \|= B ou A.update(B) | Realiza a união de A com B e atribui o resultado a A (altera o conteúdo de A). |

*Continua*

5 Na realidade, a linguagem permite criar conjuntos completamente heterogêneos, pois, essencialmente, todo valor armazenado em uma coleção é um ***objeto*** para o Python.

| Representação | Significado |
|---|---|
| A & B ou A.intersection(B) | Retorna o conjunto interseção de A com B, sem alterar seus valores. |
| A&=B ou A.intersection_update(B) | Realiza a interseção de A com B e atribui o resultado a A (altera o conteúdo de A). |
| A - B ou A.difference(B) | Retorna a diferença entre A e B (elementos que estão contidos em A, mas, não em B). |
| A -= B ou A.difference_update(B) | Retorna a diferença entre A e B (elementos que estão contidos em A, mas não em B) e armazena o resultado em A; na prática, remove de A todos os elementos que também fizerem parte de B. |
| A ^ B ou A.symmetric_difference(B) | Retorna a diferença simétrica entre A e B (elementos contidos em A ou em B, mas não em ambos simultaneamente). |
| A ^= B ou A.symmetric_difference_update(B) | Armazena a diferença simétrica entre A e B em A. |
| A <= B ou A.issubset(B) | Retorna True se A for subconjunto de B ou False, caso contrário. Ou seja, corresponde a A ***está contido*** em B. |
| A >= B ou A.issuperset(B) | Retorna True se A for superconjunto de B ou False, caso contrário. Ou seja, corresponde a A ***contém*** B. |
| A < B | Equivalente a A <= B e A != B, ou seja, corresponde a A ***está contido propriamente*** em B. |
| A>B | Equivalente a A >= B e A != B, ou seja, corresponde a A ***contém propriamente*** B. |

Tabela 2.2 — Operadores de conjuntos da linguagem Python.

A Listagem 2.9 mostra exemplos de operações com conjuntos.

```
A = set( )  # Criando um conjunto vazio
print(f'Criado um conjunto vazio: A = {A}')
A.add('X')  # Adicionando um elemento ao conjunto
print(f'Adicionado um elemento ao conjunto A: A = {A}')
A.add('Y')
print(f'Adicionado outro elemento ao conjunto A: A = {A}')
```

```
A.add('Z')
print(f'Adicionado mais um elemento ao conjunto A: A = {A}')
A.add(123)
print(f'Adicionado um quarto elemento ao conjunto A: A = {A}')
print(f'A contém agora {len(A)} elementos.')
teste_pertinencia = 'X' in A
print(f'O elemento \'X\' está contido em A? {teste_pertinencia}')
teste_pertinencia = 'a' in A
print(f'O elemento \'a\' está contido em A? {teste_pertinencia}')
```

Listagem 2.9 — Operações com conjuntos (conjuntos.py).

Perceba que, como citado na seção "Obtendo o tamanho de uma lista", a função len( ) pode ser usada para retornar o tamanho de qualquer coleção. Na Listagem 2.9, nós a usamos para contar os elementos do conjunto A.

Ao executar o código daquela listagem, você verá na saída padrão:

```
Criado um conjunto vazio: A = set( )
Adicionado um elemento ao conjunto A: A = {'X'}
Adicionado outro elemento ao conjunto A: A = {'X', 'Y'}
Adicionado mais um elemento ao conjunto A: A = {'X', 'Z', 'Y'}
Adicionado um quarto elemento ao conjunto A: A = {'X', 123, 'Z', 'Y'}
A contém agora 4 elementos.
O elemento 'X' está contido em A? True
O elemento 'a' está contido em A? False
```

| Dica | Conjuntos são muito eficientes para verificar relações de pertinência. Suponha que você tenha uma coleção com milhares de palavras, números ou o que quer que seja e precise verificar se um dado valor está contido na coleção. Se ela for implementada na forma de um conjunto, a operação será imediata; se, por outro lado, você usar uma lista, por exemplo, dependendo do hardware utilizado para executar o programa, essa verificação pode demorar. |
|---|---|

Uma operação bastante comum usando conjuntos é a eliminação de elementos duplicados em uma lista. A Listagem 2.10 mostra um exemplo de como fazê-lo.

```
lista_duplicados = ['A', 'B', 'C', 'B', 'A', 'C']
print(f'Conteúdo inicial da lista: {lista_duplicados}')
print('Convertendo a lista em conjunto para eliminar duplicidades...')
conjunto = set(lista_duplicados)
print('Convertendo o conjunto em uma lista sem duplicações...')
lista_sem_duplicacoes = list(conjunto)
print(f'Conteúdo da lista sem valores duplicados: {lista_sem_dupli-
cacoes}')
```

Listagem 2.10 — Removendo duplicidades em uma lista (remover_duplicados.py).

A execução o código da Listagem 2.10 exibirá:

```
Conteúdo inicial da lista: ['A', 'B', 'C', 'B', 'A', 'C']
Convertendo a lista em conjunto para eliminar duplicidades...
Convertendo o conjunto em uma lista sem duplicações...
Conteúdo da lista sem valores duplicados: ['A', 'B', 'C']
```

## Expressões Lambda

***Expressões*** ou ***funções lambda*** são funções anônimas, que podem receber qualquer quantidade de parâmetros, mas ***só devem conter uma expressão em seu corpo***.

Uma expressão lambda é definida da seguinte forma:

lambda $p_1, p_2,...p_n$: *expressão*

Onde:

- $p_1, p_2,...p_n$ — parâmetros que serão passados à expressão.
- ***expressão*** — expressão que será avaliada com os valores recebidos nos parâmetros e terá seu valor retornado.

Em Python, expressões lambda são consideradas ***first-class citzens***, ou seja, podem ser passadas como parâmetros para funções, armazenadas em variáveis, modificadas, retornadas com resultado de funções etc. A Listagem 2.11 mostra um uso simples de uma função lambda.

```
1. delta = lambda a, b, c: b**2 - 4 * a * c
2. print(f'Usando uma expressão lambda para calcular delta(1, 12, -13): {delta(1, 12, -13)}')
```

Listagem 2.11 — Exemplo de função lambda (lambda.py).

Na linha 1, definimos uma expressão para calcular o discriminante de uma equação de 2° grau de acordo com a fórmula de Baskhara.

Na linha 2, usamos essa mesma expressão para obter o Δ (Delta) de $x^2 + 12x - 13 = 0$.

O resultado da execução desse código é:

```
Usando uma expressão lambda para calcular delta(1, 12, -13): 196
```

## Dicionários

Um ***dicionário*** é um tipo de dados de Python que agrupa atributos por meio de identificadores, comumente referidos como "etiquetas" (**labels**). Funciona como um **array associativo**, presente em algumas linguagens, criando uma correspondência entre ***chaves*** e ***valores***. A Listagem 2.12 exemplifica a criação de dicionários.

```
1.clientes = { }
2. funcionarios = dict( )
3. pesos = { 'Fulano': 80.2, 'Cicrano': 57.5}
```

Listagem 2.12 — Inicializando um dicionário (dicionario.py).

As linhas 1 e 2 mostram a criação de dicionários vazios. A primeira forma é a geralmente preferida pelos programadores Python (mais "pythônica"). Na linha 3, mostramos um dicionário que armazena o peso de duas pessoas, onde as chaves são os nomes e os valores e seus respectivos pesos em quilogramas.

É mais comum que as chaves sejam ***strings***, delimitadas por aspas (é permitida, embora pouco usual, a criação de chaves com quaisquer outros tipos, desde que ***imutáveis***, como numéricos ou booleanos); os valores guardados, por sua vez, podem ser de qualquer tipo e só precisam ser delimitados por aspas se também forem ***strings***. Por exemplo, a Listagem 2.13 mostra um dicionário que representa as informações de um produto:

```
1. produto = {
2.       'codigo': '00035-B',
3.       'nome': 'Chave de Fenda n. 15',
4.       'preco': 29.759}
5. print(f'Cadastrado o produto: {produto}')
6. print(f'Código do produto: {produto["codigo"]}')
7. print(f'Nome do produto: {produto["nome"]}')
8. print(f'Preço do produto: R$ {produto["preco"]:.2f}')
```

Listagem 2.13 — Representando um produto com um dicionário (dicionario.py).

No código da Listagem 2.13, nas linhas de 1 a 4, inicializamos uma variável, produto, com um dicionário que representa os dados de um produto. Em seguida, nas linhas de 5 a 8, usamos a função print( ) para escrever essas informações na saída padrão. Perceba que:

- Na linha 5, imprimimos todo o conteúdo do dicionário, o que exibirá:

```
Cadastrado o produto: {'codigo': '00035-B', 'nome': 'Chave de Fenda n. 15', 'preco': 29.759}
```

- Nas linhas 6 e 7, acessamos apenas o conteúdo de dois ***valores*** armazenados no dicionário, a partir de suas respectivas ***chaves***, mostrando na saída padrão:

```
Código do produto: 00035-B
Nome do produto: Chave de Fenda n. 15
```

- Finalmente, na linha 8, observe como foi usada a função print( ), com um código de formatação para exibir o preço com apenas dois dígitos. Propositalmente, nós o criamos com três dígitos e um valor que precisaria ser arredondado para cima quando fosse mostrado com duas casas decimais. O resultado é:

```
Preço do produto: R$29.76
```

Da mesma maneira que você pode ler um atributo em um dicionário, pode alterá-lo, como, por exemplo:

```
produto['preco'] = 32.00
```

Perceba que, desta vez, usamos aspas simples para especificar o atributo que será alterado. Elas são intercambiáveis, apenas ***nunca use aspas simples e duplas ao mesmo tempo na mesma instrução print( ).***

Outro motivo para usarmos aspas duplas no código da Listagem 2.13: como o acesso ao dicionário foi realizado dentro de uma f-string, se utilizássemos aspas simples, precisaríamos de códigos de escape (\) para que o interpretador não entendesse essas aspas como o fim da f-string. Se assim o fizéssemos, teríamos que alterar o código para que, por exemplo, a linha 6 ficasse assim:

```
print(f'Código do produto: {produto[\'codigo\']}')
```

| Aviso | Uma variável do tipo dicionário não pode conter chaves repetidas. Se você tentar fazer isso, por exemplo<br>isto_esta_errado = {'a':1, 'a': 2}<br>o valor declarado por último sobrescreverá o(s) anterior(es). No exemplo citado, se você inspecionar a variável isto_esta_errado, verá que ela contém apenas:<br>{'a': 2} |
|---|---|

## Retornando valores default

Os dicionários têm um **método get( )**, que pode ser utilizado para retornar um valor *default*, em vez de levantar uma exceção, caso se procure por uma chave inexistente. Por exemplo:

```
produto_disponivel = produto.get('disponivel', False)
```

Se você digitar esse código, após executar a Listagem 2.13, e depois inspecionar o conteúdo da variável produto_disponivel, verá que contém False; se, por outro lado, você tentar acessar um atributo inexistente sem essa proteção, receberá uma exceção **KeyError**.

## Testando a existência de valores

Uma operação comum com dicionários é verificar se existe um valor correspondente a uma determinada chave. Isso pode ser feito com o operador in, por exemplo:

```
produto_tem_preco = 'preco' in produto                    # retorna True
produto_tem_prateleira = 'prateleira' in produto         # retorna
False
```

No primeiro teste, como o dicionário ***produto*** tem uma chave de nome ***preco***, a variável ***produto_tem_preco*** receberá o valor ***True***; no segundo, como não há uma chave de nome ***prateleira***, ***produto_tem_prateleira*** conterá ***False***.

## Examinando várias chaves/valores de um dicionário

Você também pode obter todas as chaves ou valores de um dicionário, com os métodos mostrados na Listagem 2.14.

```
1. produto = {
2.         'codigo': '00012-X',
3.         'nome': 'Alicate de corte tam. 9',
4.         'preco': 50.27}
5. print(f'Chaves do produto: {produto.keys( )}')
```

```
6. print(f'Valores do produto: {produto.values( )}')
7. print(f'Tuplas (chave, valor) do produto: {produto.items()}')
```

Listagem 2.14 — Obtendo múltiplas chaves/valores de um dicionário (dicionario02.py).

O resultado da execução desse código será:

```
Chaves do produto: dict_keys(['codigo', 'nome', 'preco'])
Valores do produto: dict_values(['00012-X', 'Alicate de corte tam. 9',
50.27])
Tuplas (chave, valor) do produto: dict_items([('codigo', '00012-X'),
('nome', 'Alicate de corte tam. 9'), ('preco', 50.27)])
```

Observe que:

- O **método keys( )**, na linha 5, retornará uma lista contendo as ***chaves*** do dicionário onde o método foi invocado.
- Do mesmo modo, **values( )**, na linha 6, devolve uma lista com os ***valores*** do dicionário onde o método foi invocado.
- A chamada a ***items( )*** (linha 7), por sua vez, retorna uma lista contendo ***tuplas*** no formato ***(chave, valor)*** para cada item do dicionário.

## Removendo elementos de um dicionário

Se necessário, você pode excluir um par chave/valor de um dicionário por meio da instrução ***del***. Por exemplo, para excluir o item preco do dicionário produto da Listagem 2.14, simplesmente digite:

```
del produto['preco']
```

## *Defaultdict*

Defaultdict é uma classe do Python que se comporta como um dicionário, porém, com uma característica adicional: ao criar um objeto dessa classe, você deve passar como parâmetro uma função sem argumentos, chamada de default factory, que será usada para fornecer valores ***default*** quando uma chave inexistente for consultada. Ela nunca emite um KeyError: qualquer chave inexistente devolverá o valor obtido da ***default factory***.

Um recurso muito usado com defaultdicts são expressões lambda para especificar o valor padrão.

Para utilizar essa classe, ela deve primeiro ser ***importada***. A Listagem 2.15 demonstra algumas formas de usá-la. Nesse exemplo, usamos um ***defaultdict*** para armazenar os gêneros de filmes preferidos pelo usuário. Se nada for fornecido, usaremos uma expressão lambda para retornar 'Ficção'.

```
from collections import defaultdict
genero = defaultdict(lambda:'Ficção')
genero['Tá todo mundo louco'] = 'Comédia'
genero['Avatar'] = 'Fantasia'
print('Alguns gêneros cadastrados:')
print(f'Tá todo mundo louco: {genero["Tá todo mundo louco"]}')
print(f'Avatar: {genero["Avatar"]}')
print(f'Star Wars: {genero["Star Wars"]}')
```

Listagem 2.15 — Usando um defaultdict para armazenar gêneros de filmes (dicionario03.py).

A execução desse código mostrará:

```
Alguns gêneros cadastrados:
Tá todo mundo louco: Comédia
Avatar: Fantasia
Star Wars: Ficção
```

## A classe Counter

Uma classe muito útil em programas relacionados a estatística é Counter (contador). Ela permite implementar facilmente uma ***distribuição de frequência***. Um Counter é uma coleção sem ordenação, na qual os itens são armazenados como ***chaves*** de um dicionário e os ***valores*** correspondem à frequência (quantidade de vezes em que aparecem na amostra) dos elementos da coleção. Veja um exemplo de seu uso na Listagem 2.16.

```
from collections import Counter
lista_numeros = [0, 1, 2, 2, 1, 2, 0]
lista_strings = ['A', 'B', 'B', 'A', 'C', 'A', 'A', 'C']
c1 = Counter(lista_numeros)
c2 = Counter(lista_strings)
print(f'Lista de números: {lista_numeros}')
print(f'Distribuição dos números: {c1}')
print(f'Lista de letras: {lista_strings}')
print(f'Distribuição das letras: {c2}')
```

Listagem 2.16 — Usando um contador para contar frequências em coleções (contador.py).

O resultado da execução da Listagem 2.16 será:

```
Lista de números: [0, 1, 2, 2, 1, 2, 0]
Distribuição dos números: Counter({2: 3, 0: 2, 1: 2})
Lista de letras: ['A', 'B', 'B', 'A', 'C', 'A', 'A', 'C']
Distribuição das letras: Counter({'A': 4, 'B': 2, 'C': 2})

In [28]:
```

Figura 2.4 — Resultado da execução da Listagem 2.16.

## Exercícios resolvidos

1. Crie uma variável chamada valores e armazene nela os números de 1 a 10. Imprima o sétimo elemento da lista e, na linha seguinte, o conteúdo da lista completa.

```
valores = [1, 2, 3, 4, 5, 6, 7, 8, 9, 10]
# Lembre-se que as listas são baseadas em zero
print(f'O sétimo elemento da lista é {valores[6]}.')
print(f'E o conteúdo da lista completa: {valores}.')
```

2. Altere o programa anterior, acrescentando uma variável chamada numeros_extenso, contendo os números da

questão anterior, escritos por extenso, e uma lista composta, contendo as duas listas anteriores. Imprima seus conteúdos na saída padrão. Imprima o valor numérico e por extenso do primeiro e do último elemento da lista.

```
valores = [1, 2, 3, 4, 5, 6, 7, 8, 9, 10]
numeros_extenso = ['um', 'dois', 'três', 'quatro', 'cinco', 'seis', 'sete', 'oito', 'nove', 'dez']
lista_numeros = [valores, numeros_extenso]
print(f 'Conteúdo da lista: {lista_numeros}.')
print(f 'Primeiro elemento da lista: {lista_numeros[0][0]} - {lista_numeros[1][0]}.')
print(f 'Último elemento da lista: {lista_numeros[0][9]} - {lista_numeros[1][9]}.')
```

3. Esta questão tem quatro atividades:
   a) Crie uma lista vazia, denominada itens, e acrescente a ela três strings: "livro", "caderno" e "borracha".
   b) Altere o item de índice 1 para "régua".
   c) Verifique se o item "caderno" ainda está na lista.
   d) Imprima a quantidade de elementos da lista, remova o último elemento da lista e imprima-o; em seguida, imprima o novo tamanho da lista.
   e) Crie uma variável chamada fatia, que contenha os dois últimos elementos da lista e imprima-a na saída padrão.

```
Itens = [ ]
itens.append("livro")
itens.append("caderno")
itens.append("borracha")
itens[1] = "régua"
if "caderno" in itens:
   print('A lista contém um caderno.')
print(f'A lista possui {len(itens)} elementos.')
ultimo_elemento = itens.pop( )
```

```
print(f'Após a remoção de {ultimo_elemento}, a lista ficou com {len(itens)} elementos.')
fatia = itens[-2:]
print(f'Os dois últimos elementos da lista são {fatia}.')
```

**4. Altere a questão anterior para, após as operações da questão 3, inserir a *string* "livro" na posição 0 da lista itens e, em seguida, imprimir o novo conteúdo da mesma.**

```
Itens = [ ]
itens.append("livro")
itens.append("caderno")
itens.append("borracha")
itens[1] = "régua"
if "caderno" in itens:
    print('A lista contém um caderno.')
print(f'A lista possui {len(itens)} elementos.')
ultimo_elemento = itens.pop()
print(f'Após a remoção de {ultimo_elemento}, a lista ficou com {len(itens)} elementos.')
fatia = itens[-2:]
print(f'Os dois últimos elementos da lista são {fatia}.')
itens.insert(0, "livro")
print(f'Após a inserção do novo elemento: {itens}')
```

**5. Crie um conjunto, A, com todos os números inteiros de 1 a 5, e outro conjunto, B, com os números inteiros pares de 0 a 10. Exiba o resultado de $A \cup B$ e de $A \cap B$.**

```
A = {1, 2, 3, 4, 5}
B = {0, 2, 4, 6, 8, 10}
print(f'A união B = {A|B}')
print(f'A interseção B = {A&B}')
```

## Exercícios propostos

1. Crie uma variável chamada teste e armazene nela os números inteiros de 1 a 5. Imprima o segundo elemento da lista e, na linha seguinte, o conteúdo da lista completa.
2. Altere o programa anterior, acrescentando uma variável chamada teste2, contendo os números inteiros de 6 a 10. Acrescente essa lista à primeira, estendendo-a, e em seguida, imprima a nova lista gerada.
3. Crie um conjunto com o nome primos, contendo os números primos menores que 20, um conjunto chamado pares com os números pares de 0 a 10, e outro, chamado impares, contendo os números ímpares entre 10 e 20. Imprima o resultado de: $pares \cup (primos \cap impares)$.
4. Imagine que você precise contar as ocorrências das letras C, G, A e T, correspondentes às bases nitrogenadas do DNA, em uma string. Crie um programa com uma variável dna, contendo a sequência 'CGCGGACCTTTCCCAAA', que imprima na saída o número de ocorrências de cada letra.

# 3 Estruturas Condicionais

Um recurso de que nenhuma linguagem de programação pode prescindir são as estruturas de decisão. Responsáveis por selecionar como o programa deverá prosseguir após a avaliação de uma condição, elas são implementadas em Python pela instrução if e suas variações.

## if

Presente na grande maioria das linguagens de programação, esta instrução testa condições e, se elas forem satisfeitas, executa o código de um suíte. É conhecida também como instrução condicional ou branch. Na Listagem 3.1, mostramos um exemplo de utilização:

```
1. x = 5
2. if x > 0:
3.     print(f'{x} é um número positivo.')
4. print("Esta linha será impressa todas as vezes.")
5.
6. x = -1
7. if x > 0:
8.     print(f'{x} é um número positivo.')
9. print("Esta linha também será impressa sempre.")
```

Listagem 3.1 — Teste da função if (condicional.py).

Observe no resultado da execução, conforme a Figura 3.1, que o código do primeiro *suíte* será executado, enquanto que o do segundo não, pois a segunda condição não passa no teste (x = -1 e -1 ***não é maior que 0***). Perceba a importância do indentamento para definir os suítes: as linhas 4 e 9 ***sempre*** serão executadas, pois estão ***fora*** dos suítes.

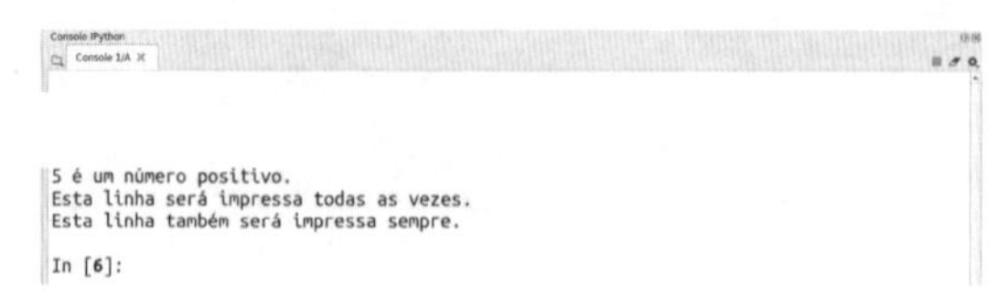


Figura 3.1 — Resultado da execução da listagem 3.1.

## if... elif... else

Uma variação da instrução ***if*** permite realizar vários testes na mesma instrução. Nesse caso, a sintaxe muda para:

```
if condição1:
  suíte1
elif condição2:
  suíte2
(outros elifs...)
elif condição_n:
  suíte_n
else:
  suíte_do_else
```

Nesse formato, o interpretador testará primeiro a ***condição1***; se esta retornar ***False***, testará a ***condição2***, e assim sucessivamente para quantas condições forem declaradas. Se nenhuma condição for atendida, será executado o código do ***suíte_do_else***, caso ele esteja presente (essa cláusula é opcional).

Na Listagem 3.2, é mostrado um exemplo.

```
media = 8.5
if media >= 7.0:
    print('Parabéns! Você foi aprovado por média.')
```

```
    elif (media < 7.0) and (media >=3.0):
        print('Você fará prova final.')
    else:
        print('Você foi reprovado.')
```

Listagem 3.2 — estrutura *if-elif-else* (notas.py).

De acordo com o valor atribuído na primeira linha à variável media, será executado um dos três suítes incluídos no código. É claro que, em uma aplicação real, a média não estará digitada no código, mas virá de um ator externo ao programa, podendo, por exemplo, ser digitada por um ser humano ou importada de algum banco de dados acadêmico, entre outras possibilidades. Experimente alterar o valor de media na primeira linha e rodar o programa outras vezes para confirmar que a lógica foi implementada corretamente. Na Figura 3.2, exibimos o resultado no console após três execuções sucessivas do código, usando como médias 5.0, 9.5 e 2.7.

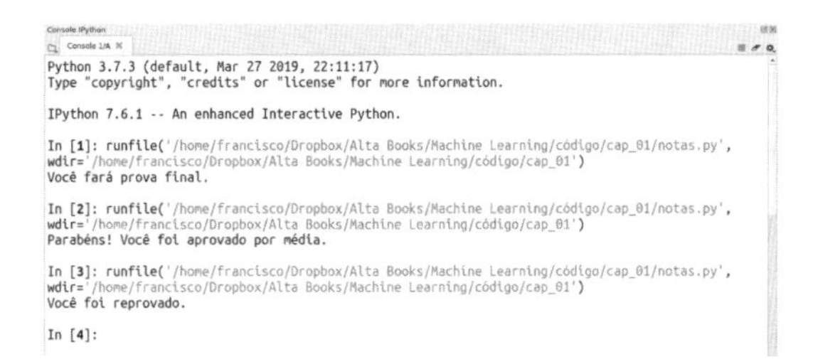


Figura 3.2 — Testando múltiplos ifs.

## *ifs* encadeados

Existe, ainda, a opção de ***encadear*** ou ***aninhar*** vários ifs em sequência, ou seja, colocar um if dentro de outro if, dentro de mais um if, etc. Na Listagem 3.3, mostramos um exemplo em que são testados os valores para glicemia em jejum em mg/dL de sangue em crianças e adolescentes entre 7 e 18 anos, de acordo com idade e sexo.[1]

1 <http://www.jped.com.br/conteudo/08-84-02-136/port.asp>. Acesso em: 30 dez. 2019.

```
valor_medido = 87.0
idade = 13
sexo = 'F'
igual_ou_abaixo_da_media = False

if sexo == 'M':
    if (idade >= 7) and (idade <9):
        if valor_medido <= 89.4:
            igual_ou_abaixo_da_media = True
        else:
            igual_ou_abaixo_da_media = False
    if (idade >= 9) and (idade <11):
        if valor_medido <= 88.0:
            igual_ou_abaixo_da_media = True
        else:
            igual_ou_abaixo_da_media = False
    if (idade >= 11) and (idade <13):
        if valor_medido <= 88.92:
            igual_ou_abaixo_da_media = True
        else:
            igual_ou_abaixo_da_media = False
    if (idade >= 13) and (idade <15):
        if valor_medido <= 92.29:
            igual_ou_abaixo_da_media = True
        else:
            igual_ou_abaixo_da_media = False
    if (idade >= 15) and (idade <18):
        if valor_medido <= 89.69:
            igual_ou_abaixo_da_media = True
        else:
            igual_ou_abaixo_da_media = False
else:  # sexo = 'F'
    if (idade >= 7) and (idade <9):
```

```
        if valor_medido <= 83.72:
            igual_ou_abaixo_da_media = True
        else:
            igual_ou_abaixo_da_media = False
    if (idade >= 9) and (idade <11):
        if valor_medido <= 88.22:
            igual_ou_abaixo_da_media = True
        else:
            igual_ou_abaixo_da_media = False
    if (idade >= 11) and (idade <13):
        if valor_medido <= 88.58:
            igual_ou_abaixo_da_media = True
        else:
            igual_ou_abaixo_da_media = False
    if (idade >= 13) and (idade <15):
        if valor_medido <= 88.85:
            igual_ou_abaixo_da_media = True
        else:
            igual_ou_abaixo_da_media = False
    if (idade >= 15) and (idade <18):
        if valor_medido <= 89.77:
            igual_ou_abaixo_da_media = True
        else:
            igual_ou_abaixo_da_media = False
if igual_ou_abaixo_da_media:
    print('O valor da amostra fornecida é igual ou menor que a média do grupo em estudo.')
else:
    print('O valor da amostra fornecida é superior à média do grupo em estudo.')
```

**Listagem 3.3 — ifs encadeados (ifs_encadeados.py).**

Execute esse código e teste com múltiplos valores. Na Figura 3.3 é mostrado o resultado com os parâmetros usados na Listagem 3.3.

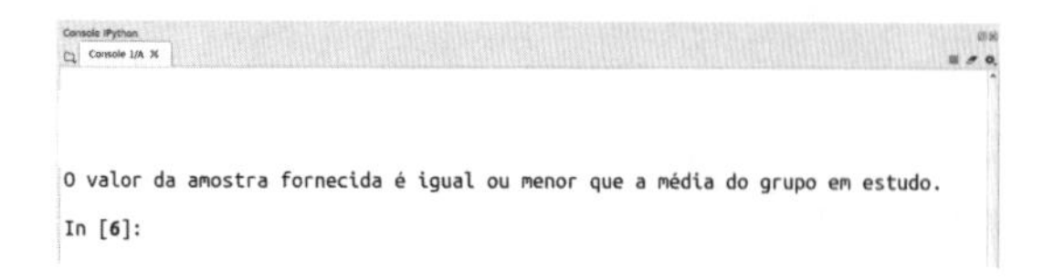


Figura 3.3 — Testando ifs encadeados.

## Operador ternário

Em muitas linguagens semelhantes à linguagem C, há um "açúcar sintático" para avaliações condicionais em uma só linha. Com Python não é diferente. Para testar condições simples, a linguagem oferece o chamado ***operador ternário***, que nada mais é que uma instrução if condensada em uma só linha:

```
expressão1 if condição else expressão2
```

Poderíamos traduzí-la como: "Se a condição for avaliada como True, retorne expressão1; se não, retorne expressão2". O recurso foi criticado por Guido van Rossum, criador da linguagem, por não ser muito "pytônico", mas, ainda assim, terminou incluído no Python depois da PEP 308.

O código a seguir exemplifica o uso desse recurso:

```
idade = 20
print('pode votar' if idade >= 16 else 'não pode votar')
```

Se você digitar esse código no IDLE (Integrated Development and Learning Environment), obterá como saída:

```
pode votar
```

**Aviso**

O operador ternário deve ser utilizado com bastante cautela, pois favorece um estilo de programação um tanto quanto "obscuro". Mais uma vez, citando o "Zen do Python", "explícito é melhor que implícito", logo:

```
if idade >= 16:
    print('pode votar')
else:
    print('não pode votar')
```

É uma forma mais legível que aquela usando o operador ternário.

## Exercícios resolvidos

1. **Faça um programa que crie três variáveis, var1, var2 e var3. Atribua qualquer valor *numérico* às variáveis e imprima qual é a maior delas e seu valor.**

```
var1 = 13
var2 = 27
var3 = 8
if (var1 > var2) and (var1 > var3):
    print(f'O maior valor é {var1} e está armazenado em var1')
elif (var2 > var1) and (var2 > var3):
    print(f'O maior valor é {var2} e está armazenado em var2')
elif (var3 > var1) and (var3 > var2):
    print(f'O maior valor é {var3} e está armazenado em var3')
```

2. **Crie um programa com três variáveis, lado1, lado2 e lado3, e inicie-as com quaisquer valores *numéricos*. Imprima na saída se esses tamanhos de lados formam ou não um triângulo.**

```
lado1 = 3
lado2 = 8
lado3 = 10
resultado = False
if (lado2 + lado3> lado1) and (lado1 + lado3 > lado2) and \
```

```
    (lado1 + lado2 > lado3):
    print('Os valores fornecidos FORMAM um triângulo.')
else:
    print('Os valores fornecidos NÃO FORMAM um triângulo.')
```

3. **O trecho de programa a seguir inicializa a variável numero_aleatorio com um valor randômico inteiro. Pede-se: altere o programa para que ele imprima na tela o valor que foi usado na execução atual, e se esse valor é positivo, negativo ou neutro.**

```
import random
numero_aleatorio = random.randint(-100,101) # Gera um número
entre -100
                                            # e 100
```

Resposta:

```
import random
numero_aleatorio = random.randint(-100,101) # Gera um número
entre -100
                                            # e 100
if numero_aleatorio > 0:
    print(f'O número {numero_aleatorio} é positivo.')
elif numero_aleatorio <0:
    print(f'O número {numero_aleatorio} é negativo.')
else:
    print(f'O número {numero_aleatorio} é neutro.')
```

## Exercícios propostos

1. Faça um programa que crie três variáveis, var1, var2 e var3. Atribua qualquer valor ***numérico*** às variáveis e imprima qual é a ***mediana*** delas e seu valor (Dica: a mediana é o "valor central" — é aquela que fica entre a menor e a maior do conjunto).

2. Crie um programa com três variáveis, lado1, lado2 e lado3, e inicie-as com quaisquer valores ***numéricos***. Imprima na saída se esses tamanhos de lados formam ou não um triângulo ***retângulo***. (Dica: use o Teorema de Pitágoras — "O quadrado da hipotenusa é igual à soma dos quadrados dos catetos".)
3. Crie um programa que simule um jogo de sorteio com duas bolas: uma vermelha e outra azul. Após dez execuções, informe qual cor foi a mais sorteada e as quantidades de cada uma. (Dica: use a função random.randint( ), citada no exercício resolvido 3.)

# 4
# Estruturas de Repetição

Neste capítulo, apresentaremos as estruturas de repetição, que você usará muitas vezes ao trabalhar com ***Machine Learning*** (de fato, muito provavelmente você as utilizará em qualquer tipo de código que desenvolver). Também conhecidas como laços ou loops, essas instruções servem para repetir trechos de programas de acordo com certas condições.

## While

O loop while serve para executar um determinado suíte de código, **enquanto** ("*while*") uma certa condição for satisfeita. **Se a condição for falsa logo na primeira execução**, o código dentro do loop **não** será executado. A forma mais simples dessa estrutura é:

```
while condição:
  suíte
```

Onde condição é um valor booleano, podendo ser uma constante (true ou false), uma variável ou uma função/método que devolva um valor desse tipo. Por exemplo, o programa da Listagem 4.1 imprime o produtório[1] de n números.

```
1. n = 20
2. contador = 0
3. xl = 1
```

1 Em estatística, um ***produtório*** é o produto de uma sequência de números inteiros. Por exemplo, o produtório dos números de 1 a 20 pode ser escrito: $\prod_{i=1}^{20} X_i$.

```
4. x2 = 1
5. resultado = 1
6. while(contador < n):
7.     contador = contador + 1
8.     resultado = resultado * contador
9. print(f'produtório = {resultado}')
```

Listagem 4.1 — Produtório de n números (produtorio.py).

Observe o resultado da execução, conforme a Figura 4.1. Tome cuidado com o indentamento para não terminar sem repetir o código desejado ou repetindo instruções que não deveriam ser repetidas.

```
produtório = 120

In [13]:
```

Figura 4.1 — Resultado da execução da listagem 4.1.

Nada impede que você crie "loops infinitos", ou seja, é perfeitamente válido um trecho de código como:

```
while (True):
    # Faça alguma coisa
Ou até mesmo:
x = 1
while (x > 0):
    # Faça algo
```

No último caso, o código executado poderia decrementar, a cada iteração, o valor de x. Tenha sempre em mente que o valor limite deve ser verificado com cuidado!

| **Dica** | Se você, acidentalmente, criar algum código que entre em *loop infinito*, use a combinação de teclas *ctrl + C* para interromper a execução do programa. |
|---|---|

Uma variação do *loop while* permite incluir uma cláusula else, semelhante à apresentada no capítulo passado para condicionais:

```
while condição:
  suíte_1
else:
  suíte_2
```

Que siginifica: enquanto **condição** for **True**, execute **suíte_1**; quando condição retornar **False**, execute **suíte_2**.

Essa forma parece mais prolixa, porém explicita melhor o que deve acontecer após a **condição de parada**. Lembrando novamente do "Zen do Python": "Explícito é melhor que implícito".

## *Loop for*

Um outro tipo de *loop* oferecido por Python é o loop for. Ele é bastante usado para iterar sobre coleções (como listas, tuplas etc.), strings e vários outros tipos de dados um número fixo de vezes, executando o código de suíte a cada passagem.

Essa instrução tem vários formatos, por isso, mostraremos exemplos de seus três usos mais comuns.

### Para iterar sobre uma coleção

Você pode iterar sobre uma coleção (lista, tupla etc.) com um *loop for*, como na Listagem 4.2:

```
cidades = ['Aliança','Belo Jardim','Caruaru','Petrolina']
for cidade_atual in cidades:
    print('A cidade atualmente examinada é %s' % cidade_atual))
```

Listagem 4.2 — Iterando sobre uma lista(loop_for.py).

Quando executado, o código da Listagem 4.2 produzirá a saída da Figura 4.2.

```
A cidade atualmente examinada é Aliança
A cidade atualmente examinada é Belo Jardim
A cidade atualmente examinada é Caruaru
A cidade atualmente examinada é Petrolina
```

Figura 4.2 — Iterando sobre uma lista com o loop for.

## Para iterar um número predeterminado de vezes

Se você quiser repetir um suíte um número específico de vezes, combine um *loop* ***for*** com a função range( ). Essa função, como o *for*, tem mais de um formato, sendo o mais básico range(**tamanho**), que gera uma sequência de números inteiros com o tamanho passado como parâmetro, ou seja, de **0** a **tamanho – 1**. Por exemplo, para imprimir vinte vezes uma frase, você poderia usar o script da Listagem 4.3:

```
for x in range(20):
    print('Aprendendo Python do jeito simples.')
```

Listagem 4.3 — Iterando um número fixo de vezes(loop_for_2.py).

Que mostrará a saída da Figura 4.3.

```
Aprendendo Python do jeito simples.
Aprendendo Python do jeito simples.
Aprendendo Python do jeito simples.
Aprendendo Python do jeito simples.
Aprendendo Python do jeito simples.
Aprendendo Python do jeito simples.
Aprendendo Python do jeito simples.
Aprendendo Python do jeito simples.
Aprendendo Python do jeito simples.
Aprendendo Python do jeito simples.
Aprendendo Python do jeito simples.
Aprendendo Python do jeito simples.
Aprendendo Python do jeito simples.
Aprendendo Python do jeito simples.
Aprendendo Python do jeito simples.
Aprendendo Python do jeito simples.
Aprendendo Python do jeito simples.
Aprendendo Python do jeito simples.
Aprendendo Python do jeito simples.
Aprendendo Python do jeito simples.
```

Figura 4.3 — Resultado da execução da listagem 4.3.

Você pode, ainda, usar o conteúdo da variável de controle no seu *suíte*. A Listagem 4.4 mostra várias maneiras de fazê-lo.

```
print('Imprimindo os numeros de 0 a 9:')
for x in range(10):
   print(x, end=' ')
print('\nImprimindo os numeros de 1 a 10:')
for x in range(1,11):
   print(x, end=' ')
print('\nImprimindo os numeros IMPARES de 1 a 10:')
for x in range(1,11,2):
   print(x, end=' ')
print('\nImprimindo os numeros PARES de 0 a 10:')
for x in range(0,11,2):
   print(x, end=' ')
print('\nContagem regressiva de 10 a 0:')
for x in range(10,-1,-1):
   print(x, end=' ')
```

Listagem 4.4 — Vários exemplos de uso do loop for(loop_for_3.py).

**Observe o uso da função** range( )**. Ela retorna uma sequência de números inteiros e tem vários formatos:**

| Formato | Definição |
|---|---|
| range(n) | Retorna uma sequência de n inteiros, iniciados em zero, ou seja, os inteiros de 0 a n-1. |
| range(a, b) | Retorna os inteiros entre a(inclusive) e b(exclusive). Ex.: range(1,10) retornará os inteiros de 1 a 9. |
| range(a, b, s) | Retorna os inteiros entre a e b, saltando s a cada incremento. Ex.: range(1,10,2) retornará os inteiros de 1 a 9, saltando de 2 em 2, ou seja, os ímpares de 1 a 9. |
| range(a, b, -s) | Retorna os inteiros entre a e b, regressivamente, saltando -s a cada incremento. Nesse caso, necessariamente, a deve ser maior que b. Se essa condição não for satisfeita, nada será retornado. Ex.: range(10,-1,-1) retornará os inteiros de 10 a 0, em ordem descrescente. |

Tabela 4.1 — Formatos da função range( ).

## Para obter informações de coleções relacionadas

Por meio da função enumerate( ), você pode iterar sobre os dados de uma coleção, bem como o índice atual da iteração. Nesse caso, você deverá usar:

for **índice**, **variável** in enumerate(**coleção**):

Onde:

**índice** — conterá o valor atual do índice da informação iterada pelo *loop*.

**variável** — conterá o **dado real** na posição apontada pelo índice no *loop*.

**coleção** — coleção de dados que fornecerá os resultados.

A Listagem 4.5 mostra um exemplo desse tipo de uso do *loop for*.

```
alunos = ['Alice','Bob','Carl','Daniele']
notas = [9.5, 8.0, 9.5, 8.0]
for indice, aluno in enumerate(alunos):
    print(f'Nome: {aluno} - Nota: {notas[indice]}')
```

Listagem 4.5 — Vários exemplos de uso do loop for (loop_for_4.py).

A Figura 4.4 mostra o resultado da execução desse código.

```
Nome: Alice - Nota: 9.5
Nome: Bob - Nota: 8.0
Nome: Carl - Nota: 9.5
Nome: Daniele - Nota: 8.0
>>>
```

Figura 4.4 — Resultado da execução da listagem 4.5.

| | |
|---|---|
| **Aviso** | Em um programa do "mundo real", os dados não seriam declarados explicitamente em uma lista, como na Listagem 4.5. Provavelmente, eles estariam em um banco de dados e seriam carregados para a lista por algum outro trecho do programa. É uma prática válida, para algumas aplicações, carregar os dados mais frequentemente utilizados em memória para aumentar a velocidade da aplicação — técnica denominada caching — porém, o gerenciamento desses dados (inclusão, exclusão, alteração etc.) não deve — nem precisa — ser implementado manualmente. Como se diz popularmente, "não reinvente a roda"! |

## Para iterar sobre uma *string*

O *loop for* também permite iterar sobre os caracteres de uma *string*. Por exemplo:

```
frase = 'Conhecendo o Python'
for c in frase:
    print(c)
```

Listagem 4.6 — Iterando sobre os caracteres de uma string (loop_for_5.py).

Imprimirá letra por letra o conteúdo da ***string*** armazenada na variável *frase*. O resultado da execução desse código é exibido na Figura 4.5.

```
C
o
n
h
e
c
e
n
d
o

o

P
y
t
h
o
n
>>>
```

Figura 4.5 — Resultado da iteração sobre uma *string*.jpg.

| | |
|---|---|
| **Dica** | Apesar de parecer algo "bobo", iterar sobre os caracteres de uma *string* é uma tarefa muito mais comum do que aparenta a princípio. Em vários programas com os quais me deparei em minha carreira, tive que escrever código para ler partes de uma *string* "caractere por caractere". Tenha essa técnica na sua "caixa de ferramentas"! |

| | |
|---|---|
| **Dica** | Em geral, usam-se *loops for* quando já se sabe, antecipadamente, a quantidade de iterações que seu programa fará; quando esse valor for desconhecido *a priori*, a prática é usar *loops while*. Essa não é uma regra "escrita na pedra" — cada caso deve ser julgado pelo bom senso do programador. |

## Implementando um *do...while* com o *loop while*

Algumas linguagens de programação têm uma estrutura de repetição denominada *do...while*. Sua estrutura costuma ser semelhante a:

```
do
  <corpo do loop>
while <condição>
```

E seu funcionamento, em linhas gerais é: enquanto **condição** for verdadeira, execute o **corpo do loop**.

Você pode pensar agora: "Mas isso não faz a mesma coisa que um while do Python?"

A rigor, não. A diferença é que, no *do...while*, o corpo do loop é executado pelo menos uma vez, antes do teste da condição. Isso pode ser útil em algumas situações, porém, a filosofia do Python reforça a **simplicidade**. Não é necessário um novo tipo de loop na linguagem, quando seu comportamento pode ser perfeitamente simulado com um *loop while* comum e uma variável de controle. No exemplo da Listagem 4.7, uso esse recurso para solicitar o preço de vários produtos em uma lista e, no final, mostrar o somatório desses preços.

```
continua = 'S'
somatorio = 0.0
```

```
quantidade = 0
while(continua == 'S'):
    preco = float(input('Entre com o preço do próximo produto:'))
    somatorio = somatorio + preco
    continua = input('Acrescentar mais produtos? (S/N)')
print('O valor total dos produtos é R$ %.2f'%somatorio)
```

Listagem 4.7 — Simulando um loop do...while (do_while.py).

## Loops aninhados

Uma situação muito comum quando se programa é precisar colocar um ou mais *loops* dentro de outros. Diz-se, nesse caso, que os *loops* estão ***aninhados***.

Você pode aninhar *loops* do mesmo tipo ou de tipos diferentes.

Um caso muito comum de utilização é quando você precisar testar todas as combinações possíveis entre duas variáveis numéricas. Por exemplo, na Listagem 4.8, fazemos uso desse recurso para mostrar todas as possibilidades de combinação entre três camisetas e dois shorts de cores diversas.

```
camisetas = ['azul','vermelha','amarela']
shorts = ['branco','preto']
x = 0
y = 0
for x in range(3):
    for y in range(2):
        print(f'Voce pode combinar uma camiseta {camisetas[x]} com
um short {shorts[y]}')
```

Listagem 4.8 — Usando loops aninhados (loops_aninhados.py).

A Figura 4.6 mostra o resultado da execução do código.

```
Voce pode combinar uma camiseta azul com um short branco
Voce pode combinar uma camiseta azul com um short preto
Voce pode combinar uma camiseta vermelha com um short branco
Voce pode combinar uma camiseta vermelha com um short preto
Voce pode combinar uma camiseta amarela com um short branco
Voce pode combinar uma camiseta amarela com um short preto
>>>
```

Figura 4.6 — Resultado dos loops aninhados.jpg.

É possível, ainda, reescrever o código da Listagem 4.8 como na Listagem 4.9. O resultado seria o mesmo, porém, o código ficaria mais legível.

```
camisetas = ['azul','vermelha','amarela']
shorts = ['branco','preto']
x = 0
y = 0
for cor_camiseta in camisetas:
  for cor_short in shorts:
    print(f'Voce pode combinar uma camiseta {cor_camiseta} com
um short {cor_short}')
```

Listagem 4.9 —– loops aninhados (loops_aninhados_2.py).

## Instruções *break* e *continue*

As instruções break e continue são usadas para alterar o comportamento de um *loop* ***durante sua execução***.Quando o interpretador Python estiver executando um *loop* e chegar a uma instrução *break*, o *loop* será encerrado imediatamente e o programa continuará na primeira instrução após o suíte do *loop* em execução (se não houver mais nenhuma instrução, o programa será encerrado). O programa da Listagem 4.10 usa um contador que deveria ir de 1 a 10 e imprimir os valores dessa variável, porém, introduzi propositalmente um teste com *if*: quando o contador atinge o valor 5, encerra o *loop* por meio de um *break*, antes mesmo de imprimir o resultado, mostrando, ao final, apenas os números de 1 a 4.

```
x = 0
while(x < 10):
    x = x + 1
    if(x==5):
        break
    print(f'x = {x}')
print('O programa terminou!')
```

Listagem 4.10 — Exemplo de uso da instrução break (exemplo_break.py).

O exemplo anterior foi propositalmente sem muita utilidade para fins didáticos, porém não pense que a instrução *break* é apenas "para enfeitar": ela é muito comum para sair de *loops* quando não se sabe antecipadamente o número total de iterações. Por exemplo, a Listagem 4.7 poderia ser reescrita como na Listagem 4.11.

```
continua = 'S'
somatorio = 0.0
quantidade = 0
while(True):
    preco = float(input('Entre com o preço do próximo produto:'))
    somatorio = somatorio + preco
    continua = input('Acrescentar mais produtos? (S/N)')
    if(continua != 'S'):
        break
print('O valor total dos produtos é R$ %.2f'%somatorio)
```

Listagem 4.11 — Simulando um loop do...while com break (do_while_com_break.py).

| **Aviso** | Talvez o exemplo da Listagem 4.11 tenha lhe parecido "muito trabalho para pouco resultado", porém, ele ilustra outra técnica bastante usual: ler uma entrada de dados até que um determinado caractere (no caso, um S maiúsculo) seja fornecido. Esse procedimento é bastante usado para carregar arquivos com informações que serão processadas em lote. No Capítulo 10 será mostrado como ler arquivos de texto. |
|---|---|

A instrução ***continue***, por sua vez, serve para ignorar a iteração atual na execução de um *loop* e voltar para o trecho do código onde sua condição de parada é definida. É como se o programa estivesse dizendo ao interpretador: "**continue** na próxima iteração".

Por exemplo, se você estivesse lendo letras do teclado e não quisesse nenhum caractere 'X' nessa entrada de dados, poderia escrever algo como na Listagem 4.12.

```
while(True):
    letra = input('Digite alguma letra diferente de X (Q para sair)')
    if(letra == 'X'):
        continue
    elif(letra == 'Q'):
        break
    else:
        print(f'Você digitou {letra}')
print('Programa encerrado!')
```

Listagem 4.12 — Usando continue para ignorar caracteres (exemplo_continue.py).

A Figura 4.7 mostra o resultado da execução do código com algumas entradas aleatórias.

```
Digite alguma letra diferente de X (Q para sair)a
Você digitou a
Digite alguma letra diferente de X (Q para sair)A
Você digitou A
Digite alguma letra diferente de X (Q para sair)V
Você digitou V
Digite alguma letra diferente de X (Q para sair)S
Você digitou S
Digite alguma letra diferente de X (Q para sair)X
Digite alguma letra diferente de X (Q para sair)X
Digite alguma letra diferente de X (Q para sair)X
Digite alguma letra diferente de X (Q para sair)Q
Programa encerrado!
>>>
```

Figura 4.7 — Ignorando caracteres da entrada com continue.jpg.

## Compreensões de listas (List Comprehensions)

Manipular listas em Python é uma tarefa bastante frequente, em particular ao se trabalhar com *Data Science*. É comum realizar operações como leitura de dados em listas, processamento das informações nesse tipo de coleção, mudança na estrutura de dados que acomoda as informações etc. Para tais operações, ensinaremos agora mais um recurso importante da linguagem. Começaremos relembrando uma das formas de declarar conjuntos na álgebra, como você deve ter aprendido na escola:

$C_1 = \{x^3 \mid 0 \leq x \leq 3\}$

$C_2 = \{x \mid 0 \leq x \leq 20 \text{ e } x \text{ é par}\}$

$C_3 = \{x \mid -20 \leq x \leq 40 \text{ e } x \text{ é ímpar}\}$

Enumerando os elementos desses conjuntos, obteríamos:

$C_1 = \{0, 1, 8, 27\}$

$C_2 = \{0, 2, 4, 6, 8, 10, 12, 14, 16, 18, 20\}$

$C_3 = \{-19, -17, -15, -13, -11, -9, -7, -5, -3, -1, 1, 3, 5, 7, 9, 11, 13, 15, 17, 19,$
$21, 23, 25, 27,$
$29, 31, 33, 35, 37, 39\}$

Obviamente, precisamos de uma maneira de especificar precisamente listas, como nas expressões matemáticas mostradas. Observe como fazê-lo com ***Compreensões de Lista***, na Listagem 4.13.

```
1. print('Entendendo List Comprehensions:')
2. print('C1 = {x**3 | 0<=x<=3}')
3. c1 = [x**3 for x in range(4)]
4. print(c1, sep=' ')
5. print('C2 = {x**3 | 0<=x<=20 e x é par}')
6. c2 = [x * 2 for x in range(0, 11)]
7. print(c2, sep=' ')
8. print('C3 = {x | -20<=x<=40 e x é ímpar}')
9. c3 = [x * 2 + 1 for x in range(-10, 19)]
10. print(c3, sep=' ')
```

Listagem 4.13 — Especificando listas com List Comprehensions (compreensoes_listas.py).

Na linha 3, declaramos uma *List Comprehension* que itera sobre os números de 0 a 3 e os eleva ao cubo; o mesmo acontece nas linhas 6 e 9, que calculam, respectivamente, os valores das expressões $C_2$ e $C_3$, anteriormente definidas. O resultado é um objeto do tipo List, contendo os resultados, que é atribuído a uma variável e impresso, na sequência, nas linhas 4, 7 e 10.

A Figura 4.8 mostra o resultado da execução da listagem.

```
Entendendo List Comprehensions:
C1 = {x**3 | 0<=x<=3}
[0, 1, 8, 27]
C2 = {x**3 | 0<=x<=20 e x é par}
[0, 2, 4, 6, 8, 10, 12, 14, 16, 18, 20]
C3 = {x | -20<=x<=40 e x é ímpar}
[-19, -17, -15, -13, -11, -9, -7, -5, -3, -1, 1, 3, 5, 7, 9, 11, 13, 15, 17, 19, 21, 23, 25,
27, 29, 31, 33, 35, 37, 39]
```

Figura 4.8 — Resultado da execução da listagem 4.13.

É comum utilizar *List Comprehensions* para gerar dicionários e conjuntos a partir de uma dada regra, como demonstra a Listagem 4.14, cujo resultado da execução pode ser visto na Figura 4.9.

```
print('C3 = {x | -20<=x<=40 e x é ímpar}')
c3 = [x * 2 + 1 for x in range(-10, 20)]
print(c3, sep=' ')
```

Listagem 4.14 — Gerando dicionário e conjuntos com List Comprehensions (compreensoes_listas2.py).

```
C3 = {x | -20<=x<=40 e x é ímpar}
[-19, -17, -15, -13, -11, -9, -7, -5, -3, -1, 1, 3, 5, 7, 9, 11, 13, 15, 17, 19, 21, 23, 25,
27, 29, 31, 33, 35, 37, 39]
```

Figura 4.9 — Resultado da execução da listagem 4.14.

Outra técnica bastante comum é usar um símbolo de underscore (_) como variável quando não for necessário usar o valor da variável. Por exemplo, para obter uma lista de valores booleanos `False` do mesmo tamanho de uma outra lista chamada ***numeros***,[2] poderíamos fazer:

```
primos = [False for _ in numeros]
```

2 Essa etapa é uma das possíveis implementações para o algoritmo do "Crivo de Eratóstenes", um dos primeiros métodos para a descoberta de números primos. Mais detalhes em: <https://pt.wikipedia.org/wiki/Crivo_de_Erat%C3%B3stenes>.

Também é possível utilizar *loops* aninhados. Por exemplo, para gerar pares de números com todas as combinações possíveis de 0 a 6, você poderia criar um código como o da Listagem 4.15. Ao executá-lo, você verá uma saída semelhante à da Figura 4.10.

```
numeros = [(p1, p2)
          for p1 in range(7)
          for p2 in range(7)]
print(f'Pares criados: {numeros}', sep=' ')
```

Listagem 4.15 — Loops aninhados com List Comprehensions (compreensoes_listas3.py).

```
Pares criados: [(0, 0), (0, 1), (0, 2), (0, 3), (0, 4), (0, 5), (0, 6), (1, 0), (1, 1), (1,
2), (1, 3), (1, 4), (1, 5), (1, 6), (2, 0), (2, 1), (2, 2), (2, 3), (2, 4), (2, 5), (2, 6),
(3, 0), (3, 1), (3, 2), (3, 3), (3, 4), (3, 5), (3, 6), (4, 0), (4, 1), (4, 2), (4, 3), (4,
4), (4, 5), (4, 6), (5, 0), (5, 1), (5, 2), (5, 3), (5, 4), (5, 5), (5, 6), (6, 0), (6, 1),
(6, 2), (6, 3), (6, 4), (6, 5), (6, 6)]
```

Figura 4.10 — Resultado da execução da listagem 4.15.

## Exercícios resolvidos

1. Escreva um programa que lista os números entre 5.000 e 10.000 que são divisíveis, simultaneamente, por 3 e 7.

```
for x in range(5000,10001):
  if (x % 3 == 0) and (x % 7 == 0):
    print(f'{x} é divisível, simultaneamente, por 3 e 7')
```

2. Escreva uma *list comprehension* que lista os números do conjunto

```
lista = [x * 2 for x in range(0, 51)]
```

3. Para iterar um número predefinido de vezes, você pode usar um *loop for* ou um *loop while*. Comente as diferenças entre as duas formas.

   Com um *loop for*, a sintaxe combinada com a função range( ) permite iterar um número predeterminado de vezes de forma mais simples (e mais "pythônica"); para fazê-lo por meio de um *loop while*, seria preciso recorrer a uma variável de controle externa (um contador), aumentando desnecessariamente a complexidade do código.

## Exercícios propostos

1. Escreva um programa que conta os números pares e divisíveis por 4 e 3 entre 2.000 e 5.000 (Dica: um número x é par se é divisível por 2, ou seja, se x%2 == 0).
2. Altere o programa da questão 2 dos exercícios resolvidos, de modo a imprimir cada valor da lista multiplicado por 1.5.
3. Pesquise o algoritmo do “Crivo de Eratóstenes” — um dos primeiros métodos para encontrar números primos, concebido séculos antes da invenção do computador. Implemente um programa que imprima os números primos entre 0 e 100.

# 5
# Conversão de Tipos e Funções Personalizadas

Neste curto capítulo, abordaremos dois recursos de grande importância para o trabalho com ***Machine Learning***: a conversão de tipos de dados (ou typecast) e a criação de funções personalizadas. O primeiro será útil sempre que você precisar manipular informações que não foram fornecidas com o tipo adequado — por exemplo, ao receber dados em formato textual e precisar transformá-los em números antes de realizar cálculos com estes.

A criação de funções personalizas permite modularizar seu código, melhorando a legibilidade e aumentando a facilidade de manutenção, entre outras vantagens.

## *Typecast*

A linguagem Python disponibiliza para o desenvolvedor um conjunto bastante abrangente de funções para conversão de tipos de dados. Nesta seção, explicaremos as principais.

A

int( ) recebe um valor e converte-o para um número inteiro, ***se possível***. Caso a conversão não seja permitida (por exemplo, se o valor fornecido contiver letras), será levantada uma exceção ValueError. A Listagem 5.1 exemplifica algumas dessas conversões.

```
a = '123'
a_inteiro = int(a)
print(f'Convertendo a para inteiro: {a_inteiro}')

e = 2.718281
```

```
parte_inteira_de_e = int(e)
print(f'e (base dos logaritmos neperianos) vale, aproximadamente:
{e}')
print(f'A parte inteira de e vale: {parte_inteira_de_e}')

print(f'Convertendo True para int, obtem-se: {int(True)}')
print(f'Convertendo False para int, obtem-se: {int(False)}')
```

Listagem 5.1 — Exemplos de uso da função int( ) (conversao1.py).

O resultado da execução mostrará:

```
Convertendo a para inteiro: 123
e (base dos logaritmos neperianos) vale, aproximadamente: 2.718281
A parte inteira de e vale: 2
Convertendo True para int, obtém-se: 1
Convertendo False para int, obtém-se: 0
```

A função float( )

Semelhante à função int( ), existe a função float( ), que recebe um parâmetro e o converte para um número de ponto flutuante. Do mesmo modo, se a função receber um valor inválido (por exemplo, uma string com letras), será levantada uma exceção ***ValueError***. A Listagem 5.2 mostra exemplos de conversão entre tipos com essa função.

```
x = 1000
y = float(x)
print(y)
print(f'x * y = {x * y}')
```

Listagem 5.2 — Exemplos de uso da função float() (conversao2.py).

A execução desse código mostrará na saída padrão:

```
1000.0
x * y = 1000000.0
```

A função complex( )

Ainda no grupo das funções de conversão de dados, a função complex( ) recebe um valor numérico como parâmetro e o converte em um número complexo. As mesmas recomendações feitas acerca da conversão de inteiros são válidas: não é permitido converter caracteres não numéricos para complexos. Observe, ainda, que, ao converter um tipo real ou inteiro para complexo, a parte imaginária do número complexo será sempre 0 (zero). Veja na Listagem 5.3 um exemplo de seu uso.

```
numero_inteiro = 123
numero_real = 456.78
print(f'Convertendo o inteiro {numero_inteiro} para complexo, obtém-se: {complex(numero_inteiro)}')
print(f'Convertendo o inteiro {numero_real} para complexo, obtém-se: {complex(numero_real)}')
```

Listagem 5.3 — Exemplo de uso da função complex() (conversao3.py).

A execução desse código mostrará na saída padrão:

```
Convertendo o inteiro 123 para complexo, obtém-se: (123+0j)
Convertendo o inteiro 456.78 para complexo, obtém-se: (456.78+0j)
A função str( )
```

A função str( ), como você já deve ter adivinhado, converte seu argumento em uma string. Costuma-se utilizá-la para evitar erros em concatenações envolvendo strings e outros tipos de dados. Por exemplo, o código:

```
codigo = 300
nome = 'Fulano'
mensagem = 'O aluno de código ' + codigo + ' é ' + nome    # erro
```

Listagem 5.4 — Erro ao tentar concatenar uma string e um inteiro (conversao4.py).

Ao ser executado, provocará um erro:

```
TypeError: can only concatenate str (not "int") to str
```

Para corrigi-lo, o código da listagem anterior deverá ser reescrito como na Listagem 5.5.

```
mensagem = 'O aluno de código ' + str(codigo) + ' é ' + nome
```

Listagem 5.5 — Uso da função str() para converter inteiro em string (conversao5.py)

## A função set( )

A função set( ) é usada, entre outras coisas, para ler dados que serão processados pelos algoritmos de ***Machine Learning***, quando esses dados estão no formato de listas ou tuplas. Sua finalidade é converter informações para conjuntos (objetos do tipo ***Set***). Na Listagem 5.6, mostramos alguns exemplos de uso.

```
dados_lista = ['A', 'B', 'C']
dados_tupla = (1, 2, 3, 4)
dados_string = 'PALAVRA'
conjunto_1 = set(dados_lista)
conjunto_2 = set(dados_tupla)
conjunto_3 = set(dados_string)
print(f'Convertendo-se {dados_lista} em conjunto, obtém-se {con-
junto_1}.')
print(f'Convertendo-se {dados_tupla} em conjunto, obtém-se {con-
junto_2}.')
print(f'Convertendo-se {dados_string} em conjunto, obtém-se {con-
junto_3}.')
```

Listagem 5.6 — Convertendo dados em conjuntos (conversao6.py).

Perceba, nesse caso, que os resultados da execução ***não têm informações repetidas*** e ***não estão ordenados***. Isso se deve à maneira como conjuntos se comportam: esse tipo de coleção não permite repetição e nem mantém a ordem entre seus elementos. Observe a saída produzida pela execução do código da Listagem 5.6.

```
Convertendo-se ['A', 'B', 'C'] em conjunto, obtém-se {'C', 'A', 'B'}.
Convertendo-se (1, 2, 3, 4) em conjunto, obtém-se {1, 2, 3, 4}.
```

Convertendo-se PALAVRA em conjunto, obtém-se {'R', 'V', 'L', 'A', 'P'}.

A função bool( )

A função denominada ***bool( )*** converte ***qualquer valor*** para True ou False. A Tabela 5.1 resume os possíveis retornos de bool( ).

<table>
<tr><th>Formato</th><th>Comentário</th><th>Retorno</th></tr>
<tr><td>bool(0)</td><td rowspan="2">Todo valor avaliado como zero é convertido para False por bool( ).</td><td rowspan="6">False</td></tr>
<tr><td>bool(0.0)</td></tr>
<tr><td>bool([ ])</td><td rowspan="2">Toda coleção vazia é convertida para False.</td></tr>
<tr><td>bool({})</td></tr>
<tr><td>bool('')</td><td>Uma string vazia é convertida para False.</td></tr>
<tr><td>bool(None)</td><td>O valor None é convertido para False.</td></tr>
<tr><td>bool(1)</td><td rowspan="3">Qualquer número diferente de zero é avaliado como True por bool( ). Atenção aqui, pois algumas linguagens representam o valor True como -1. Isso NÃO ocorre com Python!</td><td rowspan="8">True</td></tr>
<tr><td>bool(-1)</td></tr>
<tr><td>bool(300)</td></tr>
<tr><td>bool('Teste')</td><td>Qualquer string não vazia é avaliada como True.</td></tr>
<tr><td>bool([0,2,4])</td><td rowspan="4">Toda coleção não vazia é avaliada como True.</td></tr>
<tr><td>bool((1,2,3))</td></tr>
<tr><td>bool({'x':0})</td></tr>
<tr><td>Bool({1,2,3})</td></tr>
</table>

Tabela 5.1 — possíveis retornos da função bool( ).

## Funções personalizadas

Uma função é a implementação do Python para o conceito de sub-rotina na teoria de Linguagens de Programação. Grosso modo, consiste em uma forma de receber zero ou mais entradas, chamadas de parâmetros ou argumentos, e devolver um só resultado após processá-las.

Na prática, funções são usadas para dividir o código em trechos menores que podem ser reutilizados.

Toda função tem um identificador e, em Python, é considerada um ***first-class citizen*** (conceito já explicado na seção "Expressões Lambda").

Definem-se funções com a palavra-chave def. Por exemplo, a Listagem 5.7 mostra uma função que encontra o discriminante de uma equação do segundo grau.

```
def delta(a, b, c):
    resultado = b**2 - 4 * a * c
    return resultado
```

Listagem 5.7 — Função que calcula o delta de uma equação de grau 2 (funcao.py).

A instrução return, no final da função, devolve o resultado para o código que a chamou.

Por exemplo, se você executar esse arquivo e, em seguida, digitar no shell delta(1,2,3), estará pedindo ao interpretador do Python para calcular o valor de retorno da função delta( ) com os parâmetros a = 1, b = 2 e c = 3. Observe na Figura 5.1 o resultado da execução desse comando no console do Python.

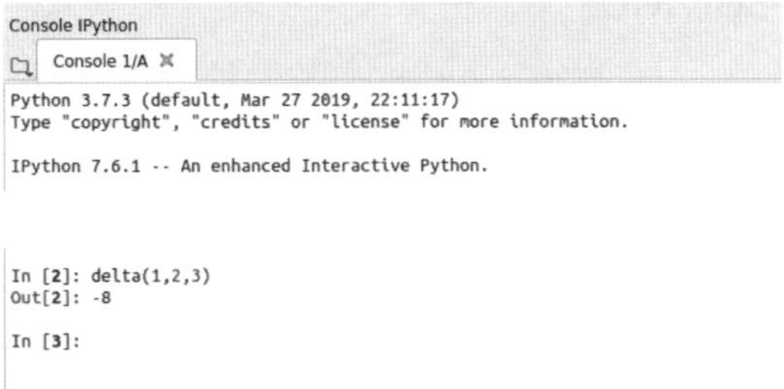

```
Console IPython
Console 1/A

Python 3.7.3 (default, Mar 27 2019, 22:11:17)
Type "copyright", "credits" or "license" for more information.

IPython 7.6.1 -- An enhanced Interactive Python.


In [2]: delta(1,2,3)
Out[2]: -8

In [3]:
```

Figura 5.1 — Executando função pelo console.

É possível, também, definir valores padrão (default) para parâmetros de uma função/método, de modo que, se nada for especificado quanto a esses argumentos quando o código da função/método for chamado, esses valores serão usados. Para isso, basta atribuir o valor que será usado como padrão na declaração da função/método. Por exemplo, suponha uma função calcula_icms(bruto, taxa), que recebe o valor bruto de uma transação e calcula o ICMS que deverá ser cobrado. Cada estado da federação tem sua alíquota de INSS, então a função espera que seja fornecida a alíquota a utilizar para o cálculo. Você poderia definir que, se nenhuma alíquota fosse fornecida, seria usada, por padrão, aquela cobrada em seu estado de origem.[1] No nosso caso, a alíquota é de 18%, logo, a assinatura da função seria:

```
def calcula_icms(bruto, taxa=18):
```

A parte destacada no código é a definição do valor *default*.

## Retornando múltiplos valores

Você aprendeu na matemática do ensino médio que uma função só retorna ***um e não mais que um valor***, porém, em ***Machine Learning***, há situações em que é preciso devolver múltiplos valores para o código que chamou a função. A solução para esse problema é "empacotar" os dados que serão retornados em um objeto. Tipicamente, uma tupla é bastante adequada a essa tarefa, mas lembre-se de que ela é um objeto ***imutável***. Se você precisar manipular os dados obtidos, alterando-os, prefira outros tipos como ***Set*** ou ***List***, dependendo do caso.

## Exercícios resolvidos

1. Crie uma função que recebe as coordenadas (x, y) de dois pontos no plano cartesiano e imprime e retorna o coeficiente angular da reta formada por eles.

```
def coeficiente_angular(x1, y1, x2, y2):
    resultado = 0
    delta_y = y2 - y1
    delta_x = x2 - x1
    if (delta_x==0):
        print('Reta vertical - coeficiente angular -> infinito')
    else:
```

1 Perceba uma simplificação aqui: em geral, há alíquotas diferentes ***por atividade*** dentro de um mesmo estado. Não aperfeiçoaremos esse código por motivos didáticos.

```
        resultado = delta_y / delta_x
        print(f'O coeficiente angular da reta formada por ({x1},{y1}) e
({x2},{y2}) é {resultado}')
    return resultado
```

2. Crie uma função que recebe a altura, a largura e o comprimento em metros de um tanque cúbico e retorna a capacidade em litros do tanque.

```
def volume_em_litros(altura, largura, comprimento):
    resultado_em_m3 = altura * largura * comprimento
    resultado_em_litros = resultado_em_m3 * 1000
    return resultado_em_litros
```

3. Crie uma função que recebe como parâmetro a distância de um trajeto em km, o consumo em km/l de um meio de transporte e informa quantos litros de combustível serão necessários para a viagem.

```
def consumo(distancia_km, consumo_km_l):
    resultado = distancia_km / consumo_km_l
    print(f'Para essa viagem, serão necessários {resultado} litros de\
        combustivel.')
    return resultado
```

## Exercícios propostos

1. Crie uma função que recebe as coordenadas (x, y) de dois pontos no plano cartesiano e imprime a distância entre eles. Dica: use a fórmula da distância entre dois pontos e a função math.sqrt( ), que calcula a raiz quadrada de seu argumento. Essa função é uma das que podem ser usadas, internamente, no algoritmo de Regressão Logística, que será discutido no Capítulo 13.

2. Altere a questão 2 dos exercícios resolvidos para receber, também, o preço de um litro de água e calcular qual o custo para encher o mesmo tanque.
3. Crie uma função que recebe como parâmetro a distância de um trajeto em km, o consumo em km/l de um meio de transporte, o preço do litro de combustível e informa o custo com combustível para a viagem.

# Parte 2

# INTRODUÇÃO AO MACHINE LEARNING

# 6
# Introdução ao Aprendizado de Máquina

A era da informação trouxe consigo uma avalanche nunca vista na criação de informação digital. Um estudo de 2012 da consultoria EMC previu que entre 2005 e 2020 a quantidade de dados produzidos eletronicamente aumentaria de 130 exabytes para 40 mil exabytes, ou 40 trilhões de gigabytes.

O acesso e a interpretação desses dados tornou-se um diferencial estratégico para empresas e também para governos. Em 2015, o presidente Barack Obama criou o cargo de ***Chief Data Scientist***, ***Cientista-Chefe de Dados*** do governo norte-americano, especificamente com a função de analisar as mais de 138 mil bases de dados do governo federal dos EUA. Perceba que essa quantidade de dados pode dar suporte a estudos de várias áreas do conhecimento, como Economia e Política, passando pelas Ciências Sociais.

É nesse contexto que as ferramentas necessárias para o tratamento desses dados foram desenvolvidas, de forma a retornar conhecimento relevante a partir desse volume imenso de informações.

Neste capítulo, você tomará contato com os primeiros conceitos de ***Machine Learning***. Se você já está "torcendo o nariz" e pensando "lá vem teoria", pense novamente: antes de introduzir as técnicas e ferramentas empregadas, é importante conhecer o vocabulário da área, bem como entender minimamente o que são e como são utilizados os algoritmos relacionados. Sem isso, você poderia ficar perdido(a) ao conversar sobre o tema com outras pessoas ou mesmo ler artigos mais avançados a respeito. Tentaremos tornar esta parte o menos "dolorosa" possível para aqueles que têm aversão a aulas teóricas.

# Principais definições

## Inteligência Artificial

O termo foi cunhado por Marvin Minsky, em 1961. Grosso modo, é "a ciência de criar máquinas para fazer coisas que requereriam inteligência se fossem feitas por homens". Modernamente, a cultura pop apropriou-se do termo, e provavelmente você o viu milhares de vezes em filmes, livros e seriados. Pode-se dizer que é a "grande área", da qual o aprendizado de máquina, tema deste livro, faz parte.

## Machine Learning

De acordo com Nelli (2015), ***Machine Learning*** (Aprendizado de Máquina) é a disciplina que faz uso de toda uma série de procedimentos e algoritmos para identificar padrões, agrupamentos ou tendências e, então, extrair informação útil para análise de dados, de maneira totalmente automatizada. Grosso modo, pode-se dizer que são métodos matemáticos usados para treinar algoritmos que identificam padrões.

## Data Analysis

Este é outro conceito importante para o iniciante. Pode-se dizer que ***Data Analysis*** (ou ***Análise de Dados***, dependendo do autor consultado) concentra-se na coleta e interpretação dos dados, tipicamente, com base em estatísticas passadas e presentes.

## Data Science

Por sua vez, ***Data Science*** (***Ciência de Dados***) é um termo mais apropriado ao uso de dados com a finalidade de prever comportamentos, realizando análises exploratórias para fornecer recomendações baseadas em modelos identificados por dados presentes e passados.

| **Curiosidade** | De acordo com Davison (2018), se você está procurando financiamento para sua *startup*, chame de "Inteligência Artificial"; se você estiver contratando programadores, chame de "Aprendizado de Máquina"; quando for implementar um projeto, chame de "Regressão Logística". |
| --- | --- |

| **Dica** | Por que eu preciso saber disso?<br>Se você for um iniciante na área de *Machine Learning*, poderá se sentir confuso com os termos técnicos. Para aqueles que preferem uma abordagem completamente "mão na massa", esse tipo de informação pode parecer desnecessária e até enfadonha, mas, acredite, é importante saber dar nomes aos conceitos, até para não se confundir ao consultar outros materiais ao longo de sua carreira. |
| --- | --- |

Das definições anteriores, podemos perceber que os ***dados*** (genericamente aqui definidos como qualquer coleção de informações organizadas ou não) são essenciais para a ciência e para o aprendizado de máquina. Sem dados, não há o que se estudar, interpretar e prever.

Alguns autores apontam que é um erro comum achar que somente Ph.D.s em matemática ou estatística são capazes de entender os conceitos envolvidos na ciência dos dados. Na verdade, existe uma relação entre os campos de matemática e estatística, desenvolvimento de sistemas e programação e o conhecimento específico da área de estudo, de forma a conseguir utilizar corretamente o aprendizado de máquina.

A Figura 6.1, inspirada em um diagrama elaborado por Ozdemir, ilustra, grosso modo, a relação existente entre esses conceitos.

Figura 6.1 — Relação entre inteligência artificial, Machine Learning, Data Analysis e Data Science.

Esse diagrama de Venn nos chama a atenção para dois fatos principais: o primeiro é o de que, para usufruir dos benefícios da Ciência de Dados (***Data Science***) e, em particular, do ***Machine Learning***, é necessário ter alguma habilidade em matemática e estatística e o domínio da área de conhecimento em que serão utilizados os algoritmos de aprendizado de máquina (não se assuste com essa afirmação, se você não tiver uma sólida base matemática — ao longo do livro, a matemática e a estatística necessárias serão grandemente simplificadas pelo uso das ferramentas que você aprenderá).

Dominar apenas a programação de sistemas e estatística nos dá entendimento dos algoritmos e de como e quando usá-los. A pesquisa tradicional vem sendo realizada há séculos com a estatística aplicada a determinadas áreas do conhecimento. Mas para haver a propriamente dita Ciência de Dados, é necessário o domínio da área em que serão aplicados os conhecimentos. Percebe-se aqui a necessidade de um profissional que conheça em profundidade a área a ser explorada (um especialista no ***domínio do negócio***). Por exemplo, não adianta deter conhecimento em programação e estatística e tentar aplicar os algoritmos na área de marketing sem conhecer da área ou sem ter no grupo de trabalho um profissional experiente em marketing. O mesmo serve para a medicina, psicologia ou direito, e para qualquer área de conhecimento.

Por essa razão, dominar apenas a área do conhecimento e programação nos deixaria em uma zona problemática. Não é somente programar e usar bibliotecas de aprendizado de máquina e ter entendimento do domínio do negócio. É necessário interpretar os dados, perceber onde um resultado é esperado ou não e testar sua probabilidade. Neste livro, sempre que apresentarmos um conceito estatístico, mostraremos um resumo e como ele é aplicado.

## Um pouco de terminologia de estatística

A maioria dos alunos de graduação ou cursos técnicos que conhecemos tinha, entre outras características em comum, uma verdadeira ojeriza à disciplina de estatística (alguns colegas nossos referiam-se à matéria como "chatística"). Deixem-nos dizer-lhes que essa má fama é infundada: graças a bons professores que tivemos a sorte de conhecer, vimos que a estatística, além de necessária para inúmeros profissionais de áreas tão diversas quanto saúde e informática, pode ser muito interessante, se você lhe der uma chance.

Nesta seção, falaremos um pouco sobre os termos técnicos relacionados a essa área. Não pule para a próxima seção ainda! Faremos a discussão da maneira mais sucinta possível. Para acompanhar o restante da obra, você precisa ao menos conhecer os seguintes conceitos:

- ***População*** — de acordo com Fonseca e Martins (1996), uma ***população*** é "um conjunto de indivíduos ou objetos que apresentam pelo menos uma característica em comum".
- ***Amostra*** — em termos práticos, é muito comum que a população de onde seus dados se originarem seja muito grande para um tratamento adequado (por exemplo, não seria muito factível tratar as informações de todos os mais de 200 milhões de brasileiros em um estudo). Logo, costuma-se trabalhar com uma amostra dos dados. O processo de obter tais informações é denominado de ***amostragem***.

A amostragem requer bem menos recursos que aplicar contagens a uma população inteira, e, se bem aplicada, ela pode resultar em um estudo praticamente tão preciso (ou ***acurado***, que é o termo preferido pelos estatísticos) quanto outro realizado com toda a população, porém, com um custo muito menor.

- ***Espaço amostral*** — consiste no conjunto de todos os resultados possíveis para um experimento aleatório. Por exemplo, no experimento "lançar duas moedas", o espaço amostral seria: S={(h, h), (h, t), (t, h), (t, t)}, onde: h = cara (***heads***) e t = coroa (***tails***).
- ***Variável aleatória*** — uma função que associa a cada elemento do espaço amostral um número real. Variáveis aleatórias são, por convenção, representas por letras ***maiúsculas***. Por exemplo, considere o evento E: lançar duas moedas. Poderíamos definir uma variável aleatória X que conteria a quantidade de caras obtidas. Os valores possíveis para X seriam: X = 0, o que corresponde ao par (t, t); X = 1, representando os resultados (h, t) e (t, h); e, finalmente, X = 2, que corresponde ao resultado (h, h).
- ***Distribuição de probabilidade*** — modelo matemático que relaciona um valor de uma variável aleatória à sua probabilidade de ocorrência. Pode ser ***discreta***, quando a variável medida só assume valores ***discretos*** (inteiros, naturais, enumerações, ou seja, valores ***enumeráveis*** — que podem ser contados), ou ***contínua***, se a variável pode assumir valores ***contínuos*** (para os quais existem infinitos números entre dois valores quaisquer).
- ***Distribuição normal*** — esta é, provavelmente, a distribuição mais conhecida e utilizada, pois é aplicável a muitos fenômenos naturais. Também é chamada de "Curva de Sino" ou "Curva Gaussiana", em homenagem ao matemático Karl Friedrich Gauss. Quando os dados estão ***normalmente distribuídos***, seu gráfico é simétrico ao redor da média deles, em um formato semelhante a um sino. Se calcularmos a área sob a curva entre

dois pontos do gráfico de uma distribuição normal, ela será numericamente equivalente à probabilidade da variável aleatória representada tomar um valor entre esses pontos. Muitos algoritmos que serão vistos ao longo do livro dependem de que os dados de entrada sigam uma distribuição normal ou, pelo menos, aproximem-se de uma.

## Nível de confiança e margem de erro

Apesar de estes termos também serem relacionados com estatística, achamo que eles merecem uma seção própria, destacada da anterior. Assim, explicaremos aqui, brevemente, o que vem a ser intervalo de confiança e nível de confiança, e como isso afeta o tamanho da amostra dos dados.

Primeiro é necessário definir ***margem de erro***, que é o número, para mais ou para menos, geralmente utilizado em pesquisas de opinião, que mostra quais são os limites máximos e mínimos em que sua estimativa se encontra. Por exemplo, em uma pesquisa para presidente, a estimativa combinada com a margem de erro produz o intervalo de confiança.

Imagine que um determinado candidato tenha 60% de intenção dos votos, com uma margem de erro de 4%. Significa dizer que entre 56% (60% - 4%) e 64% (60% + 4%) dos eleitores votarão no referido candidato.

Mas onde entra o nível de confiança? O nível de confiança é a probabilidade que o intervalo reflita, com segurança de 90%, 95% ou 99% toda a população pesquisada (população aqui significa o conjunto formado com todos os elementos; no caso da pesquisa de opinião, todos os eleitores. No Brasil, por exemplo, o Tribunal Superior Eleitoral (TSE) informou que em 2018 existiam cerca 147,3 milhões de eleitores aptos). Como não é possível fazer uma pesquisa com todos os eleitores, tal como não é possível de fato verificar todos os preços de todos os imóveis de uma cidade (talvez nem mesmo de um bairro), opta-se por usar o nível de confiança junto à margem de erro e encontrar um valor factível para a amostra dos dados.

## *Z-Score*

Esse nível de confiança é relacionado a um escore da distribuição normal, que é o quanto uma amostra está "contida" em uma distribuição igualitária de valores. Quanto mais próxima da distribuição normal, mais confiável é o resultado. Este escore é assim definido:

- 90% de confiança = Z escore 1,645
- 95% de confiança = Z escore 1,96
- 99% de confiança = Z escore 2,575

O cálculo da amostra, sem entrar nos detalhes de desvio padrão, média e distribuição normal, considerando o pior caso, utilizados em estatística, pode ser realizado com a fórmula:

$$n = \frac{Z^2 * 0{,}25}{e^2}$$

Onde ***n*** é o tamanho mínimo da amostra a ser utilizado, ***Z*** é o nível de confiança (90%, 95% ou 99%), ***e*** é a margem de erro (2%, 1%, 5% etc). Essa fórmula pode ser utilizada quando o número da população for grande, passando de 100 mil. Por exemplo, para que tenhamos uma pesquisa de intenção de votos para presidente da república com 95% de nível de confiança e margem de erro de 5%, temos como amostra (número mínimo de pessoas a serem pesquisadas):

$n = 1{,}96^2 * 0{,}25/0{,}05^2$

$n = 3{,}8416 * 0{,}25/0{,}0025$

$n = 384{,}15$

Como temos um número decimal, arrendondamos para o próximo inteiro superior, o que dá 385 pessoas.

De maneira geral, não se deve usar amostras com menos de 50 elementos, visto que somente a partir de 30 elementos uma amostra começa a se aproximar da distribuição normal. Ou seja, quanto mais elementos, mais é significativa a amostra em relação a todo o conjunto de elementos.

| Importante | **Por que eu preciso saber disso?**<br>Ok, muitos leitores já devem estar "torcendo o nariz" neste momento, afinal, este livro deveria adotar uma abordagem "mão na massa"! Pedimos um pouco de paciência neste ponto. Precisamos que você conheça os termos técnicos que serão usados mais adiante, mas tentaremos ignorar qualquer detalhe que não julgarmos essencial para seu aprendizado. |
|---|---|

## Etapas de um projeto de análise de dados

Um projeto de análise de dados tem fases, como qualquer outro projeto. Não entraremos em detalhes nas muitas escolhas possíveis entre metodologias de projetos, e, baseando-se na maioria dos autores de aprendizado de máquina, podemos definir um ciclo a ser utilizado como ponto de partida para os projetos.

A ideia aqui não é estabelecer o único método ou o único ciclo, mas identificar os passos que são comuns a todos os projetos que serão apresentados neste livro e que, de certa maneira, tornaram-se padrão para os projetos de análise de dados. Você pode alterar — aumentar, aprofundar ou diminuir qualquer das fases — o ciclo, de acordo com suas necessidades, e utilizá-lo como se sentir mais confortável. No entanto, é um bom ponto de partida para aqueles que estão iniciando nesta área.

Podemos, finalmente, definir um ciclo de análise de dados e apresentar rapidamente cada uma das fases. A imagem a seguir representa o ciclo de um projeto de análise de dados bem-sucedido.

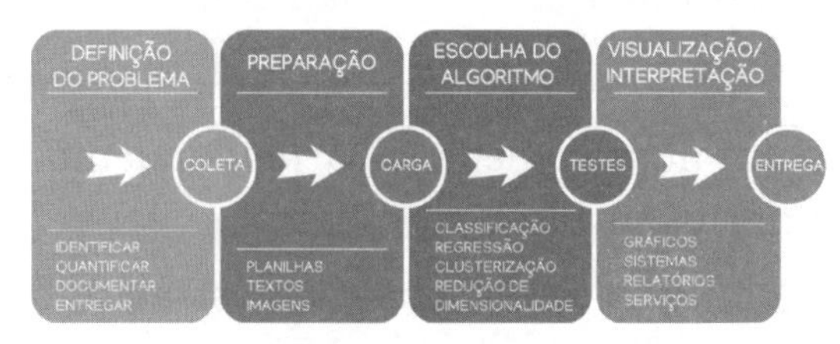


Figura 6.2 — Etapas de um projeto de análise de dados.

## Definição do problema

> *"Um ditado popular e muito expressivo é o que diz que um problema bem definido é um problema já meio resolvido."*
>
> *John Dewey,* Lógica — A teoria da investigação, *1938*

Define-se aqui a parte fundamental e que subsidia o projeto: o ***problema***.

Um projeto de análise de dados começa com a definição e identificação de um problema. Além disso, deve-se identificar claramente quais são os objetivos a serem alcançados, os riscos envolvidos e os potenciais ganhos. O problema identificado pode ser ***gerencial*** (quando é utilizado para dar suporte a uma decisão superior) ou ***operacional*** (como identificar quais fatores podem otimizar o controle de qualidade na produção).

Mas que tipos de problemas podem ser atacados com a inteligência artificial?

Apresentamos a seguir alguns exemplos de problemas que podem ser tratados e resolvidos com a análise de dados e o aprendizado de máquina (por incrível que pareça!).

- Existe uma relação entre tempo de empresa e salário recebido?
- É possível identificar um bom vinho apenas verificando suas características químicas?
- Qual investimento é mais vantajoso para uma *startup*: em pesquisa, administração ou marketing?
- Como prever o valor de um imóvel verificando os preços de outros imóveis com características semelhantes na mesma região?
- Como classificar (e filtrar) um e-mail como sendo *spam* baseando-se na análise de outros e-mails recebidos?
- Quais características de um tumor aumentam a probabilidade de ele vir a se tornar um câncer?
- Como identificar se uma pintura é de Manet ou Monet?

- É possível classificar subespécies de plantas apenas verificando o tamanho (comprimento e largura) de suas folhas?
- Como identificar a causa de uma epidemia observando a quantidade de casos em um mapa?

Todos esses problemas precisam ser identificados, quantificados e documentados, e seus dados, entregues para a próxima fase.

Identificar um problema é entender qual a raiz, o fator principal que define o problema. Nessa fase, é importante o conhecimento da área em questão. Idealmente, o problema de verificar se o preço de um imóvel está na média para o mercado foi identificado por um comprador ou uma imobiliária ou, ainda, um corretor de imóveis, que precisa para o seu dia a dia de uma forma confiável para precificar um imóvel. O problema também pode ter sido identificado por um comprador que precisa saber exatamente se está comprando uma barganha ou pagando mais do que o imóvel vale na mesma região, com as mesmas características. De todo modo, é necessária a identificação do problema e suas ramificações, de maneira que se saiba exatamente qual a pergunta a ser respondida. O mesmo pode ser feito com os problemas elencados anteriormente.

Quantificar é, de todo modo, colher todos os dados necessários para que se possa ter uma ideia geral e com dados suficientes sobre o problema.

Uma característica fundamental que podemos também apresentar sobre os problemas de aprendizado de máquina é a de que os algoritmos que são treinados para resolver esses problemas se propõem a prever ou a testar um valor ou uma afirmação que não era notória inicialmente ou não existia no conjunto de dados testado.

Isso significa que os dados colhidos, inicialmente relacionados ao problema, são utilizados para ***treinar*** ou ***ensinar*** o algoritmo a identificar ou prever ou, ainda, testar se um valor ou um objeto está ou não obedecendo às leis que regem o problema. Por exemplo: no problema de verificar se um e-mail é ou não *spam*, o algoritmo é treinado com vários e-mails, previamente classificados, como legítimos e como *spam*, geralmente por um humano, e depois, outros e-mails, que não pertencem a esse primeiro conjunto são testados.

Pode parecer difícil à primeira vista, mas existem várias bibliotecas Python para auxiliar nesse trabalho.

| **Curiosidade** | O último problema da lista apresentada ("Como identificar a causa de uma epidemia observando a quantidade de casos em um mapa?") ilustra um dos exemplos mais antigos de uso da análise de dados e remonta ao século XIX. Em agosto de 1854, um surto de cólera assolou um distrito londrino chamado Soho, matando quase 10% de sua população em apenas uma semana.<br>Muitos fugiram, pensando que o problema estava relacionado com o "miasma", uma teoria defendida na Idade Média que afirma que as doenças seriam transmitidas pelo "odor" de algo em putrefação. Esse distrito era conhecido por casas de prostituição e *pubs* (bares onde se bebe muita cerveja) e era famoso por seu "mau cheiro".<br>Um médico londrino chamado John Snow (que anos mais tarde anestesiaria nada menos que a rainha Victoria no parto de seu oitavo filho) não aceitou a ideia defendida de que a doença estava se espalhando pelo ar e tentou provar que a cólera que estava infectando os residentes do Soho estava sendo transmitida pela água contaminada.<br>Ora, temos a definição de um problema: como provar que a cólera estava sendo transmitida pela água contaminada e não pelo "miasma" (ar)?<br>Mas quais dados basearam a tese do médico? A segunda etapa de um projeto de análise de dados aborda essa tarefa: a de busca e tratamento dos dados. |
|---|---|

## Preparação dos dados

Definido o problema, é hora de buscar os dados relacionados.

Cada problema requer uma abordagem diferente, seja pelo tamanho da amostra ou pela forma como os dados serão buscados. Nesse sentido, não diferente de uma pesquisa científica, a amostra coletada deve refletir o mundo real.

Uma informação importante é a de que existe uma convenção quanto ao tamanho da amostra a ser tratada, que deve ser maior do que 50.

## Extração e carga dos dados

Na maior parte das vezes, os dados a serem buscados que se relacionam com problemas de aprendizado de máquina já estão armazenados de forma digital e em um banco de dados do tipo relacional. Existem, ainda, várias coleções de dados em arquivos de texto, espalhadas pela web. Logo, é de extrema importância para quem quer se aprofundar na área de Ciência de Dados e aprendizado de máquina ter conhecimento na área de bancos de dados relacionais. O foco deste livro não é projeto e implementação de bancos de dados, mas, caso o leitor se interesse, pode consultar o assunto nos livros listados nas referências bibliográficas.

***Idealmente***, os dados a serem utilizados nos algoritmos de aprendizado de máquina seriam ***completos*** (sem informações incompletas), ***de mesmo tipo*** (unidade ou medida) e ***normalmente distribuídos*** (ou seja, deveriam seguir uma ***distribuição normal***, sem a presença de pontos fora da curva).

No entanto, no mundo real, as coleções de dados não necessariamente estão limpas e organizadas dessa maneira, razão pela qual é necessária a etapa de pré-processamento, que nada mais é do que o tratamento dos dados, removendo valores ausentes (ou substituindo por valores mais significativos, dependendo do caso, como média, mediana, moda etc.), formatando os dados de modo a utilizar a mesma unidade, etc., otimizando, assim, sua utilização por certo algoritmo de Machine Learning.

Pode acontecer de uma amostra ter sido armazenada de forma errada, ser muito antiga ou muito pequena. Amostras muito grandes também não são garantia de qualidade. Muitas vezes, bancos de dados grandes (milhões de registros) sofreram modificações e atualizações no decorrer do tempo, e campos foram deixados sem atualizar ou receberam dados truncados.

Para todos os exemplos deste livro, utilizaremos a biblioteca Pandas[1] para a carga e a análise prévia dos dados. Ela será vista em mais detalhes no Capítulo 7.

## Exploração e visualização dos dados

Essa fase é dedicada à exploração e visualização dos dados; identificar se a amostra é significativa e obter informações sobre os dados da amostra coletada. Também é possível identificar padrões, conexões e relações entre os dados, verificar a quantidade dos valores da amostra, máximos e mínimos, médias, desvios e explorar as relações entre os atributos (valor, tamanho, peso, largura, altura, comprimento, quantidade de cores etc.).

Ferramentas de visualização de tabelas e gráficos também são muito utilizadas nesta etapa. Usar um programa de processamento de planilhas como o CALC, do LibreOffice, ou EXCEL, do Microsoft Office, pode ser útil, pela facilidade de uso e disponibilidade.

É importantíssimo conhecer como os dados são classificados, entender os tipos dos atributos que estão sendo utilizados. Basicamente, os conjuntos de dados são de dois tipos: os dados qualitativos e quantitativos.

Dados quantitativos consistem em medidas numéricas, como valores (salários, preços, impostos) ou medidas (metro quadrado, peso ou volume). Esses dados podem ser visualizados facilmente e ordenados da mesma forma.

Dados qualitativos consistem em entradas não numéricas, como rótulos ou atributos. Por exemplo, os nomes das cidades, tipos dos vinhos ou nomes de cargos em empresas.

Ainda, os dados podem ser classificados como categóricos. Neste grupo, os dados são distinguidos entre nominais e ordinais. Ordinais são dados que podem ser ordenados. Por exemplo, tamanhos de sapato masculinos, entre 33 e 47, comuns no Brasil, são considerados ordinais, onde um número maior está localizado depois de um nú-

1 <https://pandas.pydata.org/>

mero menor. No entretanto um dado nominal, como a cor de um sapato, preto, marrom ou branco, não tem hierarquia e, desse modo, não é considerado ordinal, sendo considerado nominal.

Esse estudo detalhado sobre os dados é fundamental para a escolha do algoritmo a ser utilizado. Tomemos como exemplo os dados de uma lista de cinquenta *startups*, com colunas indicando os valores gastos com pesquisa, administração, propaganda, estado onde a *startup* está localizada e lucro anual.

| Pesquisa | Administração | Propaganda | Estado | Lucro |
|---|---|---|---|---|
| $165,349.20 | $136,897.80 | $471,784.10 | New York | $192,261.83 |
| $162,597.70 | $151,377.59 | $443,898.53 | California | $191,792.06 |
| $153,441.51 | $101,145.55 | $407,934.54 | Florida | $191,050.39 |
| $144,372.41 | $118,671.85 | $383,199.62 | New York | $182,901.99 |
| $142,107.34 | $91,391.77 | $366,168.42 | Florida | $166,187.94 |
| $131,876.90 | $99,814.71 | $362,861.36 | New York | $156,991.12 |
| $134,615.46 | $147,198.87 | $127,716.82 | California | $156,122.51 |
| $130,298.13 | $145,530.06 | $323,876.68 | Florida | $155,752.60 |
| $120,542.52 | $148,718.95 | $311,613.29 | New York | $152,211.77 |
| $123,334.88 | $108,679.17 | $304,981.62 | California | $149,759.96 |
| $101,913.08 | $110,594.11 | $229,160.95 | Florida | $146,121.95 |
| $100,671.96 | $91,790.61 | $249,744.55 | California | $144,259.40 |
| $93,863.75 | $127,320.38 | $249,839.44 | Florida | $141,585.52 |
| $91,992.39 | $135,495.07 | $252,664.93 | California | $134,307.35 |
| $119,943.24 | $156,547.42 | $256,512.92 | Florida | $132,602.65 |
| $114,523.61 | $122,616.84 | $261,776.23 | New York | $129,917.04 |
| $78,013.11 | $121,597.55 | $264,346.06 | California | $126,992.93 |
| $94,657.16 | $145,077.58 | $282,574.31 | New York | $125,370.37 |
| $91,749.16 | $114,175.79 | $294,919.57 | Florida | $124,266.90 |
| $86,419.70 | $153,514.11 | $0.00 | New York | $122,776.86 |
| $76,253.86 | $113,867.30 | $298,664.47 | California | $118,474.03 |
| $78,389.47 | $153,773.43 | $299,737.29 | New York | $111,313.02 |
| $73,994.56 | $122,782.75 | $303,319.26 | Florida | $110,352.25 |
| $67,532.53 | $105,751.03 | $304,768.73 | Florida | $108,733.99 |

Figura 6.3 — Arquivo 50_Startups.csv aberto no LibreOffice CALC.

À primeira vista, pode parecer impossível identificar facilmente qual desses gastos está mais relacionado com o lucro da empresa. Precisamos de um algoritmo que identifique se existe essa relação entre alguma variável e o lucro, ou, colocando de outra forma, treinar e identificar quais atributos estão mais diretamente ligados ao lucro. Provavelmente o estado onde a *startup* se encontra não deve estar ligado diretamente ao lucro. Além disso, não é uma variável numérica, como as outras. Consideramos, neste caso, que uma variável numérica, entre as apresentadas, pode estar diretamente relacionada ao lucro.

Voltando ao caso do médico John Snow, que não aceitou a ideia do miasma, a fase de exploração dos dados foi fundamental para o sucesso de sua análise. A ideia brilhante do médico — que, mais tarde, ficou conhecido como pai da Epidemiologia moderna (ciência que se dedica ao estudo do combate e prevenção das epidemias — doenças e saúde da população em geral) — foi agrupar os casos fatais usando um mapa da região e marcar o número de casos geograficamente.

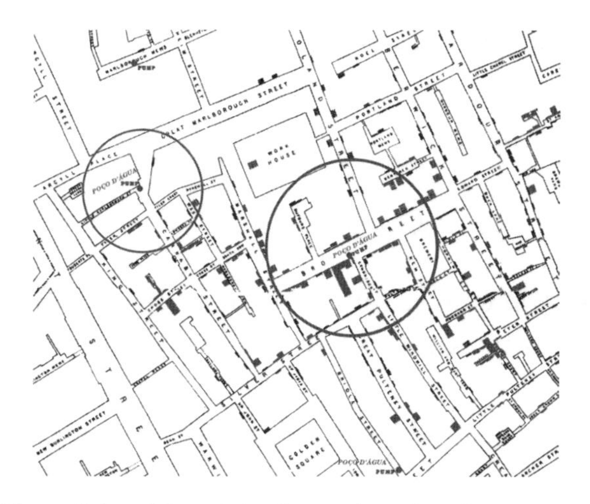


Figura 6.4 — Mapa John Snow; alterado pelos autores.

Esse mapa, público hoje, serviu de base para a identificar a relação entre os agrupamentos de casos e a localização de poços d'água que estavam contaminados por dejetos jogados diretamente no solo.

Exemplo clássico de como, pela exploração dos dados, agrupamento das "regiões quentes" — locais onde houve mais casos de mortes —, se percebeu uma relação clara entre os dados e o problema.

## Variáveis Dependentes/Independentes

Durante a análise exploratória, precisaremos definir as ***variáveis*** de nosso problema. Entre várias possíveis classificações, é importante destacar que as variáveis devem ser divididas em:

- ***Variáveis independentes*** — são aquelas que são modificadas ou controladas em um experimento científico para testar os efeitos em uma variável ***dependente***.
- ***Variável dependente ou variável alvo*** — variável que será testada ou estimada no experimento.

Por exemplo, suponha que você esteja desenvolvendo um modelo para verificar quais características dos funcionários de uma certa empresa influenciam na sua promoção. Algumas variáveis independentes poderiam ser o tempo na empresa, o nível educacional, os prêmios recebidos etc. O resultado a ser determinado, promovido ou não, seria sua variável dependente.

## Transformação dos dados

Mas o que fazer com os valores nulos ou zerados? Ou valores que não obedecem a uma escala? Fora da curva de uma distribuição normal?

Nesses casos, é necessário transformar os dados de forma a maximizar o desempenho do algoritmo que será utilizado.

No primeiro caso, com valores nulos ou zerados, provavelmente o que ocorreu é que houve um problema em buscar esses valores, ou a empresa não quis divulgá-los. Para a maioria dos algoritmos, valores nulos são tratados de forma diferente de valores zerados. Isso ocorre em relação a como a variável concorrerá com os outros atributos. Observe a planilha mostrada na Figura 6.3: dificilmente a empresa não usou de investimento em propaganda (linha 21).

Uma técnica muito utilizada é substituir o valor nulo pela média de todos os valores daquele atributo. Isso não quer dizer que o valor não seja importante, mas para algoritmos que sejam penalizados por valores nulos, é uma abordagem válida. Existe ainda a possibilidade de remover aquela entrada completamente. No caso do arquivo anterior, como temos apenas cinquenta entradas, é aconselhável optar por substituir pela média daquela coluna.

| Importante | Observe que os valores dos investimentos mostrados são relativamente próximos, ou seja, não há nenhum valor exageradamente grande ou pequeno em relação aos demais. Nesse caso, a média pode ser usada sem problemas.<br>No entanto, quando há um valor muito "fora do normal" no conjunto de dados, se for necessário lançar um valor para substituir os dados ausentes, a medida mais indicada é a ***mediana***, pois ela está sobre menor influência de valores extremos. Uma situação assim pode ser identificada com o uso de gráficos, como, por exemplo, um histograma, que será discutido no Capítulo 10. |
|---|---|

Com valores duplicados podemos utilizar a mesma técnica.

Outras vezes, os vários atributos numéricos não estão na mesma escala, também chamada de ordem de grandeza, apesar de serem do mesmo tipo, por exemplo, valores numéricos de moeda. Uma coluna pode ter seus valores em milhões de dólares, e outra, em centavos de dólar. Isto é, os valores máximos e mínimos não estão em uma mesma escala.

Nesses casos, é comum utilizar a normalização e a padronização. O exemplo que utilizaremos é a coluna investimento do arquivo das *startups*. Normalizar é alterar a escala para que o menor valor seja 0 (zero) e o maior valor seja 1 (um). Isso não altera a relação entre os dados, mas influencia no estudo, pois alguns algoritmos não funcionam bem se os valores máximos e mínimos não estiverem normalizados.

Padronizar é normalizar os dados, ou seja, o mínimo 0 e o máximo 1, e, além disso, manter a média em zero e o desvio padrão 1, os dados estão distribuídos perfeitamente em uma curva normal.

No entanto, ambas as técnicas devem ser utilizadas com cautela, pois os valores atípicos (*outliers*) podem indicar algo que seja necessário ao algoritmo. Por essa razão, deve-se testar ambas as transformações e escolher a melhor.

Outra maneira de se transformar dados é binarizar. Algumas vezes, o que se pretende contar em uma coleção de dados é a presença ou ausência de um atributo, por exemplo, quando se pretende verificar se uma palavra existe ou não em uma frase. Outro exemplo é se a coleção de dados é formada por uma matriz esparsa, ou seja, a grande maioria de seus elementos tem o mesmo valor ou esse valor é zero ou nulo. Dessa forma, a binarização auxilia no pré-tratamento dos dados para a análise do algoritmo.

Perceba a importância de tratar os dados para o uso, reescalando (padronizando ou normalizando) ou binarizando, identificando valores nulos ou com unidades diferentes, de modo a preparar os dados para a escolha correta do algoritmo.

## Escolha do algoritmo

Após a etapa de pré-processamento dos dados, começa a fase mais importante e que está diretamente ligada ao sucesso do projeto: a escolha do algoritmo.

A escolha do algoritmo a ser utilizado em um projeto de aprendizado de máquina está diretamente relacionada ao tipo de problema, resultado esperado e aos dados que se tem como entrada.

Essa etapa também é conhecida como modelagem preditiva (NELLI), que é o processo pelo qual é escolhido um modelo estatístico que possa prever a probabilidade de um resultado.

Após ter ocorrido a exploração dos dados, é necessário escolher um modelo matemático que consiga identificar se existem e quais são as relações entre os atributos (*features*) dos dados.

De maneira geral, podemos identificar dois grandes grupos de algoritmos de aprendizado de máquina quanto à intervenção de aprendizagem: os supervisionados e os não supervisionados.

Os algoritmos de aprendizagem supervisionada são aqueles em que os dados têm atributos relacionados e nos quais se deseja prever quais atributos influenciam a variável independente. Esses algoritmos usam dados que já foram previamente separados em atributos (*features*). Os algoritmos de aprendizagem não supervisionada não têm variável independente e nem uma classificação de atributos prévia. O objetivo desses algoritmos é descobrir relacionamentos entre os dados, agrupamentos entre estes ou a distribuição dos dados entre si.

## Aprendizagem supervisionada

Os algoritmos de aprendizagem supervisionada podem ser de ***Classificação*** ou de ***Regressão***. ***Algoritmos de Classificação*** tratam de problemas em que os dados têm uma classificação prévia e se deseja prever a qual categoria um dado não classificado pertence. Por exemplo, o problema da classificação dos e-mails legítimos e dos *spams*.

Nesse caso, treinamos o algoritmo de classificação para identificar quais são as características de um e-mail legítimo e quais as de um *spam*. Treinado, o algoritmo pode testar se um e-mail (ou um conjunto de palavras) pertence a uma das duas classes.

***Regressão*** é utilizada se um ou mais atributos são variáveis contínuas (reais) e dependentes. Ou seja, a mudança em uma variável implica a mudança da outra. O exemplo claro aqui é o do investimento em pesquisa, administração e propaganda nas cinquenta *startups*. O conjunto é formado por variáveis numéricas — reais e contínuas (em contraste a numéricas discretas ou nominais).

Pode-se dizer que algoritmos de classificação atribuem rótulos aos dados (em alguns materiais, você encontrará a expressão ***labels***), ***classificando-os***, como o nome indica, em grupos. Diz-se que os algoritmos de classificação produzem como saída um atributo ***classe*** ou ***meta***.

***Algoritmos de regressão***, por sua vez, produzem ***valores***, que tentam prever alguma característica ***numérica*** dos dados.

## Algoritmos de regressão

São cinco os tipos de algoritmos de regressão mais comumente estudados em cursos introdutórios de Machine Learning: Linear, Polinomial, Árvore de Decisão (*Decision Tree*) e Floresta Randômica ou Floresta Aleatória (*Random Forest*).

Revisando o primeiro problema apresentado na seção "Definição do problema": existe uma relação entre antiguidade na empresa e salário recebido?

Esse tipo de algoritmo tenta estabelecer uma relação entre duas variáveis (no exemplo, tempo de serviço em anos e o salário recebido). Ou em outras palavras: é possível prever o salário a partir do tempo de serviço? Ou mesmo se pode inferir quantos anos de serviço um funcionário tem a partir do salário?

Uma maneira visual de entender o conceito por trás da regressão é montar um gráfico com as variáveis em dois eixos e marcar os pontos correspondentes. A regressão linear é a maneira pela qual conseguimos encontrar uma reta (linha) que ligue todos os pontos, ou, mais precisamente, uma reta que tenha a menor distância possível dos pontos.

O quadro a seguir representa parte dos dados utilizados.

| Anos de experiência | Salário |
|---|---|
| 1,1 | 39.343,,00 |
| 1,3 | 46.205,00 |
| 1,5 | 37.731,00 |
| 2 | 43.525,00 |
| 2,2 | 39.891,00 |
| 2,9 | 56.642,00 |
| 3 | 60.150,00 |
| 3,2 | 54.445,00 |
| 3,2 | 64.445,00 |
| 3,7 | 57.189,00 |
| 3,9 | 63.218,00 |
| 4 | 55.794,00 |
| 4 | 56.957,00 |
| 4,1 | 57.081,00 |
| 4,5 | 61.111,00 |
| 4,9 | 67.938,00 |
| 5,1 | 66.029,00 |
| 5,3 | 83.088,00 |
| 5,9 | 81.363,00 |

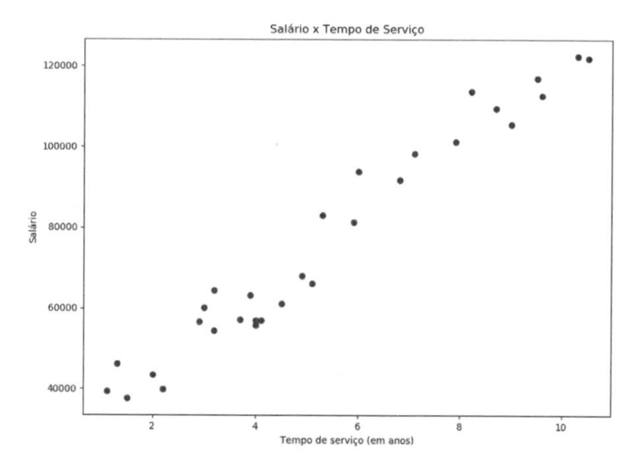


Figura 6.5 — Gráfico Tempo de Serviço x Salário.

O gráfico na Figura 6.6 representa uma tentativa de encontrar uma reta (no caso, uma função linear) que inclua os pontos (ou que tenha a menor distância possível deles).

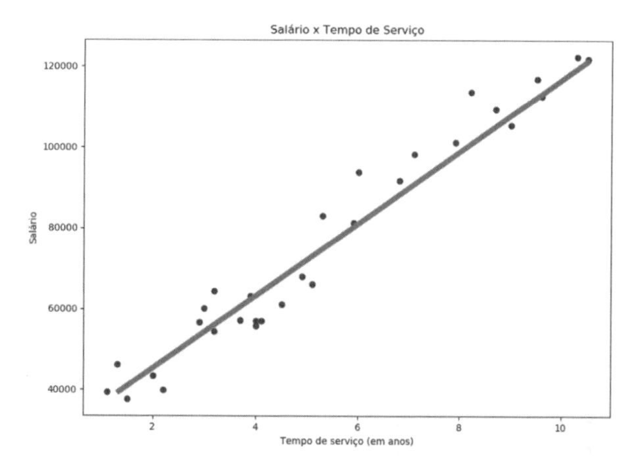


Figura 6.6 — Tentativa de encontrar a melhor reta para representar a relação.

No Capítulo 11, serão apresentadas as bibliotecas e funções do Python para encontrar esta reta, ou seja, encontrar uma função, utilizando a regressão linear, de modo a prevermos um salário a partir do tempo de serviço e vice-versa.

Esse mesmo raciocínio é utilizado para outros algoritmos de regressão, como o do tipo polinomial. No entretanto, neste caso, os pontos plotados a partir da função não formam uma reta no gráfico (a representação de uma função linear), e, sim, uma curva, o gráfico de uma função de grau diferente de 1 (grau de uma função é o maior expoente da variável que define a função). No caso de uma função de grau 2, lembrando a matemática do Ensino Médio, os pontos formam uma parábola.

Apresentamos um exemplo também sobre salários, entretanto comparando posições e cargos a salários anuais e identificando se mudanças de nível na carreira fazem o salário subir proporcionalmente.

| Posição | Nível | Salário Anual |
|---|---|---|
| *Trainee* | 1 | 45.000 |
| Analista Júnior | 2 | 50.000 |
| Analista Sênior | 3 | 60.000 |
| Consultor Júnior | 4 | 80.000 |
| Consultor Sênior | 5 | 150.000 |
| Gerente | 6 | 170.000 |
| Gerente Regional | 7 | 200.000 |
| Gerente Nacional | 8 | 300.000 |
| Sócio | 9 | 500.000 |
| Presidente | 10 | 1.000.000 |

Tabela 6.1 — Posição, nível e salários de uma empresa hipotética

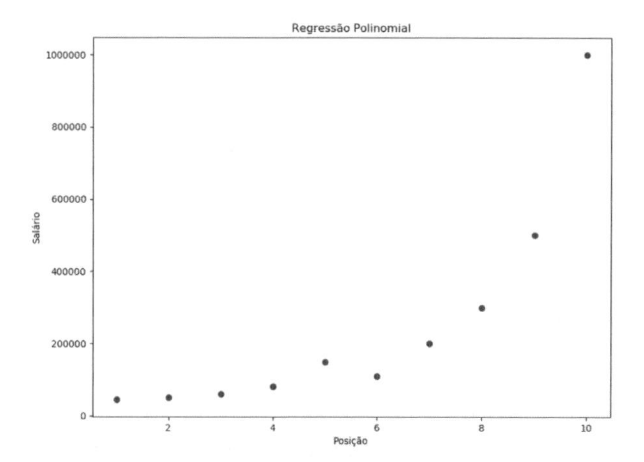


Figura 6.7 — Gráfico de pontos — Posição x Salário.

Na Figura 6.8, vemos uma tentativa de conectar os pontos:

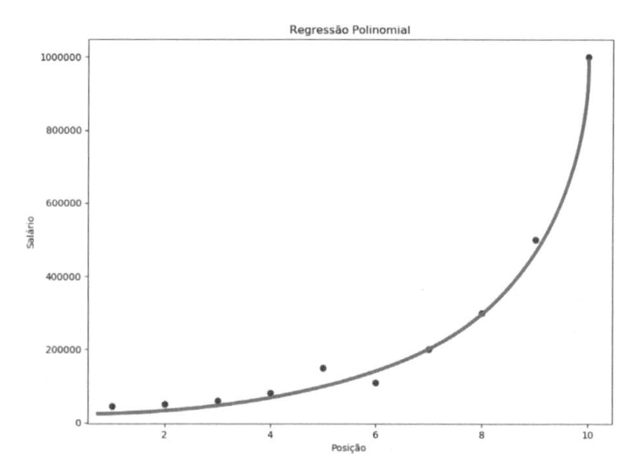


Figura 6.8 — Tentando conectar os pontos.

Uma árvore de decisão é um algoritmo que usa uma estrutura de árvore, com seus nós, para representar vários caminhos de decisão e cada um com seu resultado. Pareceu difícil? Não é. Provavelmente você já viu um fluxograma para alguma atividade, como para montar um móvel ou encontrar um caminho. Alguns autores também apontam a similaridade com o caminho correto que liga a entrada e a saída de um labirinto. Cada escolha reflete um destino diferente.

Esse algoritmo pode ser utilizado em vários problemas, tanto de classificação como de regressão. Problemas que são tratados por algoritmos de classificação serão vistos mais à frente. Utilizaremos uma árvore de decisão para resolver um problema de regressão.

Geralmente é utilizado para tratar problemas que são de difícil interpretação linear ou polinomial. Abordaremos um exemplo para esclarecer o conceito de árvore.

Imagine que temos uma lista de clientes de um banco fictício e todos pediram um empréstimo para financiar um imóvel. Como o gerente poderia identificar potenciais clientes com alta probabilidade de inadimplência em meio à lista? Um algoritmo de árvore de decisão poderia ser utilizado para separar em grupos os clientes de acordo com suas características e empréstimos passados. Esse algoritmo criaria uma partição do conjunto para cada caminho encontrado, dividindo a amostra em bons e maus pagadores, por exemplo; com isso, nosso gerente preveria (percentualmente) as chances de inadimplência para cada grupo.

Lembramos aqui algo importante e que deve ser utilizado no decorrer deste livro: a não ser que represente uma função teórica matemática, dificilmente um algoritmo que utiliza dados reais apresentará uma reta ou uma curva perfeita conectando todos os pontos. Nosso trabalho é encontrar uma função que se aproxime ao máximo dos pontos com o menor erro possível utilizando os dados de exemplo. Por essa razão, os algoritmos têm que ser sempre realimentados de modo a representar a realidade.

## Algoritmos de classificação

Como abordado anteriormente, esses algoritmos são utilizados para criar partições de conjuntos, um nome pomposo para subconjuntos próprios. Como visto, são muito úteis em problemas em que uma classe (ou classes) deve ser definida. Pode haver algoritmos de classificação que usem aprendizagem supervisionada ou não supervisionada. As definições de aprendizagem supervisionada e não supervisionada serão apresentadas na próxima seção.

São exemplos de algoritmos de classificação: K-N,N (*K-Nearest Neighbors*), SVM (*Support Vector Machines*), Regressão Logística (que, apesar do nome, é um algoritmo de ***classificação***, como será discutido no Capítulo 13), entre outros.

## Aprendizagem não supervisionada

Em alguns algoritmos (principalmente nos de aprendizagem supervisionada), é comum a aprendizagem ser dividida em duas etapas: treino e previsão. Usa-se parte dos dados (geralmente entre 70% e 80%) para "treinar" o algoritmo, e a outra parte, para prever os resultados, testar o algoritmo na parte restante e verificar se ele está próximo do resultado correto. Obviamente, quanto maior o tamanho dos dados, melhor será a previsão.

No entanto, o melhor algoritmo utilizado servirá muito bem *para o conjunto de testes*. No mundo real, onde a quantidade de dados aumenta exponencialmente, é necessário que esse algoritmo sempre seja atualizado e volte a ser testado sobre uma base de dados real.

Aplica-se aqui um conceito de *cross-validation*, ou validação cruzada, que é separar as partes de treino e teste em subconjuntos distintos que abranjam todo o conjunto de dados. Pareceu difícil? Abordaremos esse tópico em profundidade mais à frente.

| Importante | Correlação e causalidade<br><br>Vimos que, quando duas variáveis numéricas são relacionadas de modo que, quando uma aumenta (ou diminui) de valor, a outra variável se comporta da mesma forma, temos uma chamada correlação. Essa correlação pode ser encontrada de modo empírico (por tentativa e erro) desenhando-se os valores em um gráfico e verificando-se se os valores atendem a alguma relação linear, por exemplo, quando os pontos tendem a formar uma reta.<br>Essa relação é chamada de "correlação", e as variáveis são chamadas de independente (também chamada em estatística de explanatória) ou dependente (também chamada de resposta). Existe uma fórmula matemática do tipo Y = aX + b (fórmula simples de uma reta) em que para cada X (variável independente) podemos calcular o valor de Y (variável dependente).<br>Entretanto, devemos ter muito cuidado ao afirmar que a variável X (independente) *causa*, *implica* a variável Y. Essa relação é de causa e efeito?<br>Uma relação de causalidade deve ser avaliada em um contexto mais amplo e que inclua informações como:<br><br>• Essa relação pode ser somente uma coincidência? Existem vários exemplos de correlações espúrias, aquelas em que não faz sentido que um evento representado por uma variável cause o outro evento. Uma correlação forte existe (com coeficiente de correlação 99,26% ou r = 0,992558) entre o consumo nacional de margarina nos Estados Unidos e o índice de divórcios no estado do Maine naquele mesmo país, entre os anos 2000 e 2009. Apesar de curiosa, essa relação não faz nenhum sentido. Apesar de existir uma correção forte, ela é somente uma relação casual entre as duas variáveis. |
|---|---|

Continua

**Importante**

- Há uma relação direta (ou reversa) de caso e efeito? Por exemplo, o consumo em demasia de gorduras implica aumento do colesterol? Havendo diminuição ou suspensão do consumo de gorduras, é esperado que o colesterol diminua? Uma relação reversa é aquela em que as variáveis caminham proporcionalmente em diferentes direções. Por exemplo, o valor de ações nacionais e o valor do dólar. Geralmente, quando investidores optam por comprar ações, eles retiram montantes em dólar, o que faz este cair, já que naturalmente começa a existir um excesso da moeda no mercado (trocam dólar por ações).
- É possível que essa correlação seja causada por uma terceira variável ou por uma combinação de outros fatores? Por exemplo, os salários de jogadores de futebol e o público pagante em jogos. É natural achar que quando os salários dos jogadores diminui, o público pagante também diminuirá. No entanto, não faz muito sentido essa relação, pois os fatores envolvidos podem ser na quantidade de jogos ganhos, se houve maior ou menor desemprego no estado onde o time atua, ou mesmo se o time está se preparando para um campeonato e está adquirindo novos jogadores e diminuindo os salários dos jogadores da casa. Essas variáveis podem estar afetando essa correlação, mas não estão definidas ou identificadas.

## Verificação cruzada

Quando testamos um modelo, é comum escolhermos parte da nossa coleção de dados para treiná-lo e parte para testá-lo. Isso significa que, dos 100% dos dados (as 50 linhas do arquivo 50_startups.csv), uma parte (a maioria, geralmente entre 70% e 80%) será utilizada para treinar o modelo, e o restante (entre 30% e 20%), para testar o modelo. Essa estratégia tem uma razão: não "contaminar" o modelo com todos os dados, o que faria o modelo acertar 100% ***naquele conjunto de dados***. Podemos comparar com alguém estudar para um teste tendo acesso ao teste real — obviamente ele ou ela acertaria todas as questões.

Mas um acerto de 100% do modelo não seria o ideal? O problema aqui é que a intenção é criar um modelo que possa ser utilizado em dados ***futuros***. A maior parte dos problemas de inteligência artificial consiste em prever um resultado, e não simplesmente encontrar uma fórmula que se encaixe em dados prévios. Se houvesse uma fórmula matemática que pudesse, a partir de dados passados, prever sem erro os dados futuros, provavelmente não haveria Bolsa de Valores (se você ficou interessado, a reposta é sim, existem modelos de inteligência artificial para prever movimentos de subida e descida de ações e derivativos).

Ok, já sabemos a razão de separar parte dos dados para treinar o modelo e o restante para teste, mas qual o motivo da verificação cruzada? Imaginemos que separamos 80% dos dados de um arquivo para treinar o modelo — sendo o arquivo de 50 entradas, temos 80% de 50 = 40 entradas. As primeiras 40 entradas serão utilizadas para treinar o modelo, restando 10 entradas para testes. Ou seja, o modelo não teve acesso às 10 últimas entradas para servir como dados para os cálculos matemáticos que serviram para criar o modelo (que, em última análise, pode ser entendido como uma função matemática).

O problema aqui é que somente as 40 entradas influenciaram na função matemática do modelo. Não sabemos se as últimas 10 entradas representam melhor (ou pior) o modelo; partimos do pressuposto de que mais dados representam melhor o modelo, mas não sabemos ***onde*** esses dados estão. Aí é que entra a verificação cruzada. Ela consiste em escolher grupos de treino e teste entre vários subgrupos dos dados, e não somente entre os 80% primeiros e os 20% finais. Podemos escolher os 80% finais e os 20% primeiros, por exemplo. A verificação cruzada consiste em escolher vários subgrupos treino/teste dos dados para treinar e testar o modelo.

Na Figura 6.9, trazemos um quadro que exemplifica o conceito apresentado.

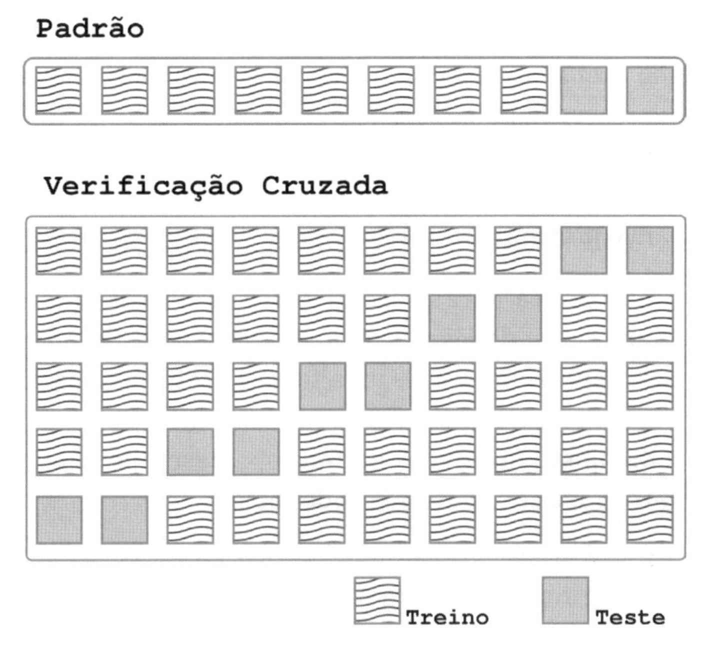


Figura 6.9 — Verificação cruzada.

## Sobreajuste e sub-ajuste (Overfitting e Underfitting)

Dois problemas que devem ser evitados ao implementar modelos de aprendizado de máquina são o sobreajuste e o sub-ajuste:

- ***Sobreajuste*** — consiste em criar um modelo que funciona bem com os dados de ***treinamento***, porém, tem desempenho fraco com dados novos. No jargão dos estatísticos, diz-se que o sobreajuste ocorre quando o algoritmo de aprendizado de máquina ***captura o ruído dos dados***. Mais especificamente, ele acontece se o modelo tem ***baixo viés***, mas ***alta variância*** (falaremos mais a respeito na seção ***Dilema Viés-Variância***, ainda neste capítulo). Frequentemente, esse problema é o resultado de um modelo extremamente complexo e pode ser prevenido pela aplicação de vários modelos e pelo uso de verificação cruzada para comparar os resultados dos modelos envolvidos.

- ***Sub-ajuste*** — ocorre quando um modelo não tem desempenho aceitável nem com os dados de treino. Nesse caso, primeiro verifique se não houve nenhum erro de implementação e se os dados corretos foram fornecidos ao algoritmo. Em caso afirmativo, o melhor a fazer é procurar outro modelo para o problema.

Uma técnica para prevenir esses problemas é ***dividir sua amostra*** em ***dados de treino*** e ***dados de teste*** (por exemplo, 20% para treino e 80% para testes) e, em seguida, mensurar o desempenho do modelo com os dados restantes. Se houve sobreajuste nos dados de treino, o desempenho do modelo deverá ser baixo nos dados de teste.

Alertamos para duas armadilhas a serem evitadas:

1. Imagine, por exemplo, que você está desenvolvendo uma análise sobre as informações de Recursos Humanos de uma grande empresa e recebe um conjunto de dados com os registros de pagamentos a funcionários, contendo a matrícula e nome do funcionário, data do pagamento, valor bruto, total de descontos e salário líquido. Cada empregado terá uma linha por mês nesse dataset, e a maioria deles aparecerá tanto nos dados de treino quanto nos de teste, daí, alguns algoritmos talvez terminem por aprender a ***identificar os usuários***, no lugar de ***descobrir relações entre os atributos da base de dados***.
2. Se você estiver escolhendo um entre vários modelos para um determinado problema, pode acontecer de, a cada vez que um algoritmo for executado nos dados de ***teste***, seu modelo funcionar como se tivesse passado por um novo ***treinamento***, influenciando o resultado do estudo. Para evitar isso, é aconselhável dividir seus dados em três subconjuntos: um conjunto de ***treinamento***, para construir os modelos; um conjunto de ***validação***, para escolher entre os modelos treinados; e um conjunto de ***teste***, para mensurar os resultados do modelo final.

## Matriz de confusão

Uma simples e, ao mesmo tempo, poderosa ferramenta estatística para validar modelos é a chamada ***matriz de confusão***. Trata-se de uma matriz que sumariza os resultados da análise.

Em problemas de classificação ***binários*** (cuja resposta possa ser traduzida como uma de suas opções, como: 0 — Não/Falso; e 1 — Sim/Verdadeiro). Um exemplo bastante comum é o de um filtro de *spam*. Ele pode produzir como resultado: 0 — Não, o e-mail é legítimo; e 1 — Sim, o e-mail é *spam*. Cada resultado produzido encaixa-se em uma destas quatro categorias:

1. ***Verdadeiro positivo***: a mensagem ***é de fato spam*** e a previsão está ***correta***.
2. ***Falso positivo***: o modelo classificou a mensagem como ***spam***, entretanto, trata-se de uma mensagem ***legítima***. Esse tipo de erro é referido como ***erro tipo 1***.
3. ***Verdadeiro negativo***: a mensagem ***não é spam*** e o modelo a classificou, corretamente, como ***legítima***.
4. ***Falso negativo***: a mensagem ***é spam*** e foi classificada, incorretamente, como ***legítima***. Esse erro é chamado de ***erro tipo 2***.

A matriz de confusão é montada como na Tabela 6.2.

| | Spam | Mensagem Legítima |
|---|---|---|
| Modelo classificou como spam | Verdadeiro positivo | Falso positivo |
| Modelo classificou como legítima | Falso negativo | Verdadeiro negativo |

Tabela 6.2 — Matriz de confusão

A biblioteca Scikit Learning, que utilizaremos em nossos modelos, tem uma classe que calcula a matriz de confusão para os resultados dos algoritmos que ela implementa. Nesse caso, ela mostra a ***quantidade*** de previsões corretas e incorretas — as corretas, na ***diagonal***

***principal***, que correspondem aos verdadeiros positivos e negativos; e as incorretas, na ***diagonal secundária***, contando os falsos positivos e negativos.

## Métricas

Para interpretar os dados da ***matriz de confusão***, é comum utilizar algumas métricas. As principais são:

- ***Precisão (Precision)*** — mede quanto a exatidão das previsões ***positivas***. Sua fórmula é dada por: $\frac{VP}{VP+FP}$.
- ***Recall ou revocação*** — o ***recall*** identifica a fração de previsões positivas corretamente identificadas. É dado por: $\frac{VP}{VP+FN}$.
- ***Acurácia (Accuracy)*** — a ***acurácia*** mede a fração previsões corretas: $\frac{VP+VN}{VP+FP+VN+FN}$.

Onde:

- VP — Verdadeiros positivos
- FP — Falsos positivos
- VN — Verdadeiros negativos
- FN — Falsos negativos

Se você quiser ler as métricas em formato de porcentagem, basta multiplicar o valor da métrica por 100.

A escolha de um determinado algoritmo implica compromisso entre ***acurácia*** e ***recall***. Um modelo que retorna positivo com poucas exigências provavelmente terá um ***elevado recall***, mas, por outro lado, uma ***baixa acurácia***. Um modelo que é muito exigente para retornar um valor positivo provavelmente terá ***acurácia alta*** e ***baixo recall***.

## Dilema viés-variância

Ao dividir nossos dados entre os conjuntos de treino e de teste, pode ocorrer que:

1. Escolhamos um modelo complexo, que minimiza os erros de previsão nos dados de treinamento, mas não apresenta um bom resultado no conjunto de dados de teste. Se for esse o caso, realizaremos a estimativa com um modelo com ***viés baixo*** e ***variância alta***. Ou seja, nos dados de treinamento, o modelo errará pouco, mas quando avaliarmos o modelo em um novo conjunto de dados (dados de teste), o erro subirá consideravelmente, e, por isso, dizemos que sua variância é alta. Esse é o típico caso de ***sobreajuste*** (*overfitting*).
2. Utilizemos um modelo simples, que é bem adaptável, mas, por outro lado, não reduz o erro de previsão nos dados de treinamento. Nesse caso, teremos um modelo com ***viés alto***, mas ***variância baixa***. Assim, permitiremos um erro de previsão maior nos dados de treinamento, de modo a obter um erro de previsão semelhante (com pouca variância) nos dados de teste. Esse é o típico caso de ***sub-ajuste*** (*underfitting*).

Podemos depreender que modelos mais simples têm viés alto, mas variância baixa (*underfitting*); enquanto modelos mais complexos têm viés baixo, mas variância elevada (*overfitting*), o que é conhecido como ***dilema viés-variância***[2]. Entenda o termo "modelos mais complexos" como modelos com muitos previsores, e conforme a capacidade do modelo de captar relações não lineares e interações entre os previsores aumenta, aumenta a ***complexidade*** do modelo.

Esse conhecimento pode ser útil para ajudar a descobrir o problema quando seu modelo não funciona bem.

Se o modelo tem viés elevado, o que faz com que ele não tenha um bom desempenho nos dados de treinamento, talvez faltem atributos (variáveis independentes). Por outro lado, se o modelo tiver alta variância, considere remover atributos.

---

2 Em alguns materiais, você poderá encontrar essa expressão como ***Bias-Variance Tradeoff***.

# 7 Bibliotecas para Data Science

Neste capítulo, você terá os primeiros contatos com três das bibliotecas mais utilizadas em *Data Science*: Pandas, NumPy e Scikit-Learn.

***Pandas*** é, talvez, a biblioteca de manipulação de dados mais utilizada pelos programadores Python quando precisam atuar em *Data Science*. Funcionando como uma camada de abstração sobre outra biblioteca, a ***NumPy***, ela fornece capacidades bastante úteis para a análise de dados, como carga de dados armazenados em planilhas, arquivos-texto e diversos outros tipos de origens, através de uma interface consistente. Permite ainda realizar de forma simplificada manipulações de dados, alinhamento, mesclagem de informações etc. Trabalha com representações em memória de coleções complexas, entre outras características. De fato, ela é tão completa, que existem livros inteiros a seu respeito.

***NumPy*** é uma biblioteca que facilita a realização de cálculos científicos e, também, manipulação de dados. Ela fornece recursos para análise numérica, álgebra linear e cálculos matriciais, entre outras funcionalidades, o que nos permite abstrair a implementação de vários procedimentos matemáticos complexos.

E, finalmente, a biblioteca ***Scikit-Learn*** é o padrão de fato no mercado para ***Machine Learning***, implementando um grande número de algoritmos para essa área, poupando tempo e evitando erros para os cientistas de dados, que, de outra forma, teriam que implementá-los manualmente.

Neste capítulo, faremos uma introdução das partes essenciais de cada biblioteca, apenas o suficiente para que você possa compreender o restante da obra. Se desejar aprofundar-se (recomendamos que o faça!), poderá consultar as obras citadas nas referências bibliográficas. Nossa ênfase maior no capítulo atual será na biblioteca ***Pandas***. As outras duas serão mostradas ***na prática***, à medida que os algoritmos forem apresentados.

## Carregando um arquivo de dados com Pandas

O procedimento padrão é instanciar um objeto ***Pandas*** (internamente, este objeto é chamado de ***Dataframe***) e, então, utilizar as funções (poderosas!) de leitura e tratamento de dados.

Utilizaremos um arquivo com dados de anos de experiência e salários dos empregados de uma determinada firma, obtida de Eremenko et al. (2020). O arquivo chama-se tempo_salarios.csv (essa extensão significa **comma-separated values**, valores separados por vírgula), e para facilitar seus estudos, colocamos uma cópia no material para download desta obra na pasta /código/cap_08/. Se tentarmos ler esse arquivo em um editor de textos comum, encontraremos o conteúdo mostrado na Figura 7.1.

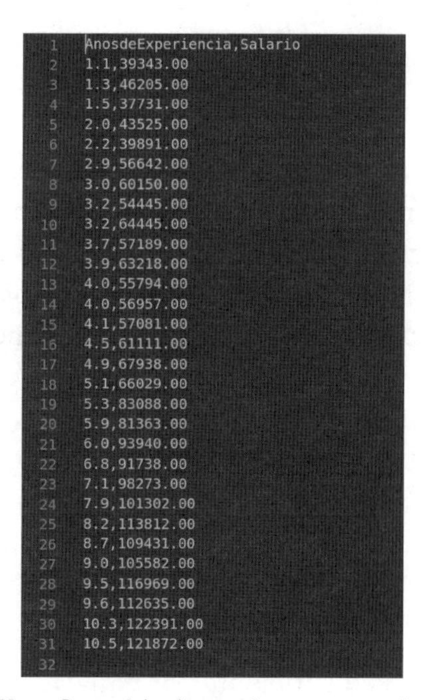

```
1  AnosdeExperiencia,Salario
2  1.1,39343.00
3  1.3,46205.00
4  1.5,37731.00
5  2.0,43525.00
6  2.2,39891.00
7  2.9,56642.00
8  3.0,60150.00
9  3.2,54445.00
10 3.2,64445.00
11 3.7,57189.00
12 3.9,63218.00
13 4.0,55794.00
14 4.0,56957.00
15 4.1,57081.00
16 4.5,61111.00
17 4.9,67938.00
18 5.1,66029.00
19 5.3,83088.00
20 5.9,81363.00
21 6.0,93940.00
22 6.8,91738.00
23 7.1,98273.00
24 7.9,101302.00
25 8.2,113812.00
26 8.7,109431.00
27 9.0,105582.00
28 9.5,116969.00
29 9.6,112635.00
30 10.3,122391.00
31 10.5,121872.00
32
```

Figura 7.1 — Conteúdo do arquivo tempo_salarios.csv.

Os arquivos CSV geralmente declaram as colunas em sua primeira linha. No caso anterior, existem duas colunas, **AnosdeExperiencia** e **Salario**. As linhas subsequentes representam, cada uma, um dado da coluna AnosdeExperiencia e Salario, obviamente, separado por vírgulas. A biblioteca pandas tem várias funções para carga desses arquivos.

Inicialmente, importamos o módulo ***Pandas*** com o alias ***p***. Para isso, digite em um script a linha:

```
import pandas as pd
```

Temos agora um objeto ***pd***, instanciado e pronto para a carga do arquivo. Lembramos que o arquivo a ser carregado deverá estar no mesmo diretório do *script*, ou teremos que identificar o caminho completo do arquivo. No nosso caso, utilizaremos o **método read_csv( )** do objeto *dataframe*. Esse método retorna um objeto que permite manipular facilmente os dados do arquivo lido.

```
dataframe = pd.read_csv('tempo_salarios.csv')
```

| | |
|---|---|
| **Dica** | Vale observar que esse nome pode ser alterado, não necessariamente precisa ser pd. Porém, tornou-se quase uma regra não escrita usar esse "apelido" para a biblioteca *Pandas*. |

A variável *dataframe* pode ser visualizada facilmente utilizando-se o ***Spyder***, como mostram as figuras a seguir, bastando clicar duas vezes em cima da variável, dentro da área ***Variable Explorer*** — explorador de variáveis. Todas as variáveis criadas são mostradas nesta área do IDE Spyder. A Figura 7.2 mostra esse painel do IDE.

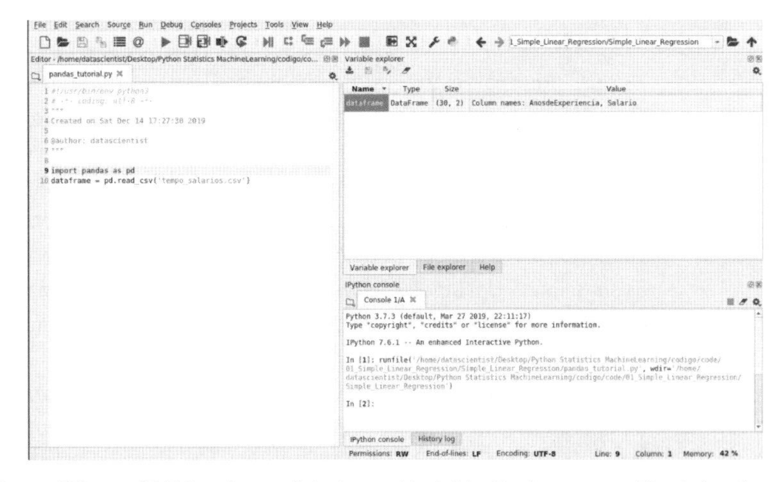


Figura 7.2 —– IDE Spyder, exibindo, no Variable Explorer, a variável dataframe.

É muito comum precisarmos ***inspecionar*** o valor de uma variável. Para isso, simplesmente dê um clique duplo nela, no **Variable Explorer**. Surgirá uma caixa de diálogo semelhante à da Figura 7.3.

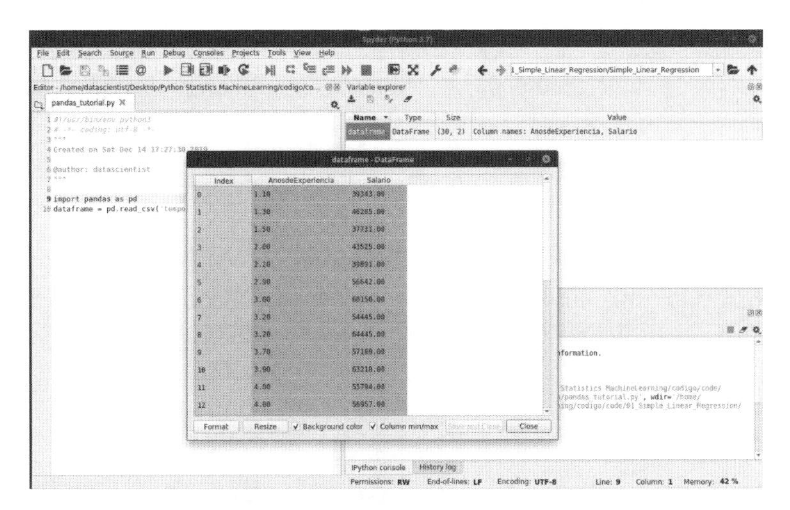


Figura 7.3 — Inspecionando o conteúdo da variável dataframe.

Para nossos propósitos, usaremos as funcionalidades de carga e tratamento de dados da biblioteca Pandas para recuperar informações que foram extraídas de outros sistemas computacionais e salvas em arquivos CSV, Excel ou mesmo texto puro.

| | Séries e Dataframes |
|---|---|
| **Importante** | As duas principais estruturas de um objeto Pandas são *Series* e *Dataframes*. Trocando em miúdos, um objeto *Series* é um *array unidimensional*, ou seja, um vetor. Por sua vez, um *Dataframe* é uma matriz bidimensional ***rotulada***, ou seja, para a qual podem ser atribuídos ***rótulos*** (nomes) aos seus atributos (colunas), colunas com tipos de dados que podem ser diferentes, e ***índices*** (numéricos) às suas linhas. Um objeto *Series* pode ser criado a partir de várias origens diferentes. A seguir, mostramos as maneiras mais comuns de criar objetos do tipo *Series*.<br>Vimos a forma mais comum de criar *DataFrames* na seção *Carregando um arquivo de dados com Pandas*, que usa o método *read_csv( )* do objeto *DataFrame*. |

# Criando objetos Series

A Listagem 7.1 demonstra várias maneiras de instanciar a classe Series do ***Pandas***.

```
1. import pandas as pd
2.
3. print('Criando uma instância de Series a partir de uma lista\
4.  numérica:')
5. copa_do_mundo = pd.Series([1952,1962,1970,1994,2002])
6. print('Anos em que o Brasil foi campeão mundial de futebol:')
7. print(f'{copa_do_mundo}')
8.
9. s = pd.Series((1,2,3))
10.print('\nCriando uma série a partir de uma tupla:')
11.print(s)
12.print(f'Tipo da variável: {type(s)}')
13.
14.s = pd.Series({'a':1,'b':2,'c':3})
15.print('\nCriando uma série a partir de um dicionário:')
```

```
16.print(s)
17. print(f'Tipo da variável: {type(s)}')
18.
19.s = pd.Series(['Wes McKinney','Criador da Pandas'],\
20.          index=['Pessoa','Quem'])
21.print(f'\nCriando uma série a partir de um uma lista de \
22.       valores e outra de rótulos:')
23.print(s)
24.       print(f'Tipo da variável: {type(s)}')
```

Listagem 7.1 — Criando objetos da classe Serie (criacao_series.py).

Explicaremos as partes relevantes da listagem:

O script começa com a importação da biblioteca Pandas na linha 1.

Na linha 5, é mostrada a primeira forma de construir uma série com a biblioteca Pandas, passando um objeto do tipo List contendo os elementos da série como parâmetro.

Na linha 9 é mostrado como criar uma série a partir de uma tupla. Da mesma maneira, as linhas 14 e 19 demonstram como criar um objeto da classe Series a partir de um dicionário e de duas listas, sendo uma com os dados e outra com os rótulos que serão aplicados a cada elemento. Após a criação de cada série, uma **instrução print( )** é usada para exibir seu conteúdo na saída padrão, e outra chamada à mesma instrução é realizada para verificar o tipo da variável retornada.

A Figura 7.4 mostra o resultado da execução desse código. Observe que é possível construir séries a partir de uma rica variedade de origens de dados. Entretanto, é necessário salientar que, no dia a dia do trabalho com Data Science, quase sempre os dados estão em arquivos no formato .CSV e serão carregados com uma chamada ao método read_csv( ) da biblioteca ***Pandas***.

```
Criando uma instância de Series a partir de uma lista numérica:
Anos em que o Brasil foi campeão mundial de futebol:
0    1952
1    1962
2    1970
3    1994
4    2002
dtype: int64

Criando uma série a partir de uma tupla:
0    1
1    2
2    3
dtype: int64
Tipo da variável: <class 'pandas.core.series.Series'>

Criando uma série a partir de um dicionário:
a    1
b    2
c    3
dtype: int64
Tipo da variável: <class 'pandas.core.series.Series'>

Criando uma série a partir de um uma lista de valores e outra de       rótulos:
Pessoa         Wes McKinney
Quem       Criador da Pandas
dtype: object
Tipo da variável: <class 'pandas.core.series.Series'>
```

Figura 7.4 — Resultado da execução da Listagem 7.1.

Perceba que a **função dtype( )** retorna o tipo dos objetos armazenados na série, enquanto que o tipo da variável que contém o objeto é sempre ***pandas.core.series.Series***.

## Exibindo o cabeçalho e o rodapé do seu dataset

Duas funções muito úteis são **head( )** e **tail( )**. Essas funções retornam, por padrão, as primeiras cinco entradas e as últimas cinco entradas do conjunto de dados, respectivamente, úteis para mostrar uma pequena parte do dataframe carregado. Por exemplo, após carregar o objeto dataframe, na seção "Carregando um arquivo de dados com Pandas", digite no console do Spyder:

```
dataframe.head( )
```

O resultado será semelhante ao mostrado na Figura 7.5.

```
Console 1/A

In [27]: import pandas as pd

In [28]: dataframe = pd.read_csv('tempo_salarios.csv')

In [29]: dataframe.head()
Out[29]:
   AnosdeExperiencia  Salario
0                1.1  39343.0
1                1.3  46205.0
2                1.5  37731.0
3                2.0  43525.0
4                2.2  39891.0

In [29]:
```

Figura 7.5 — Resultado da execução de dataframe.head( ).

Da mesma forma, digitar:

```
dataframe.tail( )
```

retornará um resultado como o da Figura 7.6.

```
In [30]: dataframe.tail()
Out[30]:
    AnosdeExperiencia   Salario
25                9.0  105582.0
26                9.5  116969.0
27                9.6  112635.0
28               10.3  122391.0
29               10.5  121872.0
```

Figura 7.6 — Resultado da execução de dataframe.tail( ).

Como se pode perceber, os métodos head( ) e tail( ) mostram os nomes das variáveis aleatórias do *dataset* e seus valores para os cinco primeiros registros. É possível alterar a quantidade de linhas que serão exibidas, passando-as como parâmetro para o método. Por exemplo, para mostrar as quinze primeiras linhas, digite:

```
df.head(15)
```

## Conferindo a quantidade de entradas no ***dataset***

Para obter, via console, a quantidade de entradas, como em qualquer coleção do Python, basta usar a **função len( )**. A Figura 7.7 mostra o resultado da função no console do Spyder.

```
In [33]: print(len(dataframe))
30
```

Figura 7.7 — Examinando a quantidade de linhas no dataframe.

## Examinando tipos de dados

A *função dtypes* retorna algo muito importante do *dataframe*: os tipos internos dos dados. Em nosso caso anterior, ambos os tipos são números reais (ponto flutuante — internamente chamado de *float*). Os tipos mais comuns são **float**, **int** e **bool**. Float é a representação de um número real, como dito anteriormente. Int é um número inteiro (podendo ser definido por tamanho de *bytes*); bool é o booleano, podendo representar dois valores, Verdadeiro ou Falso. Existem, ainda, tipos para armazenar diferenças entre valores de tempo em diferentes unidades (dias, horas, minutos, segundos) e datas propriamente ditas. O primeiro é o **timedelta64**, e o segundo é o **datetime64**.

Para mostrar os tipos de dados carregados, utilizamos a **propriedade**[1] ***dtypes***:

```
In [7]: dataframe.dtypes
Out[7]:
AnosdeExperiencia    float64
Salario              float64
dtype: object
```

Figura 7.8 — Tipos de dados carregados.

A função describe( ) também é muito útil na identificação inicial de estatísticas sobre os dados. Apresenta a contagem das entradas, calcula média, desvio padrão, os valores mínimos e máximos, além dos quartis. Observe um exemplo na Figura 7.9.

---

1 Observe que utilizamos a expressão ***propriedade***, e não ***função***: ***dtypes*** é definido como uma ***propriedade*** dos objetos da classe ***DataFram***, e ***não*** como um método/função. Uma dica simples é: se na chamada não foi preciso especificar parênteses, não se trata de um método/função.

```
In [11]: dataframe.describe()
Out[11]:
       AnosdeExperiencia        Salario
count          30.000000      30.000000
mean            5.313333   76003.000000
std             2.837888   27414.429785
min             1.100000   37731.000000
25%             3.200000   56720.750000
50%             4.700000   65237.000000
75%             7.700000  100544.750000
max            10.500000  122391.000000
```

Figura 7.9 — Usando *describe( )*.

Sendo necessário acessar somente uma coluna, podemos usar diretamente dataframe['NomedaColuna']. No nosso caso, dataframe['AnosdeExperiencia'] ou dataframe['Salario']. É possível, também, utilizar o nome da coluna após o dataframe separado por um ponto, como dataframe.Salario, para mostrar todos os dados da coluna selecionada. Observe a Figura 7.10.

```
In [12]: dataframe['AnosdeExperiencia']
Out[12]:
0      1.1
1      1.3
2      1.5
3      2.0
4      2.2
5      2.9
6      3.0
7      3.2
8      3.2
9      3.7
10     3.9
11     4.0
12     4.0
13     4.1
14     4.5
15     4.9
16     5.1
17     5.3
18     5.9
19     6.0
20     6.8
21     7.1
22     7.9
23     8.2
24     8.7
25     9.0
26     9.5
27     9.6
28    10.3
29    10.5
Name: AnosdeExperiencia, dtype: float64

In [13]:
```

Figura 7.10 — Acessando um atributo do *DataFrame* com a notação de ponto.

Do mesmo modo que em todas as coleções da linguagem Python, o Pandas tem ***regularidade***, ou seja, preserva a maneira como as operações são esperadas na linguagem. Isso permite "fatiar" os dados com a notação de colchetes, como na Figura 7.11.

```
In [16]: dataframe.Salario[5:10]
Out[16]:
5    56642.0
6    60150.0
7    54445.0
8    64445.0
9    57189.0
Name: Salario, dtype: float64
```

Figura 7.11 — Acessando uma "fatia" do *DataFrame*.

| **Importante** | Exatamente por conta da regularidade abraçada pela biblioteca Pandas, lembre-se de que *os intervalos das fatias de dados no Python são abertos à direita*. Ou seja: o último índice do intervalo *não* será considerado. |
|---|---|

Para selecionarmos somente os valores numéricos das colunas, utilizaremos a propriedade ***.values***. É especialmente útil para selecionar os valores a serem enviados para os modelos de regressão. Neste caso, os valores são retornados em um objeto array do Numpy, sem as descrições das colunas e sem os índices. Por exemplo:

```
In [18]: dataframe.Salario[5:10].values
Out[18]: array([56642., 60150., 54445., 64445., 57189.])
```

Figura 7.12 — Acessando a propriedade values do *DataFrame*.

Como dito no início deste capítulo, existem funcionalidades de fatiamento do *dataframe*, de modo a selecionar um intervalo dos dados. Utilizando a notação padrão entre colchetes de índices do Python, pode-se selecionar esse subconjunto. Essa seleção é feita com colchetes definindo ***dataframe[inicio:fim]***. Na Figura 7.13, mostraremos como selecionar os cinco funcionários com menor tempo de experiência (os cinco primeiros da lista) e os últimos dez funcionários. Se não for utilizado um número no índice para início ou fim, consideram-se o primeiro e o último valores, respectivamente.

```
In [20]: dataframe[0:5] # poderiamos utilizar dataframe[:5]
Out[20]:
   AnosdeExperiencia  Salario
0                1.1  39343.0
1                1.3  46205.0
2                1.5  37731.0
3                2.0  43525.0
4                2.2  39891.0

In [21]: dataframe[20:30] # poderiamos utilizar dataframe[20:]
Out[21]:
    AnosdeExperiencia   Salario
20                6.8   91738.0
21                7.1   98273.0
22                7.9  101302.0
23                8.2  113812.0
24                8.7  109431.0
25                9.0  105582.0
26                9.5  116969.0
27                9.6  112635.0
28               10.3  122391.0
29               10.5  121872.0

In [22]:
```

Figura 7.13 — "Fatiando" o *DataFrame* com índices parciais.

Lembramos que é possível selecionar os intervalos utilizando índices negativos, que são contados a partir de onde o *dataframe* ***termina***. Isso significa considerar o início ou o fim do intervalo a partir do final do *dataframe*. Como selecionaríamos os cinco primeiros e os dez últimos funcionários utilizando índices negativos? Observe a Figura 7.14.

```
In [23]: dataframe[:-25]
Out[23]:
   AnosdeExperiencia  Salario
0                1.1  39343.0
1                1.3  46205.0
2                1.5  37731.0
3                2.0  43525.0
4                2.2  39891.0

In [24]: dataframe[-10:]
Out[24]:
    AnosdeExperiencia   Salario
20                6.8   91738.0
21                7.1   98273.0
22                7.9  101302.0
23                8.2  113812.0
24                8.7  109431.0
25                9.0  105582.0
26                9.5  116969.0
27                9.6  112635.0
28               10.3  122391.0
29               10.5  121872.0
```

Figura 7.14 — "Fatiando" o *DataFrame* com índices negativos.

| Importante | Índices negativos<br>Para quem ficou confuso com o último exemplo, explicaremos minuciosamente aqui! Como interpretamos o comando *dataframe[:-25]*? E o comando *dataframe[-10:]*? Ora, o índice negativo significa sempre a contagem a partir do final do *dataframe*, em direção ao início. Isso quer dizer: "selecione o intervalo de dados começando com o primeiro item (o valor omitido, que é 0 — zero) e terminando com o item que fica à 25ª posição vindo do final." Como uma imagem vale por mil palavras, optamos por ilustrar como é feita essa seleção de índices. |
|---|---|

Os cinco primeiros itens utilizando índices negativos. Comece com o primeiro item a partir do início e termine no item que está localizado à 25ª posição a partir do final do índice, em direção ao início.

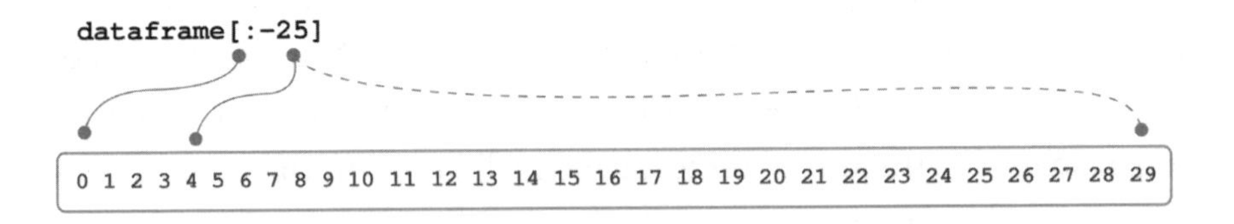


Figura 7.15 — Entendendo índices negativos.

Os últimos dez itens utilizando índices negativos. Comece com o primeiro item sendo localizado à 10ª posição a partir do final do índice, em direção ao início, e termine no final do índice.

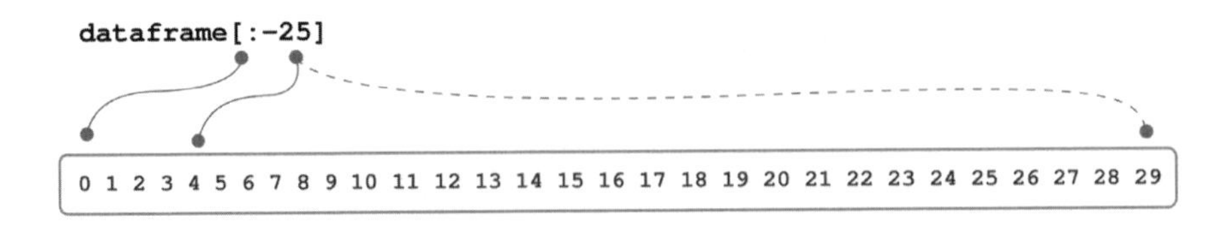


Figura 7.16 — Entendendo índices negativos.

## As funções *iloc( )* e *loc( )*

Vale lembrar que aquele tipo de seleção não deve ser usado para buscar diretamente a linha que contém os dados. Se tentássemos digitar ***dataframe[3]***, não obteríamos a quarta linha de dados; na verdade, seria lançada uma exceção, pois o tipo de dados referenciado não é uma lista, e, sim, um ***dataframe***.

Para selecionarmos os dados por sua localização, utilizamos as funções **iloc( )** e **loc( )**. A função **iloc( )** é usada para buscar itens unicamente a partir de números inteiros, pelo índice. Vale aqui lembrar que os índices começam com 0 (zero), e o último item não é incluído, então esse item de um *dataframe* é ***n* -1** (número de itens do *dataframe* menos 1).

A função **loc( )**, por sua vez, é utilizada para buscar dados pelas suas descrições (rótulos[2]). Também é usada para operadores lógicos (*booleanos*). A Figura 7.17 mostra as consequências de se tentar acessar um *Dataframe* diretamente, como se fosse um *array*, enquanto que a Figura 7.18 exibe a forma recomendável de fazê-lo, por meio da função **loc( )**.

```
In [25]:

In [26]: dataframe[3]
Traceback (most recent call last):

  File "/home/francisco/anaconda3/lib/python3.7/site-packages/pandas/core/indexes/
base.py", line 2646, in get_loc
    return self._engine.get_loc(key)

  File "pandas/_libs/index.pyx", line 111, in pandas._libs.index.IndexEngine.get_loc

  File "pandas/_libs/index.pyx", line 138, in pandas._libs.index.IndexEngine.get_loc

  File "pandas/_libs/hashtable_class_helper.pxi", line 1618, in
pandas._libs.hashtable.PyObjectHashTable.get_item

  File "pandas/_libs/hashtable_class_helper.pxi", line 1626, in
pandas._libs.hashtable.PyObjectHashTable.get_item

KeyError: 3


During handling of the above exception, another exception occurred:

Traceback (most recent call last):

  File "<ipython-input-26-f5827f7f1831>", line 1, in <module>
    dataframe[3]

  File "/home/francisco/anaconda3/lib/python3.7/site-packages/pandas/core/frame.py",
line 2800, in __getitem__
    indexer = self.columns.get_loc(key)

  File "/home/francisco/anaconda3/lib/python3.7/site-packages/pandas/core/indexes/
base.py", line 2648, in get_loc
    return self._engine.get_loc(self._maybe_cast_indexer(key))
```

Figura 7.17 — Tentando acessar um *DataFrame* diretamente por um índice.

2 A palavra usada para descrever esse conceito em inglês, *label*, às vezes é traduzida também como "etiqueta". Você poderá encontrá-la assim em outros materiais.

```
In [34]: dataframe.loc[3]
Out[34]:
AnosdeExperiencia        2.0
Salario              43525.0
Name: 3, dtype: float64
```

Figura 7.18 — Acessando um elemento de um *DataFrame* pelo índice com *loc( )*.

Essa função foi desenvolvida para busca pela descrição dos itens (*labels*) e também com operadores *booleanos*. No nosso caso, não temos rótulos dos itens. Os itens são numerados (indexados) e estão contidos em duas colunas, ***AnosdeExperiencia*** e ***Salario***.

Mostraremos agora como é simples filtrar resultados na consulta. Observe a Figura 7.19. Nela, filtramos o ***dataset*** para retornar apenas os elementos para os quais o atributo Salario seja superior a 80.000.

```
In [11]: dataframe.loc[dataframe.Salario > 80000]
Out[11]:
    AnosdeExperiencia    Salario
17                5.3    83088.0
18                5.9    81363.0
19                6.0    93940.0
20                6.8    91738.0
21                7.1    98273.0
22                7.9   101302.0
23                8.2   113812.0
24                8.7   109431.0
25                9.0   105582.0
26                9.5   116969.0
27                9.6   112635.0
28               10.3   122391.0
29               10.5   121872.0
```

Figura 7.19 — Filtrando o *DataFrame*.

Para selecionarmos uma única coluna, ***AnosdeExperiencia*** ou ***Salario***, usaremos as opções de fatiamento da função .iloc[***intervalo_linhas,intervalo_colunas***]. Essas opções são utilizadas no formato já apresentado de colchetes, sendo a primeira parte utilizada para as linhas a serem selecionadas, e a segunda opção, para as colunas. Utilizando essa configuração de colchetes, a função retorna uma matriz bidimensional, própria para o uso em modelos da biblioteca ***Scikit-learn***, que veremos no próximo capítulo.

Lembrando aqui que o índice começa em 0 e finaliza na quantidade de itens menos 1. No nosso caso, temos 30 itens: o primeiro é indexado em 0, e o último, (30 - 1) 29; entretanto, quando selecionado entre colchetes, o último elemento não é contabilizado. Dessa forma, para selecionarmos somente a primeira coluna (AnosdeExperiencia), poderíamos utilizar o seguinte comando:

```
dataframe.iloc[0:30, 0:1]  # mesmo que dataframe.iloc[:,0:1]
```

A Figura 7.20 mostra o resultado da execução.

```
In [12]: dataframe.iloc[0:30, 0:1]
Out[12]:
    AnosdeExperiencia
0                 1.1
1                 1.3
2                 1.5
3                 2.0
4                 2.2
5                 2.9
6                 3.0
7                 3.2
8                 3.2
9                 3.7
10                3.9
11                4.0
12                4.0
13                4.1
14                4.5
15                4.9
16                5.1
17                5.3
18                5.9
19                6.0
20                6.8
21                7.1
22                7.9
23                8.2
24                8.7
25                9.0
26                9.5
27                9.6
28               10.3
29               10.5

In [13]:
```

Figura 7.20 — Retornando uma só coluna do *DataFrame*.

Algumas vezes, você precisará converter seus dados em uma matriz do ***NumPy*** para posterior processamento por algum algoritmo, por exemplo. Para isso, basta retornar a propriedade ***values*** do *dataframe*. Observe o exemplo da Figura 7.21.

```
In [14]: dataframe.iloc[0:30, 0:1].values
Out[14]:
array([[ 1.1],
       [ 1.3],
       [ 1.5],
       [ 2. ],
       [ 2.2],
       [ 2.9],
       [ 3. ],
       [ 3.2],
       [ 3.2],
       [ 3.7],
       [ 3.9],
       [ 4. ],
       [ 4. ],
       [ 4.1],
       [ 4.5],
       [ 4.9],
       [ 5.1],
       [ 5.3],
       [ 5.9],
       [ 6. ],
       [ 6.8],
       [ 7.1],
       [ 7.9],
       [ 8.2],
       [ 8.7],
       [ 9. ],
       [ 9.5],
       [ 9.6],
       [10.3],
       [10.5]])
```

Figura 7.21 — Retornando um *array NumPy*.

Por padrão, quando carregamos um arquivo CSV usando a função ***read_csv( )***, a biblioteca cria um *dataframe* com várias configurações padrão. Uma delas é criar um índice numérico para os itens, mesmo que o arquivo CSV já tenha definido esse índice.

Criaremos agora um arquivo de nome ***transportes.csv***, mostrado no Quadro 7.1.

```
Tipo,Velocidade,Peso,Consumo,Autonomia,Valor
Motocicleta,120,116,41,656,25000
Automóvel,140,2000,15,800,55000
Helicóptero,280,450,5,1262,7000000
Avião,900,28000,0.3,12000,112000000
Motoplanador,200,322,18,1200,150000
Bicicleta,30,11,0,100,700
```

Quadro 7.1 — Conteúdo do arquivo transportes.csv.

Esse arquivo tem sete linhas, das quais seis representam transportes, com tipo, velocidade, peso, consumo, autonomia e valor — sendo a primeira linha a que define os nomes das colunas. Se tratarmos o arquivo como uma tabela, verificaremos que a primeira coluna (sem contar a primeira linha) pode ser utilizada como índice do tipo de transporte, e as demais colunas, como características desse tipo de transporte.

| Tipo | Velocidade | Peso | Consumo | Autonomia | Valor |
|---|---|---|---|---|---|
| Motocicleta | 120 | 116 | 41 | 656 | 25.000 |
| Automóvel | 140 | 2.000 | 15 | 800 | 55.000 |
| Helicóptero | 280 | 450 | 5 | 1.262 | 7.000.000 |
| Avião | 900 | 28.000 | 0,3 | 12.000 | 112.000.000 |
| Motoplanador | 200 | 322 | 18 | 1.200 | 150.000 |
| Bicicleta | 30 | 11 | 0 | 100 | 700 |

Quadro 7.2 — Visualizando o arquivo transportes.csv como uma tabela.

Carregaremos o arquivo sem nenhuma configuração extra, de modo a identificar qual índice foi criado, conforme mostra a Figura 7.22.

```
In [10]: import pandas as pd

In [11]: transportes = pd.read_csv('transportes.csv')

In [12]: transportes.describe
Out[12]:
<bound method NDFrame.describe of          Tipo  Velocidade   Peso  Consumo  Autonomia      Valor
0   Motocicleta         120    116     41.0        656      25000
1     Automóvel         140   2000     15.0        800      55000
2   Helicóptero         280    450      5.0       1262    7000000
3         Avião         900  28000      0.3      12000  112000000
4  Motoplanador         200    322     18.0       1200     150000
5     Bicicleta          30     11      0.0        100        700>

In [13]:
```

Figura 7.22 — Visualizando o arquivo transportes.csv como um *DataFrame* do *Pandas*.

Note que foi criado um índice, de 0 a 5, indicado pelos números na primeira coluna. Às vezes é desejável acessar diretamente o item por um índice numérico, como em um array ou uma lista. Entretanto, também é muito comum procurar uma linha pela descrição do item, como, por exemplo, o tipo de transporte (motocicleta, automóvel, avião etc.) e suas características. Seria desejável, em alguns contextos, usar a descrição como índice. Se tentarmos acessar o item motocicleta dessa maneira, o interpretador lançará uma exceção. Observe a Figura 7.23.

```
In [3]: transportes.loc['Motocicleta']
Traceback (most recent call last):

  File "/home/francisco/anaconda3/lib/python3.7/site-packages/pandas/core/indexes/
base.py", line 2646, in get_loc
    return self._engine.get_loc(key)

  File "pandas/_libs/index.pyx", line 111, in pandas._libs.index.IndexEngine.get_loc

  File "pandas/_libs/index.pyx", line 135, in pandas._libs.index.IndexEngine.get_loc

  File "pandas/_libs/index_class_helper.pxi", line 109, in
pandas._libs.index.Int64Engine._check_type

KeyError: 'Motocicleta'
```

Figura 7.23 — Erro ao tentar acessar um item de um *DataFrame* por uma descrição (*string*).

Como contornar esse problema? Utilizaremos o parâmetro ***index_col*** para explicitar qual coluna será utilizada como índice. No caso, a primeira coluna (a coluna 0) será definida como índice. Dessa maneira, o comando deverá ser esrito:

```
In [8]: transporte = pd.read_csv('transportes.csv',index_col=0)
```

o que produzirá o resultado mostrado na Figura 7.24.

```
In [3]: import pandas as pd

In [4]: transportes = pd.read_csv('transportes.csv', index_col=0)

In [5]: transportes.loc['Motocicleta']
Out[5]:
Velocidade      120.0
Peso            116.0
Consumo          41.0
Autonomia       656.0
Valor         25000.0
Name: Motocicleta, dtype: float64

In [6]:
```

Figura 7.24 — Acessando um item de um *DataFrame* por um valor *string*.

Dessa forma, podemos localizar diretamente os itens de nosso *dataframe* utilizando a descrição de cada entrada, ou seja, pelo seu *label*.

Voltemos ao arquivo *tempo_salarios.csv*. Esse arquivo não tem uma descrição em cada item; sabemos de antemão que cada linha indica uma quantidade de anos de experiência e o salário que é recebido. Nesse caso, poderíamos utilizar a função ***.iloc( )***. Essa função também é utilizada para localizar rapidamente uma entrada do *dataframe*, por seu índice numérico (inteiro).

## Limpeza de valores ausentes

Uma característica importante na carga e no tratamento dos dados são as funções para o tratamento de valores ausentes. Para ilustrar como fazê-lo, alteramos o arquivo tempo_salarios.csv e removemos alguns valores de anos de experiência e de salário, deixando o arquivo como na Listagem 7.2.

```
AnosdeExperiencia,Salario
1.1,39343.00
1.3,46205.00
1.5,37731.00
2.0,43525.00
2.2,39891.00
2.9,56642.00
,60150.00
3.2,54445.00
3.2,64445.00
3.7,57189.00
3.9,63218.00
4.0,55794.00
4.0,56957.00
4.1,57081.00
4.5,
4.9,67938.00
5.1,66029.00
5.3,83088.00
5.9,81363.00
6.0,93940.00
6.8,
7.1,98273.00
7.9,101302.00
8.2,113812.00
8.7,109431.00
9.0,105582.00
9.5,
9.6,112635.00
10.3,122391.00
10.5,121872.00
```

Listagem 7.2 — Arquivo *tempo_salarios.csv* com dados ausentes (tempo_salarios2.csv).

Perceba que retiramos propositalmente valores para que o arquivo fique com "buracos". Isso representa algo muito comum no dia a dia: alguns valores não foram preenchidos quando da criação do registro ou algum problema ocorreu na transferência dos dados ou no armazenamento, bastante comum em sistemas legados e também nos projeto de aprendizado de máquina. Ao carregar esse arquivo, o padrão é tratar o valor ausente como NaN (Not a Number), chamado de NA (Not Available — não disponível). É interessante saber que esse tipo de dado é um valor do tipo *float* reconhecido por todos os sistemas que utilizam o padrão de representação do Instituto de Engenheiros Eletricistas e Eletrônicos (IEEE), órgão internacional que auxilia na padronização de formatos de dispositivos elétricos e eletrônicos e computacionais).

Carregando o arquivo com valores ausentes, obtemos:

```
In [8]: salario_incompleto = pd.read_csv('tempo_salarios2.csv')

In [9]: salario_incompleto.describe
Out[9]:
<bound method NDFrame.describe of     AnosdeExperiencia   Salario
0                 1.1   39343.0
1                 1.3   46205.0
2                 1.5   37731.0
3                 2.0   43525.0
4                 2.2   39891.0
5                 2.9   56642.0
6                 NaN   60150.0
7                 3.2   54445.0
8                 3.2   64445.0
9                 3.7   57189.0
10                3.9   63218.0
11                4.0   55794.0
12                4.0   56957.0
13                4.1   57081.0
14                4.5       NaN
15                4.9   67938.0
16                5.1   66029.0
17                5.3   83088.0
18                5.9   81363.0
19                6.0   93940.0
20                6.8       NaN
21                7.1   98273.0
22                7.9  101302.0
23                8.2  113812.0
24                8.7  109431.0
25                9.0  105582.0
26                9.5       NaN
27                9.6  112635.0
28               10.3  122391.0
29               10.5  121872.0>
```

Figura 7.25 — Carregando o arquivo tempo_salarios2.csv, que contém valores ausentes.

Verifique nas linhas 6, 14, 20 e 26 o valor ***NaN*** que representa um valor ausente. O ***Pandas*** tem funções para identificar esses valores e tratá-los. Essas funcionalidades são especialmente interessantes para contar a quantidade de valores ausentes e para definir sua estratégia de tratamento. A função isna( ) retorna uma lista de valores *booleanos* (Falso e Verdadeiro), indicando quais valores são ausentes. Veja um exemplo de seu uso:

```
In [6]: salario_incompleto.isna()
Out[6]:
    AnosdeExperiencia  Salario
0               False    False
1               False    False
2               False    False
3               False    False
4               False    False
5               False    False
6                True    False
7               False    False
8               False    False
9               False    False
10              False    False
11              False    False
12              False    False
13              False    False
14              False     True
15              False    False
16              False    False
17              False    False
18              False    False
19              False    False
20              False     True
21              False    False
22              False    False
23              False    False
24              False    False
25              False    False
26              False     True
27              False    False
28              False    False
29              False    False

In [7]:
```

Figura 7.26 — Exemplo da função *isna( )*.

Mesmo sem tratamento, os valores ausentes são calculados normalmente, impactando as medidas estatísticas.

```
In [11]: salario_incompleto.describe()
Out[11]:
       AnosdeExperiencia        Salario
count          29.000000      27.000000
mean            5.393103   74454.518519
std             2.853686   27444.112683
min             1.100000   37731.000000
25%             3.200000   56218.000000
50%             4.900000   64445.000000
75%             7.900000   99787.500000
max            10.500000  122391.000000

In [12]: dataframe = pd.read_csv('tempo_salarios.csv')

In [13]: dataframe.describe()
Out[13]:
       AnosdeExperiencia        Salario
count          30.000000      30.000000
mean            5.313333   76003.000000
std             2.837888   27414.429785
min             1.100000   37731.000000
25%             3.200000   56720.750000
50%             4.700000   65237.000000
75%             7.700000  100544.750000
max            10.500000  122391.000000

In [14]:
```

Figura 7.27 — Estatísticas sobre os dados brutos.

Compare as duas descrições e verifique a contagem de valores (Count) e como isso impactou na média (*mean*), no desvio padrão (std — standard deviation) e nos quartis (25%, 50%, 75%). Não houve mudança nos valores máximo e mínimo porque ambos não estão ausentes.

Uma estratégia que pode ser utilizada é substituir os valores ausentes por 0 (zero). Não é uma prática comum, pois altera consideravelmente a média e o desvio padrão. Além disso, só funciona, obviamente, em valores numéricos.

Para substituir os valores ausentes por zero (ou por outro valor qualquer), utilizamos o método .fillna(valor) do *dataframe*. Esse método não altera o *dataframe* original, como é padrão em operações sobre *dataframes*; de fato, ele retorna uma ***cópia*** do *dataframe* "tratado" com os valores preenchidos, o que pode ser bastante útil em alguns contextos. Observe as Figuras de 7.28 a 7.30.

```
In [13]: salario_incompleto
Out[13]:
    AnosdeExperiencia   Salario
0                 1.1   39343.0
1                 1.3   46205.0
2                 1.5   37731.0
3                 2.0   43525.0
4                 2.2   39891.0
5                 2.9   56642.0
6                 NaN   60150.0
7                 3.2   54445.0
8                 3.2   64445.0
9                 3.7   57189.0
10                3.9   63218.0
11                4.0   55794.0
12                4.0   56957.0
13                4.1   57081.0
14                4.5       NaN
15                4.9   67938.0
16                5.1   66029.0
17                5.3   83088.0
18                5.9   81363.0
19                6.0   93940.0
20                6.8       NaN
21                7.1   98273.0
22                7.9  101302.0
23                8.2  113812.0
24                8.7  109431.0
25                9.0  105582.0
26                9.5       NaN
27                9.6  112635.0
28               10.3  122391.0
29               10.5  121872.0
```

Figura 7.28 — Examinando o *DataFrame* salario_incompleto.

```
In [10]: salario_incompleto.fillna(0)
Out[10]:
    AnosdeExperiencia   Salario
0                 1.1   39343.0
1                 1.3   46205.0
2                 1.5   37731.0
3                 2.0   43525.0
4                 2.2   39891.0
5                 2.9   56642.0
6                 0.0   60150.0
7                 3.2   54445.0
8                 3.2   64445.0
9                 3.7   57189.0
10                3.9   63218.0
11                4.0   55794.0
12                4.0   56957.0
13                4.1   57081.0
14                4.5       0.0
15                4.9   67938.0
16                5.1   66029.0
17                5.3   83088.0
18                5.9   81363.0
19                6.0   93940.0
20                6.8       0.0
21                7.1   98273.0
22                7.9  101302.0
23                8.2  113812.0
24                8.7  109431.0
25                9.0  105582.0
26                9.5       0.0
27                9.6  112635.0
28               10.3  122391.0
29               10.5  121872.0

In [11]:
```

Figura 7.29 — Preenchendo valores ausentes no *DataFrame* com zero, usando *.fillna( )*.

Perceba que, na Figura 7.29, os valores que antes continham ***NaN*** (***Not a Number***) na Figura 7.28 agora estão preenchidos com zeros. Como o método ***.fillna( )*** retorna um novo objeto da classe *DataFrame*, este pode ser referenciado por outras variáveis, como na Figura 7.30.

```
In [15]: salario_tratado = salario_incompleto.fillna(0)

In [16]: salario_tratado
Out[16]:
    AnosdeExperiencia   Salario
0                 1.1   39343.0
1                 1.3   46205.0
2                 1.5   37731.0
3                 2.0   43525.0
4                 2.2   39891.0
5                 2.9   56642.0
6                 0.0   60150.0
7                 3.2   54445.0
8                 3.2   64445.0
9                 3.7   57189.0
10                3.9   63218.0
11                4.0   55794.0
12                4.0   56957.0
13                4.1   57081.0
14                4.5       0.0
15                4.9   67938.0
16                5.1   66029.0
17                5.3   83088.0
18                5.9   81363.0
19                6.0   93940.0
20                6.8       0.0
21                7.1   98273.0
22                7.9  101302.0
23                8.2  113812.0
24                8.7  109431.0
25                9.0  105582.0
26                9.5       0.0
27                9.6  112635.0
28               10.3  122391.0
29               10.5  121872.0
```

Figura 7.30 — Criando uma referência para um objeto retornado por *.fillna( )*.

Outra estratégia que pode ser utilizada é substituir os valores ausentes por medidas estatísticas computadas dos valores presentes na amostra. A seguir apresentamos um quadro com as medidas estatísticas de tendência central,[3] que podem ser utilizadas para substituir os valores ausentes.

| Função | Descrição |
|---|---|
| mean | Média dos valores |
| mad | Desvio absoluto médio |
| median | Mediana |
| mode | Moda |
| std | Desvio padrão corrigido |
| var | Variância não enviesada |

Quadro 7.3 — Medidas de tendência central.

3 Em estatística, medidas de tendência central são medidas cujos valores tendem a dividir a amostra ao meio.

Utilizaremos a mediana para substituir os valores ausentes, atribuindo à variável ***salario_tratado*** seus valores calculados.

```
In [29]: salario_tratado= salario_incompleto.fillna(salario_incompleto.median())

In [30]: salario_tratado
Out[30]:
    AnosdeExperiencia   Salario
0                 1.1   39343.0
1                 1.3   46205.0
2                 1.5   37731.0
3                 2.0   43525.0
4                 2.2   39891.0
5                 2.9   56642.0
6                 4.9   60150.0
7                 3.2   54445.0
8                 3.2   64445.0
9                 3.7   57189.0
10                3.9   63218.0
11                4.0   55794.0
12                4.0   56957.0
13                4.1   57081.0
14                4.5   64445.0
15                4.9   67938.0
16                5.1   66029.0
17                5.3   83088.0
18                5.9   81363.0
19                6.0   93940.0
20                6.8   64445.0
21                7.1   98273.0
22                7.9  101302.0
23                8.2  113812.0
24                8.7  109431.0
25                9.0  105582.0
26                9.5   64445.0
27                9.6  112635.0
28               10.3  122391.0
29               10.5  121872.0
```

Figura 7.31 — Substituindo valores ausentes pela mediana.

Perceba que os valores ausentes na Figura 7.28 desta vez foram substituídos pela mediana, 64445.0. Observemos agora como as estatísticas descritivas dos dados foram alteradas:

```
In [32]: salario_tratado.describe()
Out[32]:
       AnosdeExperiencia        Salario
count          30.000000      30.000000
mean            5.376667   73453.566667
std             2.805497   26164.714716
min             1.100000   37731.000000
25%             3.325000   56720.750000
50%             4.900000   64445.000000
75%             7.700000   97189.750000
max            10.500000  122391.000000

In [33]:
```

Figura 7.32 — Conferindo as estatísticas descritivas dos dados após a alteração.

Uma derradeira estratégia é utilizar interpolação de valores. A interpolação faz a consideração prévia de que, provavelmente, o valor omitido na amostra está próximo dos valores anterior e posterior. Essa funcionalidade calcula uma aproximação linear dos dois valores e substitui o valor ausente pelo resultado. É bastante útil em projetos em que se deseja encontrar um modelo linear que represente os dados. A Figura 7.33 mostra um exemplo de interpolação.

```
In [34]: salario_tratado=
salario_incompleto.fillna(salario_incompleto.interpolate())

In [35]: salario_tratado
Out[35]:
    AnosdeExperiencia   Salario
0                1.10   39343.0
1                1.30   46205.0
2                1.50   37731.0
3                2.00   43525.0
4                2.20   39891.0
5                2.90   56642.0
6                3.05   60150.0
7                3.20   54445.0
8                3.20   64445.0
9                3.70   57189.0
10               3.90   63218.0
11               4.00   55794.0
12               4.00   56957.0
13               4.10   57081.0
14               4.50   62509.5
15               4.90   67938.0
16               5.10   66029.0
17               5.30   83088.0
18               5.90   81363.0
19               6.00   93940.0
20               6.80   96106.5
21               7.10   98273.0
22               7.90  101302.0
23               8.20  113812.0
24               8.70  109431.0
25               9.00  105582.0
26               9.50  109108.5
27               9.60  112635.0
28              10.30  122391.0
29              10.50  121872.0
```

Figura 7.33 — Interpolando para preencher os dados ausentes.

## Pivotamento

Algumas vezes, é interessante alterar a forma do dataFrame de modo a verificar como as colunas se comportariam se fossem vistas como linhas. Essa técnica de remodelar os dados altera a forma (*shape*) do dataFrame. É útil sobretudo em conjuntos de dados com muitas colunas, chamadas de tabelas "esparsas", com várias entradas de valores repetidos ou nulos. Essa técnica pode ser utilizada para transformar as muitas colunas com poucas entradas únicas em uma tabela com poucas colunas e várias entradas.

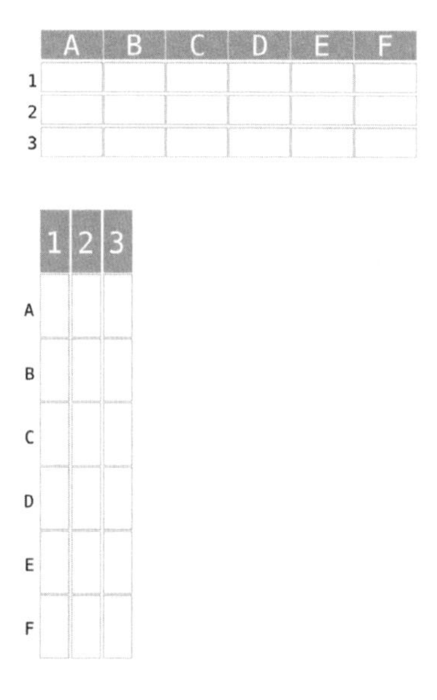


Figura 7.34 — Pivotamento de uma matriz.

***Pandas*** tem um método de nome ***pivot( )***, que recebe os argumentos ***index***, que será o novo índice a ser utilizados; ***columns***, que seleciona as colunas; e ***values***, que indica quais serão as colunas que serão utilizadas como entradas.

Criaremos um *dataframe* como exemplo para utilizar o método pivot( ). Lembre-se de carregar a biblioteca pandas inicialmente.

```
In [37]: import pandas as pd

In [38]: dataframe = pd.DataFrame({'Nome':
    ...: ['Alice','Alice','Alice','Roberto','Roberto','Roberto'],
    ...: 'Idade': ['19','22','32','19','22','32'],
    ...: 'Identificação':[1,2,3,4,5,6],
    ...: 'Cursos':
['Direito','Administração','Matemática','Arquitetura','Design','Engenharia']})

In [39]: dataframe
Out[39]:
      Nome Idade  Identificação         Cursos
0    Alice    19              1        Direito
1    Alice    22              2  Administração
2    Alice    32              3     Matemática
3  Roberto    19              4    Arquitetura
4  Roberto    22              5         Design
5  Roberto    32              6     Engenharia

In [40]:
```

Figura 7.35 — Criando um *DataFrame* manualmente.

Pivotando o *dataframe* para indexar a partir do nome e da coluna idade trazendo os valores de Identificação:

```
In [40]: dataframe.pivot(index='Nome', columns='Idade',
values='Identificação')
Out[40]:
Idade     19  22  32
Nome
Alice      1   2   3
Roberto    4   5   6
```

Figura 7.36 — Pivotando o *DataFrame*.

Ou de outra forma, remodelando para visualizar as entradas por cursos e das colunas identificação e idade. Esta nova forma de ler a tabela pode ser usada para perceber relações que não estavam claramente identificadas.

```
In [44]: dataframe.pivot(index='Cursos', columns='Nome',
values=['Identificação', 'Idade'])
Out[44]:
             Identificação         Idade
Nome                 Alice Roberto Alice Roberto
Cursos
Administração            2     NaN    22     NaN
Arquitetura            NaN       4   NaN      19
Design                 NaN       5   NaN      22
Direito                  1     NaN    19     NaN
Engenharia             NaN       6   NaN      32
Matemática               3     NaN    32     NaN
```

Figura 7.37 — Cruzando dados de cursos, identificação e idade.

# Localizando valores nulos

É bastante comum procurar por valores nulos (***NaN*** no ***Pandas***, ***None*** em Python "padrão", ***NULL*** em ***Java***, etc. — valores que, na verdade, sinalizam a ***ausência*** de qualquer valor) em um dataset. Para essa tarefa, ***Pandas*** fornece o método isnull( ) do objeto DataFrame. Note na Figura 7.38 que ele retorna um novo DataFrame com os mesmos rótulos (nomes) daqueles do original, preenchido com valores *booleanos*, que indicam se, naquela posição em particular do DataFrame de origem, havia ou não um valor.

```
In [11]: df.isnull()
Out[11]:
     #Gravidezes  Glicose     PD  ...  DiabetesPedigreeFunction  Idade  Classe
0          False    False  False  ...                     False  False   False
1          False    False  False  ...                     False  False   False
2          False    False  False  ...                     False  False   False
3          False    False  False  ...                     False  False   False
4          False    False  False  ...                     False  False   False
..           ...      ...    ...  ...                       ...    ...     ...
763        False    False  False  ...                     False  False   False
764        False    False  False  ...                     False  False   False
765        False    False  False  ...                     False  False   False
766        False    False  False  ...                     False  False   False
767        False    False  False  ...                     False  False   False

[768 rows x 9 columns]
```

Figura 7.38 — Identificando valores ausentes.

**Dica**

Uma forma rápida de determinar se há valores nulos em um *DataFrame* (uma operação bastante executada em *Data Science*) é testar se:

*df.isnull( ).values.any( )*

retorna *True* ou *False*.

No primeiro caso, existem valores nulos no conjunto; no segundo, não.

*df*, no exemplo, é uma variável do tipo *DataFrame*.

# Excluindo informações

Às vezes, você precisará eliminar valores de um *DataFrame*. Isso é facilmente realizado pelo **método drop( )**. Seu uso é demonstrado na Listagem 7.3:

```
1. import pandas as pd
2.
3. # Importação dos dados:
4. df = pd.read_csv("transportes.csv")
5. print('Antes da alteração:')
6. print(df)
7. print('Excluindo as linhas 3 e 5:')
8. df = df.drop([3, 5])
9. print(df)
10.print('Excluindo a coluna Autonomia:')
11.df = df.drop('Autonomia', axis=1)
12.print(df)
```

```
13. print('Excluindo duas colunas pelo nome:')
14. df = df.drop(['Peso', 'Consumo'], axis=1)
15. print(df)
```

Listagem 7.3 – Excluindo dados com o método drop (usando_drop.py).

Os trechos relevantes da listagem são:

- Na linha 8, são excluídas duas linhas (**registros**) do *DataFrame*. Perceba que o método ***drop( )*** retorna um novo objeto com a modificação, que deve ser atribuído à variável que aponta para os dados anteriores. Se essa atribuição não for realizada, a alteração não será refletida no DataFrame carregado na memória. Essa primeira sintaxe usa os índices das linhas que serão eliminadas.
- Na linha 11, eliminamos uma ***coluna*** do *DataFrame*, localizando-a pelo seu nome. O parâmetro ***axis*** é necessário para especificar que queremos excluir uma coluna, e ***não*** uma linha (o eixo padrão para o método `drop( )` são as linhas — se nada em contrário for especificado, o método atuará sobre a(s) linha(s) que possuir(em) o(s) identificador(es) fornecido(s). Para declarar, ***explicitamente***, que o `drop( )` deve agir sobre uma linha, passe ***axis=0*** (novamente, esse é o comportamento padrão, portanto, a menos que você queira deixar clara sua intenção de excluir uma linha, não é necessário especificar `axis=0` para essa situação).
- Observe que, quando desejamos excluir ***mais de um item*** pelo identificador, estes devem ser passados em uma ***lista*** (entre ***colchetes***), como nas linhas 8 e 14, por exemplo.

**Dica**

Um truque útil, que pode ser usado para excluir um conjunto de linhas do *dataset* que tenham alguma característica em particular, consiste em gerar um novo *dataset* apenas com os valores que marcarão as linhas para exclusão e removê-los em seguida. Por exemplo, se descobríssemos que havia no nosso *DataFrame* registros de problemas de migração como autonomia ou peso zerados:

```
excluir_autonomia_zero = df.index[df.Autonomia==0].
tolist()
excluir_peso_zero = df.index[df.Peso==0].tolist()
temp = excluir_autonomia_zero + excluir_peso_zero
df = df.drop(df.index(temp))
```

## Aplicando uma expressão lambda a um DataFrame

Expressões *lambra* são um recurso oriundo das linguagens funcionais e que simplificam enormemente algumas tarefas de manipulação de dados, porém, ***utilize-as com comedimento***, pois podem deixar seu código mais complexo. Para aplicar uma função *lambda* a um DataFrame, ***Pandas*** nos fornece os métodos:

- ***apply(função)*** — Aplica a função passada como parâmetro a uma dada coluna ou linha do *DataFrame*.
- ***applymap(função)*** — Faz o mesmo que *apply( )*, porém, atuando **em cada elemento da estrutura**.

A Listagem 7.4 mostra exemplos de uso desses métodos.

```
1. import pandas as pd
2. import numpy as np
3.
4. cubo = lambda x: x**3
5. formato_decimal = lambda x:'%.1f' % x
6. # Criando um DataFrame:
7. matriz_4x3 = np.array([[1, 2, 3, 4],
8.                        [2, 4, 6, 8],
9.                        [3, 8, 12, 16],
```

```
10.                [4, 16, 24, 32]])
11. df = pd.DataFrame(matriz_4x3)
12. print(f'DataFrame original:\n {df}\n')
13. df_cubo = df.apply(cubo)
14. print(f'Elevando os elementos ao cubo:\n {df_cubo}\n')
15. df_cubo = df_cubo.applymap(formato_decimal)
16. print(f'Formatando para uma casa decimal:\n {df_cubo}')
```

Listagem 7.4 — Exemplo dos métodos *apply( )* e *applymap( )*(expressao_lambda_dataframe.py).

Nas linhas 4 e 5, declaramos duas ***funções lambda*** que retornam, respectivamente, o cubo de um número e sua entrada formatada para uma casa decimal.

Nas linhas de 7 a 10, criamos um objeto do tipo ***Array*** do ***NumPy*** (será visto mais adiante, neste capítulo), contendo uma matriz 4 x 3 com vários números inteiros. Isso foi necessário, pois desejamos criar manualmente um DataFrame *Pandas* a partir desses valores, e, internamente, essa biblioteca armazena seus dados como arrays do ***NumPy***.

Na linha 11, instanciamos um DataFrame ***Pandas*** contendo os dados do array da etapa anterior.

Na linha 13, fizemos uso do método ***apply( )*** para aplicar a expressão *lambda* e elevar ao cubo todos os elementos do *DataFrame* ***df***. O resultado dessa operação é, em seguida, armazenado na variável ***df_cubo***.

Na linha 15, os números foram formatados para uma casa decimal por meio do método applymap( ). Nesse caso, como o formato deve ser aplicado item a item, utiliza-se applymap( ).

Após executar o código na Listagem 7.4, serão exibidos os valores mostrados na Figura 7.39.

```
DataFrame original:
   0   1   2   3
0  1   2   3   4
1  2   4   6   8
2  3   8  12  16
3  4  16  24  32

Elevando os elementos ao cubo:
    0     1      2      3
0   1     8     27     64
1   8    64    216    512
2  27   512   1728   4096
3  64  4096  13824  32768

Formatando para uma casa decimal:
      0       1        2        3
0   1.0     8.0     27.0     64.0
1   8.0    64.0    216.0    512.0
2  27.0   512.0   1728.0   4096.0
3  64.0  4096.0  13824.0  32768.0
```

Figura 7.39 — Conteúdo dos *DataFrames* após a aplicação de uma função lambda.

Em resumo: para aplicar uma expressão *lambda* a uma coluna ou linha de um *DataFrame*, use o método ***apply( )***; para fazê-lo sobre cada elemento da coleção, iterando item a item, use ***applymap( )***.

## Somando valores de um atributo de um DataFrame

Uma operação bastante útil fornecida pela *Pandas* é o ***método sum ( )*** do objeto DataFrame. Ele permite somar os valores de um atributo. Por exemplo, em um **DataFrame** de nome ***df***, que contém dados de várias pessoas e, entre eles, um atributo ***salario***, poderíamos calcular o total investido em salários assim:

```
print(f'Total de salários: R$ {(df['salario']==1).sum():.2f}.')
```

## Contando valores não nulos de um atributo de um DataFrame

Do mesmo modo que existe o método ***sum( )*** para realizar somas, o objeto DataFrame também fornece o método ***count( )***, para contar os elementos não nulos.

Por exemplo, ainda no *DataFrame* ***df*** da seção anterior, suponha que exista um atributo ***empregado***, que contém 1, caso a pessoa esteja empregada; e 0, caso contrário. Para contar as pessoas empregadas no *DataFrame*, poderíamos utilizar:

```
print(f'Há {(df['Empregado']==1).count( )} pessoas empregadas na
base de
\ dados.')
print(f'E {(df['Empregado']==0).count( )} desempregados.')
```

## Criando gráficos estatísticos com Pandas

Um recurso bastante útil da biblioteca *Pandas* são os métodos e as propriedades que ela fornece para a criação de gráficos estatísticos. De fato, "por baixo dos panos", a ***Pandas*** oferece uma camada de abstração sobre o módulo PyPlot da biblioteca MatplotLib, permitindo criar gráficos a partir de dados armazenados em objetos Series e DataFrames, de forma muito mais simples do que realizar chamadas àquela biblioteca.

Como já citamos, ***Pandas*** é uma biblioteca riquíssima em recursos, e este capítulo não pretende, de forma alguma, esgotar seu estudo. Sugerimos ao(a) leitor(a) que queira se aprofundar que visite a página da documentação dessa biblioteca em https://pandas.pydata.org/pandas-docs/stable/index.html.

Para esta seção, usaremos um dataset diferente: a base Campus Recruitment, do repositório do popular (entre cientistas de dados) site Kaggle, disponível em: https://www.kaggle.com/benroshan/factors-affecting-campus-placement. Para sua comodidade, há uma cópia no material para download do livro, na pasta /código/cap_08/, arquivo placement.csv.

### Gráfico de linhas para muitas variáveis

Talvez o gráfico mais simples para se criar com a **Pandas** seja um gráfico de linhas. Simplesmente carregue seus dados em um objeto *DataFrame* e chame o ***método plot( )*** deste, como na Listagem 7.5. Dessa maneira, serão usadas ***todas as variáveis aleatórias do DataFrame***.

```
import pandas as pd
df = pd.read_csv('placement.csv')
df.plot()
```

Listagem 7.5 — Exibindo um gráfico de linhas com todas as variáveis do *DataFrame* (grafico_linhas.py).

O resultado pode ser visto na Figura 7.40.

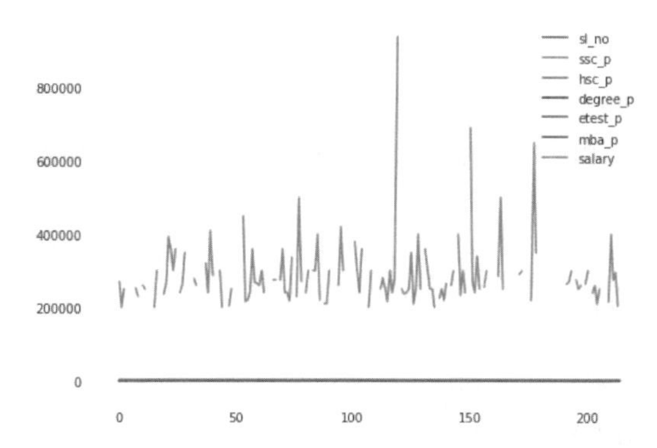


Figura 7.40 — Gráfico de linhas gerado a partir de *DataFrame Pandas* (grafico_barras.py).

## Diagrama de Dispersão (*ScatterPlot*)

Um ***ScatterPlot*** é um gráfico de pontos, que relacionam duas grandezas. Na Listagem 7.6, criamos um gráfico desse tipo, relacionando as variáveis ***mba_p*** (percentual de conclusão do MBA) e ***salary*** (salário). O resultado é exibido na Figura 7.41.

```
import pandas as pd
df = pd.read_csv('placement.csv')
df.plot(kind='scatter', x='mba_p', y='salary', color='blue')
```

Listagem 7.6 — Criando um gráfico de pontos para mostrar a relação salário x conclusão de MBA (grafico_pontos.py).

Observe o parâmetro color, que identifica a cor que será usada para os pontos do gráfico.

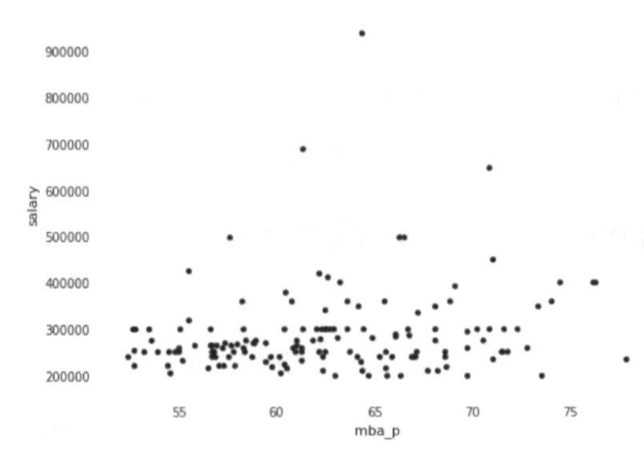


Figura 7.41 — Diagrama de dispersão — percentual do MBA x salário.

## Gráfico de barras

Mostrar um gráfico de barras a partir de um *DataFrame Pandas* é igualmente simples, sendo este tipo de gráfico bastante utilizado no dia a dia do profissional de *Data Science*. Na Listagem 7.7, optamos por criar um *DataFrame* manualmente para ilustrar os dados que geram um gráfico desse tipo, relacionando as variáveis ***nome*** e ***idade***. O resultado é exibido na Figura 7.42.

```
import pandas as pd

df = pd.DataFrame({
    'nome':['João','Maria','Pedro','Roberto','William',\
            'Elizabeth','José'],
    'idade':[23,78,22,19,45,33,20],
    'sexo':['M','F','M','M','M','F','M'],
    'peso':[65, 70, 88, 102, 57, 49, 80]
})
df.plot(kind='bar', x='nome', y='idade')
```

Listagem 7.7 — Gráfico de barras nome x idade (grafico_barras.py).

A Figura 7.42 mostra como o gráfico se parece.

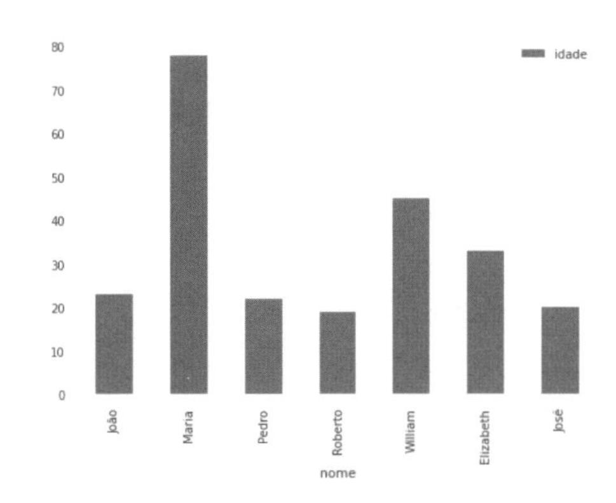


Figura 7.42 — Gráfico de barras — nome x idade.

## Gráfico de linhas com múltiplas variáveis

Até aqui, vimos apenas gráficos que comparam uma ou, no máximo, duas variáveis aleatórias, mas com um pequeno truque, podemos gerar gráficos de linhas com quantas variáveis desejarmos: basta importarmos a ***função gca( )*** do módulo matplotlib.pyplot (essa biblioteca será vista em mais detalhes no Capítulo 10 — por ora, apenas usaremos uma função dela). Essa função permite reutilizar o objeto interno Axis, que representa os eixos do gráfico. Nós a usaremos para desenhar "por cima" do gráfico existente, "empilhando", assim, as diversas linhas. A Listagem 7.8 mostra como fazê-lo.

```
import pandas as pd
import matplotlib.pyplot as plt

df = pd.DataFrame({
    'nome':['João','Maria','Pedro','Roberto','William',\
            'Elizabeth','José'],
    'idade':[23,78,22,19,45,33,20],
    'sexo':['M','F','M','M','M','F','M'],
    'peso':[65, 70, 88, 102, 57, 49, 80]

})
```

```
# Obtem o eixo atual (gca = "get current axis"):
eixo = plt.gca( )

# Desenha dois gráficos de linha no mesmo eixo:
df.plot(kind='line', x='nome', y='idade', color='grey', ax=eixo)
df.plot(kind='line', x='nome', y='peso', color='black', ax=eixo)

# Exibe o gráfico gerado pelo PyPlot:
plt.show( )
```

Listagem 7.8 — Gráfico de linhas com múltiplas variáveis aleatórias (grafico_linhas_multiplas_variaveis.py).

A Figura 7.43 mostra o resultado da execução da listagem.

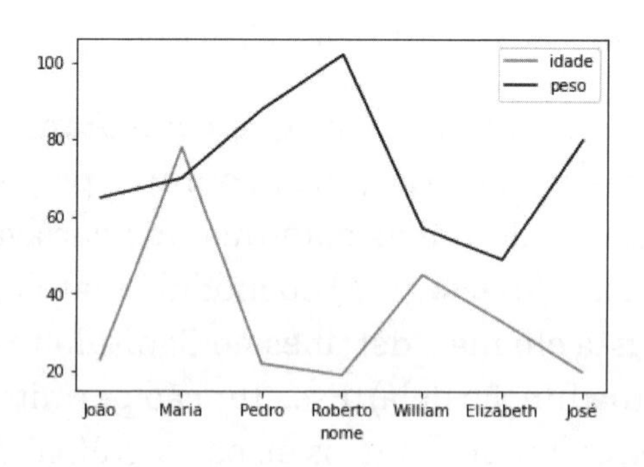


Figura 7.43 — Gráfico de linhas com múltiplas variáveis.

## Gráfico de barras empilhadas

Este tipo de gráfico pode ser usado, por exemplo, para exibir dados agregados por categorias, na forma de barras empilhadas. A Listagem 7.9 mostra como fazê-lo. O resultado da execução é exibido na Figura 7.44.

```
import pandas as pd
import matplotlib.pyplot as plt

df = pd.DataFrame([
```

```
    'nome':['João','Maria','Pedro','Roberto','William','Elizabeth','José'],
    'idade':[23,78,22,19,45,33,20],
    'sexo':['M','F','M','M','M','F','M'],
    'peso':[65, 70, 88, 102, 57, 49, 80],
    'estado': ['PE', 'RJ', 'SP', 'PE', 'RJ', 'PE', 'SP']
})

# Cria uma nova coluna de nome "temp" no DataFrame, contendo 1
e
# agrupa os dados por estado:
df.assign(temp=1).groupby(
  ['temp','estado']
).size( ).to_frame( ).unstack( ).plot(kind='bar',stacked=True,legend=-
False)

plt.title('Número de registros por estado')
plt.xlabel('Estado')
plt.xticks([]) # Removendo os traçados no eixo das ordenadas

# Adicionando legendas:
handles, _ = plt.gca().get_legend_handles_labels( )
handles_invertidos = reversed(handles)

legendas = reversed(df['estado'].unique( ))

plt.legend(handles_invertidos, legendas, loc='top right')
plt.show( )
```

**Listagem 7.9 — Gráfico de barras empilhadas (grafico_barras_empilhadas.py).**

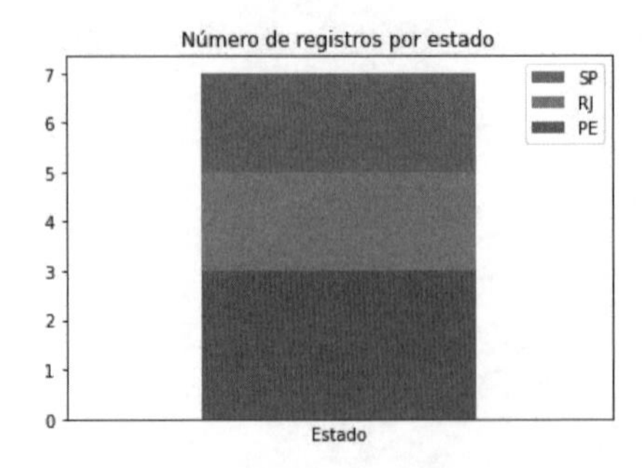


Figura 7.44 — Gráfico de barras empilhadas.

## Gráfico de barras empilhadas com dois níveis de agrupamento

Uma variação do tipo de gráfico mostrado na seção anterior pode ser usada para exibir o gráfico com dois níveis de agrupamento. Alteramos a listagem para adicionar um nível a mais de agrupamento, simplesmente fazendo uma chamada a ***groupby( )*** e outra a ***unstack( )***, como na Listagem 7.10. O resultado pode ser visto na Figura 7.45.

```
import matplotlib.pyplot as plt
import pandas as pd

df = pd.DataFrame({
    'nome':['João','Maria','Pedro','Roberto','William','Elizabeth','José'],
    'idade':[23,78,22,19,45,33,20],
    'sexo':['M','F','M','M','M','F','M'],
    'peso':[65, 70, 88, 102, 57, 49, 80],
    'estado': ['PE', 'RJ', 'SP', 'PE', 'RJ', 'PE', 'SP']
})

df.groupby(['estado','sexo']).size( ).unstack( ).plot(kind='bar',stacked=-
True)
plt.show( )
```

Listagem 7.10 — Gráfico de barras empilhadas com dois níveis de agrupamento (grafico_barras_empilhadas_dois_niveis.py).

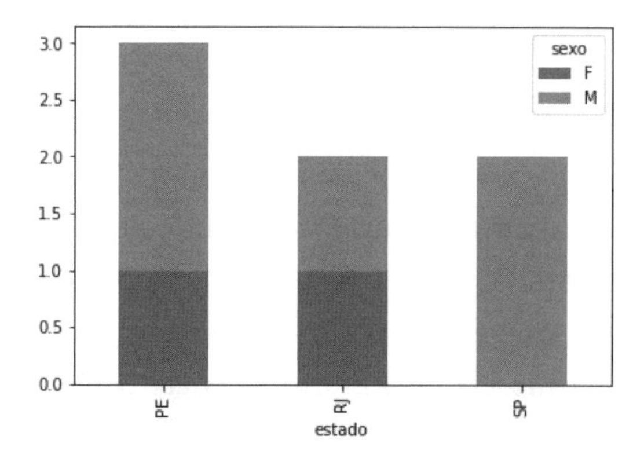


Figura 7.45 — Gráfico de barras empilhadas com dois níveis de agrupamento.

## Histograma

Utilizaremos bastante os histogramas na fase de análise exploratória dos algoritmos, a partir do Capítulo 11. Perceba, na Listagem 7.11, que definimos intervalos que formarão as "caixas" (*bins*) do gráfico, passando uma lista para o parâmetro ***bins*** do método ***plot( )***.

```
df.groupby(['estado','sexo']).size( ).unstack( ).plot(kind='bar',stacked=-
True)
plt.show()
```

Listagem 7.11 — Histograma (histograma.py)

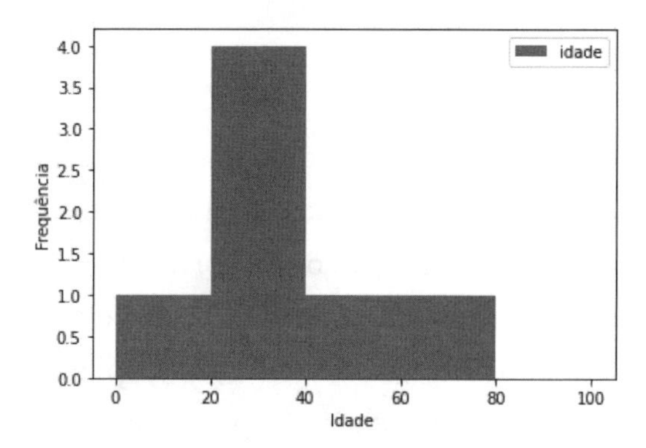


Figura 7.46 — Histograma.

## Salvando um *DataFrame* em disco

Todas as manipulações de dados com a biblioteca ***Pandas*** que foram vistas ao longo deste capítulo foram executadas ***apenas na memória principal do computador***. Isso significa que elas ***não*** são automaticamente persistidas, ou seja, quando o programa termina de rodar, os arquivos que armazenam os dados que foram trabalhados ***continuam no mesmo estado em que se encontravam no começo da operação***. Para ***salvar suas alterações para um arquivo .csv***, a classe ***DataFrame*** fornece um método utilitário, denominado ***to_csv( )***. Seu uso é muito simples: basta passar o nome do arquivo que será gravado como parâmetro, e todo o DataFrame será persistido nesse arquivo. Por exemplo, para salvar um DataFrame de nome *df* em um arquivo chamado ***dados.csv***, utilize:

```
df.to_csv('dados.csv')
```

Muitas vezes, é necessário salvar os dados ***SEM O CABEÇALHO*** (lista de nomes dos atributos). Felizmente, a biblioteca *Pandas* faz isso com igual facilidade, por meio do atributo ***header***. Para salvar o dataframe anterior sem o cabeçalho, simplesmente, use:

```
df.to_csv('dados.csv', header = False)
```

## Usando o *Pandas Profiling* para a análise exploratória de dados

O ***plugin Pandas Profiling*** simplifica enormemente a tarefa de realizar a análise exploratória de nossos dados. Veremos como realizar várias análises que seriam, de outra forma, bastante trabalhosas. Para esta seção, usaremos novamente a base ***Campus Recruitment***. Para facilitar seu trabalho, colocamos uma cópia no material para download do livro na pasta /código/cap_08/, com o nome de ***placement.csv***.

| Importante | Neste capítulo faremos apenas a *descrição dos* recursos disponibilizados pelo plugin. A análise e compreensão das informações obtidas ficarão mais claras para você na medida em que for estudando os capítulos mais avançados, especialmente, os que descrevem os algoritmos de aprendizagem de máquina. |
|---|---|

A primeira coisa a fazer será instalar o plugin no ***Pandas***. Para tal, abra um prompt de comandos/Terminal e digite:

```
pip install pandas-profiling
```

Serão mostradas diversas mensagens, após as quais o plugin estará disponível para uso. Digite e execute o código da Listagem 7.12.

```
#Importação das bibliotecas:
import pandas as pd
import numpy as np
import matplotlib.pyplot as plt
from pandas_profiling import ProfileReport

# Importação dos dados:
df = pd.read_csv("placement.csv")
arquivo = ProfileReport(df)
arquivo.to_file(output_file='relatorio.html')
```

Listagem 7.12 — Usando o *Pandas Profiling* (usando_pandas_profiling.py).

A execução desse código poderá ser um pouco lenta, dependendo do poder de processamento da máquina utilizada. Serão mostrados os avisos da Figura 7.47, e ao final, você encontrará um arquivo de nome ***relatorio.html*** (conforme especificado pelo parâmetro ***output_file*** na chamada de ***arquivo.to_file( )***). Abra esse arquivo com um *browser* e você verá um relatório como o mostrado nas Figuras de 7.48 a 7.55. O relatório é estruturado em ***painéis***, que podem ser vistos no alto, à direita, do relatório: *Overview*, *Variables*, *Interactions*, *Correlations*, *Missing values* e *Sample*.

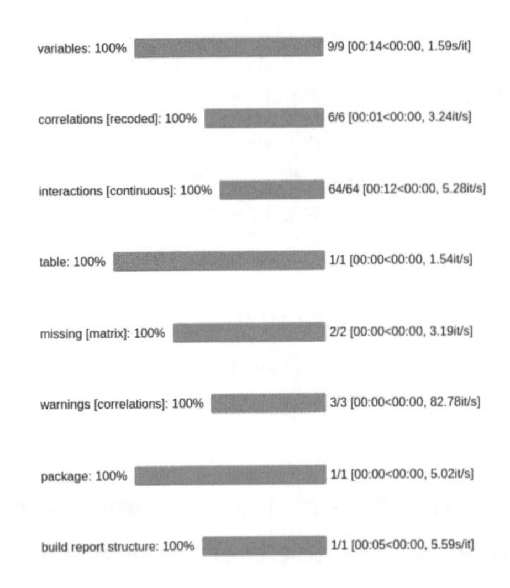


Figura 7.47 — Etapas da execução do *Pandas Profiling*.

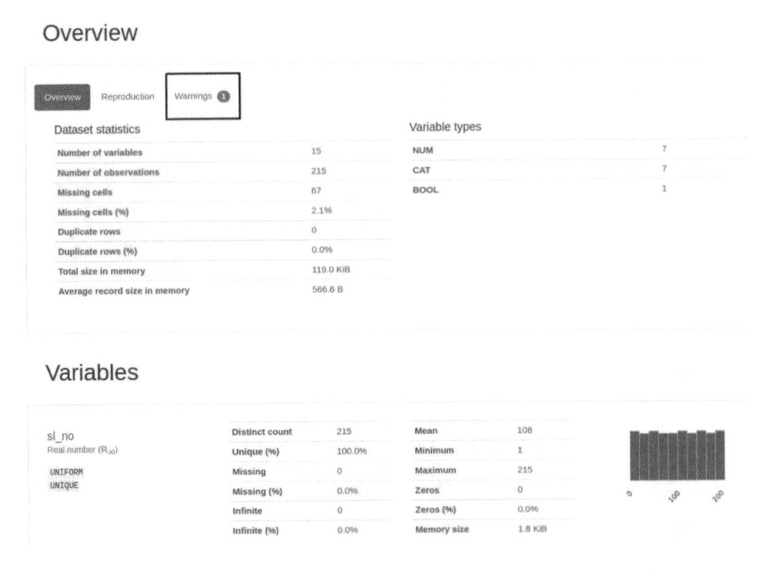


Figura 7.48 — Painel *Overview* e parte do painel *Variables*.

Para começar o pré-processamento de nossos dados, clique no botão ***Warnings*** (destacado na Figura 7.48). Você verá um painel semelhante ao mostrado na Figura 7.49.

Figura 7.49 — Avisos (*Warnings*).

Nesse painel, são exibidos avisos sobre dados que aparentam ser problemáticos. No exemplo da figura, há apenas um problema com o atributo ***Salary***, que contém 67 valores ausentes, correspondendo a 31,2% da amostra.

Perceba que um atributo contendo zero é diferente de um atributo com valor ausente.

Vale observar, ainda, que abaixo de cada variável há um botão rotulado ***Toggle details*** ("Alternar detalhes"). Clicando nele, você poderá visualizar várias estatísticas descritivas para a variável em questão. A Figura 7.50 mostra o que é visualizado para a variável ***hsc_p***.

hsc_p
Real number ($\mathbb{R}_{\geq 0}$)

| | | | |
|---|---|---|---|
| **Distinct count** | 97 | **Mean** | 66.33316279 |
| **Unique (%)** | 45.1% | **Minimum** | 37 |
| **Missing** | 0 | **Maximum** | 97.7 |
| **Missing (%)** | 0.0% | **Zeros** | 0 |
| **Infinite** | 0 | **Zeros (%)** | 0.0% |
| **Infinite (%)** | 0.0% | **Memory size** | 1.8 KiB |

Toggle details

Statistics | Histogram(s) | Common values | Extreme values

Quantile statistics

| | |
|---|---|
| **Minimum** | 37 |
| **5-th percentile** | 48.4 |
| **Q1** | 60.9 |
| **median** | 65 |
| **Q3** | 73 |
| **95-th percentile** | 87 |
| **Maximum** | 97.7 |
| **Range** | 60.7 |
| **Interquartile range (IQR)** | 12.1 |

Descriptive statistics

| | |
|---|---|
| **Standard deviation** | 10.89750916 |
| **Coefficient of variation (CV)** | 0.16428448 |
| **Kurtosis** | 0.4507647863 |
| **Mean** | 66.33316279 |
| **Median Absolute Deviation (MAD)** | 8.342326014 |
| **Skewness** | 0.1636391315 |
| **Sum** | 14261.63 |
| **Variance** | 118.7557058 |

Figura 7.50 — Estatísticas relativas à variável *hsc_p*.

Essa seção oferece uma verdadeira riqueza de informações para a análise exploratória. O painel superior mostra as seguintes informações para a variável ***hsc_p***:

- Distinct count — contagem de valores distintos na amostra. No exemplo da Figura 7.50 existem 97 valores distintos para a variável em questão. Se você verificar no painel *Overview*, perceberá que o valor ***Number of observations*** contém 215. Isso nos diz que, nos 215 registros em nosso ***dataset***, há 97 valores diferentes para essa variável, logo, devem existir muitos registros com o mesmo valor de ***hsc_p*** na amostra (o que corresponde aos candidatos com mesmo percentual de conclusão do ensino superior — no original, esse atributo é denominado ***Higher Secondary Education percentage*** — "percentagem do ensino secundário superior").
- Unique (%) — informa o percentual de ***valores únicos*** para o atributo em análise. No caso específico, 45,1% da amostra.
- Missing e Missing(%) — contêm, respectivamente, a quantidade e o percentual de valores ausentes na amostra.
- Infinite e Infinite(%) — contêm, por sua vez, a quantidade e o percentual de valores infinitos na amostra.
- Mean — média amostral da variável. No caso, a média desse atributo é, aproximadamente, 66,33.
- Minimum e Maximum — respectivamente, o menor e o maior valor para o campo em toda a amostra. 37 e 97,7, no exemplo.
- Zeros e Zeros(%) — quantidade e percentual de valores zero para o atributo na amostra. Como ambos estão com zero no dataset atual, significa que não existem elementos na amostra para os quais esse campo contenha zero.
- Memory size — quantidade de memória ocupada pelo dataset. Será a mesma para todos os atributos. No exemplo atual, 1,8 KiB (KibiBytes,[4] ou seja, 1,8 x 1.024 bytes).

---

4 Sempre houve confusão sobre os múltiplos do byte para unidades de medida de capacidade de armazenamento. No ano 2000, a International Electrotechnical Commission (IEC) normatizou os prefixos usados. Há um bom artigo a respeito na Wikipedia, no endereço: https://pt.wikipedia.org/wiki/Byte.

É exibido, ainda, à direita, um histograma da distribuição dos dados para cada campo, o que permite ter uma ideia inicial do tipo de distribuição estatística mais adequada para eles. Em particular, essa variável tem uma distribuição muito parecida com uma "Curva de sino", indicando que ela é uma forte candidata a ter uma distribuição normal.

## Interações

O painel ***Interactions*** do *Pandas Profiling* é extremamente útil para visualizar como as variáveis aleatórias de seu modelo se relacionam. Observe, por exemplo, em nossos dados, a interação entre as variáveis ***salary*** (***salário***) e ***mba_p*** (***percentual de conclusão do MBA***), na Figura 7.51. Perceba que, quanto maior o percentual de conclusão do MBA, maior o salário correlacionado.

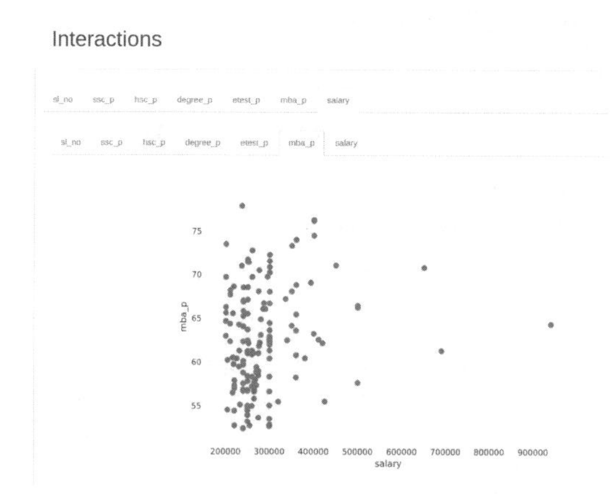


Figura 7.51 — Interação entre as variáveis *salary* e *mba_p*.

## Matriz de correlação

A ***matriz de correlação*** é uma das ferramentas estatísticas mais simples para estudar como suas variáveis se relacionam. É uma tabela que exibe métricas denominadas ***coeficientes de correlação*** entre as suas variáveis. Elas explicam como o crescimento/decréscimo de uma variável influi em outra. A correlação, quando existente, pode ser:

- ***negativa*** — quando uma variável aumenta, a outra diminui, e vice-versa.
- ***positiva*** — as duas variáveis "caminham" juntas: quando uma aumenta, a outra aumenta; quando uma diminui, a outra diminui.

Para testar o quanto duas variáveis são correlacionadas, existem várias métricas. Alguns exemplos:

- ***Coeficiente de correlação de Pearson*** — varia entre -1 e +1. O valor mínimo significa que existe ***correlação negativa*** entre as duas variáveis comparadas, da mesma forma, um valor de +1 implica ***correlação positiva***.
- ***Coeficiente de correlação de Spearman*** — varia entre -1 e +1. Seu uso é semelhante ao de Person, porém, ele é mais adequado para relações não lineares.

Para efeitos práticos, a ***matriz de correlação*** é usada para verificar o quanto as variáveis aleatórias de seu modelo estão correlacionadas. Para alguns algoritmos, uma correlação forte é prejudicial, pois torna o resultado enviesado. A Figura 7.52 mostra a ***matriz de correlação*** do nosso exemplo. Observe que aparecem várias abas, cada uma associada a um tipo de coeficiente de correlação.

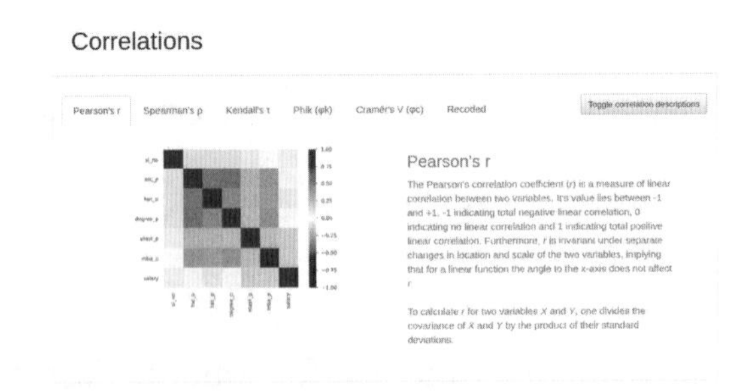


Figura 7.52 — Matriz de correlação para nosso modelo.

## Estatísticas de valores ausentes

Outra informação fornecida pelo *Pandas Profiling* é a ***contagem de valores ausentes na amostra***. Ela pode ser visualizada no painel ***missing values*** e é mostrada em forma de ***gráfico de barras***, ***matriz*** e ***dendrograma***. Você pode alternar entre essas visualizações simplesmente clicando na aba adequada: ***count*** (Contagem — mostra o gráfico de barras), ***matrix*** (Matriz — exibe uma matriz onde os dados ausentes são representados por espaços em branco) e ***dendrograma*** (gráfico no formato de "árvore de decisão"). A Figura 7.53 mostra a exibição em forma de gráfico de barras, onde cada barra representa a quantidade de valores ausentes em uma variável independente.

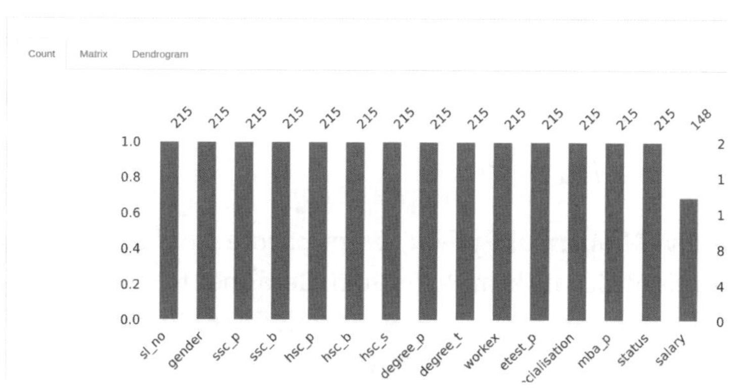


Figura 7.53 — Contagem de valores ausentes na amostra.

## Amostras

Finalmente, o último painel do *Pandas Profiling* exibe amostras de seus dados. O primeiro painel, ***First rows***, mostra, por padrão, as dez primeiras linhas do dataset, enquanto que ***Last rows***, como seria de se esperar, exibe as dez últimas. As figuras 7.54 e 7.55 mostram esses painéis.

First rows

| | sl_no | gender | ssc_p | ssc_b | hsc_p | hsc_b | hsc_s | degree_p | degree_t | workex | etest_p | specialisation | mba_p | status | salary |
|---|---|---|---|---|---|---|---|---|---|---|---|---|---|---|---|
| 0 | 1 | M | 67.00 | Others | 91.00 | Others | Commerce | 58.00 | Sci&Tech | No | 55.00 | Mkt&HR | 58.80 | Placed | 270000.0 |
| 1 | 2 | M | 79.33 | Central | 78.33 | Others | Science | 77.48 | Sci&Tech | Yes | 86.50 | Mkt&Fin | 66.28 | Placed | 200000.0 |
| 2 | 3 | M | 65.00 | Central | 68.00 | Central | Arts | 64.00 | Comm&Mgmt | No | 75.00 | Mkt&Fin | 57.80 | Placed | 250000.0 |
| 3 | 4 | M | 56.00 | Central | 52.00 | Central | Science | 52.00 | Sci&Tech | No | 66.00 | Mkt&HR | 59.43 | Not Placed | NaN |
| 4 | 5 | M | 85.80 | Central | 73.60 | Central | Commerce | 73.30 | Comm&Mgmt | No | 96.80 | Mkt&Fin | 55.50 | Placed | 425000.0 |
| 5 | 6 | M | 55.00 | Others | 49.80 | Others | Science | 67.25 | Sci&Tech | Yes | 55.00 | Mkt&Fin | 51.58 | Not Placed | NaN |
| 6 | 7 | F | 46.00 | Others | 49.20 | Others | Commerce | 79.00 | Comm&Mgmt | No | 74.28 | Mkt&Fin | 53.29 | Not Placed | NaN |
| 7 | 8 | M | 82.00 | Central | 64.00 | Central | Science | 66.00 | Sci&Tech | Yes | 67.00 | Mkt&Fin | 62.14 | Placed | 252000.0 |
| 8 | 9 | M | 73.00 | Central | 79.00 | Central | Commerce | 72.00 | Comm&Mgmt | No | 91.34 | Mkt&Fin | 61.29 | Placed | 231000.0 |
| 9 | 10 | M | 58.00 | Central | 70.00 | Central | Commerce | 61.00 | Comm&Mgmt | No | 54.00 | Mkt&Fin | 52.21 | Not Placed | NaN |

Figura 7.54 — Painel *First rows*.

Last rows

| | sl_no | gender | ssc_p | ssc_b | hsc_p | hsc_b | hsc_s | degree_p | degree_t | workex | etest_p | specialisation | mba_p | status | salary |
|---|---|---|---|---|---|---|---|---|---|---|---|---|---|---|---|
| 205 | 206 | M | 61.00 | Others | 62.0 | Others | Commerce | 65.0 | Comm&Mgmt | No | 62.00 | Mkt&Fin | 56.81 | Placed | 250000.0 |
| 206 | 207 | M | 41.00 | Central | 42.0 | Central | Science | 60.0 | Comm&Mgmt | No | 97.00 | Mkt&Fin | 53.39 | Not Placed | NaN |
| 207 | 208 | M | 83.33 | Central | 78.0 | Others | Commerce | 61.0 | Comm&Mgmt | Yes | 88.56 | Mkt&Fin | 71.55 | Placed | 300000.0 |
| 208 | 209 | F | 43.00 | Central | 60.0 | Others | Science | 65.0 | Comm&Mgmt | No | 92.66 | Mkt&HR | 62.92 | Not Placed | NaN |
| 209 | 210 | M | 62.00 | Central | 72.0 | Central | Commerce | 65.0 | Comm&Mgmt | No | 67.00 | Mkt&Fin | 56.49 | Placed | 216000.0 |
| 210 | 211 | M | 80.60 | Others | 82.0 | Others | Commerce | 77.6 | Comm&Mgmt | No | 91.00 | Mkt&Fin | 74.49 | Placed | 400000.0 |
| 211 | 212 | M | 58.00 | Others | 60.0 | Others | Science | 72.0 | Sci&Tech | No | 74.00 | Mkt&Fin | 53.62 | Placed | 275000.0 |
| 212 | 213 | M | 67.00 | Others | 67.0 | Others | Commerce | 73.0 | Comm&Mgmt | Yes | 59.00 | Mkt&Fin | 69.72 | Placed | 295000.0 |
| 213 | 214 | F | 74.00 | Others | 66.0 | Others | Commerce | 58.0 | Comm&Mgmt | No | 70.00 | Mkt&HR | 60.23 | Placed | 204000.0 |
| 214 | 215 | M | 62.00 | Central | 58.0 | Others | Science | 53.0 | Comm&Mgmt | No | 89.00 | Mkt&HR | 60.22 | Not Placed | NaN |

Figura 7.55 — Painel *Last rows*.

# A biblioteca *NumPy*

***NumPy*** (***Numerical Python***) é um pacote fundamental para computação científica utilizando Python. Geralmente é instalado junto ao Scipy (que tem a famosa biblioteca ***Scikit-Learn***) e fornece ao cientista de dados uma coleção de funcionalidades de criação e transformação de matrizes, além de multiplicações entre matrizes e escalares e entre matrizes de formatos diferentes, de forma otimizada.

Todas essas operações de Álgebra Linear são excelentes para operar os dados carregados pelo ***Pandas*** a serem enviados para os módulos de aprendizado supervisionado (***Regressão Linear***, ***K-N,N***, ***Árvores de Decisão*** etc.) e não supervisionado (***Clusterização***, ***Análise de Componentes Principais*** etc.) que serão carregados pela biblioteca ***Scikit-Learn***.

Os próximos exemplos ilustram como o ***NumPy*** é carregado e como utilizá-lo para criar vetores (***arrays***) e matrizes (***matrix***).

O objeto principal (de acordo com a documentação oficial do projeto) é o ***array multidimensional***. Os elementos desse objeto têm que ser de mesmo tipo (*float, int, bool*), e o objeto é definido pela função ***array( )***. Essa função recebe como parâmetros os itens da matriz, passados como uma ***lista*** do Python (entre colchetes), o tipo dos dados (se for necessária definição explícita — o ***NumPy*** identifica automaticamente os tipos dos dados, "forçando" um tipo mais amplo para um menos amplo, por exemplo, *float*, em vez de *int*) e opções de memória do objeto e dimensões.

Atente para o fato de que o objeto *array* padrão do Python não tem funcionalidades de multiplicação de matrizes nem determinantes, muito menos operações de Álgebra Linear (transformações de matrizes identidade, nula, inversão de matrizes etc.), escolha feita para deixar a linguagem mais ampla e pragmática.

Na Figura 7.56, criaremos algumas matrizes usando o módulo ***NumPy***.

```
In [2]: import numpy as np

In [3]: matriz = np.array([[1,2,3,4,5],[6,7,8,9,10],[11,12,13,14,15]])

In [4]: matriz
Out[4]:
array([[ 1,  2,  3,  4,  5],
       [ 6,  7,  8,  9, 10],
       [11, 12, 13, 14, 15]])

In [5]: matriz.shape
Out[5]: (3, 5)
```

Figura 7.56 — Criando uma matriz com o *NumPy*.

## Redimensionando matrizes com *NumPy*

É possível conferir as dimensões de uma matriz por meio da função shape( ). Também pode-se alterar o formato da matriz utilizando-se reshape( ). Observe a Figura 7.57.

```
In [4]: matriz.shape
Out[4]: (3, 5)

In [5]: matriz.reshape(5, 3)
Out[5]:
array([[ 1,  2,  3],
       [ 4,  5,  6],
       [ 7,  8,  9],
       [10, 11, 12],
       [13, 14, 15]])
```

Figura 7.57 — Usando *reshape( )* para alterar as dimensões de uma matriz.

| **Importante** | A operação de alteração das dimensões da matriz com *reshape( )* tem suas restrições. O novo formato deve ter espaço suficiente para não provocar perda de informações. Observe alguns exemplos na Figura 7.58. |
|---|---|

```
In [10]: matriz.reshape(3, 6)
Traceback (most recent call last):

  File "<ipython-input-10-145b06f8d5a5>", line 1, in <module>
    matriz.reshape(3, 6)

ValueError: cannot reshape array of size 15 into shape (3,6)


In [11]: matriz.reshape(3, 4)
Traceback (most recent call last):

  File "<ipython-input-11-08793ccf71d2>", line 1, in <module>
    matriz.reshape(3, 4)

ValueError: cannot reshape array of size 15 into shape (3,4)
```

Figura 7.58 — Operações inválidas com *reshape( )*.

O primeiro erro na Figura 7.58 aconteceu porque tentamos redimensionar uma matriz 3 x 5 para as dimensões 3 x 6 — se a operação fosse permitida, o computador não teria uma forma consistente de preencher a nova coluna (coluna 6).

Da mesma maneira, se fosse permitido reduzir as dimensões da matriz para 3 x 4, como tentado no segundo comando da Figura 7.58, fatalmente haveria perda de informações.

Assim, podemos concluir que ***reshape( )*** só pode ser usado ***se os dados forem preservados após sua execução.***

| **Dica** | Você pode reduzir as dimensões de uma matriz com reshape, se realizar *antes* um fatiamento, para selecionar apenas os dados que farão parte da nova matriz. Observe um exemplo na Figura 7.59. |
|---|---|

```
In [31]: matriz
Out[31]:
array([[ 1,  2,  3,  4,  5],
       [ 6,  7,  8,  9, 10],
       [11, 12, 13, 14, 15]])

In [32]: matriz2 = matriz.copy()

In [33]: matriz2
Out[33]:
array([[ 1,  2,  3,  4,  5],
       [ 6,  7,  8,  9, 10],
       [11, 12, 13, 14, 15]])

In [34]: matriz2[:,:-1].reshape(3,4)
Out[34]:
array([[ 1,  2,  3,  4],
       [ 6,  7,  8,  9],
       [11, 12, 13, 14]])

In [35]: matriz
Out[35]:
array([[ 1,  2,  3,  4,  5],
       [ 6,  7,  8,  9, 10],
       [11, 12, 13, 14, 15]])
```

Figura 7.59 — *Fatiando* e, em seguida, redimensionando uma matriz.

Nesse código, primeiro criamos uma ***cópia*** do objeto matriz, usando o método ***copy( )*** da classe ***Array*** do ***NumPy***. Isso é necessário porque não desejamos alterar o conteúdo da variável ***matriz***, apenas criar uma cópia com o identificador ***matriz2***, que não tenha a última coluna da matriz original. Se simplesmente atribuíssemos matriz2 = matriz, as alterações ocorreriam também na variável ***matriz***, pois as duas apontariam para o mesmo endereço de memória e, portanto, a mesma referência de objeto.

Na sequência, exibimos o conteúdo de ***matriz2***, apenas para conferência.

O próximo comando primeiro seleciona a fatia desejada da matriz, excluindo a última coluna, e, sobre esta, realiza uma chamada a ***reshape( )*** para redimensionar ***matriz2***, tornando-a uma matriz 3 x 4, mostrada na figura, quando do retorno daquele método. Finalmente, exibimos o conteúdo da variável ***matriz***, para mostrar que ***esta variável*** não foi alterada.

Todas essas operações podem parecer muito trabalho para pouco resultado, mas, ao final, elas lhe ensinam técnicas que podem ser empregadas em diversos problemas do “mundo real”.

## Operações aritméticas com matrizes na biblioteca *NumPy*

A Figura 7.60 exibe exemplos de como realizar adições e multiplicações de matrizes com a ***NumPy***.

```
In [49]: matriz
Out[49]:
array([[ 1,  2,  3,  4,  5],
       [ 6,  7,  8,  9, 10],
       [11, 12, 13, 14, 15]])

In [50]: matriz2
Out[50]:
array([[ 5,  4,  3,  2,  1],
       [10,  9,  8,  7,  6],
       [15, 14, 13, 12, 11]])

In [51]: matriz + matriz2
Out[51]:
array([[ 6,  6,  6,  6,  6],
       [16, 16, 16, 16, 16],
       [26, 26, 26, 26, 26]])

In [52]: matriz * matriz2
Out[52]:
array([[  5,   8,   9,   8,   5],
       [ 60,  63,  64,  63,  60],
       [165, 168, 169, 168, 165]])
```

Figura 7.60 — Exemplos de operações aritméticas sobre matrizes.

Neste último exemplo, o operador utilizado * (multiplicação simples) trata a segunda matriz como um conjunto de escalares, não representa a multiplicação entre matrizes.

A multiplicação de matrizes é uma operação que depende do formato das duas matrizes; o número de *colunas* da primeira matriz deve ser igual ao número de *linhas* da segunda matriz. A operação de multiplicação de matrizes não é comutativa, ou seja, a ordem dos fatores altera ou impossibilita o resultado. Para multiplicar matrizes, é necessário identificar previamente se é possível a operação, observando o número de colunas e linhas respectivas. A matriz resultante tem o número de linhas da primeira matriz e o número de colunas da segunda matriz.

$$A|_{m,n} * B|_{n,p} = C|_{m,p}$$

No caso anterior, ambas são matrizes de formato 3 x 5, o que torna a multiplicação impossível. Para a operação de multiplicação, o ***NumPy*** tem o método ***.dot(matriz)***. Tentaremos multiplicar as matrizes e criar uma nova com o resultado, o que causará o erro mostrado na Figura 7.61.

```
In [59]: matriz3 = matriz.dot(matriz2)
Traceback (most recent call last):

  File "<ipython-input-59-531c537e4932>", line 1, in <module>
    matriz3 = matriz.dot(matriz2)

ValueError: shapes (3,5) and (3,5) not aligned: 5 (dim 1) != 3
(dim 0)


In [60]: matriz3 = matriz.dot(matriz2.reshape(5,3))

In [61]: matriz3
Out[61]:
array([[125, 150, 155],
       [300, 350, 380],
       [475, 550, 605]])
```

Figura 7.61 — Multiplicando matrizes com *dot( )*.

O erro lançado informa que as matrizes não têm o mesmo número de colunas e linhas para que a multiplicação ocorra. Na mesma figura, utilizamos a função ***.reshape( )*** para alterar a segunda matriz de modo que a multiplicação seja possível.

No decorrer deste livro, abordaremos outras funções da biblioteca ***NumPy***, no contexto de aprendizado de máquina, usando também a biblioteca ***Scikit-learn.*** Caso você queira aprofundar seus conhecimentos sobre essa biblioteca, indicamos a documentação online.

## Biblioteca *Scikit-Learn*

A ***Scikit-learn*** é uma biblioteca que tem funcionalidades de aprendizado supervisionado e não supervisionado de máquina.

Fornece várias ferramentas para treino de modelos de regressão, classificação e árvores de decisão, além de seleção e avaliação dos próprios modelos.

Essa biblioteca também tem funções para pré-processar os dados, como normalizar, padronizar ou binarizar, codificar as características categóricas (feminino, masculino por exemplo), entre outras.

Os vários modelos fornecidos são chamados de estimadores (estimators — um objeto com funcionalidades para receber os valores de treino e teste, os parâmetros do modelo e prever o resultado do modelo).

Todo *estimator* tem um método .fit( ). Essa funcionalidade é o carro-chefe da biblioteca. É ela quem executa as operações matemáticas do algoritmo respectivo a partir dos dados enviados de treino e gera o modelo, que pode então prever, utilizando os dados de teste, o comportamento do algoritmo.

Nos capítulos a seguir, aprofundaremos nosso conhecimento sobre vários modelos de aprendizado de máquina, supervisionados e não supervisionados, todos utilizando a biblioteca ***Scikit-learn***.

# 8
# A Biblioteca Gráfica MatplotLib

Uma imagem vale mais que mil palavras. Isso também é verdade em *Data Science*. Não adianta utilizar a melhor coleção de dados, o melhor modelo, prever magnificamente, se não conseguimos apresentar os resultados para públicos tanto técnicos quanto não técnicos. Muitas vezes, quem está pagando pelo serviço não é alguém que consiga ler um *script* Python ou fique confortável com planilhas infindáveis do Excel.

Aqui entra a biblioteca gráfica MatplotLib, que também tem apoio da ***NumFOCUS*** (Non-profit Organization Promoting Accessible and Reproducible Scientific and Technical Computing),[1] mesma fundação que dá suporte ao ***Pandas*** e ao ***NumPy***.

Utilizaremos essa biblioteca em quase todos os exemplos do livro, portanto, dedicaremos este capítulo a conhecê-la em detalhes.

## Importando o módulo PyPlot

Para começar a utilizar a biblioteca, importamos o módulo *matplotlib.pyplot*. Isso é feito por meio da instrução:

```
import matplotlib.pyplot
```

Já é uma prática quase universal na comunidade de *Data Science* utilizar o *alias* **plt** para essa biblioteca. Dessa forma, sempre que importarmos a ***MatplotLib***, usaremos o formato consagrado:

```
import matplotlib.pyplot as plt
```

1 Fundação formada em torno dos *frameworks* ***NumPy***, ***Ipython***, ***Numarray*** e ***Matplotlib***.

## Plotagem de linhas

O módulo *pyplot* tem várias funções para gerar gráficos. A mais importante é a função .show( ), que cria uma tela com o gráfico, mostrando seus eixos e os valores (pontos, retas, planos, superfícies, sólidos etc.). Antes de chamar esta função, é necessário enviar os valores a serem mostrados e outras informações, como legendas dos eixos X e Y. Usaremos a função .plot( ) que recebe valores arbitrários. Se não for declarado o eixo, esta função considera que o eixo Y foi informado e cria um índice para os dados. Por exemplo, a instrução:

```
plt.plot([-2,-1,0,1,2])
```

produzirá o gráfico da Figura 8.1.

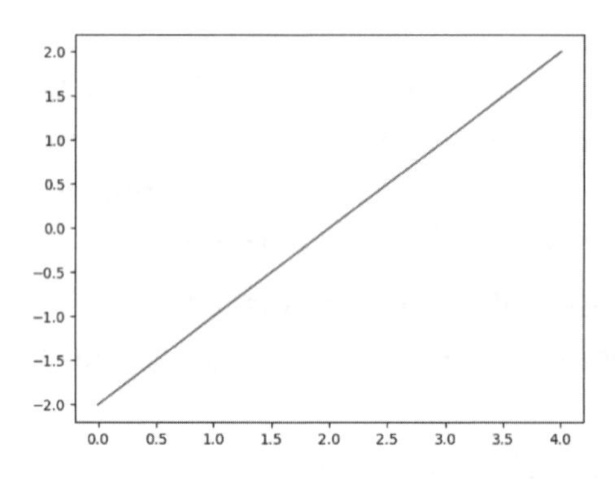


Figura 8.1 — Desenhando uma linha na tela.

```
Out[2]: [<matplotlib.lines.Line2D at 0x7f9ba186aa58>]
```

Atente ao fato de que o eixo Y vai de -2 a 2 (o *array* enviado entre colchetes) e que o eixo X vai de 0 a 4, visto que um índice foi criado automaticamente para os 5 itens do *array* ( -2, -1, 0, 1, 2). Para modificar alguma legenda, podemos utilizar as funções .xlabel( ) ou .ylabel( ). Usaremos a função *.ylabel( )*.

```
In [3]: plt.ylabel('Legenda do Eixo Y')
Out[3]: Text(30.972222222222214, 0.5, 'Legenda do Eixo Y')
```

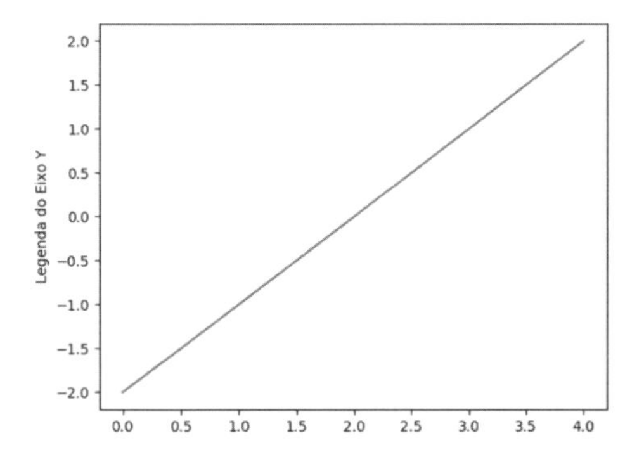


Figura 8.2 — Adicionando uma legenda ao eixo Y.

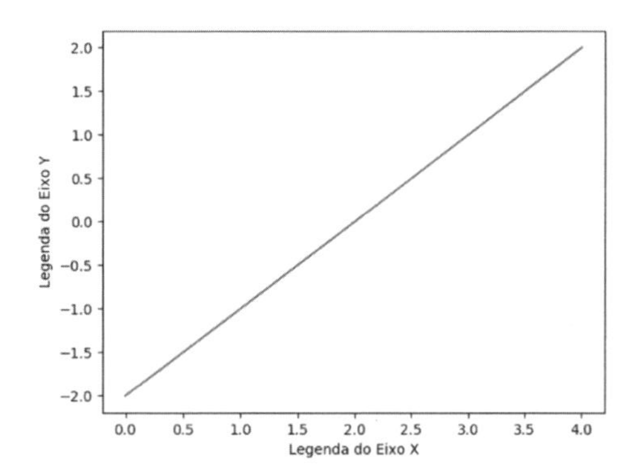


Figura 8.3 — Adicionando uma legenda ao eixo X.

Da mesma forma, podemos alterar a legenda do eixo X usando *.xlabel( ):*

```
In [3]: plt.ylabel('Legenda do Eixo Y')
Out[3]: Text(30.972222222222214, 0.5, 'Legenda do Eixo Y')
```

Podemos inclusive enviar como argumentos os valores de X e Y a serem plotados (mostrados na tela). Atente que, para criarmos uma nova imagem, fechamos a janela da imagem anterior. Se precisarmos plotar vários pontos ou retas no mesmo gráfico, basta manter a janela criada aberta.

```
In [7]: plt.plot([-2,-1,0,1,2,3],[4,1,0,1,4,9])
Out[7]: [<matplotlib.lines.Line2D at 0x7f9ba2f58208>]

In [8]: plt.xlabel('Legenda do Eixo X')
Out[8]: Text(0.5, 23.52222222222222, 'Legenda do Eixo X')

In [9]: plt.ylabel('Legenda do Eixo Y')
Out[9]: Text(55.847222222222214, 0.5, 'Legenda do Eixo Y')
```

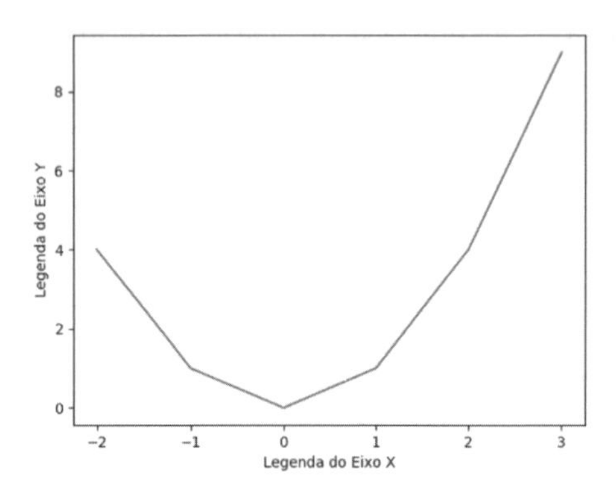


Figura 8.4 — Desenhando várias retas.

Para formatar o estilo do gráfico, o tipo da linha e a cor, por exemplo, podemos utilizar argumentos após o envio dos dados numéricos na função *.plot ( )*. O padrão, como mostrado anteriormente, é uma linha azul ligando os pontos. Podemos escolher entre várias cores (azul, verde, vermelho, ciano, rosa, amarelo, preto e branco — e suas abreviações b, g, r, c, m, y, k, w — ou diretamente pela string hexa[2] da cor), o formato dos pontos (ponto, círculo, triângulo, estrela, hexágono, símbolo da adição, diamante etc.) e o formato da linha que interligará os pontos (linha sólida, tracejado, tracejado com ponto e pontilhado).

2 Formatação de cores utilizada na WWW que consiste em usar seis dígitos hexadecimais precedidos pelo símbolo #. A cor é formada pela intensidade de vermelho (Red), verde (Green) e azul (Blue) que a compõem, nesta ordem. Cada cor correspondendo a dois dígitos. Um exemplo é o vermelho intenso, que é codificado por #FF0000.

Essas opções de estilo compactadas são enviadas para a função logo após o *array* de dados no formato fmt='[tipo do ponto][tipo da linha][cor]'. Você pode consultar no apêndice deste livro a tabela com todas as opções disponíveis de formato.

Na Figura 8.5, mostraremos o mesmo gráfico configurado para linha vermelha, tracejada e com os pontos do tipo diamante.

```
In [10]: plt.plot([-2,-1,0,1,2,3],[4,1,0,1,4,9],'D--r')
Out[10]: [<matplotlib.lines.Line2D at 0x7faaf248a908>]
```

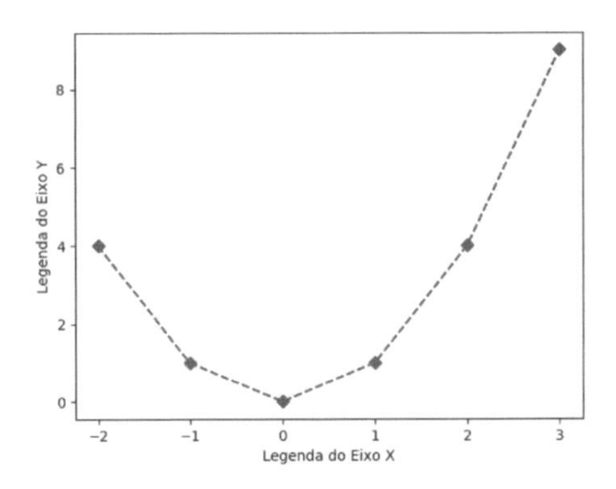


Figura 8.5 — Alterando opções do gráfico.

Alguns algoritmos de aprendizado de máquina são utilizados para agrupar (clustering) dados que têm características semelhantes ou próximas. Entre eles podemos destacar o K-Means, que encontra K agrupamentos diferentes utilizando como centro de cada agrupamento sua média, daí o nome k means (*mean* pode ser traduzido como média em inglês). Esses algoritmos são mais bem apresentados utilizando-se gráficos do tipo scatter (dispersão). O ***MatplotLib*** tem uma função de mesmo nome para este fim.

Utilizando o mesmo *dataframe* carregado do arquivo tempo_salarios.csv, mostraremos um exemplo da função *.scatter( )*. Esta função recebe as entradas X e Y, o tamanho de cada item a ser plotado, a cor de cada um, entre outras opções. Mostraremos uma versão do gráfico de anos de experiência *x* salário utilizando *scatter*.

Inicialmente, importamos a biblioteca para a geração de números pseudorrandômicos, *random* e sua função *randint*, que recebe dois argumentos, o valor mínimo e máximo do número aleatório a ser gerado. O resultado do *for loop* é um *array* com 30 números aleatórios entre 0 e 90 — que servirão como números para as cores de cada entrada do gráfico.

```
In [11]: from random import randint
    ...:
    ...: cores = [ ]
    ...: for k in range(0,30):
    ...:     cores.append(randint(0,90))
    ...:

In [12]: cores
Out[12]:
[60,
 8,
 35,
 51,
 24,
 25,
 36,
 12,
 54,
 47,
 21,
 32,
 12,
 16,
 24,
 13,
 74,
 46,
```

```
42,
5,
77,
32,
12,
80,
26,
6,
31,
61,
25,
39]
```

## Gráficos de dispersão

Executando a função *scatter* do módulo *plt*, com o eixo X sendo a coluna Salario, o eixo Y sendo a coluna AnosdeExperiencia, as cores (argumento *c*) do *array* definido anteriormente, para que fiquem aleatórias, o tamanho (argumento *s*) que usará a coluna AnosdeExperiencia multiplicados por 20, cores dos círculos em preto (argumento *edgecolors='black'*) e utilizando como dados o *dataframe*, o resultado é o gráfico da Figura 8.6.

```
In [13]: plt.scatter('Salario', 'AnosdeExperiencia', c=cores,s=dataframe.
AnosdeExperiencia*20, edgecolors='black', data=dataframe)
    ...: plt.xlabel('Salário')
    ...: plt.ylabel('Anos de Experiência')
    ...: plt.show( )
```

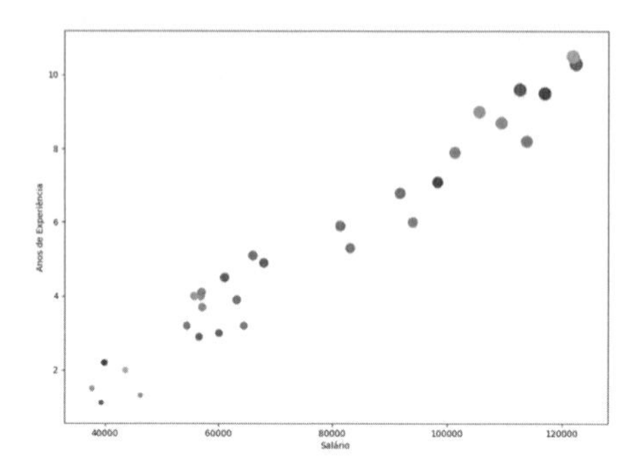

Figura 8.6 — Gráfico de dispersão.

## Ajustando opções da biblioteca *MatplotLib*

É possível alterar o tamanho ou a resolução da imagem utilizando a função *.figure( )*, que recebe o argumento *figsize=(largura_em_polegadas,altura_em_polegadas)*, ou a função *dpi(resolução)*. Ambas as opções podem ser ajustadas se for necessário exportar a imagem para publicação. Na Figura 8.7, mostramos a janela da ***MatplotLib*** e suas opções de salvamento.

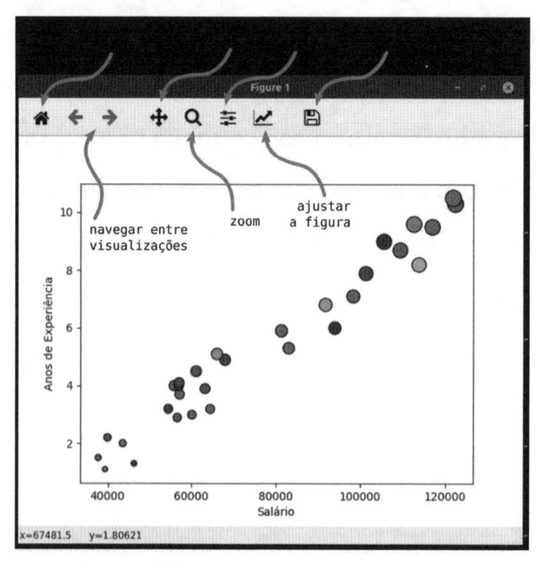


Figura 8.7 — Opções da *MatplotLib*.

Este capítulo não tem a intenção de esgotar as funcionalidades de ***Pandas***, ***NumPy*** ou ***MatplotLib***. Portanto, aconselhamos ao leitor aprofundar-se nas opções de todas as bibliotecas, de modo a poder selecionar quais as melhores para seu dia a dia.

No próximo capítulo, utilizaremos muito do que foi aprendido aqui, então, uma revisão do que foi abordado é fundamental.

# Parte 3

# ALGORITMOS DE APRENDIZAGEM DE MÁQUINA

# 9
# Regressão Linear Simples

A ***Regressão linear simples*** é utilizada em problemas em que queremos identificar um modelo que represente a relação entre duas variáveis, sendo que uma altera o valor da outra de maneira linear. O objetivo é encontrar uma função que expressa essa correspondência. Usaremos nosso exemplo dos dados de anos de experiência e salários.

## Carga das bibliotecas e dos dados

O primeiro passo é carregar as bibliotecas ***Pandas*** e ***MatplotLib***. Utilizaremos o ***Spyder*** aqui, parte do pacote ***Anaconda-Navigator***. Lembre-se de executar os comandos no mesmo diretório do arquivo *tempo_salarios.csv*, ou altere o caminho para a leitura do arquivo pelo ***Pandas***.

A Listagem 9.1 começa com os comandos para importação das bibliotecas ***Pandas*** e ***MatplotLib*** nas linhas 2 e 3. Em seguida, continua com a carga pelo ***Pandas*** do arquivo ***tempo_salarios.csv*** *na variável* ***dataset***, na linha 5.

```
1. # Importando os módulos das bibliotecas
2. import pandas as pd
3. import matplotlib.pyplot as plt
4. # Carregando o dataset
5. dataset = pd.read_csv('tempo_salarios.csv')
```

Listagem 9.1 — Carregando o dataset *tempo_salarios.csv* (*regressao_linear_simples.py*).

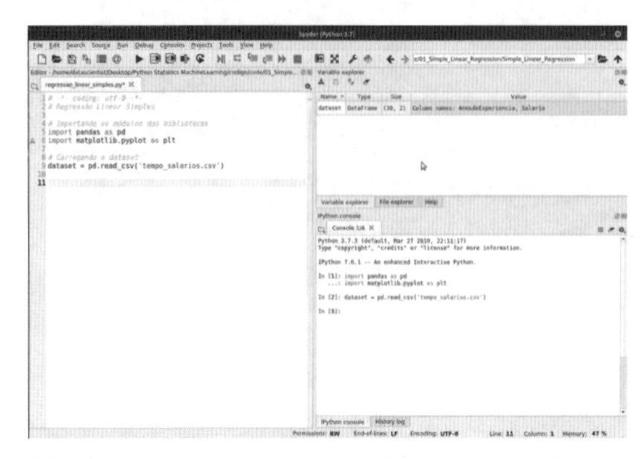

Figura 9.1 — *IDE Spyder*, mostrando o *DataFrame* carregado, no painel *Variable* explorer.

Logo após a carga, podemos visualizar a variável *dataset* pelo ***Variable Explorer*** do *Spyder*. Excelente funcionalidade para não precisar utilizar leitores de arquivos ou de planilhas eletrônicas. Além de já estar com o arquivo carregado, pronto para transformar e separar suas colunas para o envio ao *Estimator* do ***Scikit***.

## Identificação das variáveis dependentes e independentes

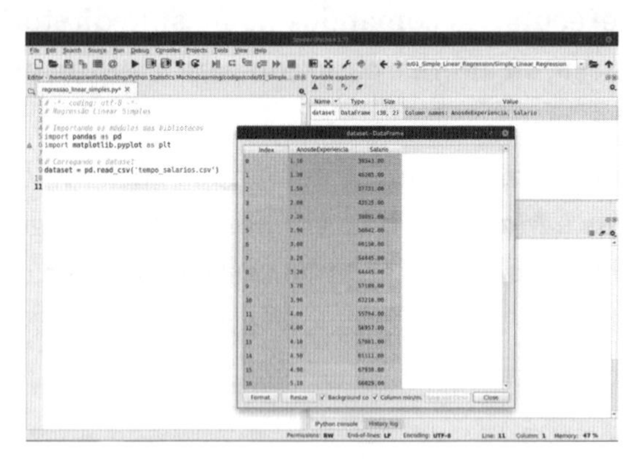

Figura 9.2 — Examinando o conteúdo de um *DataFrame*.

Criaremos duas variáveis, X e y, que representam os anos de experiencia e o salário respectivo. Aqui o objetivo é separar as duas variáveis, dependente e independente, e identificar qual é a função que as define (e se existe tal função). A pergunta, o problema, é: existe uma relação entre os anos de experiência e o salário? Podemos prever o salário de um funcionário desta empresa ficcional a partir da quantidade de anos de trabalho? Para isso, altere o código da Listagem 9.1 para selecionarmos as colunas *AnosdeExperiencia* e *Salario* utilizando a função ***.iloc[ ]*** da biblioteca ***Pandas***. Seu código deverá ficar como na Listagem 9.2. Daqui em diante, neste capítulo, destacaremos em ***negrito*** o que for diferente na listagem em relação à sua versão anterior.

```
1. # Importando os módulos das bibliotecas
2. import pandas as pd
3. import matplotlib.pyplot as plt
4. # Carregando o dataset
5. dataset = pd.read_csv('tempo_salarios.csv')
6. X = dataset.iloc[:, :-1].values
7. y = dataset.iloc[:, 1].values
```

Listagem 9.2 — Carregando as variáveis aleatórias (*regressao_linear_simples.py*).

Na linha 6, criamos uma variável do tipo DataFrame do ***Pandas*** e a fizemos conter todas as linhas do dataset, ***excluído-se a última coluna***. Ou seja, carregamos apenas nossas ***variáveis independentes***.

Na Figura 9.3, novamente podemos ver as variáveis X e y, utilizando o *Variable Explorer* do Spyder. Note que ambas têm o mesmo tamanho: trinta entradas.

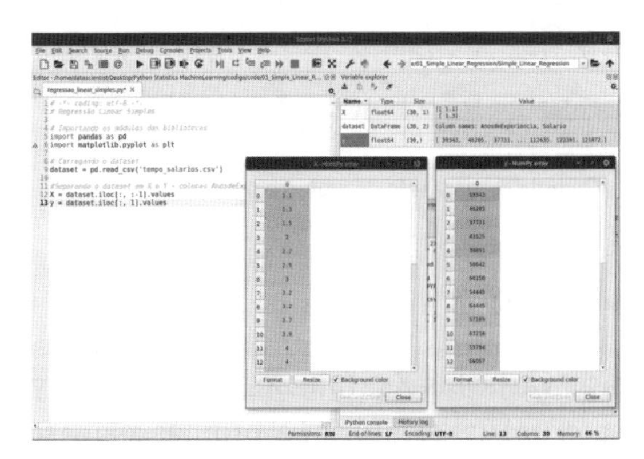

Figura 9.3 — Comparando variáveis.

## Divisão da amostra com verificação cruzada (*cross-validation*)

Neste momento, efetuaremos a ***verificação cruzada***. Para nossa alegria, a biblioteca *Scikit* tem um método do módulo que automatiza esse trabalho, bastando enviar os *arrays* originais, a quantidade de entradas do teste (lembrando que podemos utilizar 80% para treino e 20% para testes, ou mesmo 70% para treino e 30% para testes; outras estratégias geralmente não surtem efeito positivo). Este método é o *train_test_split( )* da ***classe model_selection*** da biblioteca ***Scikit-learn***. No nosso caso, utilizaremos 33% para testes e 67% para treino. Logo, nosso tamanho da amostra de testes será de 1/3. Se essa opção não for utilizada, a biblioteca adotará o tamanho da amostra de testes em 25% (1/4). Nosso script ficará como na Listagem 9.3.

```
1. # Importando os módulos das bibliotecas
2. import pandas as pd
3. import matplotlib.pyplot as plt
4. from sklearn.model_selection import train_test_split
5. # Carregando o dataset
6. dataset = pd.read_csv('tempo_salarios.csv')
7. X = dataset.iloc[:, :-1].values
8. y = dataset.iloc[:, 1].values
9. # Dividindo o dataset entre treino e teste:
10.X_train, X_test, y_train, y_test = train_test_split(\
11.X, y, test_size = 1/3, random_state = 0)
```

Listagem 9.3 — Criando os datasets de treino e teste (*regressao_linear_simples.py*).

## Treinamento do algoritmo

Temos agora as variáveis X_train, X_test, y_train, y_test, selecionadas de forma cruzada, aleatória, e prontas para serem enviadas para o *Estimator* utilizando o ***método .fit.*** Lembrando aqui que esse método recebe as amostras de treino, de X e Y (visto ser um estimador do modelo de regressão linear simples). Esse método recebe, prepara e cria a função interna que representará a regressão linear daquele grupo de dados. No próximo passo, enviaremos as amostras criadas para o *Estimador* como argumentos do método ***.fit( )***, conforme mostra a Listagem 9.4.

```
1. # Importando os módulos das bibliotecas
2. import pandas as pd
3. import matplotlib.pyplot as plt
4. from sklearn.model_selection import train_test_split
5. from sklearn.linear_model import LinearRegression
6. # Carregando o dataset
7. dataset = pd.read_csv('tempo_salarios.csv')
8. X = dataset.iloc[:, :-1].values
9. y = dataset.iloc[:, 1].values
10.# Dividindo o dataset entre treino e teste:
11.from sklearn.model_selection import train_test_split
12.X_train, X_test, y_train, y_test = train_test_split(\
13.X, y, test_size = 1/3, random_state = 0)
14.# Ajustando o modelo de Regressão Linear para o dataset de
   treino
15.regressor = LinearRegression( )
16.regressor.fit(X_train, y_train)
```

Listagem 9.4 — Ajustando o modelo para o dataset de treino (*regressao_linear_simples.py*).

## Predição do algoritmo

Se tudo deu certo até aqui, a execução não retornou nenhum aviso. Entretanto o modelo está treinado e pronto para prever, com o restante dos dados, se existe ou não uma relação linear entre eles. Se existir, veremos a reta que tenta ligar todos os pontos com o menor erro possível.

Para executar este passo, chamamos o ***método.predict( )***, passando como parâmetro *AnosdeExperiencia*, selecionados na verificação cruzada e salvos na variável ***X_test***, como na Listagem 9.5.

```
1. # Importando os módulos das bibliotecas
2. import pandas as pd
3. import matplotlib.pyplot as plt
4. from sklearn.model_selection import train_test_split
5. from sklearn.linear_model import LinearRegression
6. # Carregando o dataset
7. dataset = pd.read_csv('tempo_salarios.csv')
8. X = dataset.iloc[:, :-1].values
9. y = dataset.iloc[:, 1].values
10.# Dividindo o dataset entre treino e teste:
11.from sklearn.model_selection import train_test_split
12.X_train, X_test, y_train, y_test = train_test_split(\
13.X, y, test_size = 1/3, random_state = 0)
14.# Ajustando o modelo de Regressão Linear para o dataset de
   treino
15.regressor = LinearRegression()
16.# Prevendo o valor de Y usando os valores de teste
17.regressor.fit(X_train, y_train)
18.y_pred = regressor.predict(X_test)
```

Listagem 9.5 — Realizando previsões (*regressao_linear_simples.py*).

Novamente, sem retorno no console. Se não houvéssemos treinado o modelo (não tivéssemos chamado a função *.fit( )*), esta chamada ao método *.predict( )* levantaria uma exceção. A título de exercício, pule o passo de treino (chamada do método *.fit( )*) e chame o método .predict( ); verifique o erro.

## Visualização dos resultados de teste

Estamos chegando ao final de nosso primeiro algoritmo de aprendizado de máquina! Agora visualizaremos os resultados. Utilizando a ***MatplotLib***, *plotaremos* todos os pontos de nossa amostra.

```
1. # Importando os módulos das bibliotecas
2. import pandas as pd
3. import matplotlib.pyplot as plt
4. from sklearn.model_selection import train_test_split
5. from sklearn.linear_model import LinearRegression
6. # Carregando o dataset
7. dataset = pd.read_csv('tempo_salarios.csv')
8. X = dataset.iloc[:, :-1].values
9. y = dataset.iloc[:, 1].values
10.# Dividindo o dataset entre treino e teste:
11.from sklearn.model_selection import train_test_split
12.X_train, X_test, y_train, y_test = train_test_split(\
13.X, y, test_size = 1/3, random_state = 0)
14.# Ajustando o modelo de Regressão Linear para o dataset de
   treino
15.regressor = LinearRegression( )
16.# Prevendo o valor de Y usando os valores de teste
17.regressor.fit(X_train, y_train)
18.y_pred = regressor.predict(X_test)
19.# Visualizar os resultados de treino
20.        plt.figure(figsize=(15,8))
21.plt.plot(X, y, 'Dr')
22.plt.title('Salário x Experiência ')
23.plt.xlabel('Anos de Experiência')
24.        plt.ylabel('Salário')
25.plt.show( )
```

Listagem 9.6 — Plotando o gráfico (*regressao_linear_simples.py*).

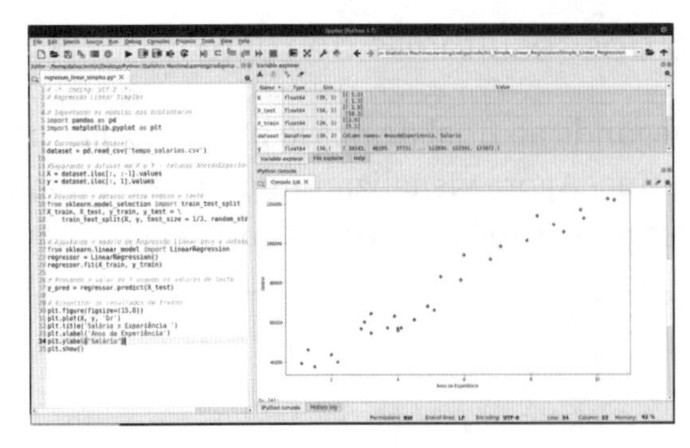

Figura 9.4 — Visualizando os dados no *Spyder*.

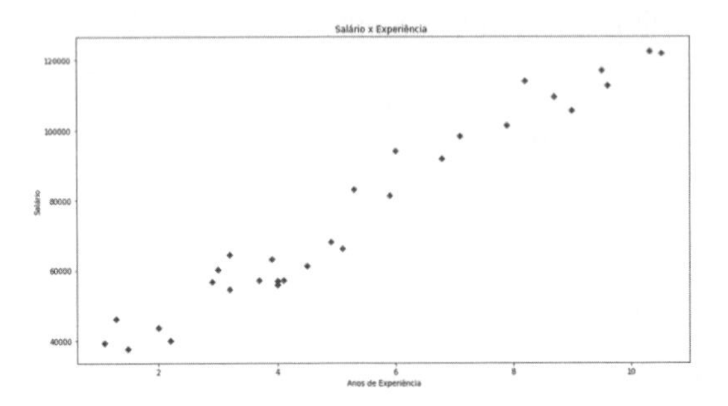


Figura 9.5 — Gráfico isolado.

Finalmente, testaremos o modelo na linha 18, usando o método *.predict( )*, enviando como parâmetro o *array* formado pela amostra dos 33% restantes, separados pelo ***método train_test_split( )***, nas linhas 11 e 12.

Os comandos na Listagem 9.7 são muito parecidos com os da Listagem 9.6, entretanto, ***na linha 28***, chamam o método *predict( )* com o restante da amostra. Traduzindo: "verifique se o modelo consegue prever, a partir de 67% das amostras, os 33% restantes." Imprima o gráfico.

```
1. # Importando os módulos das bibliotecas
2. import pandas as pd
3. import matplotlib.pyplot as plt
4. from sklearn.model_selection import train_test_split
5. from sklearn.linear_model import LinearRegression
```

```
6. # Carregando o dataset
7. dataset = pd.read_csv('tempo_salarios.csv')
8. X = dataset.iloc[:, :-1].values
9. y = dataset.iloc[:, 1].values
10.# Dividindo o dataset entre treino e teste:
11.from sklearn.model_selection import train_test_split
12.X_train, X_test, y_train, y_test = train_test_split(\
13.X, y, test_size = 1/3, random_state = 0)
14.# Ajustando o modelo de Regressão Linear para o dataset de
   treino
15.regressor = LinearRegression()
16.# Prevendo o valor de Y usando os valores de teste
17.regressor.fit(X_train, y_train)
18.y_pred = regressor.predict(X_test)
19.# Visualizar os resultados de treino
20.        plt.figure(figsize=(15,8))
21.plt.plot(X, y, 'Dr')
22.plt.title('Salário x Experiência ')
23.plt.xlabel('Anos de Experiência')
24.        plt.ylabel('Salário')
25.plt.show( )# Visualizar os resultados de teste
26.plt.figure(figsize=(15,8))
27.plt.plot(X_test, y_test, 'Dr')
28.plt.plot(X_train, regressor.predict(X_train), color = 'blue')
29.plt.title('Salário x Experiência ')
30.plt.xlabel('Anos de Experiência')
31.plt.ylabel('Salário')
32.plt.show( )
```

**Listagem 9.7 — Plotando o gráfico (*regressao_linear_simples.py*).**

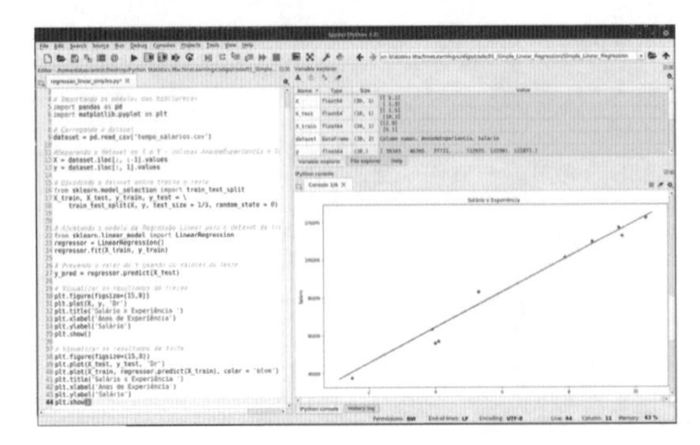

Figura 9.6 — Visualizando o modelo linear no *Spyder*.

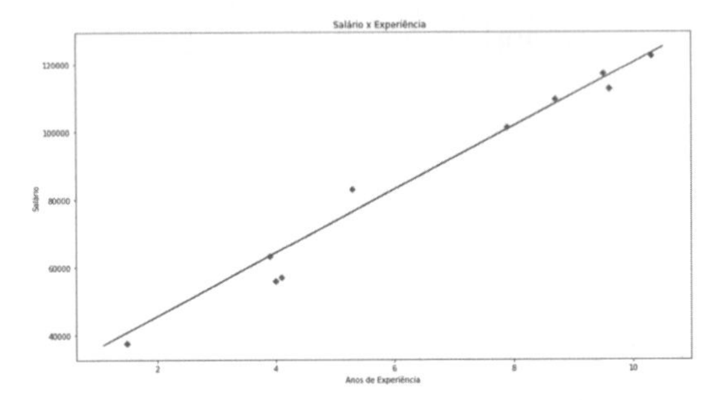


Figura 9.7 — Visualizando o gráfico do modelo linear.

Nosso modelo previu, com excelente acerto (verifique os cinco pontos que quase tocam a reta), a relação entre anos de experiência e salários.

Parabéns! Este é seu primeiro modelo de aprendizado de máquina, e você já pode testar outras bases de dados e verificar se na sua empresa existe uma relação linear entre essas duas grandezas. Nos próximos capítulos, continuaremos abordando os métodos para regressão.

# 10
# Regressão Linear Múltipla

A ***regressão linear múltipla*** trata de problemas em que existe uma relação *linear* entre múltiplas variáveis, de modo que a variável dependente é influenciada por todas essas variáveis.

Essa função (se existir) toma a forma de um polinômio de 1°grau como o somatório de fatores variáveis. Por exemplo, $y = ax_1 + bx_2 + cx_3 + dx_4$, onde a, b, c, d são coeficientes, e $x_1$, $x_2$, $x_3$ e $x_4$ são variáveis independentes.

Algumas suposições devem ser aceitas antes de começar a implementar um modelo de regressão linear múltipla. A primeira delas é de que o modelo é linear, ou seja, o grau máximo desse ***polinômio*** deve ser 1. É uma suposição relativamente simples de ser aceita porque é fácil de ser testada (verifique como revisando o capítulo sobre regressão linear simples).

Outra suposição é a de que as variáveis independentes são, de fato, independentes. Ou seja, não implicam umas nas outras. Outra forma de dizer isso é não haver ***multicolinearidade***, não há relações colineares (formam uma reta) entre as variáveis. Uma variável independente não influencia a outra. ***Homocedasticidade*** (termo muito utilizado em Econometria, disciplina que trata de modelos de regressão utilizados em Economia) e ***independência de erros*** também são suposições a considerar. Esses termos estão relacionados aos erros encontrados quando do cálculo da regressão.

Esses problemas não podem ser visualizados em um gráfico em 2D (duas dimensões), pois as múltiplas variáveis deveriam ser plotadas no que podemos chamar de *hiperplano*, algo que a tecnologia ainda não inventou. Apesar disso podemos verificar as previsões do modelo e verificar o erro encontrado em cada uma. Trataremos disso mais adiante.

O problema a ser tratado utilizando a regressão linear múltipla é a criação de um modelo que preveja qual o lucro de *startups* de tecnologia utilizando uma tabela com informações sobre os investimentos em administração, propaganda e pesquisa. A dúvida aqui é: existe uma relação linear entre essas variáveis e o lucro? E no final do modelo, qual variável influencia *mais* o lucro?

## Carga das bibliotecas e dos dados

Primeiro, a Listagem 10.1 realiza a carga dos dados. Iremos ampliando o código desta listagem, aos poucos, até implementar por completo o ***algoritmo de regressão linear múltipla***. A cada novo acréscimo de código, destacaremos em ***negrito*** o que foi alterado em relação à listagem anterior. Começaremos com o básico:

```
# -*- coding: utf-8 -*-
# Regressão Linear Múltipla

# Importando os módulos das bibliotecas
import pandas as pd

# Carregando o dataset
dataset = pd.read_csv('startups.csv')
```

Listagem 10.1 — Carga dos dados (*regressao_linear_multipla.py*).

A Figura 10.1 mostra o resultado da execução desse código:

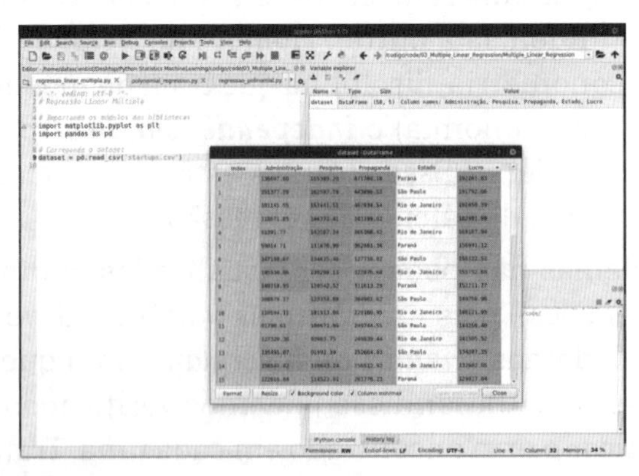

Figura 10.1 — Dados carregados em um *DataFrame* Pandas.

## Identificação das variáveis dependentes e independentes

Agora, separaremos as variáveis independentes da dependente:

```
# -*- coding: utf-8 -*-
# Regressão Linear Múltipla

# Importando os módulos das bibliotecas
import matplotlib.pyplot as plt
import pandas as pd

# Carregando o dataset
dataset = pd.read_csv('startups.csv')

# Separando as variáveis independentes da dependente
X = dataset.iloc[:, :-1].values
y = dataset.iloc[:, 4].values
```

Listagem 10.2 — Separando as variáveis independentes da dependente (regressao_linear_multipla.py).

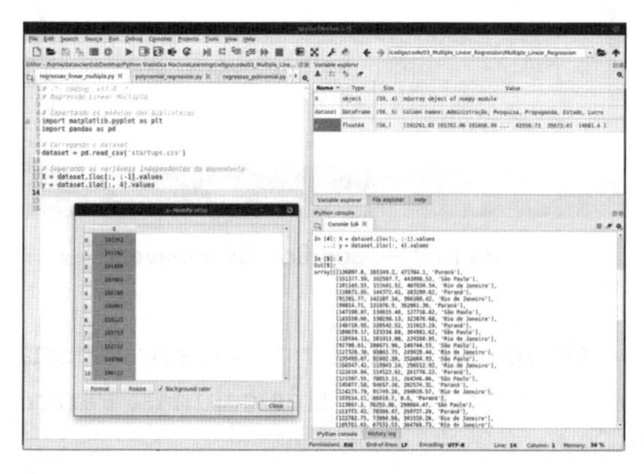

Figura 10.2 — Separando as variáveis independentes da dependente.

Temos cinco colunas, assim definidas: Administração, Pesquisa, Propaganda, Estado e Lucro. Partimos do pressuposto de que existe uma relação linear das variáveis anteriores em relação à variável lucro. Essas variáveis reunidas em uma função linear *implicam* no

Lucro das *startups*. Mas e o estado onde a empresa de tecnologia se encontra? Como um estado pode estar relacionado ao lucro de uma empresa se não existe uma relação de grandeza entre os estados? Uma colocação importante seria que empresas de um mesmo estado poderiam ter a mesma classificação. O que traria outro problema: criar um modelo de regressão para as empresas de cada estado.

Qual a solução? Trataremos disso usando um artifício chamado ***variável fictícia*** (***dummy variable*** — variável falsa, em inglês). Esse artifício serve para remover a ***variável categórica***, indicando somente sua presença ou ausência.

Mas como implementamos isso? Criamos colunas para cada variável e substituímos suas entradas por 0 ou 1 na linha anterior, indicando sua presença ou ausência. Nas Figuras de 10.3 a 10.5, mostraremos esse procedimento com as seis primeiras linhas utilizando o LibreOffice Calc.

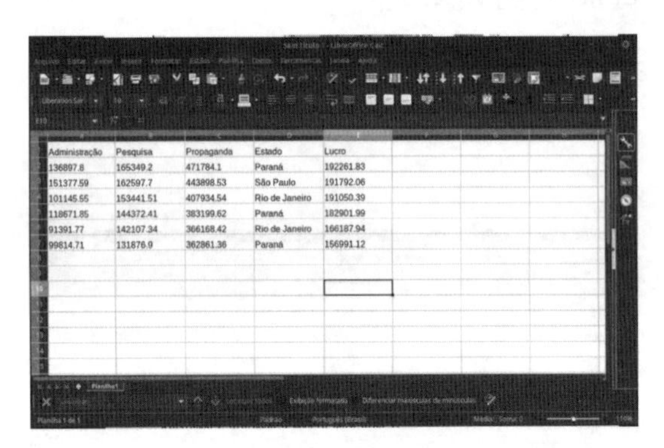

| Administração | Pesquisa | Propaganda | Estado | Lucro |
|---|---|---|---|---|
| 136897.8 | 165349.2 | 471784.1 | Paraná | 192261.83 |
| 151377.59 | 162597.7 | 443898.53 | São Paulo | 191792.06 |
| 101145.55 | 153441.51 | 407934.54 | Rio de Janeiro | 191050.39 |
| 118671.85 | 144372.41 | 383199.62 | Paraná | 182901.99 |
| 91391.77 | 142107.34 | 366168.42 | Rio de Janeiro | 166187.94 |
| 99814.71 | 131876.9 | 362861.36 | Paraná | 156991.12 |

Figura 10.3 — Codificando variáveis.

Temos três estados indicados no dataset: Paraná, São Paulo e Rio de Janeiro. Então criaremos três colunas: Paraná, São Paulo e Rio de Janeiro.

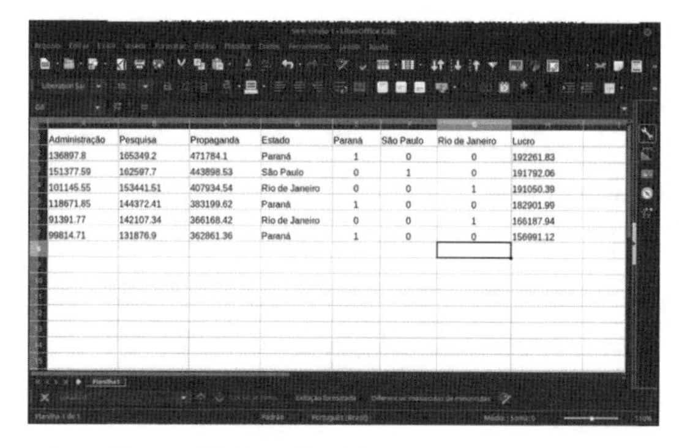

| Administração | Pesquisa | Propaganda | Estado | Paraná | São Paulo | Rio de Janeiro | Lucro |
|---|---|---|---|---|---|---|---|
| 136897.8 | 165349.2 | 471784.1 | Paraná | 1 | 0 | 0 | 192261.83 |
| 151377.59 | 162597.7 | 443898.53 | São Paulo | 0 | 1 | 0 | 191792.06 |
| 101145.55 | 153441.51 | 407934.54 | Rio de Janeiro | 0 | 0 | 1 | 191050.39 |
| 118671.85 | 144372.41 | 383199.62 | Paraná | 1 | 0 | 0 | 182901.99 |
| 91391.77 | 142107.34 | 366168.42 | Rio de Janeiro | 0 | 0 | 1 | 166187.94 |
| 99814.71 | 131876.9 | 362861.36 | Paraná | 1 | 0 | 0 | 156991.12 |

Figura 10.4 — Codificando variáveis.

Após inserir 1 ou 0 para todas as linhas, removemos a coluna Estado.

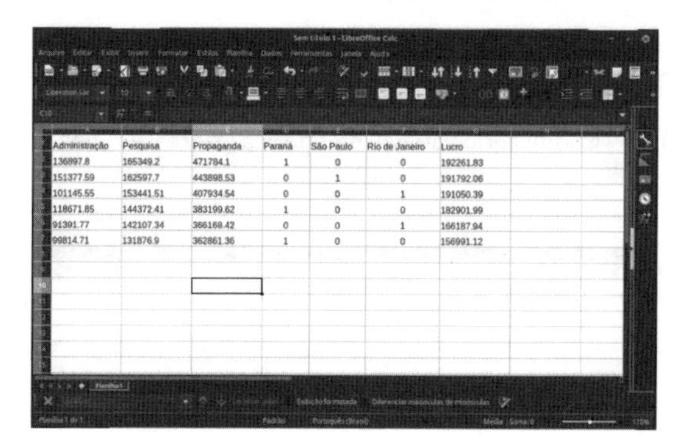

| Administração | Pesquisa | Propaganda | Paraná | São Paulo | Rio de Janeiro | Lucro |
|---|---|---|---|---|---|---|
| 136897.8 | 165349.2 | 471784.1 | 1 | 0 | 0 | 192261.83 |
| 151377.59 | 162597.7 | 443898.53 | 0 | 1 | 0 | 191792.06 |
| 101145.55 | 153441.51 | 407934.54 | 0 | 0 | 1 | 191050.39 |
| 118671.85 | 144372.41 | 383199.62 | 1 | 0 | 0 | 182901.99 |
| 91391.77 | 142107.34 | 366168.42 | 0 | 0 | 1 | 166187.94 |
| 99814.71 | 131876.9 | 362861.36 | 1 | 0 | 0 | 156991.12 |

Figura 10.5 — Codificando variáveis.

Dessa forma, a informação foi mantida, e essa variável não influenciará o resultado final. Obviamente que fazer isso manualmente tomaria um tempo enorme e seria propenso a erros. O scikit traz uma funcionalidade para automatizarmos essa tarefa, mostrada na Listagem 10.3.

```
# -*- coding: utf-8 -*-
# Regressão Linear Múltipla

# Importando os módulos das bibliotecas
import pandas as pd
from sklearn.preprocessing import OneHotEncoder
```

```
from sklearn.compose import ColumnTransformer
import numpy as np

# Carregando o dataset
dataset = pd.read_csv(‘startups.csv’)

# Separando as variáveis independentes da dependente
X = dataset.iloc[:, :-1].values
y = dataset.iloc[:, 4].values

# Codificando a variável categórica Estado
columnTransformer = ColumnTransformer([(‘encoder’,OneHotEnco-
der(),[3])],remainder=‘passthrough’)
X = np.array(columnTransformer.fit_transform(X), dtype=np.float)
```

**Listagem 10.3 — Codificando variável categórica (regressao_linear_multipla.py).**

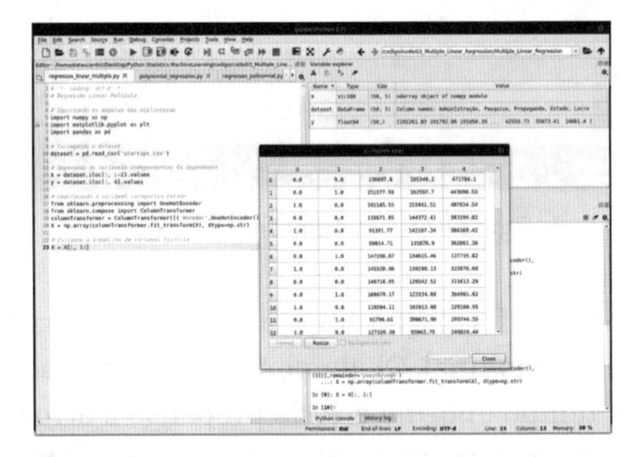

**Figura 10.6 — Variáveis após a codificação da variável categórica.**

**Importante**

**A armadilha da variável victícia**

Note que a coluna Estado foi removida, e no lugar dela, três colunas foram criadas, 0, 1 e 2, cada uma com uma variável fictícia indicando a qual estado aquela *startup* pertence. Quando escolhemos utilizar a variável fictícia, o fizemos com o intuito de evitar que ela influenciasse o resultado final.

**Importante**

Umas das suposições que fizemos no início deste texto éa de que não existe colineariedade — ou seja, uma variável não influencia a outra, não existe uma relação direta entre duas variáveis que implique na outra. Entretanto, quando criamos variáveis fictícias para os três estados inadvertidamente, causamos exatamente esse problema. Senão vejamos: quando os valores das primeiras duas colunas forem zero, isso implicará dizer que a empresa não estará nem no Paraná nem no Rio de Janeiro, então a empresa estará em São Paulo. Isso cria uma relação linear entre as três variáveis, gerando algo conhecido como armadilha da variável fictícia. Isso também ocorreria se tivéssemos codificado duas variáveis de sexo por exemplo. Masculino ou feminino. Se uma for 0 (zero), a outra tem de ser 1.
Nesse caso, bastaria ter uma variável para evitar colinearidade entre as variáveis, conservar os dados da amostra e manter a aleatoriedade das entradas.
A solução é simples: remover uma coluna (qualquer uma) das variáveis codificadas dos estados. Dessa forma, teremos uma aleatoriedade entre os valores dos estados o que não atrapalhará o modelo. Removeremos (drop) a coluna do estado do Rio de Janeiro. Simplesmente, acrescente ao final do script:

```
X = X[:, 1:]
```

Nosso script ficará como na Listagem 10.4:

```
# -*- coding: utf-8 -*-
# Regressão Linear Múltipla

# Importando os módulos das bibliotecas
import pandas as pd
from sklearn.preprocessing import OneHotEncoder
from sklearn.compose import ColumnTransformer
import numpy as np

# Carregando o dataset
dataset = pd.read_csv('startups.csv')

# Separando as variáveis independentes da dependente
X = dataset.iloc[:, :-1].values
y = dataset.iloc[:, 4].values
```

```
# Codificando a variável categórica Estado
columnTransformer = ColumnTransformer([('encoder',OneHotEncoder(),[3])],remainder='passthrough')
X = np.array(columnTransformer.fit_transform(X), dtype=np.float)

# Evitando a armadilha da variável fictícia
X = X[:, 1:]
```

Listagem 10.4 — Evitando a armadilha da variável fictícia (regressao_linear_multipla.py).

Execute o código e confira, na Figura 10.7, a exclusão da primeira coluna do DataFrame.

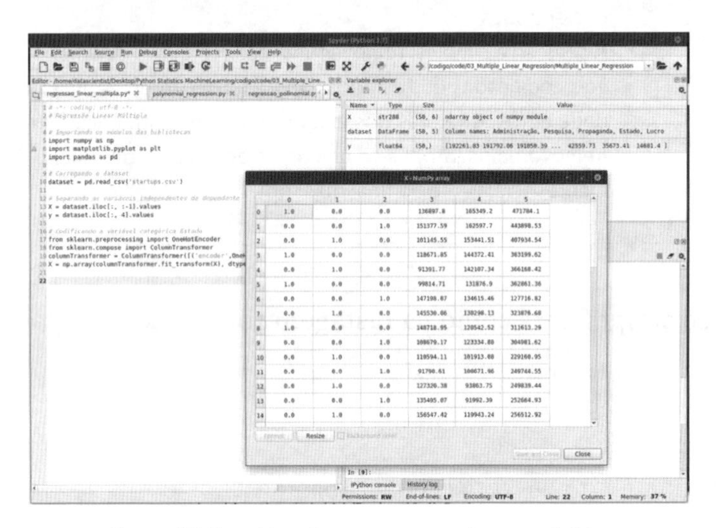

Figura 10.7 — DataFrame com a coluna excluída.

Os passos seguintes são semelhantes à regressão linear simples, visto que o módulo *scikit* trata todos como LinearRegression.

## Divisão da amostra com verificação cruzada (cross-validation)

Novamente, faremos a ***verificação cruzada***, separando as amostras de treino e de teste, 80% dos dados (0,8 * 50 = 40 amostas) para treino do modelo, e o restante, 20% (0,2 * 50 = 10 amostras), para os testes.

```
# Importando os módulos das bibliotecas
import pandas as pd
from sklearn.preprocessing import OneHotEncoder
from sklearn.compose import ColumnTransformer
from sklearn.model_selection import train_test_split
import numpy as np

# Carregando o dataset
dataset = pd.read_csv('startups.csv')

# Separando as variáveis independentes da dependente
X = dataset.iloc[:, :-1].values
y = dataset.iloc[:, 4].values

# Codificando a variável categórica Estado
columnTransformer = ColumnTransformer([('encoder',OneHotEnco-
der(),[3])],remainder='passthrough')
X = np.array(columnTransformer.fit_transform(X), dtype=np.float)

# Evitando a armadilha da variável fictícia
X = X[:, 1:]

# Dividindo o dataset em treino e teste
X_train, X_test, y_train, y_test = train_test_split(X, y, test_size =
0.2, random_state = 0)
```

Listagem 10.5 — Dividindo o dataset em treino e teste (regressao_linear_multipla.py).

Após a execução do código, haverá quatro novas variáveis do tipo DataFrame,**X_train**, **X_test**, **y_train** e **y_test**, como mostram as Figuras de 10.8 a 10.10.

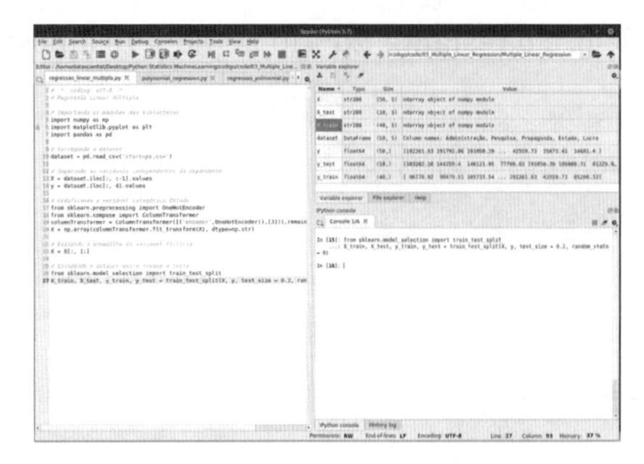

Figura 10.8 — *Variable explorer* mostrando as variáveis X_train, X_test, y_train e y_test.

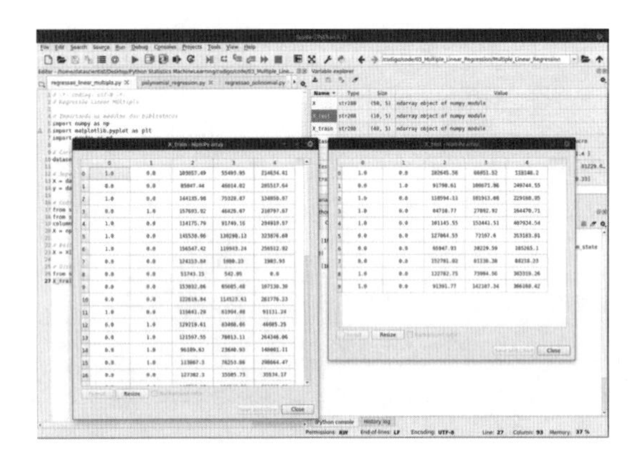

Figura 10.9 — Conteúdo das variáveis X_train e X_test.

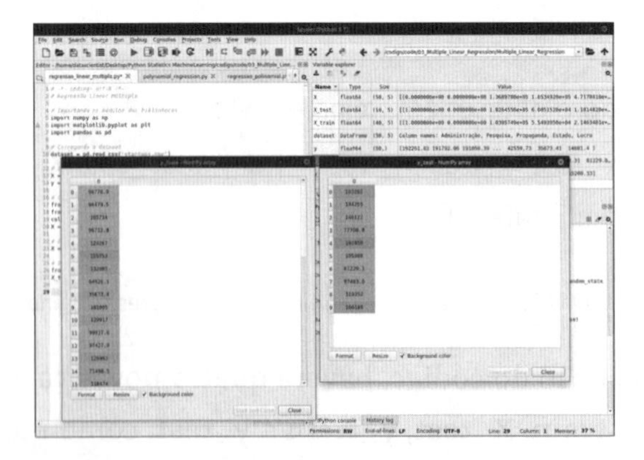

Figura 10.10 — Conteúdo das variáveis y_train e y_test.

## Treinamento do algoritmo

Variáveis criadas com sucesso, agora novamente geraremos nosso estimator linear. Se tudo correr bem, o comando não retornará nenhuma informação.

```
from sklearn.preprocessing import OneHotEncoder
from sklearn.compose import ColumnTransformer
from sklearn.model_selection import train_test_split
import numpy as np
from sklearn.linear_model import LinearRegression

# Carregando o dataset
dataset = pd.read_csv('startups.csv')

# Separando as variáveis independentes da dependente
X = dataset.iloc[:, :-1].values
y = dataset.iloc[:, 4].values

# Codificando a variável categórica Estado
columnTransformer = ColumnTransformer([('encoder',OneHotEnco-
der(),[3])],remainder='passthrough')
X = np.array(columnTransformer.fit_transform(X), dtype=np.float)

# Evitando a armadilha da variável fictícia
X = X[:, 1:]

# Dividindo o dataset em treino e teste
X_train, X_test, y_train, y_test = train_test_split(X, y, test_size =
0.2, random_state = 0)

# Ajustando o modelo de Regressão Linear para o dataset de treino
regressor = LinearRegression()
regressor.fit(X_train, y_train)
```

**Listagem 10.6 — Criando o estimator (regressao_linear_multipla.py).**

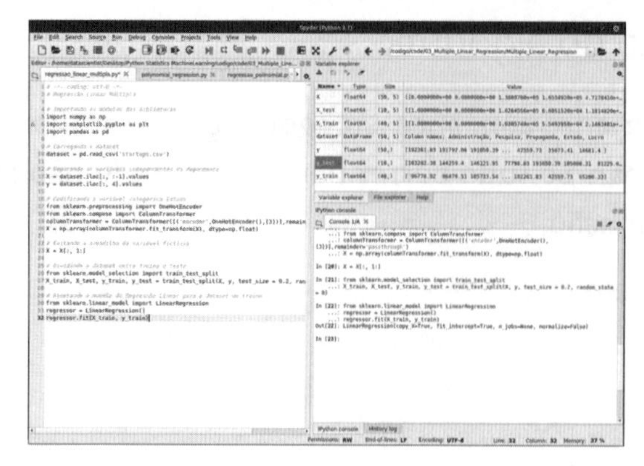

Figura 10.11 — Criado o *estimator*.

## Predição do algoritmo

Chegamos à fase que aumenta nosso entusiasmo! Preveremos os resultados do modelo com os dados de treino e testaremos com os dados reais. Imagine encontrar uma relação como essa! Poderíamos identificar quais empresas serão mais lucrativas observando apenas seus investimentos. Vamos lá.

```
from sklearn.preprocessing import OneHotEncoder
from sklearn.compose import ColumnTransformer
from sklearn.model_selection import train_test_split
import numpy as np
from sklearn.linear_model import LinearRegression

# Carregando o dataset
dataset = pd.read_csv('startups.csv')

# Separando as variáveis independentes da dependente
X = dataset.iloc[:, :-1].values
y = dataset.iloc[:, 4].values

# Codificando a variável categórica Estado
columnTransformer = ColumnTransformer([('encoder',OneHotEncoder(),[3])],remainder='passthrough')
```

```
X = np.array(columnTransformer.fit_transform(X), dtype=np.float)

# Evitando a armadilha da variável fictícia
X = X[:, 1:]

# Dividindo o dataset em treino e teste
X_train, X_test, y_train, y_test = train_test_split(X, y, test_size =
0.2, random_state = 0)

# Ajustando o modelo de Regressão Linear para o dataset de treino
regressor = LinearRegression()
regressor.fit(X_train, y_train)

# Prevendo os resultados de teste
y_pred = regressor.predict(X_test)
```

Listagem 10.7 — (regressao_linear_multipla.py).

**Esta última linha criou uma variável y_pred que pode ser visualizada no *Explorador de Variáveis*. Iremos compará-la, lado a lado, com a variável y_test e ver como o modelo se comportou.**

```
# -*- coding: utf-8 -*-
# Regressão Linear Múltipla

# Importando os módulos das bibliotecas
import matplotlib.pyplot as plt
import pandas as pd

# Carregando o dataset
dataset = pd.read_csv('startups.csv')

# Separando as variáveis independentes da dependente
X = dataset.iloc[:, :-1].values
y = dataset.iloc[:, 4].values

# Codificando a variável categórica Estado
from sklearn.preprocessing import OneHotEncoder
```

```
from sklearn.compose import ColumnTransformer
import numpy as np

columnTransformer = ColumnTransformer([('encoder',OneHotEncoder(),[3])],remainder='passthrough')
X = np.array(columnTransformer.fit_transform(X), dtype=np.float)

# Evitando a armadilha da variável fictícia
X = X[:, 1:]

# Dividindo o dataset em treino e teste
from sklearn.model_selection import train_test_split
X_train, X_test, y_train, y_test = train_test_split(X, y, test_size = 0.2, random_state = 0)

# Ajustando o modelo de Regressão Linear para o dataset de treino
from sklearn.linear_model import LinearRegression
regressor = LinearRegression()
regressor.fit(X_train, y_train)

# Prevendo os resultados de teste
y_pred = regressor.predict(X_test)

for k in range(len(y_test)):
    y_teste = y_test[k]
    y_previsto = y_pred[k]
    erro = abs((y_test[k] - y_pred[k])/ y_pred[k] *100)
    print(f'y_teste: {y_teste:.2f} y_previsto: {y_previsto:.2f} erro: {erro:.2f}')
```

**Listagem 10.8 — (regressao_linear_multipla.py).**

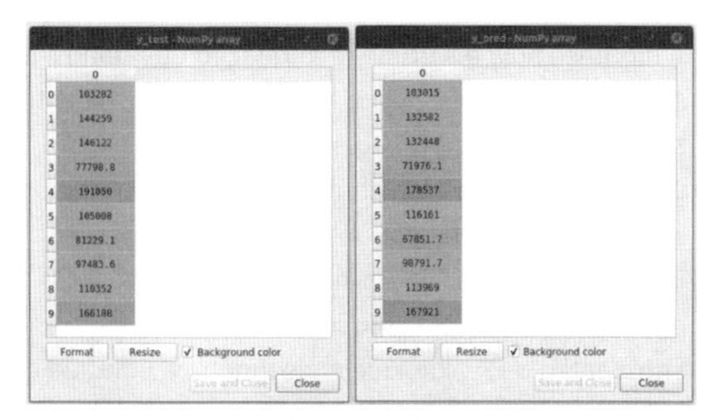

Figura 10.12 — Conteúdo de y_test e y_pred.

## Visualização dos resultados de teste

Verifique os erros e os acertos do modelo. O melhor acerto foi o primeiro item, uma diferença de apenas R$267,17. A seguir, calcularemos o erro (diferença) percentual entre os valores de teste e os valores previstos.

```
y_teste: 103282.38 y_previsto: 103015.20 erro: 0.26
y_teste: 144259.40 y_previsto: 132582.28 erro: 8.81
y_teste: 146121.95 y_previsto: 132447.74 erro: 10.32
y_teste: 77798.83 y_previsto: 71976.10 erro: 8.09
y_teste: 191050.39 y_previsto: 178537.48 erro: 7.01
y_teste: 105008.31 y_previsto: 116161.24 erro: 9.60
y_teste: 81229.06 y_previsto: 67851.69 erro: 19.72
y_teste: 97483.56 y_previsto: 98791.73 erro: 1.32
y_teste: 110352.25 y_previsto: 113969.44 erro: 3.17
y_teste: 166187.94 y_previsto: 167921.07 erro: 1.03
```

Figura 10.13 — Cálculo do erro.

O menor erro foi o primeiro, uma diferença de menos de 0,3%! O maior erro foi na sétima entrada, quase 20% menor. Obviamente, o modelo pode melhorar. E mostraremos como fazer isso, escolhendo as variáveis que melhor representam o lucro.

**Importante**

Significância Estatística = Teste de Hipótese + Distribuição Normal + P-values ?

Para entendermos melhor como os resultados encontrados por nossos modelos refletem o mundo real, abordaremos um tema de suprema importância, que é a Significância Estatística.

| | |
|---|---|
| **Importante** | A hipótese nula é a primeira afirmação que temos. No caso das *startups*, a hipótese nula é a de que os investimentos em administração, pesquisa e propaganda influenciam o lucro. Se encontrarmos evidências de que essa afirmação é falsa, estaremos mostrando que a hipótese nula é falsa e optaremos pela hipótese alternativa, os investimentos informados não influenciam no lucro. Disso depende a quantidade de amostras que utilizaremos.<br>Entra então o P-value, que é uma métrica utilizada em situações em que se quer saber se o resultado do modelo, utilizando nossas amostras, está no alcance da variabilidade de resultados normais. Ou seja, o resultado não é extremo e difícil de ocorrer na vida real. Se for muito alto, descartamos, porque significa que as chances de esse evento ocorrer em uma distribuição normal são muito pequenas.<br>Se for menor do que 0,5, significa que podemos tratar essa variável como significativa estatisticamente. |

Verificaremos os ***P-values*** (quanto menor mais significativo) de cada variável para encontrar um modelo em que somente as variáveis (ou variável) mais significativas permaneçam. Para isso, use o código da Listagem 10.9. O resultado é exibido logo a seguir, no ***Relatório 10.1***.

```
# Verificando a significância estatística das variáveis
import statsmodels.api as sm
X_opt = X[:,[0,1,2,3,4]]
regressor_OLS = sm.OLS(y, X_opt).fit( )
regressor_OLS.summary( )
```

Listagem 10.9 — (regressao_linear_multipla.py).

```
Out[24]:
<class 'statsmodels.iolib.summary.Summary'>
"""
                    OLS Regression Results
==============================================================================
=======
Dep. Variable:                  y   R-squared (uncentered):           0.988
Model:                        OLS   Adj. R-squared (uncentered):      0.987
Method:             Least Squares   F-statistic:                      735.7
Date:            Sun, 29 Dec 2019   Prob (F-statistic):            6.07e-42
Time:                    10:30:43   Log-Likelihood:                 -544.86
No. Observations:              50   AIC:                              1100.
Df Residuals:                  45   BIC:                              1109.
Df Model:                       5
Covariance Type:        nonrobust
==============================================================================
              coef    std err          t      P>|t|      [0.025      0.975]
------------------------------------------------------------------------------
x1       3814.3461   4819.854      0.791      0.433   -5893.338    1.35e+04
x2       6019.9282   4596.090      1.310      0.197   -3237.072    1.53e+04
x3          0.3021      0.037      8.174      0.000       0.228       0.377
x4          0.7308      0.066     11.072      0.000       0.598       0.864
x5          0.0776      0.023      3.397      0.001       0.032       0.124
==============================================================================
Omnibus:                        0.012   Durbin-Watson:                   1.533
Prob(Omnibus):                  0.994   Jarque-Bera (JB):                0.071
Skew:                          -0.015   Prob(JB):                        0.965
Kurtosis:                       2.817   Cond. No.                     8.14e+05
==============================================================================

Warnings:
[1] Standard Errors assume that the covariance matrix of the errors is correctly specified.
[2] The condition number is large, 8.14e+05. This might indicate that there are
strong multicollinearity or other numerical problems.
"""
```

**Relatório 10.1 — Verificando a significância estatística.**

Analisando a coluna ***P-values*** (***P>|t|***), percebemos que as variáveis ***x1*** e ***x2*** estão com valores altos (lembre-se: quando maior o ***P-value***, maiores as chances de essa variável não ter relação com a variável dependente). Curiosamente, essas duas variáveis são as variáveis fictícias do estado onde a *startup* está localizada. Removeremos ambas e novamente calcularemos o sumário estatístico de nossa amostra. Para fazer isso, basta enviar para o modelo *sm* as colunas [2,3,4] — lembrando que são as colunas que representam os investimentos em administração, pesquisa e propaganda. A última coluna *lucro* foi deixada como variável dependente y.

```
# Verificando a significância estatística das variáveis
import statsmodels.api as sm
X_opt = X[:,[2,3,4]]
regressor_OLS = sm.OLS(y, X_opt).fit()
regressor_OLS.summary( )
```

```
<class 'statsmodels.iolib.summary.Summary'>
"""
                OLS Regression Results
==============================================================================
=======
Dep. Variable:                  y   R-squared (uncentered):          0.987
Model:                        OLS   Adj. R-squared (uncentered):     0.987
Method:             Least Squares   F-statistic:                     1232.
Date:            Sun, 29 Dec 2019   Prob (F-statistic):           1.17e-44
Time:                    10:46:07   Log-Likelihood:                -545.82
No. Observations:              50   AIC:                             1098.
Df Residuals:                  47   BIC:                             1103.
Df Model:                       3
Covariance Type:        nonrobust
==============================================================================
          coef    std err        t     P>|t|     [0.025     0.975]
------------------------------------------------------------------------------
x1      0.3277      0.031   10.458     0.000      0.265      0.391
x2      0.7180      0.065   11.047     0.000      0.587      0.849
x3      0.0822      0.022    3.733     0.001      0.038      0.126
==============================================================================
Omnibus:                    0.665   Durbin-Watson:                   1.361
Prob(Omnibus):              0.717   Jarque-Bera (JB):                0.749
Skew:                      -0.126   Prob(JB):                        0.688
Kurtosis:                   2.456   Cond. No.                         9.76
==============================================================================

Warnings:
[1] Standard Errors assume that the covariance matrix of the errors is correctly specified.
"""
```

```
<class 'statsmodels.iolib.summary.Summary'>
"""
                    OLS Regression Results
==============================================================================
=======
Dep. Variable:                  y   R-squared (uncentered):              0.984
Model:                        OLS   Adj. R-squared (uncentered):         0.983
Method:             Least Squares   F-statistic:                         1450.
Date:            Sun, 29 Dec 2019   Prob (F-statistic):               1.20e-43
Time:                    11:20:33   Log-Likelihood:                    -552.31
No. Observations:              50   AIC:                                 1109.
Df Residuals:                  48   BIC:                                 1112.
Df Model:                       2
Covariance Type:        nonrobust
==============================================================================
           coef    std err        t      P>|t|      [0.025      0.975]
------------------------------------------------------------------------------
x1       0.3558      0.034   10.381      0.000       0.287       0.425
x2       0.8974      0.049   18.219      0.000       0.798       0.996
==============================================================================
Omnibus:                    0.094   Durbin-Watson:                   1.153
Prob(Omnibus):              0.954   Jarque-Bera (JB):                0.287
Skew:                       0.052   Prob(JB):                        0.866
Kurtosis:                   2.643   Cond. No.                         3.90
==============================================================================

Warnings:
[1] Standard Errors assume that the covariance matrix of the errors is correctly specified.
"""
```

Relatório 10.2

Interpretando novamente os resultados, percebemos que as três variáveis que ficaram (administração, pesquisa e propaganda) estão no páreo com ***P-value*** bem baixo. Temos a x1 (administração) e a x2 (pesquisa) com P praticamente 0 (lembre-se que o **P**-value nunca será zero), e a variável x3 (propaganda) um pouco acima, com 0.001. Removeremos a variável x3. Convém lembrar aqui que os índices continuam os mesmos. Dessa forma, para remover a x3, teremos de remover o índice 4.

```
X_opt = X[:,[2,3]]
regressor_OLS = sm.OLS(y, X_opt).fit( )
regressor_OLS.summary( )
```

```
<class 'statsmodels.iolib.summary.Summary'>
"""
                    OLS Regression Results
==============================================================================
=======
Dep. Variable:                  y   R-squared (uncentered):          0.984
Model:                        OLS   Adj. R-squared (uncentered):      0.983
Method:             Least Squares   F-statistic:                  1450.
Date:            Sun, 29 Dec 2019   Prob (F-statistic):           1.20e-43
Time:                    11:20:33   Log-Likelihood:             -552.31
No. Observations:              50   AIC:                        1109.
Df Residuals:                  48   BIC:                        1112.
Df Model:                       2
Covariance Type:        nonrobust
==============================================================================
            coef    std err        t     P>|t|     [0.025     0.975]
------------------------------------------------------------------------------
x1        0.3558      0.034   10.381     0.000      0.287      0.425
x2        0.8974      0.049   18.219     0.000      0.798      0.996
==============================================================================
Omnibus:                    0.094   Durbin-Watson:               1.153
Prob(Omnibus):              0.954   Jarque-Bera (JB):            0.287
Skew:                       0.052   Prob(JB):                    0.866
Kurtosis:                   2.643   Cond. No.                     3.90
==============================================================================

Warnings:
[1] Standard Errors assume that the covariance matrix of the errors is correctly specified.
"""
```

Relatório 10.3 — Resultado da análise.

Ficamos agora com duas variáveis: 2 e 3, que representam os investimentos em administração e pesquisa. Ambas com P-value baixo (próximo a zero). No sumário, não conseguimos ver exatamente qual o valor de ambas. Chamaremos a função *.pvalues* e verificaremos quais os valores para Administração e Pesquisa.

```
In [32]: regressor_OLS.pvalues
Out[32]: array([7.33006903e-14, 3.33897094e-23])
```

O resultado em notação científica mostra o *P-value* de administração igual a $7.33 \times 10^{-14}$, e pesquisa, $3.33 \times 10^{-23}$. Ou seja, pesquisa tem o valor nove casas decimais *menor* que o valor de administração. Quanto menor o valor, mais significativa é a variável. Podemos interpretar que o investimento que mais impacta o lucro de uma *startup* é em pesquisa.

# 11 Regressão Polinomial

Como vimos anteriormente, na regressão linear simples, o modelo é utilizado em problemas em que tentaremos estabelecer uma relação entre *duas* variáveis, onde uma altera o valor da outra continuamente, formando uma linha. Essa relação é uma relação *linear*, ou seja, se criarmos um gráfico onde os eixos representam ambas as variáveis, a figura formada representa, aproximadamente, uma reta, uma função de 1º grau, com duas variáveis. Mas e se a relação não é uma relação *linear*? Ou seja, não é uma função de 1º grau, não é uma reta? Como identificar se a relação é uma função de grau superior a 1 (por exemplo uma função de 2º grau que é representada por uma parábola?).

Há a possibilidade de a função ser um polinômio, uma função que consiste em uma expressão matemática de uma única variável, mas de vários graus e vários coeficientes. Por exemplo, $y = -2x^4 + 2x^3 + 3x^2 - 2x$. Essa é a razão de existir um método na biblioteca *Scikit* para prever se a relação entre os dados é um polinômio.

O problema aqui é ligeiramente diferente do problema anterior: gostaríamos de saber se existe uma relação clara entre o cargo ocupado, o nível e o salário. Novamente, buscamos identificar se existe uma relação entre o cargo ocupado e o nível, implicando no salário.

## Carga das bibliotecas e dos dados

Neste caso, utilizaremos outro *dataset*, chamado *cargo_nivel_salarios.csv*. Utilizaremos novamente o Spyder para visualizar nosso conjunto de dados.

Lembre-se de executar os comandos no diretório onde está localizado o arquivo .csv, ou altere o caminho para a localização correta.

```
# -*- coding: utf-8 -*-
# Regressão Polinomial

# Importando os módulos das bibliotecas
import matplotlib.pyplot as plt
import pandas as pd

# Carregando o dataset
dataset = pd.read_csv('cargo_nivel_salarios.csv')
```

Listagem 11.1 — Carga dos dados (regressao_polinomial.py – excerto)

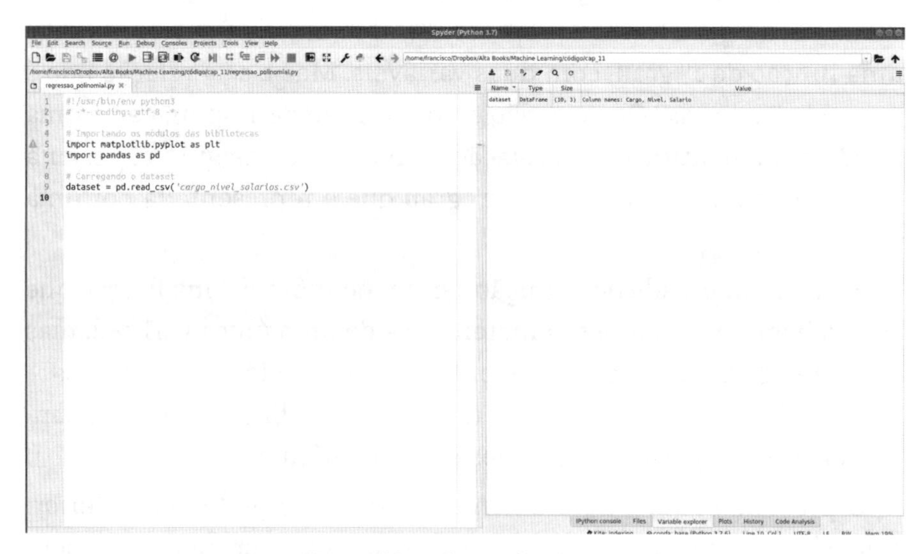


Figura 11.1 — Carga dos dados.

Executando os comandos listados, criamos uma variável chamada *dataset* (que é um *dataframe Pandas*, como visto anteriormente). Para visualizarmos essa variável, clicamos duas vezes na respectiva área do explorador de variáveis.

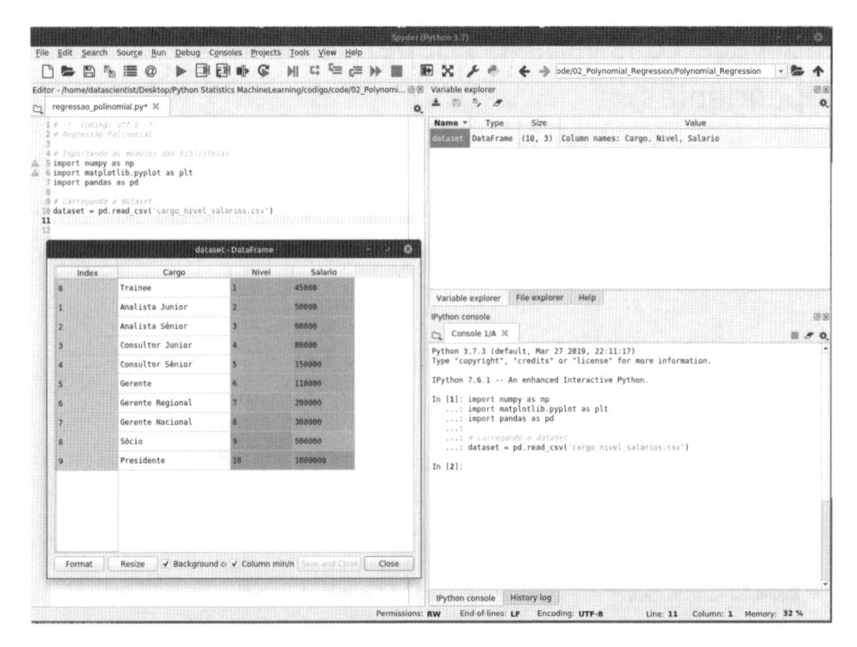


Figura 11.2 — Visualizando um DataFrame.

Aqui vem uma informação importante para o leitor: a coluna Cargo indica o *nome* do cargo que certo funcionário ou executivo ocupa. Assim como nomes de cidades, estados e países, ou mesmo nomes de novelas, esportes ou qualquer outra *categoria* de coisas, essa variável não pode ser ordenada. Uma novela não é maior do que um filme (pedimos perdão aos leitores que gostam de novelas) porque não há uma grandeza intrínseca nessa categoria de programa de televisão. Podemos ser tentados a pensar que o nome do cargo de alguma forma exerce influência no salário, entretanto, se exercesse, teríamos que ordenar essas variáveis para que o algoritmo pudesse executar os cálculos matemáticos.

Na vida real, essas variáveis não deveriam influenciar o algoritmo de regressão. No próximo capítulo, abordaremos uma estratégia para transformar variáveis categóricas em variáveis numéricas com pesos, de modo a não influenciar o algoritmo de regressão.

## Identificação das variáveis dependentes e independentes

O próximo passo é separas as colunas que definem a variável independente (X) da variável dependente (y). Utilizaremos a função *.iloc()* para criar estes *arrays*.

```
# Separando o dataset em X e Y - colunas
X = dataset.iloc[:, 1:2].values
y = dataset.iloc[:, 2].values
```

Listagem 11.2 — Separando as variáveis independentes das dependentes (regressao_polinomial.py – excerto)

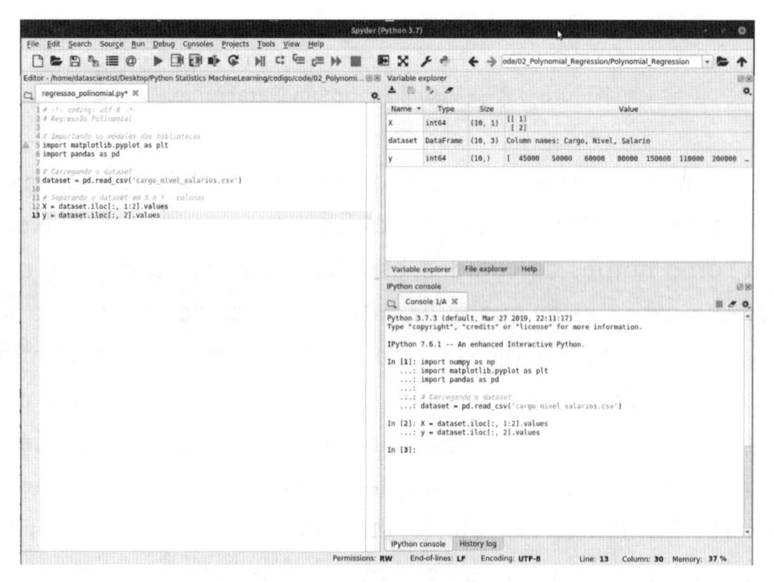


Figura 11.3 — Resultado da execução da Listagem 11.2.

Para visualizar as duas variáveis, clique em X e y no explorador de variáveis.

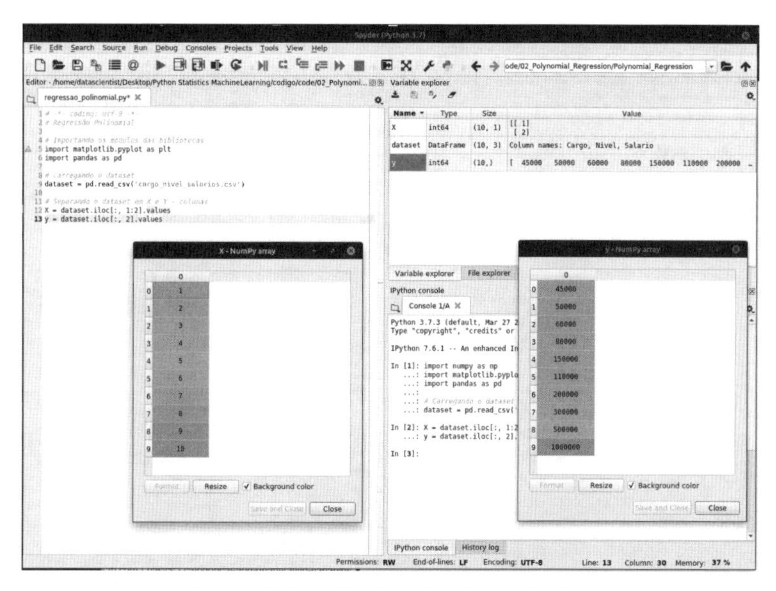


Figura 11.4 — Explorador de variáveis.

# Divisão da amostra com verificação cruzada (cross-validation)

Assim como na regressão linear, separaremos uma parte da amostra para o treino do algoritmo e o restante para testá-lo. Como visto anteriormente, o *Scikit* tem um método chamado *train_test_split* que faz esse trabalho de forma automática, bastando informar os *arrays* de treino e teste, o tamanho da amostra e *random_state* utilizado para inicializar a variável interna do número pseudorrandômico que será utilizado como escolha dos itens utilizados na verificação cruzada.

```
# Dividindo o dataset entre treino e teste
from sklearn.model_selection import train_test_split
X_train, X_test, y_train, y_test = train_test_split(X, y, test_size =
0.2, random_state = 0)
```

Listagem 11.3 — Divisão do Dataset (regressao_polinomial.py – excerto).

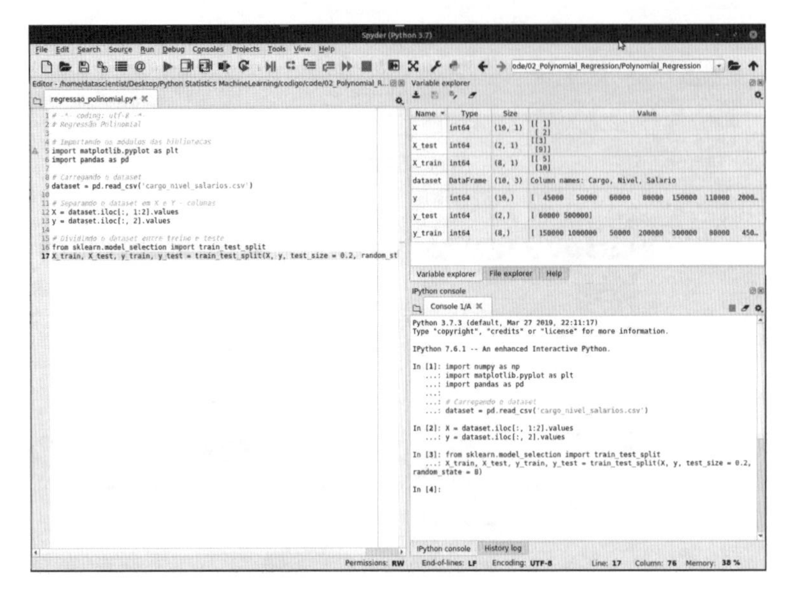

Figura 11.5 — Dividindo o *dataset.*

## Treinamento do algoritmo

De uma só vez, criamos as quatro variáveis a serem utilizadas no algoritmo de regressão: X_train, X_test, y_train, y_test. Como vimos no capítulo anterior, criaremos um *estimator*, um objeto que recebe dados de treino e cria um modelo de regressão linear. O objetivo aqui é verificar se os dados que foram enviados podem servir para criar um modelo de regressão linear simples, e não polinomial. Ou seja, graficamente os pontos formam uma reta, e não uma curva.

```
# Ajustando o modelo de Regressão Linear para o dataset de treino
from sklearn.linear_model import LinearRegression
lin_reg = LinearRegression()
lin_reg.fit(X, y)
```

Listagem 11.4 — Treinamento do algoritmo (regressao_polinomial.py – excerto).

Criaremos um gráfico usando o matplotlib para visualizar se o modelo se adequou aos valores iniciais de treino.

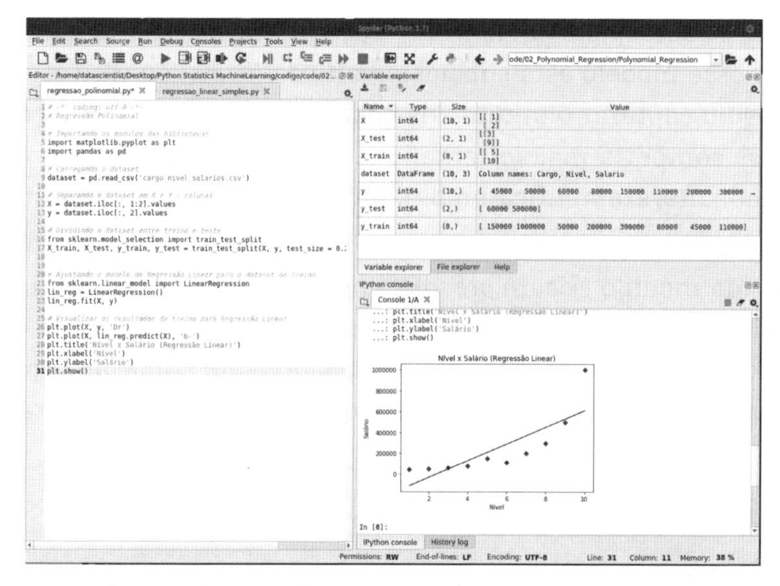


Figura 11.6 — Visualizando um gráfico do nosso modelo.

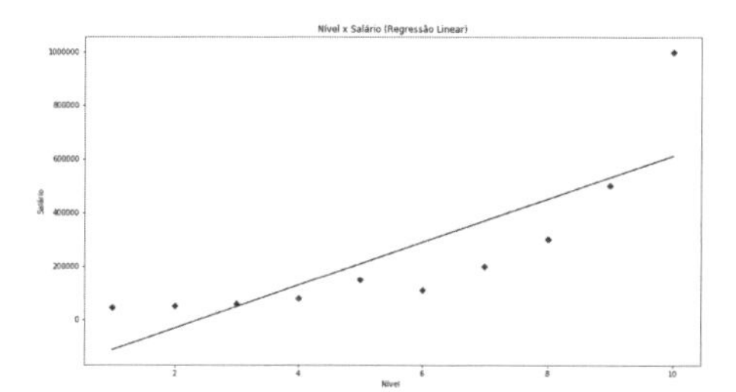


Figura 11.7 — Detalhe do gráfico.

# Visualização dos resultados de teste

Errou feio! Sim, o modelo errou, passou longe, chutou para fora. Mas isso já era esperado. Os pontos de nosso *dataset* não formam uma reta, já havíamos antecipado o leitor sobre esse fato. Esse código só foi criado para provarmos que o modelo de regressão *linear* não funcionará para este modelo. Teremos que utilizar um modelo que consiga "ligar" os pontos. Agora é a hora de carregarmos o modelo de regressão polinomial. E de quebra, explicaremos o problema do subajuste e sobreajuste (*underfitting* e *overfitting*) de um modelo. Neste caso, nosso modelo está subajustado (*underfitting*) ao caso real. Não conseguiu capturar o mínimo da complexidade dos dados da amostra e se comporta mal ao tentar prever mesmo os dados de treino. Mais adiante, exemplificaremos o problema que é o sobreajuste.

Importaremos o método *PolynomialFeatures* (atributos polinomiais) do módulo *sklearn.preprocesing*. Esse método gera os fatores do polinômio de grau *n* informado, deixando o modelo pronto para a função *.fit()*, que cria o polinômio ajustado. Aqui começaremos com o grau 2 e aumentaremos, visualizando o resultado a cada iteração.

```
# Criando o modelo de Regressão Polinomial
from sklearn.preprocessing import PolynomialFeatures
poly_reg = PolynomialFeatures(degree = 2)
```

Listagem 11.5 — Criando o modelo (regressao_polinomial.py – excerto).

## Predição do algoritmo

Depois de criado o modelo, executaremos a função *.fit()* (ajuste) sobre os dados de treino e visualizaremos a função criada. Aqui novamente criaremos um método LinearRegression com fatores polinomiais. A biblioteca *Scikit* preferiu, para fins de coesão, criar um método único, chamado de regressão linear, e esse método também pode receber fatores polinomiais (os coeficientes de uma função polinomial).

Aqui usaremos também o método *.fit_transform()*. Esse método é utilizado para ajustar e também para criar os fatores polinomiais (coeficientes) de X. Observe que só temos uma coluna de valores de níveis do cargo e uma coluna de salários. Precisamos criar as colunas que representem a função polinomial. Essa função *.fit_transform()* faz as duas tarefas. Poderíamos usar *.fit()* e, logo após, *.transform()*. Optamos por encurtar o código de forma muito *pythônica*.

```
# Ajustando o modelo para os dados de treino
X_poly = poly_reg.fit_transform(X_train)
```

```
poly_reg.fit(X_poly, y_train)
poly_reg.fit(X_train,y_train)
lin_reg_2 = LinearRegression()
lin_reg_2.fit(X_poly, y_train)
```

Listagem 11.6 — Ajustando o modelo (regressao_polinomial.py – excerto).

Modelo criado e ajustado sobre os dados de treino (com fatores polinomiais), agora plotaremos os gráficos, lembrando que o polinômio tem grau 2.

```
# Visualizar os resultados de treino
plt.figure(figsize=(15,8))
plt.plot(X_train, y_train, 'Dr')
plt.plot(X_train, lin_reg_2.predict(poly_reg.fit_transform(X_
train)),'^b')
plt.title('Nível x Salário (Regressão Polinomial)')
plt.xlabel('Nível')
plt.ylabel('Salário')
plt.show()
```

Listagem 11.7 — Plotando gráfico (regressao_polinomial.py – excerto).

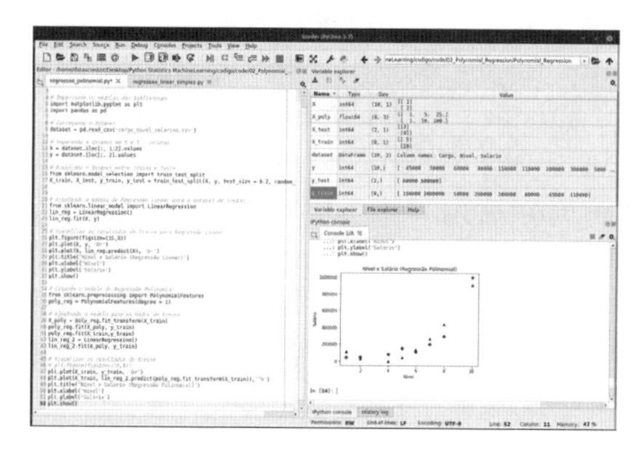

Figura 11.8 — Visualizando o gráfico com grau 2.

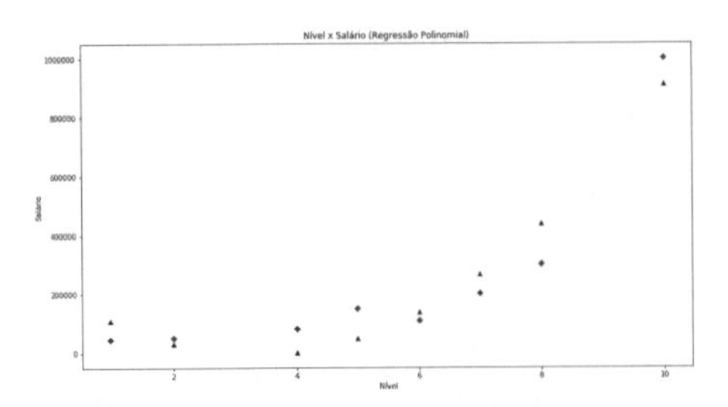

Figura 11.9 — Detalhe do gráfico com grau 2.

Na Figura 11.9, os triângulos criados representam o modelo, e os losangos (diamantes, na formatação *matplotlib*) representam os dados da previsão. O modelo começa a se "encaixar" nos dados. Entretanto, alguns pontos ainda estão bem fora da curva. Precisaremos ajustar nosso polinômio de modo a prever melhor os dados de treino. Assim, alteraremos o grau do polinômio para 4.

Neste caso, basta copiar e colar tudo que tiver abaixo da linha de código do script que cria os fatores polinomiais e alterar. Utilizaremos os mesmos dados de treino e teste anteriores.

```
# Criando o modelo de Regressão Polinomial - grau 4
from sklearn.preprocessing import PolynomialFeatures
poly_reg = PolynomialFeatures(degree = 4)

# Ajustando o modelo para os dados de treino
X_poly = poly_reg.fit_transform(X_train)
poly_reg.fit(X_poly, y_train)
poly_reg.fit(X_train,y_train)
lin_reg_2 = LinearRegression()
lin_reg_2.fit(X_poly, y_train)

# Visualizar os resultados de treino
plt.figure(figsize=(15,8))
plt.plot(X_train, y_train, 'Dr')
plt.plot(X_train, lin_reg_2.predict(poly_reg.fit_transform(X_
train)),'^b')
plt.title('Nível x Salário (Regressão Polinomial)')
```

```
plt.xlabel('Nível')
plt.ylabel('Salário')
plt.show()
```

Listagem 11.8 — Ajustando o modelo (regressao_polinomial.py – excerto).

Executando o código novamente, com o polinômio ajustado para fatores de grau 4.

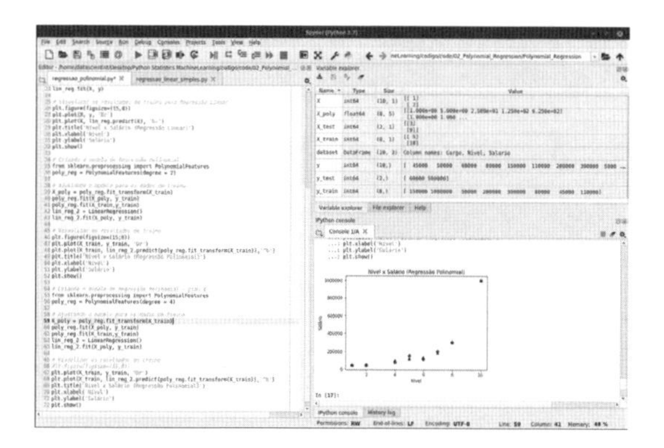

Figura 11.10 — Ajustando os fatores do polinômio para o grau 4.

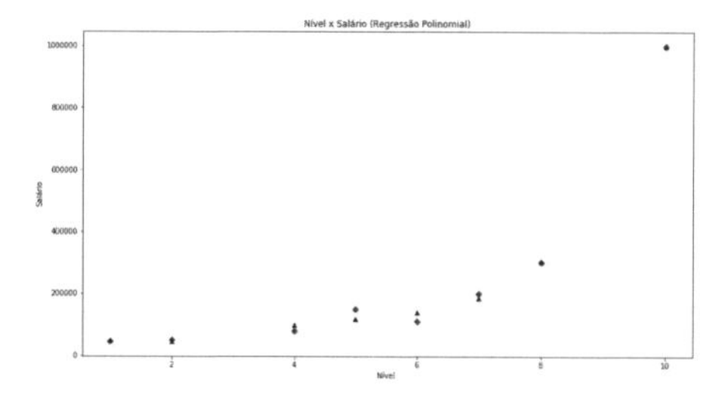


Figura 11.11 — Detalhe do polinômio ajustado para o grau 4.

Uau! Nosso modelo praticamente toca todos os pontos. Alguns inclusive estão alinhados! Mas vamos controlar nosso entusiasmo. Agora verificaremos o modelo com os dados de teste.

```
# Visualizar os resultados de teste
plt.figure(figsize=(15,8))
plt.plot(X_test, y_test, 'Dr')
```

```
plt.plot(X_test, lin_reg_2.predict(poly_reg.fit_transform(X_tes-
t)),'^b')
plt.title('Nível x Salário (Regressão Polinomial)')
plt.xlabel('Nível')
plt.ylabel('Salário')
plt.show()
```

Listagem 11.9 — Verificando o modelo (regressao_polinomial.py – excerto).

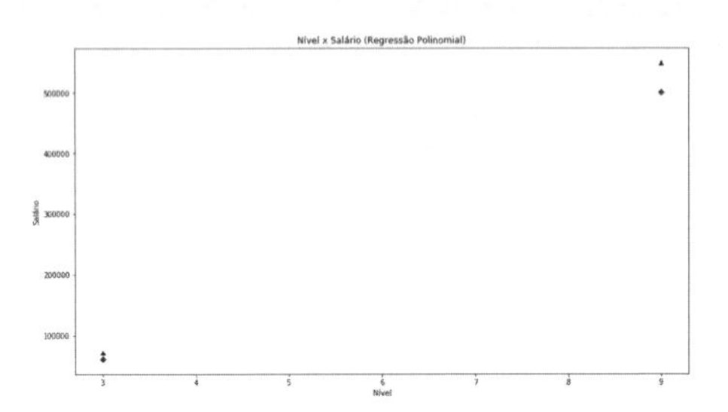


Figura 11.12 — Verificando o modelo com validação cruzada.

Nossas amostras de teste são pobres, só temos duas, visto que nosso espaço amostral é de dez entradas somente. Entretanto, podemos ver que o modelo também se aproxima dos valores de teste. Agora testaremos com todos os valores da amostra. Alteramos o comando que plota o gráfico da previsão do algoritmo de modo que ligue os pontos com segmentos de reta tracejados.

```
# Visualizar com todas as amostras
plt.figure(figsize=(15,8))
plt.plot(X, y, 'Dr')
plt.plot(X, lin_reg_2.predict(poly_reg.fit_transform(X)),'^b--')
plt.title('Nível x Salário (Regressão Polinomial)')
plt.xlabel('Nível')
plt.ylabel('Salário')
plt.show()
```

Listagem 11.10 — Plotando outro gráfico (regressao_polinomial.py – excerto).

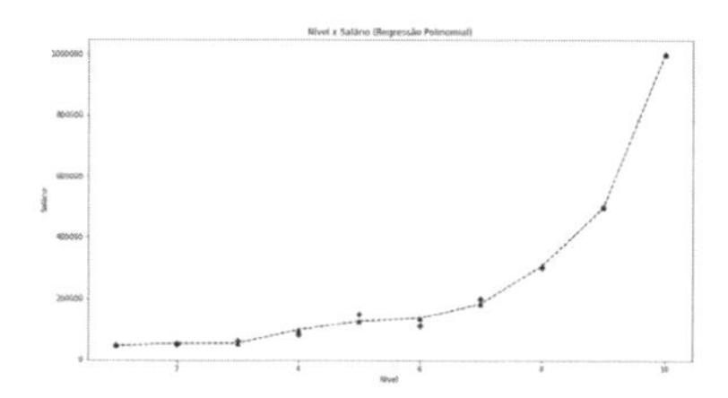

Figura 11.13 — Gráfico com traços ligando os dados.

Nosso modelo de grau 4 previu muito bem os valores de salário a partir dos níveis. Mas e se alterássemos nosso grau para o grau 8? Ou 12? Como nossa amostra é pequena, executaremos nossos testes de grau 8 e 12 com toda a amostra. Isso é fácil de fazer depois de o modelo pronto. Repetiremos os passos anteriores alterando o grau do algoritmo de regressão polinomial e plotando o gráfico.

Modelo para grau 8

```
# Ajustando e plotando o modelo para grau 8
from sklearn.preprocessing import PolynomialFeatures
poly_reg = PolynomialFeatures(degree = 8)

# Ajustando o modelo para todos os dados
X_poly = poly_reg.fit_transform(X)
poly_reg.fit(X_poly, y)
poly_reg.fit(X,y)
lin_reg_2 = LinearRegression()
lin_reg_2.fit(X_poly, y)

# Visualizar com todas as amostras
plt.figure(figsize=(15,8))
plt.plot(X, y, 'Dr')
plt.plot(X, lin_reg_2.predict(poly_reg.fit_transform(X)),'^b--')
plt.title('Nível x Salário (Regressão Polinomial)')
plt.xlabel('Nível')
plt.ylabel('Salário')
plt.show()
```

Listagem 11.11 — Modelo para grau 8 (regressao_polinomial.py — excerto).

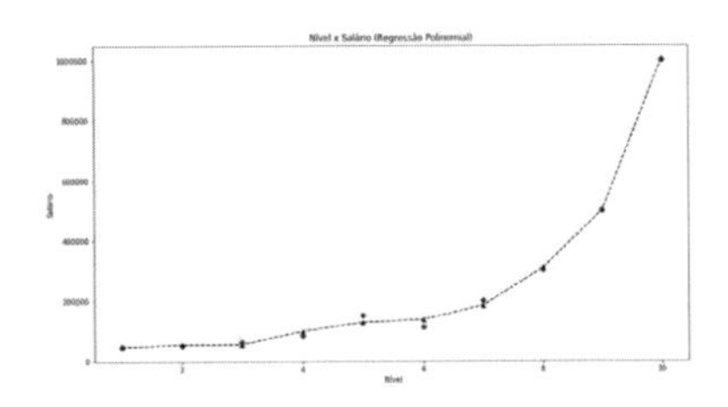

Figura 11.14 — Gráfico do modelo para grau 8.

## Modelo para grau 12

```
Ajustando e plotando o modelo para grau 12
from sklearn.preprocessing import PolynomialFeatures
poly_reg = PolynomialFeatures(degree = 12)

# Ajustando o modelo para todos os dados
X_poly = poly_reg.fit_transform(X)
poly_reg.fit(X_poly, y)
poly_reg.fit(X,y)
lin_reg_2 = LinearRegression()
lin_reg_2.fit(X_poly, y)

# Visualizar com todas as amostras
plt.figure(figsize=(15,8))
plt.plot(X, y, 'Dr')
plt.plot(X, lin_reg_2.predict(poly_reg.fit_transform(X)),'^b--')
plt.title('Nível x Salário (Regressão Polinomial)')
plt.xlabel('Nível')
plt.ylabel('Salário')
plt.show()
```

Listagem 11.12 — Modelo para grau 12 (regressao_polinomial.py – excerto).

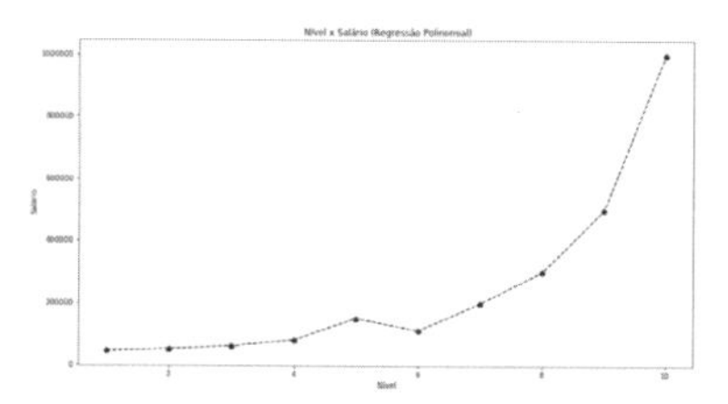

Figura 11.15 — Gráfico do modelo para grau 12.

Veja, na Figura 11.15, o modelo praticamente cobriu todos os pontos! Isso é uma coisa boa, não é? Não necessariamente. Provavelmente esse modelo foi sobreajustado (*overfitting*). Um modelo de grau tão alto (12) é complexo demais e pode ter até aprendido os ruídos da amostra, aqueles dados que são anomalias ou *outliers*. Esse modelo não servirá para fazer previsões reais.

| | Subeajuste *versus* sobreajuste (*underfitting* x *overfitting*) |
|---|---|
| **Importante** | Nos exemplos deste capítulo, criamos modelos de regressão linear de graus variados, de 1 (regressão linear simples) até 12 (regressão polinomial). Graficamente, percebemos que o modelo de regressão de grau 1 não conseguiu ser ajustado de forma a prever os resultados esperados. Obviamente, uma reta não é uma curva. Esse é um exemplo claro de *sub-ajuste*, ou *underfitting* em inglês. Esse modelo simplifica demasiado os dados e não serve para fazer previsões porque seu erro é muito alto.<br>O mesmo ocorre com as funções de grau elevado. O último modelo foi testado com grau 12, e *todos* os pontos de nossa amostra foram relacionados com essa função. Graficamente, não há distinção clara entre os gráficos de grau 4, 8 e 12. Como sabermos quando o erro do que foi previsto em relação ao erro da amostra começa a aumentar novamente? Ou de outra forma: como identificarmos que nosso modelo está sobreajustado?<br>O Scikit tem uma função para verificar, usando verificação cruzada, qual é esse erro. Ele é muito útil para evitar tanto o sub-ajuste quanto o sobreajuste. |

*Continua*

**Importante**

Esta função pode ser carregada a partir do módulo *sklearn.model_selection* e seu nome é *cross_val_score*, ou escore de validação cruzada. O escore utilizado é o erro quadrático médio negativo. Por essa razão, os resultados são números altos e negativos.
A seguir calcularemos esse escore para os graus 1, 2, 4, 8 e 12.

```
In [1]: from sklearn.model_selection import cross_val_score
In [2]: print("Erro do modelo grau 1: {:.2e}".format(cross_val_score(LinearRegression(), X,y,scoring="neg_mean_squared_error",cv=10).mean()))
Erro do modelo grau 1: -5.43e+10

In [2]: print("Erro do modelo grau 2: {:.2e}".format(cross_val_score(LinearRegression(), X_poly_2,y,scoring="neg_mean_squared_error",cv=10).mean()))
Erro do modelo grau 2: -2.79e+10

In [3]: print("Erro do modelo grau 4: {:.2e}".format(cross_val_score(LinearRegression(), X_poly_4,y,scoring="neg_mean_squared_error",cv=10).mean()))
Erro do modelo grau 4: -3.67e+09
In [4]: print("Erro do modelo grau 8: {:.2e}".format(cross_val_score(LinearRegression(), X_poly_8,y,scoring="neg_mean_squared_error",cv=10).mean()))
Erro do modelo grau 8: -1.86e+13
In [5]: print("Erro do modelo grau 12: {:.2e}".format(cross_val_score(LinearRegression(), X_poly_12,y,scoring="neg_mean_squared_error",cv=10).mean()))
Erro do modelo grau 8: -8.76e+14
```

Ordenando os erros

```
1 - Erro do modelo grau 4: -3.67e+09
2 - Erro do modelo grau 2: -2.79e+10
3 - Erro do modelo grau 1: -5.43e+10
4 - Erro do modelo grau 8: -1.86e+13
5 - Erro do modelo grau 12: -8.76e+14
```

*Continua*

| Importante | Apesar de no gráfico a função de grau 12 se ajustar perfeitamente aos pontos de nossa amostra, ela é a que tem o maior erro quadrático. Até a função linear (grau 1) tem erro menor que esse modelo. Aqui fica esta nota importante: avalie sempre o erro de seu modelo e verifique se houve sub-ajuste ou sobreajuste e refaça o modelo com graus diferentes ou com atributos diferentes para evitar propagar isso em suas previsões futuras. |
|---|---|

Como o código deste capítulo foi construído por etapas, para que você não se confunda, listamos, a seguir, o código completo, para conferência.

```
#!/usr/bin/env python3
# -*- coding: utf-8 -*-

# Importando os módulos das bibliotecas
import matplotlib.pyplot as plt
import pandas as pd

# Carregando o dataset
dataset = pd.read_csv('cargo_nivel_salarios.csv')

# Separando o dataset em X e Y - colunas
X = dataset.iloc[:, 1:2].values
y = dataset.iloc[:, 2].values

# Dividindo o dataset entre treino e teste
from sklearn.model_selection import train_test_split
X_train, X_test, y_train, y_test = train_test_split(X, y, test_size =
0.2, random_state = 0)

# Ajustando o modelo de Regressão Linear para o dataset de treino
from sklearn.linear_model import LinearRegression
lin_reg = LinearRegression()
lin_reg.fit(X, y)

# Criando o modelo de Regressão Polinomial
```

```
from sklearn.preprocessing import PolynomialFeatures
poly_reg = PolynomialFeatures(degree = 2)

# Ajustando o modelo para os dados de treino
X_poly = poly_reg.fit_transform(X_train)
poly_reg.fit(X_poly, y_train)
poly_reg.fit(X_train,y_train)
lin_reg_2 = LinearRegression()
lin_reg_2.fit(X_poly, y_train)

# Visualizar os resultados de treino
plt.figure(figsize=(15,8))
plt.plot(X_train, y_train, 'Dr')
plt.plot(X_train, lin_reg_2.predict(poly_reg.fit_transform(X_
train)),'^b')
plt.title('Nível x Salário (Regressão Polinomial)')
plt.xlabel('Nível')
plt.ylabel('Salário')
plt.show()

# Criando o modelo de Regressão Polinomial - grau 4
from sklearn.preprocessing import PolynomialFeatures
poly_reg = PolynomialFeatures(degree = 4)

# Ajustando o modelo para os dados de treino
X_poly = poly_reg.fit_transform(X_train)
poly_reg.fit(X_poly, y_train)
poly_reg.fit(X_train,y_train)
lin_reg_2 = LinearRegression()
lin_reg_2.fit(X_poly, y_train)

# Visualizar os resultados de treino
plt.figure(figsize=(15,8))
plt.plot(X_train, y_train, 'Dr')
```

```
plt.plot(X_train, lin_reg_2.predict(poly_reg.fit_transform(X_
train)),'^b')
plt.title('Nível x Salário (Regressão Polinomial)')
plt.xlabel('Nível')
plt.ylabel('Salário')
plt.show()

# Visualizar os resultados de teste
plt.figure(figsize=(15,8))
plt.plot(X_test, y_test, 'Dr')
plt.plot(X_test, lin_reg_2.predict(poly_reg.fit_transform(X_tes-
t)),'^b')
plt.title('Nível x Salário (Regressão Polinomial)')
plt.xlabel('Nível')
plt.ylabel('Salário')
plt.show()

# Visualizar com todas as amostras
plt.figure(figsize=(15,8))
plt.plot(X, y, 'Dr')
plt.plot(X, lin_reg_2.predict(poly_reg.fit_transform(X)),'^b--')
plt.title('Nível x Salário (Regressão Polinomial)')
plt.xlabel('Nível')
plt.ylabel('Salário')
plt.show()

# Ajustando e plotando o modelo para grau 8
from sklearn.preprocessing import PolynomialFeatures
poly_reg = PolynomialFeatures(degree = 8)

# Ajustando o modelo para todos os dados
X_poly = poly_reg.fit_transform(X)
poly_reg.fit(X_poly, y)
poly_reg.fit(X,y)
lin_reg_2 = LinearRegression()
```

```
lin_reg_2.fit(X_poly, y)

# Visualizar com todas as amostras
plt.figure(figsize=(15,8))
plt.plot(X, y, 'Dr')
plt.plot(X, lin_reg_2.predict(poly_reg.fit_transform(X)),'^b--')
plt.title('Nível x Salário (Regressão Polinomial)')
plt.xlabel('Nível')
plt.ylabel('Salário')
plt.show()

# Ajustando e plotando o modelo para grau 12
from sklearn.preprocessing import PolynomialFeatures
poly_reg = PolynomialFeatures(degree = 12)

# Ajustando o modelo para todos os dados
X_poly = poly_reg.fit_transform(X)
poly_reg.fit(X_poly, y)
poly_reg.fit(X,y)
lin_reg_2 = LinearRegression()
lin_reg_2.fit(X_poly, y)

# Visualizar com todas as amostras
plt.figure(figsize=(15,8))
plt.plot(X, y, 'Dr')
plt.plot(X, lin_reg_2.predict(poly_reg.fit_transform(X)),'^b--')
plt.title('Nível x Salário (Regressão Polinomial)')
plt.xlabel('Nível')
plt.ylabel('Salário')
plt.show()
```

**Listagem 11.13 — Código completo do modelo de regressão polinomial (regressao_polinomial.py)**

# 12
# Árvores de Decisão

Árvores de decisão (regressão e classificação) são considerados os melhores algoritmos de aprendizagem de máquina supervisionada. Eles fornecem modelos com facilidade de interpretação, estabilidade e alta precisão. Diferente de modelos lineares, eles conseguem modelar muito bem relações não lineares, e sua implementação pode ser utilizada para vários problemas de classificação ou regressão.

Tecnicamente, uma árvore de decisão é um algoritmo de aprendizagem de máquina, supervisionado, que tem uma variável destino (chamada *alvo*) predeterminada. A função da árvore é separar subconjuntos de dados que tenham alguma característica comum — essa característica é chamada de diferenciador e é significativa em relação às variáveis de entrada que podem ser categóricas ou contínuas.

Vantagens e desvantagens das árvores de decisão:

Vantagens

- Úteis na exploração dos dados, sendo uma das maneiras mais rápidas de identificar quais variáveis são significantes (têm relação com a variável dependente). Imagine uma coleção de dados com centenas de variáveis: um modelo de árvore de decisão ajudaria na seleção das variáveis mais importantes.
- Fáceis de entender, pois sua representação gráfica é simples de compreender mesmo para aqueles sem conhecimento de estatística.

- Tratam tanto variáveis contínuas quanto categóricas, sem necessidade de limpeza, como outros modelos, sendo pouco afetadas por valores anômalos e ausentes.
- Não necessitam de regra para a criação da estrutura dos classificadores. Esses classificadores são criados a partir do próprio *dataset*.

Desvantagens

- Apesar de poderem ser utilizadas com variáveis contínuas (numéricas), perdem informação contínua por discretizar variáveis em diferentes categorias.
- Para evitar o sobreajuste, algumas restrições devem ser construídas, e a árvore deve sofrer "podas" em suas folhas.

Os passos para se construir uma árvore de decisão são simples e funcionam como uma *white box* (podemos ver todos os passos e as decisões tomadas ao contrário de *black boxes*, que não mostram seu funcionamento interno). O algoritmo identifica características (atributos) da amostra e separa o melhor atributo (o que todas as amostras têm) que servirá como nó de decisão inicial. Utiliza os outros atributos como nó de decisão para o resto da amostra, dividindo o *dataset* em conjuntos cada vez menores. Repete esse processo para cada folha criada até que uma das condições seja alcançada:

- Todas as tuplas têm o mesmo atributo.
- Não há mais atributos a serem testados.
- Não há mais amostras.

## Árvore de decisão — Classificação

Neste capítulo, abordaremos os algoritmos de árvore de decisão para problemas de classificação. As árvores de classificação são utilizadas em problemas em queremos separar um grupo de amostas em subgrupos que tenham características iguais, de modo a prever, para uma amostra de fora do conjunto, a qual subconjunto ela pertenceria.

Um exemplo clássico desse tipo de problema é a classificação de espécies de íris, planta de cor roxa muito fragrante e que foi utilizada em um estudo de 1936 sobre o uso de medições múltiplas em problemas de taxonomia, ou, de forma mais simples, como utilizar características de seres vivos e plantas para classificá-los.

O autor buscou informações sobre a largura e o comprimento, em centímetros, de suas sépalas e pétalas. A seguir mostramos graficamente a foto de uma íris e a informação sobre essas duas características.

Figura 12.1 — Componentes de uma flor íris.

Três espécies de íris foram estudadas — setosa, versicolor e virgínica —, o que resultou em 150 observações sobre a largura e o comprimento de suas pétalas e sépalas, distribuídas igualmente entre as três espécies (cinquenta para cada uma).

Esse *dataset* é tão importante e foi tantas vezes estudado, que pode ser carregado diretamente da biblioteca *scikit* usando o método *datasets*. Dessa forma, não precisaremos carregar a biblioteca Pandas para a leitura desses dados.

Utilizando o *Spyder* carregaremos este *dataset*.

## Carga das bibliotecas e dos dados

```
# Importando os módulos das bibliotecas
import matplotlib.pyplot as plt
from sklearn import datasets

# Carregando o dataset
iris = datasets.load_iris()
```

Listagem 12.1 — Carregando as bibliotecas e o dataset (arvore_decisao_classificacao.py – excerto).

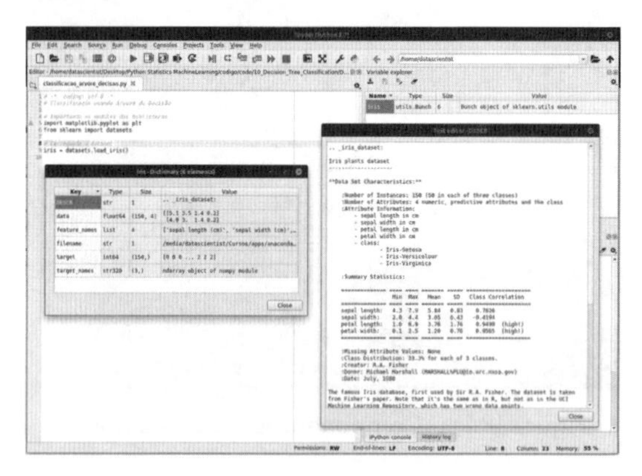

Figura 12.2 — Resultado da execução.

Utilizaremos o módulo *Tree* da biblioteca *ScikitLearn* para criar um modelo de árvore de decisão e alimentá-lo com nosso *dataset*. Esse módulo recebe duas matrizes: a primeira, chamada de X, contém as características (*features*) das amostras, e a outra, Y, contém as classes de cada amostra. A primeira matriz, X, é do tipo *n* x *m*, onde *n* é a quantidade de amostras e *m* é a quantidade de características de cada amostra. A matriz Y é do tipo *n x 1*, ou seja, uma matriz que tem uma única coluna contendo o valor inteiro indicando a classe a que cada amostra pertence.

No caso do *dataset* iris, temos duas matrizes, a primeira do tipo 150 x 4, com 150 amostras de flores de íris contendo 4 características numéricas: a largura e o comprimento da sépala e a largura e o comprimento da pétala. A segunda matriz contém a mesma dimensão em linhas, 150, e uma única coluna com 0,1 e 2 indicando a qua classe cada amostra pertence, setosa, versicolor ou virgínica, respectivamente.

Precisaremos agora criar um classificador do tipo árvore de decisão. A biblioteca *sklearn* tem um módulo chamado *tree* que contém funcionalidades para várias árvores. Dessa forma, carregaremos esse módulo e especificaremos um objeto *classificador* para uma árvore de decisão, chamada de *DecisionTreeClassifier()*. Esse classificador (como todos os algoritmos da biblioteca ScikitLearn) tem um método chamado *.fit()*, que recebe as duas matrizes, de dados e de classificação, e treina o algortimo com essas informações.

```
# Carregando o módulo Árvore da biblioteca sklearn
from sklearn import tree

# Carretando X e y do dataset
X,y = iris.data, iris.target

# Criando um novo Classificador do tipo
# árvore de decisão
classificador = tree.DecisionTreeClassifier()

# Chamando o método fit
classificador.fit(X,y)
```

Listagem 12.2 — Carregando o objeto tree e chamando o método fit no classificador.

Agora já temos o objeto classificador treinado com os dados carregados anteriormente. Precisaremos carregar o módulo *matplotlib.pyplot* para plotaremos o resultado no gráfico de árvore. Esse gráfico lembra muito um *workflow* com derivações para cada nó. A árvore agrupa os valores de acordo com suas características mais importantes. No nosso caso, temos quatro características, que são os comprimentos e as larguras das pétalas e sépalas das três diferentes espécies de íris. Um percentual separa as espécies de suas características em um intervalo específico.

Os comandos para a configuração da figura a ser plotada e o comando são apresentados a seguir.

```
# Setando a variárvel figsize do objeto plot
fig = plt.figure(figsize=(30,25))

# Imprimindo a árvore
tree.plot_tree(classificador, \
            feature_names=iris.feature_names, \
              class_names=iris.target_names, \
                filled=True)
```

Listagem 12.3 — Plotando o objeto árvore.

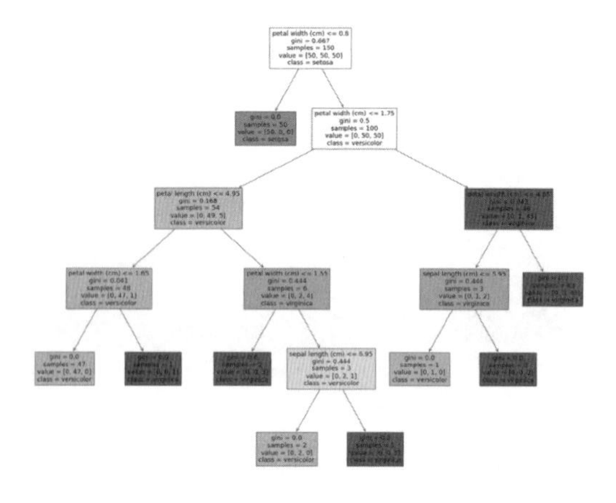


Figura 12.3 — Gráfico de árvore para as espécies de íris.

A interpretação da árvore se dá lendo as características que foram agrupadas em percentuais. O primeiro agrupamento tem a caraterística de a largura da pétala (*petal width*) ser menor ou igual a 0,8cm, agrupando a classe setosa. A partir do primeiro nó, todas as folhas à direita são consideradas *false* (que não respeitam o agrupamento superior), e as da esquerda são consideradas *true*. Assim, podemos ler: a largura da pétala é menor que 0,8cm? Se a resposta for positiva, iremos para a folha da esquerda, ou seja, todas as flores da espécie setosa tem a largura da pétala inferior a 0,8cm. Se a largura da pétala for maior que 0,8cm, iremos tomar o caminho do nó à direita, agora com a largura das pétalas maiores do que 0,8cm. No caso de a largura estar entre 0,8cm e 1,75cm, é criado um outro nó, que define outro agrupamento. Esses nós e agrupamentos são criados até todos os dados da amostra serem classificados.

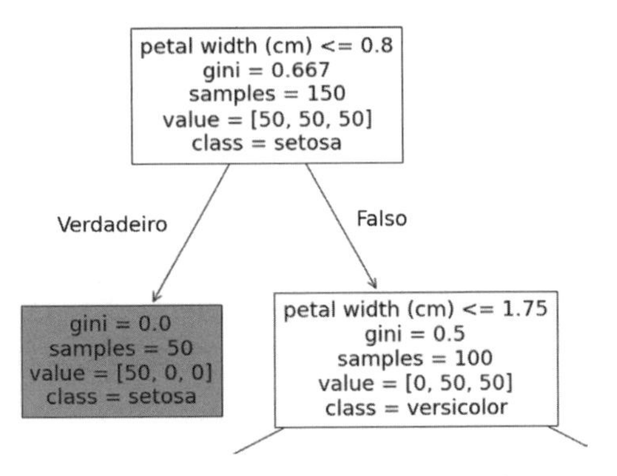


Figura 12.4 — Detalhe primeiro nó.

Podemos visualizar esses agrupamentos utilizando um gráfico de dispersão. Esses gráficos plotam os pontos projetando-os em eixos variados. A escolha dos eixos é de grande importância para identificar quais características são mais importantes na classificação das amostras. No nosso caso, temos quatro características para escolhermos, duas a duas (já que o gráfico é bidimensional), quais representam melhor os agrupamentos.

Escolheremos dois grupos de eixos para criarmos dois gráficos de dispersão: comprimento da sépala *x* comprimento da pétala e comprimento da pétala *x* largura da pétala. Vejamos quais gráficos representam melhor os agrupamentos que a árvore de decisão tomou. A listagem de comandos é apresentada a seguir.

```
# gerando os gráficos de dispersão
# agrupando por comprimento da sépala e comprimento da pétala
plt.figure(figsize=(15, 10))
plt.scatter(iris.data[:, 0], iris.data[:, 2], c=iris.target)
plt.xlabel(iris.feature_names[0])
plt.ylabel(iris.feature_names[2])
```

```
plt.tight_layout()
plt.show()
```

Listagem 12.4 — Gráfico de dispersão 1 — Comprimento da sépala e comprimento da pétala.

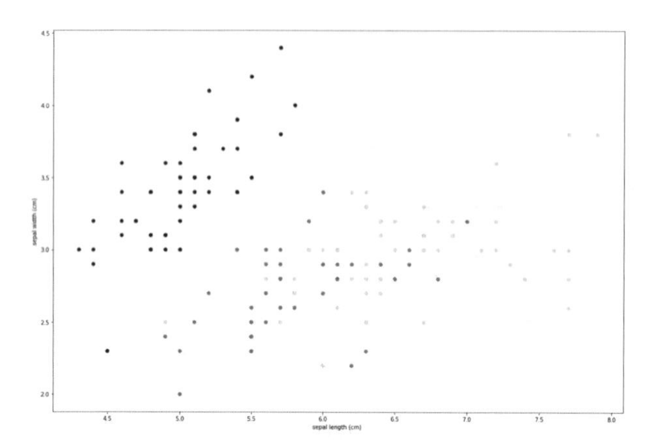


Figura 12.5 — Comprimento da pétala e largura da pétala.

```
# agrupando por comprimento da pétala e largura da pétala
plt.figure(figsize=(15, 10))
plt.scatter(iris.data[:, 2], iris.data[:, 3], c=iris.target)
plt.xlabel(iris.feature_names[2])
plt.ylabel(iris.feature_names[3])

plt.tight_layout()
plt.show()
```

Listagem 12.5 — Gráfico de dispersão — Comprimento da pépala e largura da pétala.

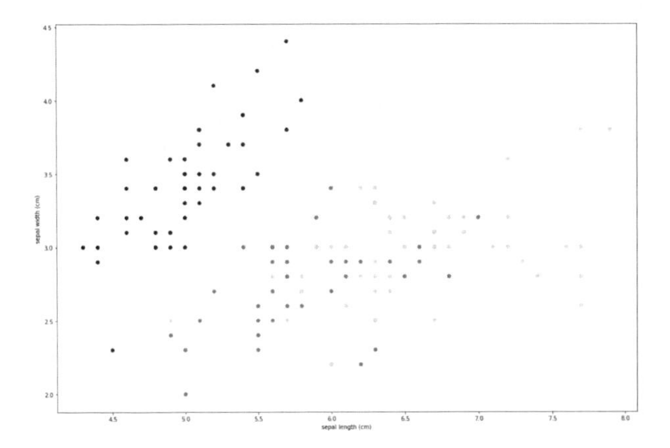


Figura 12.6 — Comprimento da pétala e largura da pétala.

Podemos perceber pelo último gráfico de dispersão que as dimensões (eixos) comprimento e largura da pétala conseguem classificar muito bem as espécies de íris, graças à identificação apresentada pelo algoritmo de árvore de classificação.

# 13
# Regressão Logística

Quando você precisar modelar um problema no qual a variável dependente for do tipo ***categórica*** e os dados puderem ser agrupados em ***duas classes***, considere usar o tema deste capítulo: a ***Regressão Logística***. Ela já foi bastante utilizada no começo do século XX, na pesquisa em ciências biológicas e, mais tarde, em ciências sociais. Alguns usos dessa técnica incluem:

- Em pesquisa médica, determinar os fatores que diferenciam um grupo de pessoas doentes em relação a um grupo de controle, formado por indivíduos saudáveis.
- Em bancos, pode ser usada para avaliar risco de crédito.
- Em pesquisas eleitorais, pode ser aplicada para estudar as intenções de voto.

Em linhas gerais, apesar do termo ***regressão*** em seu nome, trata-se mais de um algoritmo de ***classificação***.[1]

A regressão logística deve ser usada em problemas de classificação ***binários***, ou seja, problemas para os quais os dados devam ser classificados entre dois grupos distintos e mutuamente excludentes, como:

- O cliente comprou ou não um certo produto?
- Uma transação com cartão de crédito é legítima ou se trata de uma fraude?
- Uma mensagem de e-mail é ou não *spam*?

---

1 Na realidade, de acordo com Coelho e Richert (2015), o nome ***Regressão Logística*** vem do fato de que este algoritmo realiza uma ***regressão*** sobre uma ***função logística***.

- O paciente está com diabetes?

Trata-se de um modelo de classificação simples de implementar, e seu desempenho é bastante aceitável em geral.

| Importante | Este capítulo utilizará um pouco mais de demonstrações matemáticas que o restante do livro. Isso será necessário para uma compreensão adequada do algoritmo de Regressão Logística. |
| --- | --- |

## Visão geral do algoritmo

A Regressão Logística funciona de modo semelhante à Regressão Linear, porém, como se trata, na verdade, de um algoritmo de ***classificação***, a variável dependente será ***sempre*** um ***rótulo***, e ***não*** um ***valor***, como na Regressão Linear. Em particular, esse rótulo (a ***classe***, que será atribuída à variável dependente) será ***binário*** — só poderá representar dois valores: 0 ou 1, verdadeiro ou falso, positivo ou negativo etc.

Para compreendermos, por alto, o funcionamento da Regressão Logística, tomemos um exemplo fictício. Imagine que você tenha recebido dados brutos que descrevam as características (variáveis independentes) dos clientes de uma certa loja virtual e precise treinar o algoritmo para verificar quais clientes comprariam ou não um certo produto, baseado nas informações preexistentes acerca de um subconjunto de que foram alvo de uma campanha de e-mail marketing e compraram ou não os produtos. Aqui, usaremos uma base de dados obtida do popular site de competições de *Machine Learning*, Kaggle,[2] ligeiramente alterada pelos autores.

---

2 Para esta seção, alteramos um pouco as informações os dados originais, os quais podem ser obtidos em: <https://www.kaggle.com/fayomi/advertising/download/sWf7BV8WaJ9ySEI19DyJ%2Fversions%2FHhHsO805PVjRrA0VfZ8D%2Ffiles%2Fadvertising.csv?datasetVersionNumber=1>.

Para facilitar seu aprendizado, colocamos os dados deste exemplo no material para download na página da editora, no arquivo /código/cap_17/vendas.csv.

Uma primeira tentativa poderia incluir a aplicação de um dos algoritmos de ***Regressão Linear***, vistos nos Capítulos 12 e 13. Para tentar encontrar a melhor reta possível que aproxime os dados da amostra, você definiria um certo número de variáveis independentes $X_1, X_2, \ldots, X_n$ e uma variável dependente, y, obtendo um modelo semelhante a:

$$Y = \beta_0 + \beta_1 X_1 + \beta_2 X_2 + \ldots + \beta_n X_n + \in$$

De acordo com a quantidade de variáveis independentes, você saberá se usará a regressão linear simples ou múltipla.

Por exemplo, a clássica correlação entre salário anual e experiência profissional, modelada por meio da regressão linear simples, poderia fornecer uma reta como a mostrada na Figura 13.1.

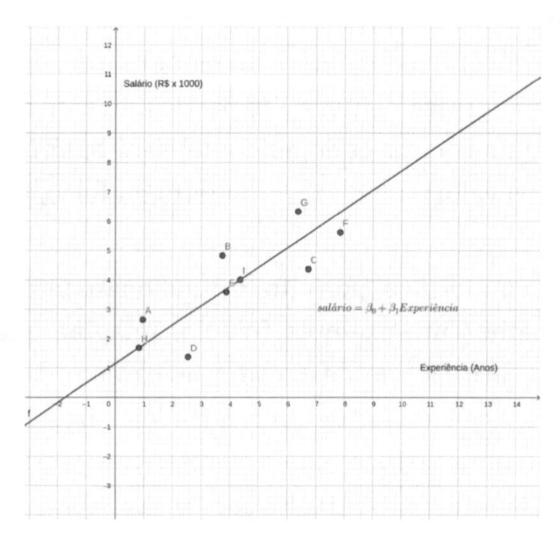


Figura 13.1 — Gráfico Salário x Experiência.

Entretanto, tal estratégia falha para o problema em estudo — suponha que a loja tivesse lhe fornecido os seguintes dados acerca de seus clientes e você levantasse a hipótese de que a compra fosse influenciada, principalmente, pela ***renda*** e ***idade*** destes:

- Tempo de conexão — tempo em minutos que o cliente passou conectado ao site da loja.
- Idade — idade do cliente em anos.

- Renda — rendimento médio das pessoas que moram na mesma região do cliente.
- Média diária de internet — quantos minutos por dia, em média, o cliente passa na internet.
- Cidade — cidade onde o cliente vive.
- Sexo — sexo do cliente: 0 – Feminino; 1 – Masculino.
- Pais — país de residência do usuário.
- Horário-clique — horário em que o cliente clicou para confirmar ou cancelar a compra de um produto.
- Comprou — indica se o cliente comprou (1) ou não (0) o produto.

Para testar sua hipótese, durante a análise exploratória dos dados, você poderia usar o código da Listagem 13.1 para montar um gráfico de dispersão (*Scatter Plot*) das variáveis independentes ***Renda*** e ***Idade***, coletadas dos clientes que efetivamente compraram o produto. O resultado pode ser visto na Figura 13.2, e não é possível visualizar nenhuma tendência clara nos dados.

```
import pandas as pd
import matplotlib.pyplot as plt

EIXO_LINHAS = 0
EIXO_COLUNAS = 1

dados = pd.read_csv('vendas.csv')
compradores = dados[dados['Comprou']==1]
compradores.drop(['Comprou'], axis=EIXO_COLUNAS)

plt.title('Compras por Idade e Renda')
plt.xlabel('Renda Anual x 1000 (R$)')
plt.ylabel('Idade (Anos)')
plt.scatter(compradores.Renda/1000, compradores.Idade, s=2)
plt.show()
```

Listagem 13.1 — Gráfico Idade x Renda (grafico_idade_renda.py).

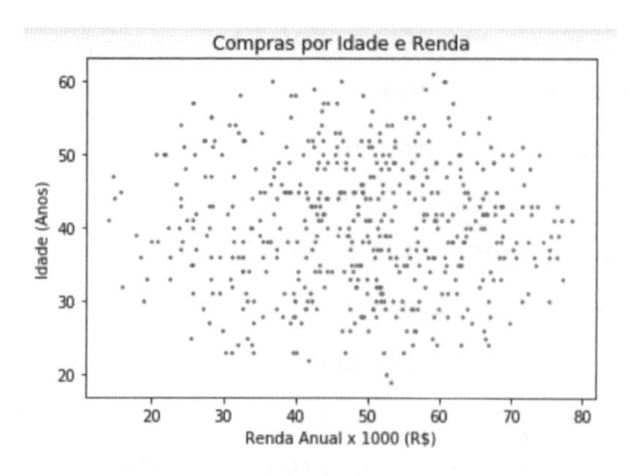


Figura 13.2 — Gráfico Renda x Idade dos compradores.

A abordagem da Regressão Logística começa por atribuir duas classes aos dados de treinamento: 1 ou 0, que podem representar sucesso/fracasso, positivo/negativo, ou quaisquer outros rótulos que se deseje usar para categorizar a amostra. Na Listagem 13.2, o código desenha um gráfico de pontos com uma variável independente no eixo X e o nosso atributo previsor, ***comprou***, no eixo Y. Ao executar esse código, você verá a Figura 13.3.

```
import pandas as pd
import matplotlib.pyplot as plt

dados = pd.read_csv('vendas.csv')
X = dados['Idade']
y = dados['Comprou']

plt.title('Compras por Idade')
plt.xlabel('Idade')
plt.ylabel('Comprou')
plt.scatter(X, y, s=2)
plt.show()
```

Listagem 13.2 — Gráfico Idade x Comprou (regressao_logistica_1.py).

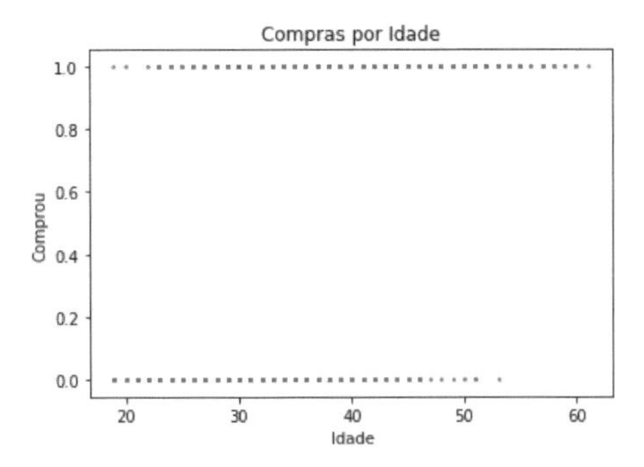


Figura 13.3 — Resultado da execução da Listagem 13.2.

Entendendo o atributo ***Comprou*** como um atributo categórico, que separa seus dados em duas classes (0 — Não comprou, 1 — Comprou), podemos visualizar no gráfico da Figura 13.3 uma certa sobreposição das idades dos compradores — tanto existem compradores com baixa idade quanto com idade maior, porém, é visível, também, que a maioria dos compradores concentra-se nas faixas etárias mais elevadas. Se tentássemos aplicar a técnica de Regressão Linear, terminaríamos com uma linha como a da Figura 13.4.

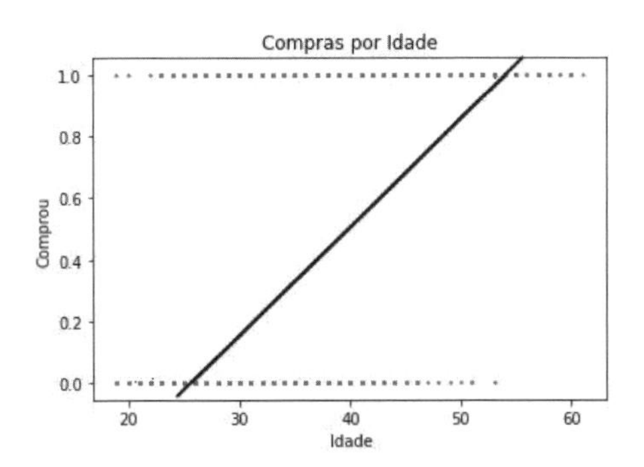


Figura 13.4 — Tentando aplicar Regressão Linear.

A ideia por trás da Regressão Logística é a de, em vez de modelar em qual classe acomodar cada elemento da amostra de dados, definir uma função que retorna a ***probabilidade*** de um dado elemento pertencer à classe 0 ou 1. Em seguida, define-se um ***ponto de corte*** — uma probabilidade acima da qual a classe do elemento será considerada 1, e, caso contrário, 0. Em geral, o valor adotado na maioria das obras é 0,5, porém, você pode ajustá-lo de acordo com as características do problema em estudo. Se utilizássemos a Regressão Linear, teríamos um problema, pois, como pode ser visualizado no gráfico da Figura 13.4, há partes da reta obtida pelo processo que "passam" dos limites Y = 1.0 e Y = 0.0, traduzindo-se em uma probabilidade maior que 100% e menor que 0%, respectivamente, o que não faz sentido. A solução para esse problema será vista na seção "Função logística", ainda neste capítulo.

Na próxima seção, aprofundaremos o entendimento da teoria que fundamenta a Regressão Logística — se você preferir, pule direto para a seção "Implementando a Regressão Logística em Python", onde explicaremos o uso do algoritmo por meio das bibliotecas estudadas até aqui (você ainda será capaz de usar todo o potencial delas, mesmo sem saber como funcionam internamente). Mas, se você, como nós, era daquelas crianças que, ao ganhar um brinquedo, tratavam logo de desmontá-lo para "descobrir como ele funcionava", continue daqui.

## Razão das chances

Para entender a teoria por trás da Regressão Logística, primeiro é necessário definir o conceito de ***razão das chances***:[3] Razão das chances é a probabilidade favorável a um determinado evento, que pode ser expressa pela fórmula:

$$\frac{p}{(1 - p)}$$

sendo $p$ a probabilidade do evento ***positivo***. O ***evento positivo***, neste caso, não tem nenhuma conotação de juízo de valor: não se trata de um evento melhor ou pior que outro, o termo apenas refere-se

3 O termo em inglês, utilizado em muitos materiais, *odds ratio*, às vezes é referido também como ***razão de possibilidades***. Adotamos nesta obra a tradução ***razão das chances*** por ser a tradução recomendada no Glossário da Associação Brasileira de Estatística.

ao evento cuja probabilidade se deseja estimar, como, por exemplo, a chance de um paciente ter determina característica genética. Por exemplo, se p = 0,75, a razão das chances será 3 para 1, pois:

$$\frac{0,75}{1 - 0,75} = \frac{0,75}{0,25} = 3$$

o que significa que existe uma chance de 3 para 1 da função de probabilidade mapear essa característica para a classe 1.

A razão das chances sempre será um número no intervalo [0, +∞(. Como esse intervalo de valores é limitado à esquerda no valor 0, mas pode crescer até o infinito positivo, é comum definir uma função *logit* (daí o nome **Regressão *Logística***), que consiste simplesmente do ***logaritmo natural*** (base e≃2,71) da razão das chances, ou seja:

$$logit(p) = ln \frac{p}{(1 - p)}$$

Essa função recebe como parâmetro uma **probabilidade** p, que está no intervalo [0;1], e a mapeia para todos os valores reais, que podem ser usados para expressar uma relação linear entre os valores das variáveis independentes e os logaritmos das probabilidades, estendendo, assim, os valores que ela pode retornar para )-∞,+∞(. Por meio de algumas manipulações algébricas,[4] a função pode ser reescrita para:

$$logit(p_i) = \beta_0 + \beta_1 X_1 + \ldots + \beta_n X_n = \sum_{i=0}^{n} \beta_i x_i$$

4 Não é nosso objetivo aqui entrar em detalhes sobre as transformações matemáticas necessárias para deduzir a fórmula da transformação da Regressão Linear para a Regressão Logística, mas se você tiver curiosidade, pode encontrar o passo a passo no endereço <https://towardsdatascience.com/from-linear-to-logistic-regression--explained-step-by-step-11d7f0a9c29> (em inglês).

Onde:

- $p_i$ representa a probabilidade do evento.
- $X_1,... X_n$ são as variáveis ***independentes*** de seu modelo.
- $\beta_0, \beta_1,...\beta_n$ são os coeficientes do modelo.

Daí, p(y=15|x) é a ***probabilidade condicional*** de que uma amostra pertença à classe 15, dadas as características expressas por uma variável independente X. Ou, dito de outra maneira, p(y=15|x) é a probabilidade de que a variável ***dependente*** y tenha o valor 15, dados os valores das variáveis ***independentes*** $X_i$.

## A função sigmoide (ou função logística)

Lembre-se de que a função *logit* ***mapeia probabilidades para valores reais***. Na maioria das vezes, é desejável fazer o contrário, ou seja, ***dado o valor de uma amostra***, busca-se obter a ***probabilidade de que esse valor pertença a uma dada classe***. Para tal, utiliza-se a inversa da função logit(p).

A função inversa da *logit* é denominada ***sigmoide***, cujo nome vem do formato do seu gráfico, semelhante a uma letra "S" (o "equivalente" ao S no alfabeto grego seria a letra sigma, daí, o termo ***sigmoide***). Em alguns materiais, você encontrará também essa função com o nome de ***função logística***. Passaremos a demonstrar sua dedução:

Comecemos com a fórmula da ***função logit***:

$$logit(p(Y=1|X) = ln \frac{p}{(1-p)}$$

Tomemos a fórmula da regressão linear:

$$y = \beta_0 + \beta_1 X_1 + ... + \beta_n X_n = \text{(Equação 13.1)}$$

e calculemos a ***inversa da função logit***:

$$logit^{-1}(p\ (Y=1|X) = \frac{1}{1+e-y} \text{ (Equação 13.2)}$$

A qual denominamos ***função sigmoide***:

$$sigmoide\ (y) = \frac{1}{1 + e^{-y}} \quad (Equação\ 13.3)$$

Em alguns problemas, é conveniente usar a expansão de y (Equação 13.1), substituindo a variável na Equação 13.3:

$$sigmoide\ (y) = \frac{1}{1 + e^{-(\beta_0 + \beta_1 X_1 + ... + \beta_n X_n)}} \quad (Equação\ 13.4)$$

Concluindo, ***logit(p)*** mapeia uma probabilidade entre 0 e 1 em um espaço de números reais, enquanto que a função ***sigmoide*** mapeia valores reais em probabilidades no intervalo [0,1].

A Listagem 13.3 desenha o gráfico de uma função sigmoide na tela. A Figura 13.5 mostra o resultado de sua execução. Nela, utilizamos uma variável **z**, cujo valor varia de -6 a 6 (não a chamamos de *y*, para não confundi-la com o parâmetro homônimo de ***axhline()***) e calculamos o valor de Φ(z), outra notação comum para a função Logística.

```
import matplotlib.pyplot as plt
import numpy as np

def sigmoide(z):
    resultado = 1.0 / (1.0 + np.exp(-z))
    return resultado

z = np.arange(-6, 6, 0.1)
fi_z = sigmoide(z)
plt.plot(z, fi_z)                          # Desenha a curva sigmóide
plt.axvline(0.0, color='k')                 # Eixo Vertical (Y)
plt.axhline(y=0.5, color='k')                # Eixo Horizontal (X)
plt.axhline(y=0.0, color='k', ls='dotted') # Linha tracejada
plt.axhline(y=1.0, color='k', ls='dotted') # Linha tracejada
plt.yticks([0.0, 0.5, 1.0])                # Marcadores no eixo Y
```

```
plt.xlabel('z')                    # Legenda do eixo das abscissas (X)
""" Legenda do eixo das ordenadas (Y) - Usando a sintaxe do TeX
para imprimir a letra grega Fi """
plt.ylabel('$\phi (z)$')
plt.show()
```

Listagem 13.3 — Desenhando uma sigmoide (sigmoide.py).

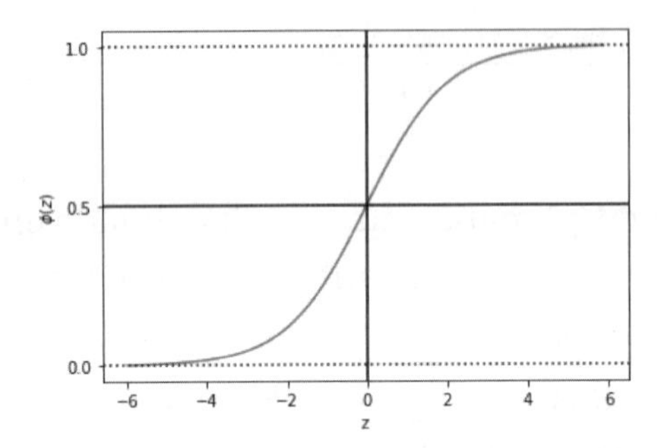


Figura 13.5 — Gráfico da função sigmoide.

Observe o formato do gráfico da sigmoide na Figura 13.5: ele nunca ultrapassa os limites Y = 0 e Y = 1, o que atende perfeitamente às necessidades de uma função de probabilidade (dito de modo mais matemático, o ***conjunto imagem*** da função sigmoide são os números reais no intervalo [0, 1] ), o que resolve o problema da regressão que tentamos utilizar na Figura 13.4.

Uma propriedade importante da sigmóide é que, a partir da função, é possível determinar a probabilidade de um elemento pertencer a uma dada classe, conforme a equação 17.2. Partindo desse pressuposto, o modelo de Regressão Logística considera que, se a probabilidade for superior a um determinado limiar (específico do problema, mas, em geral, assumido como 0,5 = 50%), o elemento será considerado como pertencente à classe 1; em caso contrário, considera-se o elemento como pertencente à classe 0. Uma consequência disso é que a interpretação gráfica da probabilidade obtida dessa maneira é bastante simplificada: se traçarmos uma reta horizontal, passando pelo ponto da curva correspondente à probabilidade calculada, caso a reta intercepte o eixo y até a abscissa $\Phi(z) = 0.5$, considera-se que a resposta à questão da regressão é ***negativa***; caso contrário, considera-se a resposta ***positiva***.

| | |
|---|---|
| **Importante** | O algoritmo de Regressão Logística assume que seus dados estejam normalmente distribuídos, ao menos aproximadamente. Na fase de exploração do problema, você pode usar testes de hipótese para conferir se seus dados seguem algum tipo de distribuição conhecida. Faremos isso ainda neste capítulo |

## Implementando a Regressão Logística em Python

Após a apresentação das fórmulas da Regressão Logística, você pode estar um pouco assustado(a). Não se preocupe. Você raramente precisará de tais fórmulas — afinal, é para isso que existem as bibliotecas de funções. Precisávamos mostrar a fundamentação teórica por trás delas para que você entendesse como elas chegam aos seus resultados, mas, dito isso, na quase totalidade dos problemas em que você aplicará a Regressão Logística, o computador executará todos os cálculos — sua tarefa será ***modelar corretamente o problema*** para que o algoritmo encontre o melhor resultado possível.

## Descrição do *dataset*

Mostraremos a implementação com um exemplo prático: um modelo para detectar se pacientes têm diabetes ou não, treinando o algoritmo a partir da conhecida base de dados de incidência de diabetes entre os ***índios pima***. Todas as informações da base foram colhidas a partir de dados médicos de mulheres, maiores de 21 anos, com ascendência entre o citado grupo indígena. Essa base foi criada, em sua origem, pelo National Institute of Diabetes and Digestive and Kidney Diseases, um dos institutos nacionais de saúde dos Estados Unidos, e utilizada em uma das competições de Machine Learning do conhecido site Kaggle. O objetivo do restante deste capítulo é criar um modelo que possa prever se um determinado paciente está com diabetes, com base em alguns parâmetros de diagnóstico.

No *dataset* que usaremos, existem oito atributos previsores e apenas uma variável alvo, a que chamaremos de ***Classe***, a última de cada linha do arquivo. As demais são descritas a seguir, na ordem em que aparecem em cada linha de dados:

- ***#Gravidezes*** — número de vezes em que a pessoa engravidou.
- ***Glicose*** — concentração de glicose no sangue com jejum de duas horas.
- ***PD*** — pressão sanguínea diastólica (popularmente conhecida como pressão "mínima", medida em mm Hg).
- ***DobraTriceps*** — espessura da dobra da pele do tríceps em mm.
- ***Insulina*** — concentração de insulina sérica.
- ***IMC*** — Índice de Massa Corporal (medida obtida dividindo-se o peso da paciente pela sua altura ao quadrado).
- ***DiabetesPedigreeFunction*** — função que estima a tendência genética para diabetes.
- ***Idade*** — idade da paciente em anos.
- ***Classe*** — variável ***alvo***. Contém o se a paciente ***não*** tem diabetes e 1 em caso contrário.

Para facilitar seu estudo, existe uma cópia do *dataset* na pasta do código-fonte do livro, em /código/cap_17/diabetes.csv.[5]

| | |
|---|---|
| **Importante** | Para facilitar sua compreensão, atribuímos nomes em português aos atributos da base. Se você consultar os dados originais, verá que esses rótulos estão em inglês. |

5 Caso você queira consultar a base original, os dados podem ser obtidos no endereço <https://www.kaggle.com/uciml/pima-indians-diabetes-database>.

## Carga das Bibliotecas e dos Dados

Como de costume, iniciaremos carregando as bibliotecas necessárias e os dados do problema, que estão em um arquivo de formato .csv. Observe a Listagem 13.4.

```
1. #Importação das bibliotecas:
2. import pandas as pd
3. import numpy as np
4. import matplotlib.pyplot as plt
5. # Importação dos dados:
6. df = pd.read_csv("diabetes.csv", names=['#Gravidezes', 'Glicose',\
7.                'PD', 'DobraTriceps', 'Insulina', 'IMC',\
8.                'DiabetesPedigreeFunction', 'Idade', 'Classe'])
```

Listagem 13.4 — Importação das bibliotecas e dos dados (regressao_logistica_diabetes1.py)

Como de costume, as bibliotecas necessárias são carregadas logo no início da listagem, nas linhas de 2 a 4. Para este exemplo, utilizaremos nossas "velhas conhecidas", Pandas, para a manipulação de dados e Numpy, para simplificar as operações matemáticas; além do módulo PyPlot, da MatPlotLib, para a criação de gráficos.

Nas linhas de 6 a 8, o arquivo ***diabetes.csv***, contendo os dados do problema, são lidos e armazenados na variável ***df***. Se você inspecionar seu tipo, verá que a variável contém um objeto ***DataFrame*** do Pandas. Na mesma chamada da função ***read_csv()***, atribuímos nomes mais legíveis aos atributos dos dados retornados, para facilitar nosso trabalho. Isso é feito passando-se um objeto do tipo ***List*** de Python, contendo uma lista de strings, correspondentes aos nomes que serão dados aos atributos. A Figura 13.6 mostra o conteúdo da variável df no *Variable explorer* do Spyder.

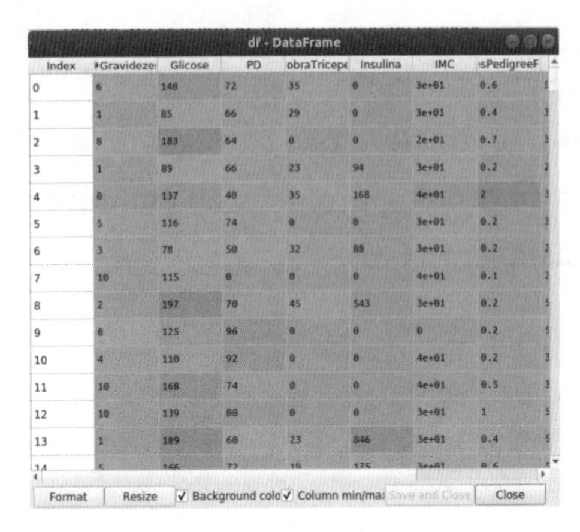


Figura 13.6 — Conteúdo da variável *df* no *Variable Explorer*.

## Análise exploratória de dados

Nesta seção, adotaremos uma abordagem diferente: primeiro, da maneira "tradicional", usando os recursos das bibliotecas vistas até aqui; em seguida, com o *plugin* Pandas Profiling, que foi abordado no Capítulo 8, na seção "Usando o Pandas Profiling para a análise exploratória de dados".

Para começar, vamos "dar uma olhada" em nossos dados. Após executar o código da Listagem 13.4, vá até IPython Console no Spyder e digite:

```
df.head()
```

Esse comando exibirá, por padrão, as cinco primeiras linhas do *DataSet* ***df***, como mostra a Figura 13.7.

```
In [5]: df.head()
Out[5]:
   #Gravidezes  Glicose  PD  ...  DiabetesPedigreeFunction  Idade  Classe
0            6      148  72  ...                     0.627     50       1
1            1       85  66  ...                     0.351     31       0
2            8      183  64  ...                     0.672     32       1
3            1       89  66  ...                     0.167     21       0
4            0      137  40  ...                     2.288     33       1

[5 rows x 9 columns]
```

Figura 13.7 — Resultado da execução de *df.head()*.

## Verificando a existência de valores nulos

Aqui, usaremos a técnica descrita no quadro "Dica" da seção "Localizando valores nulos", no Capítulo 7:

```
df.isnull().values.any()
```

```
In [15]: df.isnull().values.any()
Out[15]: False
```

Figura 13.8 — Procurando por valores nulos.

O resultado, *False*, implica que ***não há valores nulos*** no *dataset*.

## Conferindo estatísticas descritivas

Para obtermos um panorama mais completo do *dataset*, vamos conferir suas estatísticas. Antes, precisamos realizar um ajuste para que a biblioteca Pandas exiba todos os dados, pois, por padrão, não são mostradas colunas suficientes. Simplesmente digite o comando:

```
pd.set_option('display.max_columns', 10)
```

e, em seguida:

```
df.describe()
```

As estatísticas serão exibidas conforme mostra a Figura 13.9.

```
In [15]: pd.set_option('display.max_columns', 10)

In [16]: df.describe()
Out[16]:
       #Gravidezes     Glicose          PD  DobraTricepes    Insulina  \
count   768.000000  768.000000  768.000000     768.000000  768.000000
mean      3.845052  120.894531   69.105469      20.536458   79.799479
std       3.369578   31.972618   19.355807      15.952218  115.244002
min       0.000000    0.000000    0.000000       0.000000    0.000000
25%       1.000000   99.000000   62.000000       0.000000    0.000000
50%       3.000000  117.000000   72.000000      23.000000   30.500000
75%       6.000000  140.250000   80.000000      32.000000  127.250000
max      17.000000  199.000000  122.000000      99.000000  846.000000

              IMC  DiabetesPedigreeFunction       Idade      Classe
count  768.000000                768.000000  768.000000  768.000000
mean    31.992578                  0.471876   33.240885    0.348958
std      7.884160                  0.331329   11.760232    0.476951
min      0.000000                  0.078000   21.000000    0.000000
25%     27.300000                  0.243750   24.000000    0.000000
50%     32.000000                  0.372500   29.000000    0.000000
75%     36.600000                  0.626250   41.000000    1.000000
max     67.100000                  2.420000   81.000000    1.000000
```

Figura 13.9 — Conferindo as estatísticas descritivas do *dataset*.

Observe que os valores mínimos de diversas variáveis são zero. Como é sabido que valores como concentração de glicose, pressão diastólica, espessura da dobra do tríceps, IMC e insulina ***NÃO*** podem conter o valor zero, possivelmente esses dados estavam ausentes na informação original e foram erroneamente codificados com zeros. Precisamos realizar algum tratamento para essas variáveis. Para começar, altere o código da Listagem 13.4 para identificar quantos valores zero estão presentes nesses atributos, deixando-o como na Listagem 13.5.

```
import pandas as pd
import numpy as np
import matplotlib.pyplot as plt
from pandas_profiling import ProfileReport

# Importação dos dados:
df = pd.read_csv("diabetes.csv", names=['#Gravidezes', 'Glicose', \
                    'PD', 'DobraTriceps', 'Insulina',\
                    'IMC', 'DiabetesPedigreeFunction',\
                    'Idade', 'Classe'])
print('Estatísticas Descritivas:')
print(df.describe())
print('\nContando os zeros na amostra:\n')
print(f'Número de gravidezes: {(df["#Gravidezes"]==0).sum()}')
print(f'Glicose: {(df["Glicose"]==0).sum()}')
print(f'Pressão diastólica: {(df["PD"]==0).sum()}')
print(f'Espessura da dobra do tríceps:{(df["DobraTriceps"]==0).
sum()}')
print(f'Insulina: {(df["Insulina"]==0).sum()}')
print(f'IMC: {(df["IMC"]==0).sum()}')
print(f'Idade: {(df["Idade"]==0).sum()}')
```

Listagem 13.5 — Continuando a exploração dos dados (regressao_logistica_diabetes2.py).

A parte relevante do resultado da execução desse código pode ser vista na Figura 13.10.

```
Contando os zeros na amostra:

Número de gravidezes: 111
Glicose: 5
Pressão diastólica: 35
Espessura da dobra do tríceps: 227
Insulina: 374
IMC: 11
Idade: 0
```

Figura 13.10 — Contando dados não preenchidos.

Perceba que, ***à exceção*** de ***Idade*** e ***Número de gravidezes***, ***NENHUM OUTRO ATRIBUTO deve ter valor zero***. Essa parte da análise é importante para evitar que dados espúrios sejam fornecidos aos algoritmos.

A depender das características do problema em estudo e do julgamento do analista (nesse momento, o apoio de um especialista no domínio de negócios do cliente é ***importantíssimo***), você pode eliminar os registros problemáticos ou tentar atribuir valores coerentes aos dados ausentes. No caso presente, removeremos os registros com valores zero para esses atributos. Faremos isso com o "truque" mostrado no quadro "Dica" da seção "Excluindo informações" no Capítulo 8.

```
import pandas as pd
df = pd.read_csv("diabetes.csv", names=['#Gravidezes', 'Glicose',\
                       'PD', 'DobraTriceps', 'Insulina',\
                       'IMC', 'DiabetesPedigreeFunction',\
                       'Idade', 'Classe'])
print(f'Linhas antes da exclusão: {len(df)}')
excluir_glicose_0 = df.index[df.Glicose == 0].tolist()
excluir_pd_0 = df.index[df['PD'] == 0].tolist() # Selecionando de
outra
                          # forma
excluir_triceps_0 = df.index[df.DobraTriceps == 0].tolist()
excluir_insulina_0 = df.index[df.Insulina == 0].tolist()
excluir_imc_0 = df.index[df.IMC == 0].tolist()
```

```
temp = excluir_glicose_0
temp += excluir_pd_0
temp += excluir_triceps_0
temp += excluir_insulina_0
temp += excluir_imc_0
df = df.drop(df.index[temp])
print(f'Linhas após a exclusão: {len(df)}')
```

Listagem 13.6 — Excluindo registros com dados espúrios (excluindo_dados_incorretos.py).

A execução desse código exibirá:

```
Linhas antes da exclusão: 768
Linhas após a exclusão: 392
```

Ou seja, quase a metade dos dados do arquivo serão excluídos, porém, os que restaram estão sem incoerências como as que detectamos. Na realidade, ***não perdemos completamente*** esses registros, pois eles serão usados mais adiante para testar nosso modelo.

É interessante verificar, ainda, quantos registros em nosso *dataset* estão atribuídos a cada classe, ou seja, quantas mulheres ***têm*** e quantas ***não têm*** diabetes no conjunto de dados.

Para isso, altere o código da Listagem 13.6 para que fique como na Listagem 13.7. As linhas acrescentadas foram destacadas em ***negrito***.

| **Importante** | A partir deste ponto, as listagens serão *cumulativas*, ou seja, para executar o código de uma listagem, você *deverá antes executar a anterior*, do contrário, poderá haver resultados inesperados. |
|---|---|

```
import pandas as pd
df = pd.read_csv("diabetes.csv", names=['#Gravidezes', 'Glicose',\
                 'PD', 'DobraTriceps', 'Insulina',\
                 'IMC', 'DiabetesPedigreeFunction',\
                 'Idade', 'Classe'])
print(f'Linhas antes da exclusão: {len(df)}')
```

```
excluir_glicose_0 = df.index[df.Glicose == 0].tolist()
excluir_pd_0 = df.index[df['PD'] == 0].tolist() # Selecionando de
outra forma
excluir_triceps_0 = df.index[df.DobraTriceps == 0].tolist()
excluir_insulina_0 = df.index[df.Insulina == 0].tolist()
excluir_imc_0 = df.index[df.IMC == 0].tolist()
temp = excluir_glicose_0
temp += excluir_pd_0
temp += excluir_triceps_0
temp += excluir_insulina_0
temp += excluir_imc_0
df = df.drop(df.index[temp])
classe_0 = len(df[df['Classe'] == 0])
classe_1 = len(df[df['Classe'] == 1])
print(f'Linhas após a exclusão: {len(df)}')
print(f'Pessoas COM diabetes na amostra: {classe_0} ({(classe_0 *
100 / (classe_0 + classe_1)):.2f}%)')
print(f'Pessoas SEM diabetes na amostra: {classe_1} ({(classe_1 *
100 / (classe_0 + classe_1)):.2f}%)')
df.to_csv('diabetes_preprocessado.csv', header=False)
```

**Listagem 13.7 — Continuando na preparação dos dados (preparacao.py).**

```
Linhas antes da exclusão: 768
Linhas após a exclusão: 392
Pessoas COM diabetes na amostra: 262 (66.84%)
Pessoas SEM diabetes na amostra: 130 (33.16%)
```

Figura 13.11 — Resultado da execução da Listagem 13.7.

| **Importante** | Daqui até o final do capítulo, o arquivo diabetes_preprocessado.csv será utilizado na carga dos dados, no lugar de diabetes.csv, evitando a influência de dados não tratados. |
|---|---|

## Analisando as variáveis aleatórias por meio de gráficos

Uma técnica bastante empregada na fase da análise exploratória dos dados é gerar gráficos das informações obtidas para avaliar as relações entre as variáveis.

A primeira coisa que verificaremos é a ***distribuição de frequência*** de nossa variável alvo, Classe, ou, dito de maneira mais simples, quantas pessoas ***têm*** e quantas ***não têm*** diabetes na amostra. Para isso, usaremos o código da Listagem 13.8. O resultado da execução pode ser visto na Figura 13.12.

```
import matplotlib.pyplot as plt
import pandas as pd

df = pd.read_csv("diabetes_preprocessado.csv",
names=['#Gravidezes',
                        'Glicose', 'PD', \
                        'DobraTriceps', 'Insulina', 'IMC',\
                        'DiabetesPedigreeFunction','Idade',\
                        'Classe'])
df_classe = pd.DataFrame({
   'classe':['Sem Diabetes', 'Com Diabetes'],
   'quantidade':[len(df[df['Classe'] == 0]),
            len(df[df['Classe'] == 1])]
})
df_classe.plot(kind='bar', x='classe', y='quantidade')
```

Listagem 13.8 — Gráfico de barras da variável Classe (grafico_barras_classe.py).

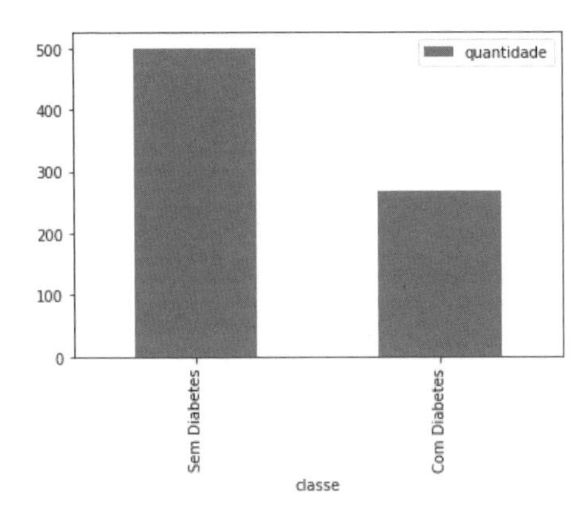


Figura 13.12 — Gráfico de barras da variável Classe.

Na Listagem 13.9, apresentamos um código que gera, para cada variável ***independente*** de nossa amostra, três gráficos em uma mesma linha:

- Um ***histograma***, mostrando a distribuição de frequência da variável.
- Histograma ***por classe*** (classe 0, sem diabetes; classe 1, com diabetes).
- Gráfico de caixa (*boxplot*), também agrupado por classe.

```
1. import matplotlib.pyplot as plt
2. import pandas as pd
3. import seaborn as sns
4.
5. df = pd.read_csv("diabetes_preprocessado.csv", names=['#Gravidezes', 'Glicose',\
6.                  'PD', 'DobraTriceps', \
7.                  'Insulina', 'IMC',\
8.                  'DPF',\
9.                  'Idade', 'Classe'])
10.com_diabetes = df[df.Classe==1]
11.sem_diabetes = df[df.Classe==0]
```

```
12.
13.for variavel in df.columns:
14.   if variavel != 'Classe':
15.      # Histograma da variável:
16.         plt.figure(figsize=(10, 3))
17.      plt.subplot(1,3,1)
18.      plt.title('Histograma - ' + variavel +\
19.               ' (Toda a amostra)')
20.         sns.distplot(df[variavel],kde=False)
21.      plt.subplot(1,3,2)
22.      # Histograma por classe:
23.      sns.distplot(sem_diabetes[variavel],kde=False, \
24.         color="Blue", label=variavel + " sem Diabetes")
25.      sns.distplot(com_diabetes[variavel],kde=False, \
26.      color="Red", label=variavel + " com Diabetes")
27.      plt.title("Histograma para " + variavel + " por Classe")
28.      plt.legend(['Sem Diabetes', 'Com Diabetes'])
29.      # Boxplot por classe:
30.      plt.subplot(1,3,3)
31.      sns.boxplot(x=df.Classe,y=df[variavel])
32.      sns.boxplot(x=df.Classe,y=df[variavel])
33.      plt.title("Boxplot para " + variavel + " por Classe")
34.      plt.tight_layout(w_pad=10.0)
```

Listagem 13.9 — Gráficos para a análise exploratória (analise_exploratoria.py).

Usaremos o código da Listagem 13.9 com cada variável do *dataset* — analisaremos seu histograma para compreender como os dados estão distribuídos e rastrear visualmente sua associação com a variável dependente, ***Classe***.

Nas linhas de 1 a 3, importamos as bibliotecas que serão utilizadas, como de costume. A única novidade aqui é a biblioteca SeaBorn. Trata-se de mais uma biblioteca gráfica, construída no topo da MatplotLib, cuja utilidade é prover funções de alto nível para a criação de gráficos estatísticos de forma facilitada. Como ela será pouquíssimo usada no livro, decidimos não escrever um capítulo a seu respeito — apenas explicaremos as chamadas a ela, quando necessário.

Nas linhas de 5 a 9, o arquivo diabetes_preprocessado.csv é carregado para a variável ***df***, do tipo DataFrame, como de costume. Perceba que abreviamos a variável ***DiabetesPedigreeFunction*** como ***DPF***, para economizar espaço no gráfico com esse título. Se você deixar o nome original, precisará fazer ajustes no espaçamento dos gráficos. De qualquer maneira, explicaremos como fazer isso na descrição da linha 34 desse código.

Nas linhas 10 e 11, criamos mais duas variáveis, ***com_diabetes*** e ***sem_diabetes***, que apontam, respectivamente, para as linhas do *dataset* para as quais o atributo ***Classe*** contém 1 e 0, respectivamente, o que indica se aquele registro pertence a alguém com ou sem a doença.

Na linha 13, iniciamos um loop for, varrendo todos os elementos da coleção columns do dataset, ou seja, percorremos todas as nossas variáveis. A cada item carregado, o nome da coluna é armazenado na variável ***variavel***. A cada iteração:

O *if* da linha 14 verifica se a variável atual é diferente de *Classe*, pois não há como comparar essa variável com ela mesma.

Na linha 16, fizemos uma chamada a plt.figure(), passando o parâmetro figsize=(20, 6) para definir que as figuras geradas pelo módulo *PyPlot* deverão ter as dimensões de 20 por 6 polegadas, cujo tamanho real na sua tela dependerá da resolução do monitor.

Na linha 17, declaramos um ***subplot***, ou seja, um trecho da imagem, com uma linha e três colunas, e atribuímos-lhe o índice 1, para referências.

Na linha 18, o título do subgráfico criado na linha anterior é definido como Histograma *nome da variável sendo iterada* atualmente (toda a amostra). Sendo, obviamente, *nome da variável sendo iterada* o nome da variável sendo visitada naquela passagem específica da iteração.

Na linha 19, o código sns.distplot(df[variavel],kde=False) cria um ***histograma*** com o valor obtido do atributo do DataFrame *df*, apontado pela variável *variavel*. O parâmetro kde=False faz com que não seja impressa sobre o gráfico uma curva KDE (*Kernel Density Estimation*), que não é interessante para nossos propósitos.

Na linha 20, especificamos o início de um novo *subplot*, para começarmos um novo gráfico, e nas linhas de 22 a 25, usamos a mesma técnica do outro gráfico para sobrepor dois histogramas: um da variável para a classe com diabetes e outro para a classe sem diabetes.

A linha 26 simplesmente coloca um título no gráfico, e a linha 27 define as legendas para as duas classes utilizadas no histograma.

As linhas de 29 a 32 criam um *boxplot* (gráfico de caixa) para a variável atualmente iterada. Essa representação compacta consegue embutir várias informações em um mesmo gráfico:

- A caixa se divide em duas por uma linha central. A posição dessa linha marca a ***mediana*** dos dados, ou seja, o valor que divide a amostra igualmente.
- O topo e o fundo da caixa marcam, respectivamente, o terceiro e o primeiro quartis — os valores que dividem a amostra em partes iguais a 25%, ou seja, um quarto.
- Os "bigodes de gato" (linhas que se projetam verticalmente dos quadros) denotam os valores máximo e mínimo e, por padrão, eles se estendem até 1,5 vez a ***amplitude interquartil***.[6]
- Os pontos que excedem a *amplitude interquartil* para mais ou para menos, quando existem, são considerados ***outliers*** e mostrados como pequenos círculos, acima ou abaixo do *boxplot*.

Na linha 34, realizamos uma chamada ao método *tight_layout()* do módulo ***PyPlot*** da biblioteca ***MatPlotLib***. Esse método permite ajustar o espaçamento entre subgráficos e em torno desses. O parâmetro

6 ***Amplitude interquartil*** é uma medida estatística que corresponde à diferença entre o primeiro e o terceiro quartil, ou seja, os valores que dividem, respectivamente, a amostra em ¼ (25%) e ¾ (75%).

*w_pad* corresponde ao espaço em frações do tamanho da fonte de texto padrão. Fizemos essa chamada para evitar que os títulos dos gráficos ficassem sobrepostos. Experimente comentar essa linha e rodar o código. Você verá que os títulos ficarão "misturados".

A Figura 13.13 mostra os três primeiros gráficos produzidos como saída da Listagem 13.9.

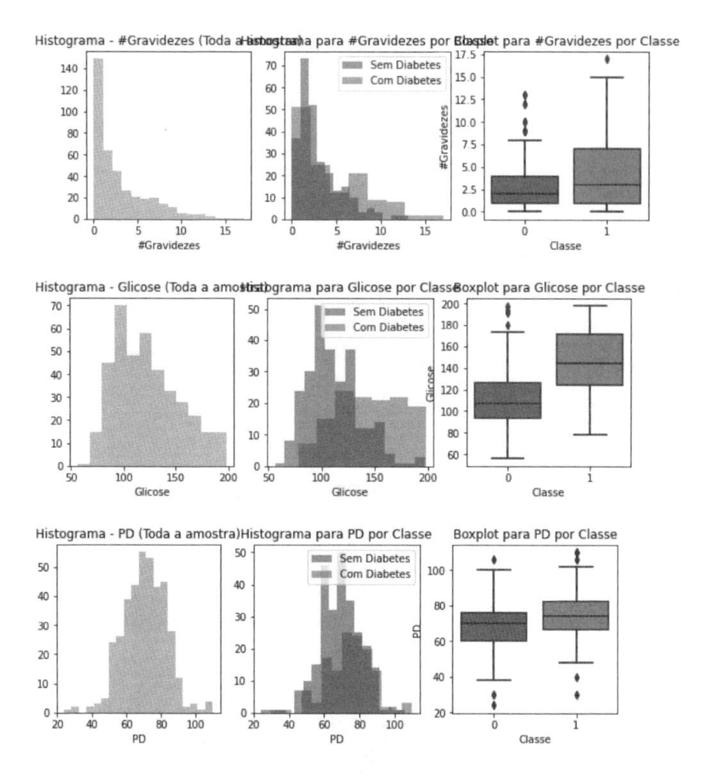


Figura 13.13 — Gráficos estatísticos para as variáveis #Gravidezes, Glicose e PD.

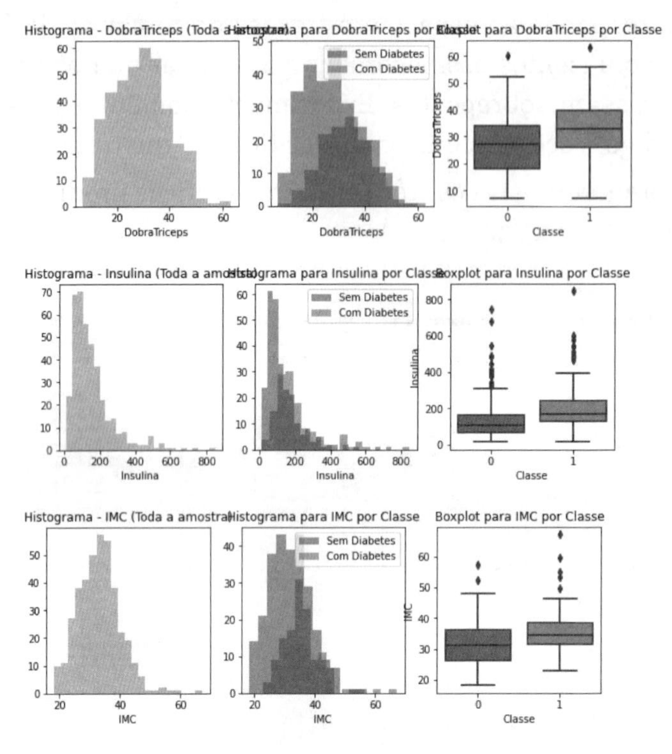


Figura 13.14 — Gráficos estatísticos para as variáveis DobraTriceps, Insulina e IMC.

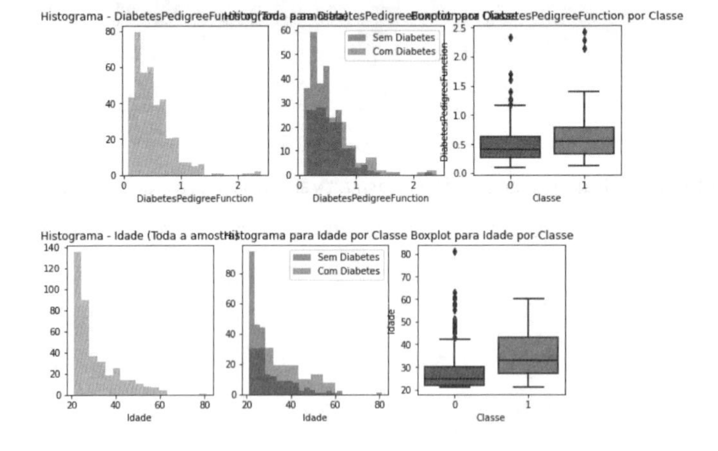


Figura 13.15 — Gráficos estatísticos para as variáveis DPF e Idade.

Passamos agora a comentar as informações mostradas nesses gráficos.

## #Gravidezes

Essa variável tem uma distribuição enviesada, com cauda à direita. Isso é esperado, pois é rara a ocorrência de uma mulher com mais de dez gravidezes. Em particular, nesta amostra, a grande maioria não teve ainda nenhuma gestação.

Queremos investigar se mulheres que tiveram muitas gestações têm, também, muitos casos de diabetes. Para tal, observamos o *boxplot* da Figura 13.13: em princípio, o gráfico não nos permite suspeitar de nenhuma correlação — observe as linhas que indicam ***outliers*** para a classe 0 (Não diabética), um indício de que mulheres com muitas gravidezes não necessariamente desenvolvem diabetes.

## Glicose

Observando o histograma da distribuição de frequência dessa variável aleatória, na Figura 13.13, podemos perceber que ela é enviesada, também com cauda à direita, como o número de gravidezes. Como é possível observar na Figura 13.12, um percentual significativo das pessoas na amostra têm diabetes (Classe=1) — se você fizer os cálculos sobre os dados, encontrará aproximadamente 40% de pessoas nessa classe, logo, é esperado um nível elevado de glicose entre esses pacientes. As estatísticas descritivas mostradas anteriormente, na Figura 13.9, revelam uma média (*mean*) para essa variável na amostra de 120.89. Na Figura 13.13, quando comparamos a concentração média de glicose no sangue de diabéticos e não diabéticos, podemos perceber que essa é maior entre os ***diabéticos***, como seria de se esperar.

O viés exibido no terceiro gráfico também seria esperado, pela mesma razão.

## PD

A Pressão Diastólica (PD), cujos gráficos são mostrados também na Figura 13.13, aparenta estar ***normalmente distribuída***.[7] A média dessa variável, ainda conforme a Figura 13.9, é de, aproximadamente, 7.0 mmHg, mas, o valor normal esperado seria 8.0 mmHg (a "mínima" da "famosa *pressão 12 x 8*").

Quando observamos no gráfico a comparação entre pacientes com e sem diabetes, percebemos que os primeiros têm valores de pressão maiores que aqueles encontrados nos pacientes sem diabetes.

## DobraTriceps

O gráfico da Figura 13.14 mostra que esta variável aparenta uma pequena cauda à direita, e na comparação entre diabéticos e não diabéticos, é possível supor que as mulheres que são diabéticas têm, nesta amostra, uma dobra do tríceps menos espessa, embora essa informação precisasse de um teste de hipótese para ser confirmada.

Também é possível visualizar que os valores para a variável atual parecem estar normalmente distribuídos para a classe 1 (***com*** diabetes).

## Insulina

O gráfico da insulina tem "picos" muito elevados nos histogramas, bem como valores muito acima da média, vistos nos *boxplots*. Isso indica a presença de ***outliers***. No gráfico que compara essa variável entre as classes, podemos ver que valores elevados de insulina parecem corresponder a pessoas da classe 1 (com diabetes).

## IMC

Há poucos ***outliers***, que correspondem, provavelmente, àquelas pessoas morbidamente obesas; estas são minoria, como pode ser

---

7 Faremos, ainda neste capítulo, um ***teste de hipótese*** para confirmar ou negar essa suspeita.

depreendido do primeiro e do terceiro gráfico dessa variável. Já no gráfico que compara as duas classes, parece não haver pessoas não diabéticas entre os com maior IMC, o que pode sugerir uma correlação entre valores altos de IMC e prevalência de diabetes.

## DPF (*DiabetesPedigreeFunction*)

Essa variável tenta avaliar a influência genética na ocorrência ou não de diabetes. O boxplot dá uma pista de que as diabéticas têm um valor levemente maior para essa variável que as não diabéticas na amostra.

## Idade

O histograma mostra claramente que nossos dados não estão normalmente distribuídos no que tange à variável aleatória ***idade***. A amostra é, em sua maioria, composta por mulheres com idades entre 20 e 40 anos. O gráfico que compara idade e classe sugere que mulheres mais idosas têm maior propensão ao diabetes. Essa afirmação necessita de comprovação estatística. Por outro lado, a amostra parece sugerir que a diabetes não influencie na longevidade das mulheres. Normalmente, essa suposição precisaria ser testada para confirmação ou negação.

## Avaliando possíveis correlações

Usaremos duas ferramentas para avaliar as correlações entre variáveis no nosso *dataset*: uma ***Matriz de Correlação*** e uma ***Matriz de Diagramas de Dispersão***,[8] que foram abordadas no Capítulo 10. As Listagens 13.10 e 13.11 trazem o código para gerá-las, e as Figuras 13.16 e 13.17 mostram o resultado de suas execuções.

```
1. # Correction Matrix Plot
2. import matplotlib.pyplot as plt
3. import pandas as pd
```

8 Também referida, em alguns materiais, como ***Scatter Plot Matrix***.

```
4. import numpy as np
5.
6. atributos = ['#Gravidezes', 'Glicose', 'PD', 'DobraTriceps',\
7.             'Insulina','IMC', 'DiabetesPedigreeFunction',\
8.             'Idade', 'Classe']
9. df          =          pd.read_csv("diabetes_preprocessado.csv",
   names=atributos)
10.matriz = df.corr()
11.# plot correlation matrix
12.grafico = plt.figure()
13.subgrafico = grafico.add_subplot(111)
14.cax = subgrafico.matshow(matriz, vmin=-1, vmax=1)
15.grafico.colorbar(cax)
16.ticks = np.arange(0,9,1)
17.subgrafico.set_xticks(ticks)
18.subgrafico.set_yticks(ticks)
19.titulos_abreviados = ['grav', 'glic', 'PD', 'tric', 'ins', \
20.                      'IMC', 'DPF', 'Idad', 'Clas']
21.subgrafico.set_xticklabels(titulos_abreviados)
22.subgrafico.set_yticklabels(titulos_abreviados)
23.plt.show()
```

Listagem 13.10 — Matriz de correlação para o dataset (matriz_correlacao.py).

Não há nenhuma grande novidade na Listagem 13.10. Apenas algumas observações:

- Na linha 10, é criada a matriz de correlação a partir dos dados apontados pelo ***DataFrame***.
- Na linha 14, estabelecemos uma escala de -1 a 1 para os valores da matriz de correlação.
- Na linha 15, criamos uma *colorbar*, que exibe uma barra ao lado do gráfico com a escala de valores, graduada por uma

coloração. Em nosso exemplo, essa escala vai de -1 a 1, como estabelecido na linha anterior.

- As linhas de 16 a 18 simplesmente adicionam pequenos traços (*ticks*) à figura para auxiliar na identificação dos valores.
- Na linha 19, criamos uma lista com títulos abreviados para os atributos do dataset, evitando, assim, que eles fiquem sobrepostos na figura.

```
1. import pandas as pd
2. from pandas.plotting import scatter_matrix
3.
4. df = pd.read_csv("diabetes_preprocessado.csv", names = [
5.                 '#Gravidezes', 'Glicose', 'PD', \
6.                 'DobraTriceps', 'Insulina', 'IMC', \
7.                 'DiabetesPedigreeFunction', 'Idade', \
8.                 'Classe'])
9. scatter_matrix(df, figsize=(15,15))
```

Listagem 13.11 — Matriz de Diagramas de Dispersão (matriz_diagramas_dispersao.py).

A ***Matriz de Diagramas de Dispersão*** é uma rica ferramenta estatística: ela nos mostra como mudanças entre duas variáveis estão relacionadas. Uma ***Matriz de Diagramas de Dispersão*** é ***simétrica*** (afinal, se A se correlaciona com B, B também se correlaciona com A). Como não faria sentido elaborar um diagrama de dispersão exibindo a correlação de uma variável consigo mesma, a ***diagonal principal*** dessa matriz mostra o histograma de cada variável.

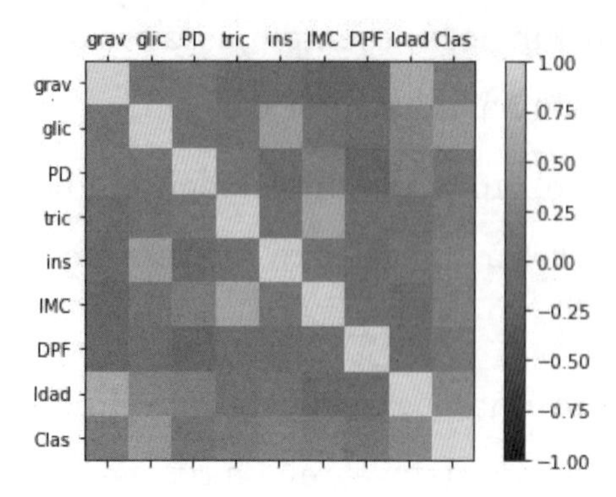


Figura 13.16 — Matriz de correlação.

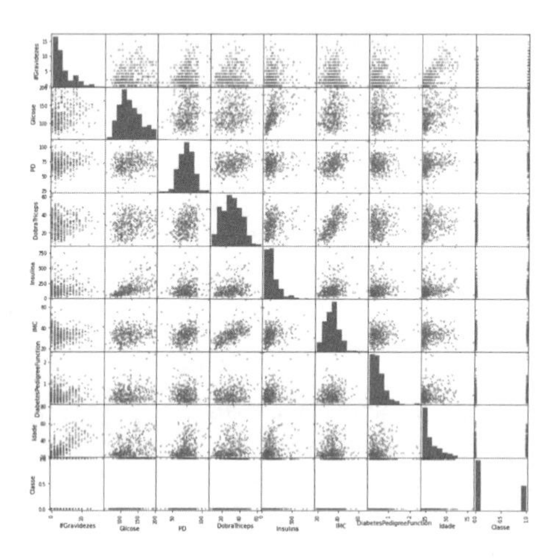

Figura 13.17 — Matriz de Diagramas de Dispersão.

Desses dois diagramas, podemos inferir que:

- A *Matriz de Diagramas de Dispersão* nos permite suspeitar que exista correlação entre os atributos ***IMC*** e ***DobraTriceps*** e, também, entre ***Glicose*** e ***Insulina***.
- Não parece haver relacionamentos não lineares, entretanto, quando observamos a ***Matriz de Correlação***, percebemos uma correlação moderada entre os atributos ***Idade*** e ***#Gravidezes***, e entre ***IMC*** e ***DobraTriceps***.

Vamos testar os atributos Glicose e Insulina por meio do ***Coeficiente de Correlação de Pearson***.[9] Para isso, utilize os comandos:

```
coeficiente = df.corr()
coeficiente
```

O primeiro comando calcula o coeficiente para o *dataset*, enquanto que o segundo imprime uma tabela com o cálculo do resultado para todas as variáveis desse.

A Tabela 13.1 mostra o resultado dos comandos anteriores.

9 O Coeficiente de Correlação de Pearson é uma medida usada em estatística descritiva para verificar o grau de correlação entre duas variáveis aleatórias. Seu valor pode ser positivo ou negativo e costuma ser identificado pela letra grega $\rho$, sendo, por isso, também chamado de $\rho$ de Pearson.

| | #Gravidezes | Glicose | PD | DobraTriceps | Insulina | IMC | DPF | Idade | Classe |
|---|---|---|---|---|---|---|---|---|---|
| #Gravidezes | 1.000000 | 0.198291 | 0.213355 | 0.093209 | 0.078984 | -0.025347 | 0.007562 | 0.679608 | 0.256566 |
| Glicose | 0.198291 | 1.000000 | 0.210027 | 0.198856 | 0.581223 | 0.209516 | 0.140180 | 0.343641 | 0.515703 |
| PD | 0.213355 | 0.210027 | 1.000000 | 0.232571 | 0.098512 | 0.304403 | -0.015971 | 0.300039 | 0.192673 |
| DobraTriceps | 0.093209 | 0.198856 | 0.232571 | 1.000000 | 0.182199 | 0.664355 | 0.160499 | 0.167761 | 0.255936 |
| Insulina | 0.078984 | 0.581223 | 0.098512 | 0.182199 | 1.000000 | 0.226397 | 0.135906 | 0.217082 | 0.270118 |
| IMC | -0.025347 | 0.209516 | 0.304403 | 0.664355 | 0.226397 | 1.000000 | 0.158771 | 0.069814 | 0.270118 |
| DPF | 0.007562 | 0.140180 | -0.015971 | 0.160499 | 0.135906 | 0.158771 | 1.000000 | 0.085029 | 0.209330 |
| Idade | 0.679608 | 0.343641 | 0.300039 | 0.167761 | 0.217082 | 0.069814 | 0.085029 | 1.000000 | 0.350804 |
| Classe | 0.256566 | 0.515703 | 0.192673 | 0.255936 | 0.301429 | 0.270118 | 0.209330 | 0.350804 | 1.000000 |

Tabela 13.1 — Coeficientes de Correlação.

****DiabetesPedigreeFunction***, abreviada para caber na tabela.

Os valores de $\rho$ ***de Pearson*** podem ser interpretados como:

- > 0,9 ou < -0,9 — correlação ***muito forte*** (positiva ou negativa, dependendo do sinal de $\rho$).
- Entre 0,7 e 0,9 ou entre -0,7 e -0,9 — correlação ***forte***.
- Entre 0,5 e 0,7 ou entre -0,5 e -0,7 — correlação ***moderada***.
- Entre 0,3 e 0,5 ou entre -0,3 e -0,5 — correlação ***fraca***.
- De 0 a 0,3 positivo ou negativo — correlação ***desprezível***.

A Tabela 17.1 demonstra que não há duas variáveis com forte correlação linear na amostra, embora existam correlações moderadas, como no caso de Idade e #Gravidezes, e de IMC e DobraTriceps; Glicose e Insulina têm coeficiente 0,58 e ficam muito próximos do limite considerado aceitável (0,6), logo, podemos assumir que eles têm correlação ***moderada***.

## Conclusões

- O conjunto de dados tinha muitos valores zero, que foram removidos para a análise exploratória.
- A maioria (aproximadamente 2/3) das pessoas no conjunto pertence à classe 1 (com diabetes).
- A análise exploratória parece apontar que poucos fatores influenciam na variável dependente, ***Classe***.
- Há uma correlação ***moderada*** entre algumas poucas variáveis independentes, o que deve ser levado em conta, pois, se forem incluídas variáveis correlacionadas, poderá haver aumento da variância, o que prejudicaria a acurácia de nosso modelo.

Após considerar essas conclusões, mostraremos como realizar a mesma análise, com o ***Pandas Profiling***.

## Usando o Pandas Profiling para a Análise Exploratória de Dados

No Capítulo 7, você foi apresentado(a) ao plugin Pandas Profiling. Nesta seção, faremos uso dessa ótima ferramenta para obter os resultados pelos quais tivemos que "suar" na seção "Análise Exploratória de Dados". Se você está pensando agora: "Então por que vocês não usaram logo do tal plugin?" A verdade é que acreditamos em, primeiro, formar bases sólidas antes de facilitar as coisas — afinal, nem sempre você poderá dispor de um plugin que te dá o trabalho todo "mastigadinho" —, e, quando não for possível, você deve ter o conhecimento necessário para "se virar". Outra razão relevante é que o *Pandas Profiling* é um tanto quanto "pesado", e executá-lo em uma máquina mediana com uma base de dados grande pode não ser muito indicado. Como a base atual tem apenas 768 linhas, não deve haver problemas.

Agora, altere o código da Listagem 13.4 para que fique como na Listagem 13.12.

```
#Importação das bibliotecas:
import pandas as pd
import numpy as np
import matplotlib.pyplot as plt
from pandas_profiling import ProfileReport
# Importação dos dados:
df = pd.read_csv("diabetes_preprocessado.csv", names=['#Gravide-
zes', 'Glicose','PD', \
                    'DobraTriceps', 'Insulina', 'IMC', \
                    'DiabetesPedigreeFunction', 'Idade', \
                    'Classe'])
arquivo = ProfileReport(df)rquivo.to_file(output_file='relatorio.html')
```

Listagem 13.12 — Usando o Pandas Profiling (regressao_logistica_diabetes3.py).

Serão mostrados os avisos da Figura 13.18, e, ao final, você encontrará um arquivo de nome ***relatório.html*** (conforme especificado pelo parâmetro ***output_file*** na chamada de ***arquivo.to_file()***). Abra esse arquivo com um browser e você verá um relatório como o mostrado nas Figuras de 17.18 a 17.21.

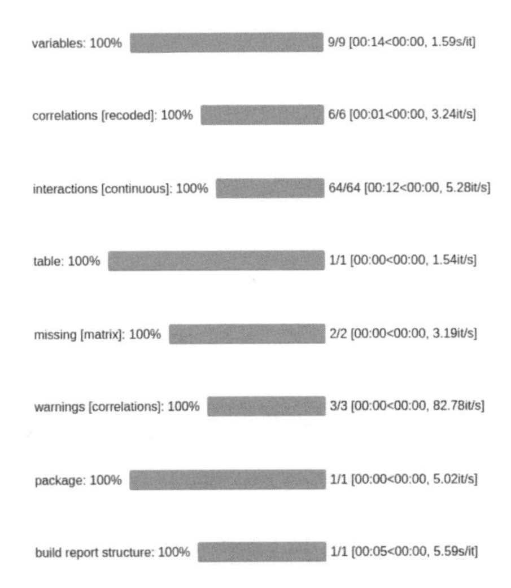


Figura 13.18 — Etapas da execução do Pandas Profiling.

Figura 13.19 — Painel *Overview* e parte do painel *Variables*.

O painel mostrado na Figura 13.19 exibe informações básicas sobre os dados, como a quantidade de variáveis (que corresponde ao número de colunas do *dataset* — 9, no caso presente), observações (ou seja, o número de registros: 768), quantidade e percentual de linhas duplicadas etc. Abaixo do item ***Variable types***, podemos observar, ainda, que existem oito variáveis numéricas (NUM) e uma *booleana* (BOOL).

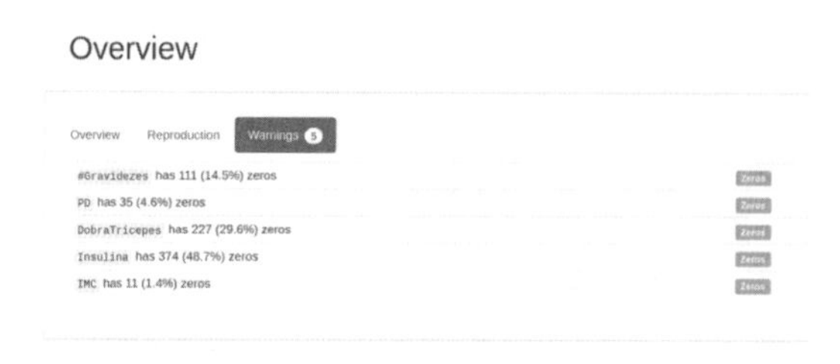


Figura 13.20 — Avisos (*Warnings*).

Nesse painel, são exibidos avisos sobre dados que aparentam ser problemáticos. No exemplo da figura, todos os avisos se referem a registros com o valor 0 (zero):

- #Gravidezes contém 111 zeros. É especificado, ainda, o percentual do total de registros que essa quantidade representa: no caso, 14,5% da amostra contém 0 para o atributo #Gravidezes.
- PD contém 35 zeros. Aqui, detectamos um problema, afinal, uma pessoa com a pressão diastólica em zero provavelmente estaria morta.
- DobraTriceps contém 227 zeros. Novamente, há um problema, pois ninguém tem 0 mm de dobra do tríceps.
- Os mesmos problemas foram detectados para a concentração de insulina no sangue e o IMC.

Perceba que um atributo contendo zero é diferente de um atributo com valor ausente.

Vale observar, ainda, que abaixo de cada variável há um botão rotulado ***Toggle details*** ("Alternar detalhes"). Clicando nele, você poderá visualizar várias estatísticas descritivas para a variável em questão. A Figura 13.21 mostra o que é visualizado para o campo ***Idade***.

Logo de cara, é fácil perceber pelo histograma dos dados da idade que essa informação não é ***normalmente distribuída*** na amostra, pois o gráfico exibe, claramente, ***viés positivo***. Uma consequência desse fato é que a ***média*** das idades na amostra é diferente da ***mediana*** (no caso presente, a média é de, aproximadamente, 33,24, enquanto que a mediana é 29). Se os dados seguissem uma ***Distribuição Normal***, essas duas medidas de tendência central — a média e a mediana — seriam aproximadamente iguais.

Procurando por valores incorretos, à primeira vista, não há nenhuma idade impossível para o estudo atual na amostra (as idades do grupo variam entre 21 e 81 anos, como pode ser visto nos indicadores ***Minimum*** e ***Maximum*** da idade).

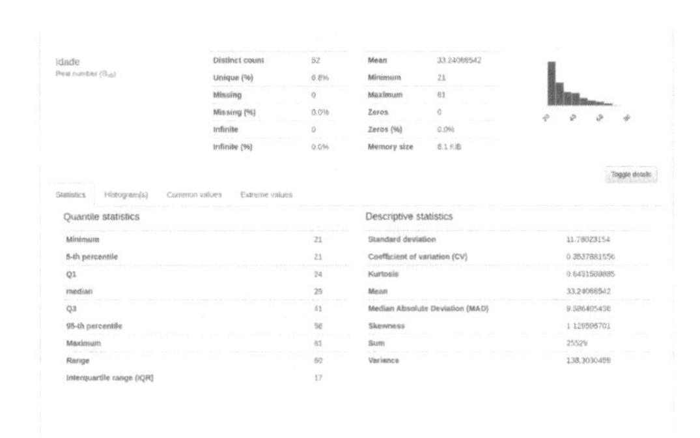


Figura 13.21 — Estatísticas relativas ao campo *Idade.*

Essa seção oferece uma verdadeira riqueza de informações para a análise exploratória. O painel superior mostra as seguintes informações para a variável Idade:

- ***Distinct count*** — contagem de valores distintos na amostra. No exemplo da Figura 13.21, existem 52 valores distintos para idades. Se você verificar no painel *Overview*, perceberá que o valor ***Number of observations*** contém 768. Isso nos diz que, nos 768 registros em nosso dataset, há 52 idades diferentes, o que é, em princípio, razoável, pois devem existir muitas pessoas com a mesma idade na amostra (o quanto isso é razoável, conferiremos com um ***teste de hipótese***, mais adiante neste capítulo, para verificar se os dados estão, de fato, ***normalmente distribuídos***).

- ***Unique (%)*** — informa o percentual de ***valores únicos*** para o atributo em análise. No caso da idade, 6,8%, o que nos diz que esse é o percentual de pessoas com idades únicas na amostra.
- ***Missing*** e ***Missing(%)*** — contêm, respectivamente, a quantidade e o percentual de valores ausentes na amostra. Para a idade, ambos contêm 0 (zero), o que é ótimo — via de regra, não é uma boa coisa ter dados ausentes no *dataset*.
- ***Infinite*** e ***Infinite(%)*** — contêm, por sua vez, a quantidade e o percentual de valores infinitos na amostra. Na amostra atual, contêm 0 (zero), indicando que, até aqui, o *dataset* está consistente (pois não existem idades infinitas).
- ***Mean*** — média amostral da variável. No caso, a média das idades é de, aproximadamente, 33,24 anos.
- ***Minimum*** e ***Maximum*** — respectivamente, o menor e o maior valor para o campo em toda a amostra. Para a idade, contêm 21 e 81, o que significa que a menor idade no *dataset* é 21 anos, e a maior, 81 anos.
- ***Zeros*** e ***Zeros(%)*** — quantidade e percentual de valores 0 para o atributo na amostra. Como ambos estão com zero no *dataset* atual, significa que não existem elementos na amostra com idade zero.
- ***Memory size*** — quantidade de memória ocupada pelo ***dataset***. Será a mesma para todos os atributos. No exemplo atual, 6,1 KiB.

Observando, ainda, o relatório, podemos perceber que o IMC (Índice de Massa Corporal) e o atributo PD (Pressão Diastólica) parecem estar normalmente distribuídos. Para confirmar ou negar com segurança essas afirmações, utilizaremos um ***Teste de Hipótese***. A biblioteca SciPy fornece diversas implementações de tais testes. Usaremos o teste de Shapiro-Wilk.

| Dica | O teste de Shapiro-Wilk testa a hipótese nula de que uma amostra $y_1, y_2,...,y_n$, retirada de uma população, obedece a uma *Distribuição Normal*. A Listagem 13.13 mostra como realizar esse teste de hipótese. Nós o faremos para os dois atributos citados, PD e IMC. |
| --- | --- |

```
import pandas as pd
from scipy.stats import shapiro

df = pd.read_csv("diabetes_preprocessado.csv", names=['#Gravide-
zes', 'Glicose',\
                    'PD', 'DobraTriceps', 'Insulina',\
                    'IMC','DiabetesPedigreeFunction',\
                    'Idade','Classe'])
stat, p = shapiro(df['PD'])
print(f'Estatística={stat:.3f}, p={p:.3f}')
alfa = 0.05     # Nível de significância
if p > alfa:
   print('Não é possível rejeitar a hipótese nula (PD segue uma \
        Distribuição Normal)')
else:
   print('Hipótese nula rejeitada (PD NÃO segue uma Distribuição \
        Normal)')
stat, p = shapiro(df['IMC'])
print(f'Estatística={stat:.3f}, p={p:.3f}')
if p > alfa:
   print('Não é possível rejeitar a hipótese nula (IMC segue uma \
        Distribuição Normal)')
else:
   print('Hipótese nula rejeitada (IMC NÃO segue uma Distribuição
\
        Normal)')
```

**Listagem 13.13 — Realizando um teste de hipótese para verificar a normalidade dos atribu-**

tos PD e IMC (teste_hipotese.py).

A Figura 13.22 mostra o resultado da execução, que demonstra que, de fato, as hipóteses que levantamos eram ***falsas***, ou seja, a Pressão Diastólica e o Índice de Massa Corporal ***não*** são normalmente distribuídos nessa amostra.

```
Estatística=0.990, p=0.009
Hipótese nula rejeitada (PD NÃO segue uma Distribuição Normal)
Estatística=0.974, p=0.000
Hipótese nula rejeitada (IMC NÃO segue uma Distribuição Normal)
```

Figura 13.22 — Resultado da execução do teste de hipóteses.

## Escalonando os dados

Para evitar valores extremos (***outliers***) na amostra, utilizaremos um *escalonador*, um objeto que colocará os dados em uma mesma escala, ***padronizando-os***, o que, em estatística, significa aplicar transformações matemáticas para que os dados tenham, ao final, média 0 e desvio padrão 1, aplicando a fórmula do Z-Score: $z=(x-\mu)/\sigma$. Felizmente, a biblioteca Scikit-Learn já implementa esse escalonador para nós. A Listagem 13.14 descreve essa etapa.

```
import pandas as pd
from sklearn.preprocessing import StandardScaler

df = pd.read_csv("diabetes_preprocessado.csv",
                 names=['#Gravidezes', 'Glicose', 'PD', \
                     'DobraTriceps', 'Insulina', 'IMC', \
                     'DiabetesPedigreeFunction', \
                     'Idade', 'Classe'])

# Seleção dos atributos:
# Variáveis independentes:
X = df.drop('Classe', axis=1)
y = df['Classe']

# Padronização dos dados:
```

```
escalonador = StandardScaler()
X = escalonador.fit_transform(X)
df_X = pd.DataFrame(X)
```

Listagem 13.14 — Padronização dos dados (padronizacao.py).

Após a execução desse código, será criado um novo objeto ***DataFrame***, ***df_X***, que contém os dados do dataset, agora ***padronizados***.

## Treinamento e teste do algoritmo

Nossa próxima tarefa será ***dividir a base entre dados de treino e dados de teste*** e, finalmente, treinar e testar nosso algoritmo. Para isso, altere a listagem anterior para que fique como a Listagem 13.15 (As linhas alteradas foram destacadas em ***negrito***).

```
1. import pandas as pd
2. from sklearn.preprocessing import StandardScaler
3. from sklearn.model_selection import train_test_split
4. from sklearn.linear_model import LogisticRegression
5.
6. df = pd.read_csv("diabetes_preprocessado.csv",
7.                  names=['#Gravidezes', 'Glicose', 'PD', \
8.                         'DobraTriceps', 'Insulina', 'IMC', \
9.                         'DiabetesPedigreeFunction', \
10.                        'Idade', 'Classe'])
11.
12.# Seleção dos atributos:
13.# Variáveis independentes:
14.X = df.drop('Classe', axis=1)
15.y = df['Classe']
16.
17. # Padronização dos dados:
18.escalonador = StandardScaler()
```

```
19.X = escalonador.fit_transform(X)
20.        df_X = pd.DataFrame(X)
21.
22.X_treino, X_teste, y_treino, y_teste = train_test_split(df_X, y, \
23.                                     test_size = 0.15)
24.
25.# Criando e treinando o classificador:
26.algoritmo = LogisticRegression()
27.algoritmo.fit(X_treino, y_treino)
28.
29.# Realizando previsões sobre os dados de teste:
30.y_previsao = algoritmo.predict(X_teste)
31.
32.# Verificando a acurácia do modelo:
33.score = algoritmo.score(X_teste, y_teste)
34.print(f'Acurácia do modelo: {score:.2f}')
```

Listagem 13.15 — Treinamento e teste do algoritmo (treino_teste.py).

Nas linhas de 18 a 20, os dados são *padronizados* para que fiquem em uma mesma escala.

Na linha 22, o método ***train_test_split()*** realiza a divisão da amostra em dados de treino e teste. Observe o parâmetro ***test_size*** — ele especifica o percentual do *DataFrame* que será usado para testes. No caso da Listagem 13.15, 15% dos registros serão usados para essa finalidade.

A execução desse código mostrará a mensagem:

*Acurácia do modelo: 0.81*

Esse valor poderá variar, em função da maneira como seu computador gerar uma semente aleatória para o algoritmo. Em nosso teste, o valor anterior significa que conseguimos uma acurácia de 81%.

# 14 Support Vector Machines (SVM)

**Support Vector Machines**, ou simplesmente **SVM**, é um algoritmo de aprendizagem de máquina já bastante estudado. Desenvolvido nos anos 1960, ele ficou no "ostracismo" até os anos 1990. Como os computadores pessoais de então ainda não apresentavam um desempenho adequado para esse tipo de algoritmo, apenas recentemente ele voltou a ser popular nos meios de pesquisa.

Em muitos casos, seu desempenho é superior ao de outros algoritmos de aprendizado de máquina, perdendo apenas para os algoritmos de ***Deep Learning***, e é utilizado em muitas tarefas complexas, como reconhecimento de voz e/ou imagens.

Trata-se de mais um algoritmo de ***classificação***, cujo objetivo é traçar uma ou mais retas, que divida(m) de maneira aproximadamente equitativa, ***com margem máxima***, um conjunto de pontos de um espaço vetorial, que representam os dados do problema. Ele trabalha apenas com dados ***linearmente separáveis***, o que pode, eventualmente, limitar sua aplicação. A Figura 14.1 mostra exemplos dos dois casos.

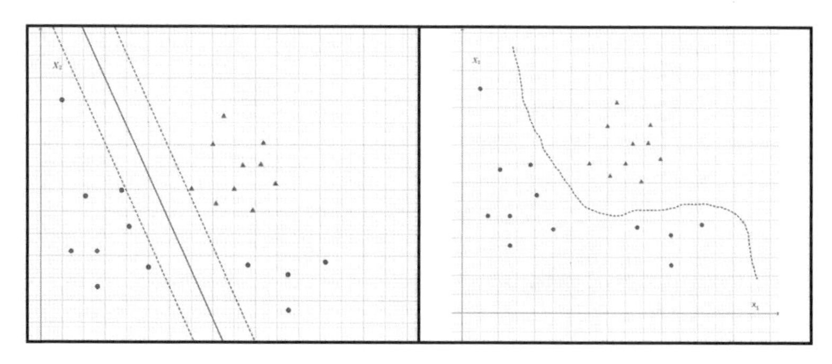

Figura 14.1 — Pontos linearmente separáveis (esq.) e linearmente inseparáveis (dir.).

É comum representar os pontos em um plano cartesiano, onde os eixos coincidem com variáveis independentes do problema estudado. Perceba que esse tipo de representação só se aplica se o problema tiver apenas duas variáveis independentes; se houver mais que isso, não será possível desenhá-las em um plano bidimensional, embora o algoritmo possa ser aplicado para ***pontos n-dimensionais***, ou seja, você pode classificar dados com ***quantas dimensões forem necessárias*** — nesse caso, considere uma "dimensão" cada possível atributo do elemento representado pelo ponto — peso, altura, coordenadas etc. (na prática, já vimos problemas com 10 mil ou mais dimensões), porém, só será factível ***desenhar*** a representação com duas dimensões.

## Visão geral do algoritmo

Suponha que você tenha um conjunto de elementos em uma amostra e precise classificá-los em grupos. Para simplificar a explicação, começaremos falando do caso particular de um problema com duas classes, representadas na Figura 14.2 por objetos de formas diferentes: triângulos e círculos. Como pode ser visto, os eixos do plano cartesiano correspondem aos valores das variáveis independes — nesse exemplo, $X_1$ e $X_2$ poderiam representar quaisquer informações sobre os elementos: idade e renda, peso e altura, distância para o trabalho e custo da passagem etc.

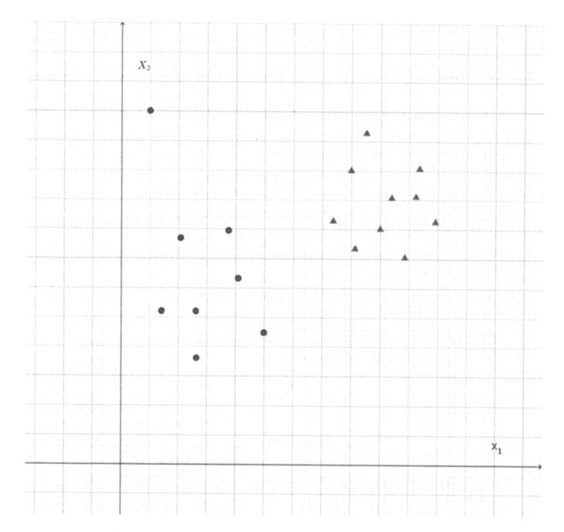


Figura 14.2 — Exemplo de dados que podem ser separados pelo algoritmo.

O objetivo do algoritmo **SVM** é traçar uma linha que separe os dados em suas respectivas classes, de modo a cada ponto ficar o mais equidistante possível dessa fronteira, e se um novo ponto for acrescentado ao modelo, ele será incluído no local adequado para manter a propriedade, ou seja, se ele será um ponto cinza ou preto.

Poderíamos tentar traçar uma linha como em um dos exemplos da Figura 14.3. Todos eles resolveriam o problema ***imediato*** de dividir a amostra em duas classes distintas, porém, à medida que novos pontos de dados fossem acrescidos ao modelo, alguns deles poderiam não mais separar corretamente as classes, logo, o algoritmo busca encontrar ***a melhor*** linha que divida os dados — o melhor ***limite de decisão***, que separe os dados em classes.

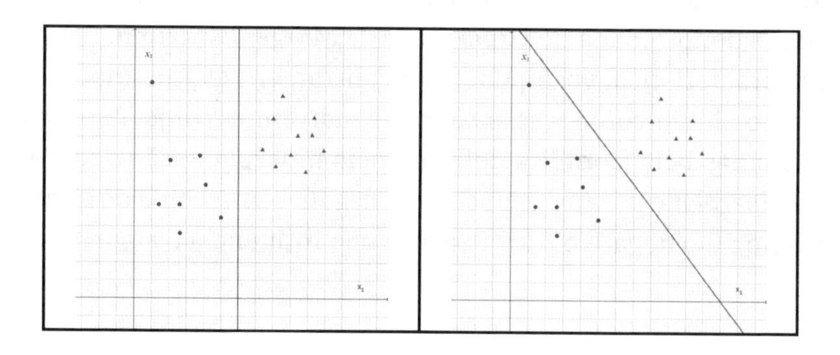

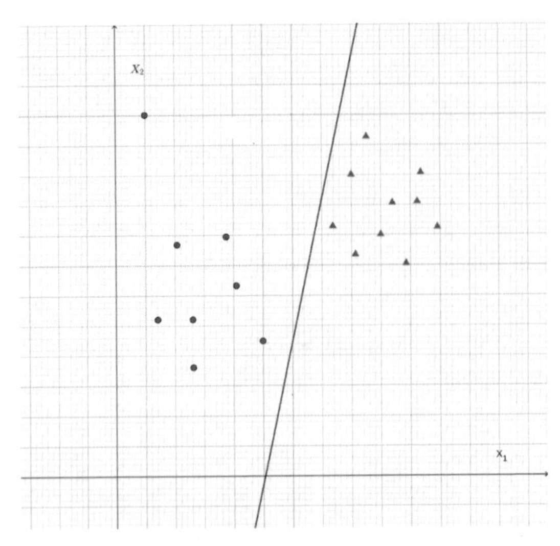


Figura 14.3 — Várias possibilidades de separação dos conjuntos por uma reta.

A solução adotada pelo algoritmo **SVM** é estabelecer uma *margem de separação* entre os dois grupos de pontos ***distintos*** e ***maximizar essa margem***, ou seja, a distância entre os pontos em destaque é a maior possível, como mostra a Figura 14.4. Os ***dois pontos mais próximos que pertencem a grupos diversos*** são chamados de *vetores de suporte*. O algoritmo só precisa calcular a melhor reta para separar ***esses pontos***, e os demais estarão, automaticamente, agrupados.

Alguém poderia pensar neste momento: Por que "vetores" de suporte? Por que não, simplesmente, "pontos de suporte"?

Na realidade, a representação das informações como pontos serve apenas para facilitar a nossa explicação, mas eles poderiam ser *tuplas de dados* com n elementos. No jargão da Álgebra Linear, tais tuplas são denominadas *vetores n-dimensionais*, e a ***margem*** (distância entre eles) é denominada de ***Hiperplano de Margem Máxima***. Por causa dessa característica, você poderá encontrar, em alguns materiais, o algoritmo citado como *classificador de margem máxima*. As duas regiões criadas pela fronteira definida pelo hiperplano são denominadas de *hiperplano positivo* e *hiperplano negativo*. A escolha de qual será o positivo ou o negativo é arbitrária e não influencia o algoritmo.

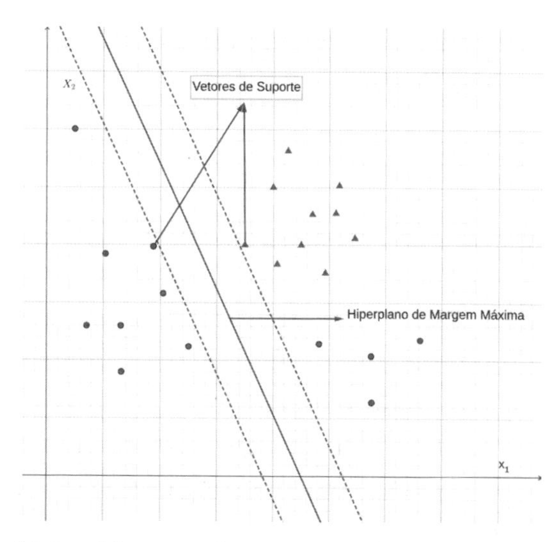


Figura 14.4 — Margem máxima entre as duas classes de pontos.

O diferencial deste algoritmo em relação aos outros algoritmos comuns de classificação está na forma como ele identifica a qual classe um elemento pertence. Por exemplo, suponha que, em dada aplicação, o algoritmo precise diferenciar frutas, digamos, identificar em um grupo desconhecido de frutas, quais são laranjas e quais são maçãs.

Para isso, o algoritmo deverá, primeiro, ser treinado com as características inerentes a cada grupo (maçãs e laranjas). A próxima etapa é a que diferencia o **SVM** da maioria dos algoritmos de classificação: os outros algoritmos, via de regra, tentarão encontrar os elementos mais semelhantes a um padrão ("a nova fruta deve ser uma maçã, porque, ao ser comparada com todas as maçãs e todas as laranjas, tem mais características em comum com as maçãs"), ou seja, tentarão identificar se a fruta é uma laranja, comparando-a com as frutas que estão mais "distantes" das maçãs e vice-versa.

O **SVM**, por sua vez, comparará a nova fruta com aquelas mais próximas dele. É como se procurasse pelas maçãs que são mais parecidas com laranjas e pelas laranjas que se parecem mais com maçãs. Desse modo, ele tende a comparar elementos diferentes da média da classe a que pertencem — justamente os que estão mais próximos da "fronteira" entre as classes.

Os dois pontos mais próximos do limite, um em cada classe, são denominados ***vetores de suporte***.

## Executando o algoritmo

Nesta seção, usaremos o algoritmo **SVM** para classificar dados de um problema do *site* de competições de ***Machine Learning*** Kaggle (www.kaggle.com). Esse conjunto de dados contém informações acerca de consumidores que receberam uma propaganda e se eles compraram ou não o produto oferecido. Para sua comodidade, colocamos uma cópia do *dataset* no código-fonte do livro, na pasta /código/cap_14/, arquivo ***Social_Network_Ads.csv***.[1] Os atributos contidos nesse arquivo são:

- ***User ID*** — identificador (código) do usuário que recebeu a propaganda.
- ***Gender*** — sexo (*Male* — Masculino; *Female* — Feminino).
- ***Age*** — idade do comprador.
- ***EstimatedSalary*** — salário anual estimado.
- ***Purchased*** — Classe/Atributo previsor (0 — Não comprou; 1 — Comprou).

Criaremos um modelo para prever se um determinado consumidor que recebeu a propaganda comprará ou não o produto oferecido, dados os valores das variáveis aleatórias citadas anteriormente.

```
1. # Support Vector Machine (SVM)
2.
3. import numpy as np
4. import matplotlib.pyplot as plt
5. import pandas as pd
6. from sklearn.preprocessing import StandardScaler
7. from sklearn.svm import SVC
```

1 O dataset original pode ser obtido no endereço <https://www.kaggle.com/macchi57/dataset>.

```
8. from sklearn.metrics import confusion_matrix
9. from matplotlib.colors import ListedColormap
10.
11.# Leitura dos dados:
12.df = pd.read_csv('Social_Network_Ads.csv')
13.X = df.iloc[:, [2, 3]].values
14.y = df.iloc[:, -1].values
15.
16.# Divisão da amostra:
17.from sklearn.model_selection import train_test_split
18.X_treino, X_teste, y_treino, y_teste = train_test_split(X, y,\
19.        test_size = 0.25, random_state = 3)
20.
21.# Padronização dos dados:
22.sc = StandardScaler( )
23.X_treino = sc.fit_transform(X_treino)
24.        X_teste = sc.transform(X_teste)
25.
26.# Treinando o classificador sobre o conjunto de teste:
27.algoritmo = SVC(kernel = 'linear', random_state = 3)
28.algoritmo.fit(X_treino, y_treino)
29.
30.# Previsão dos resultados
31.y_prev = algoritmo.predict(X_teste)
32.
33.# Gerando a Matriz de Confusão
34.cm = confusion_matrix(y_teste, y_prev)
35.print(cm)
36.
37.# Visualizando os resultados dos dados de treino:
```

```
38._X, _y = X_treino, y_treino
39.X1, X2 = np.meshgrid(np.arange(start = _X[:, 0].min( ) - 1,\
40.                        stop = _X[:, 0].max( ) + 1, step = 0.01),\
41.                   np.arange(start = _X[:, 1].min( ) - 1,\
42.                             stop = _X[:, 1].max() + 1,\
43.                        step = 0.01))
44.      plt.contourf(X1, X2, algoritmo.predict(\
45.                        np.array([X1.ravel( ),\
46.                                  X2.ravel( )]).T)\
47.                         .reshape(X1.shape),\
48.                   alpha = 0.75, cmap = ListedColormap(('grey',
   'black')))
49.      plt.xlim(X1.min( ), X1.max( ))
50.plt.ylim(X2.min( ), X2.max( ))
51.for i, j in enumerate(np.unique(_y)):
52.  plt.scatter(_X[_y == j, 0], _X[_y == j, 1],
53.            c = ListedColormap(('grey', 'black'))(i), label = j)
54.plt.title('SVM (Dados de Treinamento)')
55.plt.xlabel('Idade')
56.plt.ylabel('Salário Anual (Estimado)')
57.plt.legend( )
58.plt.show( )
59.
60.      # Visualizando os resultados dos dados de teste:
61._X, _y = X_teste, y_teste
62.X1, X2 = np.meshgrid(np.arange(start = _X[:, 0].min( ) - 1,\
63.                   stop = _X[:, 0].max( ) + 1, step = 0.01),
64.                        np.arange(start = _X[:, 1].min() - 1,\
65.                   stop = _X[:, 1].max() + 1, step = 0.01))
66.      plt.contourf(X1, X2, algoritmo.predict(np.array([X1.ravel(),\
```

```
67.            X2.ravel()]).T).reshape(X1.shape),
68.            alpha = 0.75, cmap = ListedColormap(('grey', 'black')))
69.        plt.xlim(X1.min( ), X1.max( ))
70.plt.ylim(X2.min( ), X2.max( ))
71.for i, j in enumerate(np.unique(_y)):
72.    plt.scatter(_X[_y == j, 0], _X[_y == j, 1],
73.            c = ListedColormap(('grey', 'black'))(i), label = j)
74.plt.title('SVM (Dados de Teste)')
75.plt.xlabel('Idade')
76.plt.ylabel('Salário Anual (Estimado)')
77.plt.legend( )
78.plt.show( )
```

Listagem 14.1 — Aplicando Support Vector Machine (svm.py).

A listagem começa, como de costume, com a importação das bibliotecas necessárias, nas linhas de 3 a 9; em seguida, os dados são lidos e armazenados em uma variável do tipo DataFrame, na linha 12.

Na linha 13, definimos nossas variáveis ***independentes*** — para este estudo, trabalharemos com os atributos ***Idade*** e ***Salário Anual*** (lembre-se de que este algortimo pode ser usado para n dimensões de dados, mas, como queremos desenhar um ***gráfico*** ao final da previsão, usaremos apenas as duas citadas) e as armazenamos na variável X.

Na linha 14, declaramos a variável ***y***, que, como é costumeiro, representa nosso ***atributo previsor***.

Nas linhas de 17 a 19, realizamos a divisão da amostra em dados de treino e teste. Observe os parâmetros test_size = 0.25, que significa que 25% dos registros no dataset serão utilizados para teste; e random_state = 3 — este último define uma semente aleatória e é utilizado apenas para que você obtenha os mesmos resultados que nós. Em aplicações reais, geralmente não é necessário fornecê-lo.

Entre as linhas 22 e 24, utilizamos um objeto da classe StandardScaler para reescalonar nossos dados de acordo com o score padronizado. Isso faz com que nenhuma de nossas variáveis aleatórias domine assintoticamente a outra. Ou, dito de forma mais simples, isso coloca nossas variáveis em uma mesma escala, o que é importante, pois, se não o fizéssemos, uma alteração na idade de um registro para outro teria pouco ou nenhum impacto sobre o resultado, já que o salário anual representa ***ordens de grandeza*** maior que a idade. Por esse mesmo motivo, você verá que, quando plotarmos um gráfico com os resultados da análise, ao final do programa, será usada essa escala padronizada para que não haja distorções.

Em seguida, nas linhas 27 e 28, nosso classificador é ***treinado*** com os dados que foram definidos nas linhas de 17 a 19, guardados nas variáveis ***X_treino*** e ***y_treino***. Primeiro, na linha 27, é criado um objeto do tipo SVC (Support Vector Classification), que implementa uma família de algoritmos. Para o **SVM**, selecionaremos com o parâmetro kernel o modelo ***linear***. O valor padrão é ***rbf***, que usa o modelo Gaussiano. Novamente, passamos um valor em ***random_state*** para que você possa reproduzir a experiência, mas em um modelo real, é comum deixar o algoritmo usar a semente aleatória padrão. Os demais parâmetros opcionais podem ser consultados na documentação do SKLearn.

Em seguida, o método ***fit( )***, na linha 28, passa as variáveis aleatórias dependentes (guardadas em ***X_treino***) e a variável dependente (***y_treino***) para o algoritmo, ajustando seu estado interno. Isso conclui a etapa de pré-processamento dos dados.

Na linha 31, a chamada ao método ***predict( )*** realiza a previsão para os valores de nosso algoritmo a partir dos dados, armazenando os valores previstos na variável ***y_prev***. Perceba que o método recebe como parâmetro o *DataFrame* com as variáveis independentes. Nesse momento, a variável ***y_prev*** passa a conter os valores das previsões para a variável ***dependente***.

A linha 33 gera a matriz de confusão para o algoritmo, que é impressa na linha seguinte, exibindo:

*[[61 4]*

*[13 22]]*

A diagonal principal da matriz comporta as previsões corretas, e a diagonal secundária, as incorretas; logo, temos nesta execução 61+22 = 89 previsões corretas contra 13 + 4 = 17 incorretas. Uma acurácia de mais de 81%! Nada mal.

A Figura 14.5 mostra uma comparação do conteúdo do atributo previsor em algumas linhas de ambas as variáveis. Observe a quantidade de valores para os quais a previsão acerta (e, também, aqueles para os quais erra — se não ocorressem, seria estranho; no mundo real, é muito difícil um modelo ser 100% confiável).

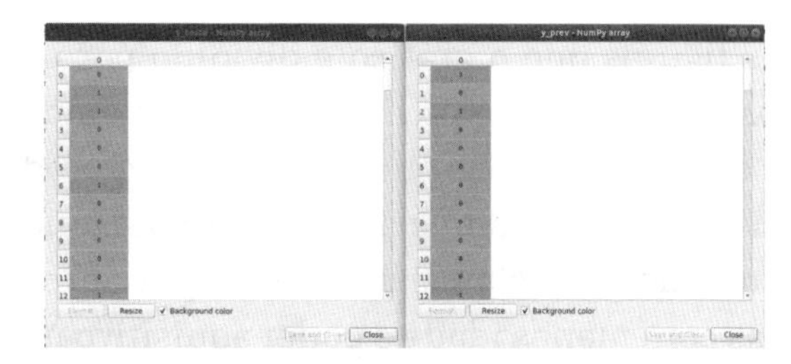

Figura 14.5 — Comparando dados de treino e teste para a variável dependente.

## Exibindo um mapa de decisão

A Figura 14.6 mostra o ***mapa de decisão*** para nossos dados de ***treinamento***, e a Figura 14.7, o mapa para os dados de ***teste***. Essa ferramenta, descrita por Eremenko et al. (2020), pode ser empregada para visualizar os resultados de um algoritmo sobre um conjunto particular de dados.

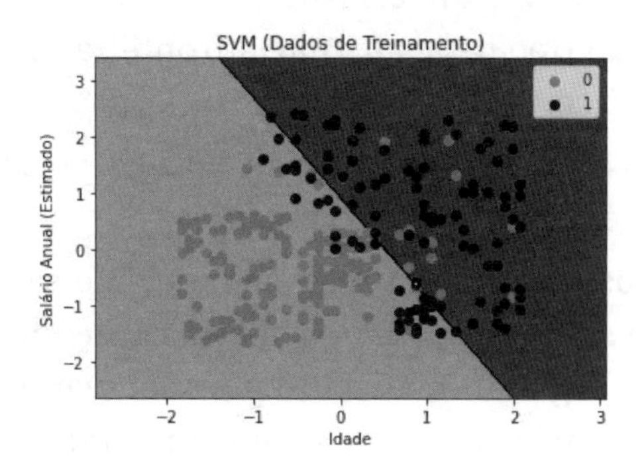


Figura 14.6 — Mapa de decisão — dados de treinamento.

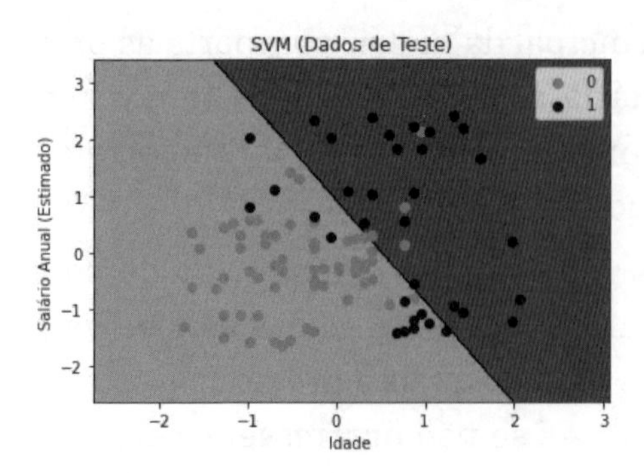


Figura 14.7 — Mapa de decisão — dados de teste.

Observe nas figuras que o gráfico é dividido por uma ***linha reta***, pois utilizamos um classificador linear. Perceba ainda que a maioria dos pontos escuros (pessoas que compraram o produto — classe 1) localiza-se na região à direita e acima da figura, que corresponde às pessoas com maior Idade e Salário Anual; por outro lado, mesmo entre as pessoas com menos idade e poder aquisitivo menor, há compradores (pontos escuros); e entre aqueles com maior renda e idade, há alguns poucos pontos claros, indicando que essas pessoas ***NÃO*** aceitaram a oferta.

Na Listagem 14.1, nas linhas de 38 a 58 e de 61 a 77, são plotados gráficos de mapas de decisão para os dados de treino e teste, respectivamente. Esses gráficos exibem regiões para as classes do problema, nas quais a cor de cada pixel representa a classe de uma parte da amostra. Como resultado, é possível ter uma ideia da divisão dos dados da amostra, bem como dos *outliers*, desenhados como pontos de cores diferentes nas grandes áreas da figura. A região de fronteira é uma reta, pois o **SVM** é um classificador ***linear***, mas se gerássemos o mapa para outro tipo de algoritmo, a fronteira seria parecida com um mapa geográfico.

Explicaremos o código das linhas de 38 a 58, pois nas linhas de 61 a 77, o programa é praticamente o mesmo.

Na linha 38, os dados das variáveis de treino são carregados em dois *DataFrames*, ***_X*** e ***_y***, com o primeiro contendo as variáveis independentes, e o segundo, o atributo previsor (variável dependente). Em seguida, nas linhas 39 e 40, criamos um *grid*, que se estende do menor valor de _X[:,0], ou seja, da menor ***idade*** no nosso dataset menos uma unidade, até o ***maior*** valor da mesma variável, acrescido de uma unidade — o acréscimo serve para criar uma pequena margem em torno dos dados no gráfico.

Da mesma forma, nas linhas de 41 a 43, criamos um *grid* que vai do menor valor da ***renda anual*** menos uma unidade até o maior valor dessa variável, mais uma unidade.

Nos dois *grids*, usamos um incremento de 0.01 a cada ponto, para que a resolução da imagem fosse boa o suficiente.

Nas linhas 44 a 48, desenhamos o contorno das regiões no mapa, preenchendo-o com uma cor diferente (cinza — "grey" — ou preto — "black"), dependendo da classe do item representado naquele ponto (0 — não comprou, cinza; 1 — comprou, preto).

As linhas 49 e 50 estabelecem os limites do gráfico nos eixos X e Y, de acordo com os valores mínimos e máximos de cada variável.

O loop entre as linhas 51 e 53 desenha cada ponto de dados como um Scatter Plot em que a cor do ponto depende da classe do elemento representado.

As linhas de 54 a 56 colocam o título do gráfico (propriedade ***title*** do objeto ***PyPlot***) e dos eixos de coordenadas (propriedades ***xlabel*** e ***ylabel***).

Na linha 57, o método ***legend( )*** instrui o mecanismo a adicionar as legendas à figura, e, por fim, na linha 58, a chamada ao método ***show( )*** exibe o gráfico.

# 15
# Regressão de Vetores de Suporte (SVR)

O algoritmo de ***Regressão de Vetores de Suporte*** (***SVR — Support Vector Regression)*** é uma generalização de outro algoritmo, o da Máquina de Vetores de Suporte (***SVM — Support Vector Machine***), utilizado principalmente em problemas de classificação de dados, entretanto, com uma diferença: o resultado não é um conjunto finito de dados classificados, mas uma função que gera valores contínuos. Em termos matemáticos, esse algoritmo assemelha-se ao de regressão linear simples, do ponto de vista de que ambos tentam prever uma variável contínua. Entretanto, o **SVR** (usado em uma dimensão) tenta encontrar para essa função de aproximação um "tubo" onde os pontos estão agrupados. Esse "tubo" tem uma área "insensível" ao erro, definida por $\varepsilon$. Os pontos que se aproximam das bordas desse tubo são os potenciais vetores de suporte. Claramente vemos que, quanto maior o erro definido, maior o diâmetro desse tubo e menos sensível é o modelo para prever os pontos dentro do tubo. Por outro lado, quanto menor o erro (e o tubo), maiores as chances de pontos estarem nas bordas do tubo, tornando o modelo mais robusto. Os pontos fora do tubo são verificados e contabilizados em relação à àrea insensível à erro. Comparando a um erro definido anteriormente ($\xi$), esses pontos (*outliers*) são então descartados do modelo.

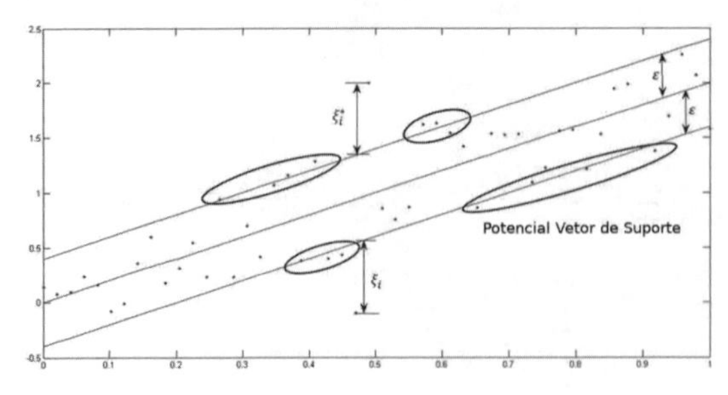


Figura 15.1 — SVR linear de uma dimensão (Awad e Khanna 2015).

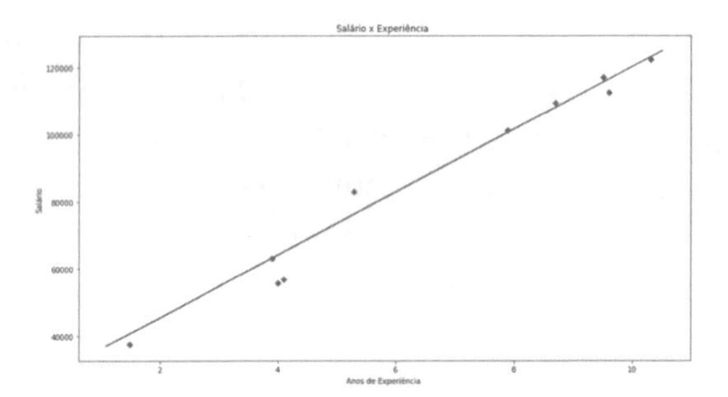

Figura 15.2 — Regressão linear simples (Cap. 9).

Utilizaremos nossa conhecida Sklearn para resolver um problema de regressão utilizando o SVR. O algoritmo SVR permite a escolha de uma função matemática para devolver os valores de aproximação com o erro minimizado. Essa função é chamada de Kernel (núcleo). Existem várias funções que podem ser escolhidas de acordo com o problema, entre elas estão as lineares, não lineares, polinomiais etc. Não nos aprofundaremos na discussão sobre *Kernels*, mas vale informar que escolheremos o kernel linear, já que empregaremos o mesmo exemplo do capítulo de regressão linear simples. Um kernel bastante aplicado é o RBF (Função Radial Gaussiana). Esse kernel é muito utilizado por não fazer nenhuma inferência prévia dos dados. A título de curiosidade, utilizaremos o **RBF** para gerar o resultado de um problema linear (é possível? Veremos!).

Para utilizarmos o **SVR** (isso serve pro **SVM** de forma geral), precisaremos padronizar os dados para que fiquem na mesma escala.

Tecnicamente, o que faremos é deixar os dados com uma média próxima de 0 e desvio padrão próximo de 1.

Os outros passos do algoritmo são muito parecidos com o que vimos até agora: carregar as bibliotecas, o *dataset*, separar as variáveis em independentes e dependentes, carregar o regressor, chamar o método .fit, então o método .predict, e plotar o resultado.

| Importante | Núcleos SVM<br>*Kernel polinomial* — muito utilizado em processamento de imagens, como é definido utilizando uma função polinomial, é necessário definir o grau do polinômio.<br>*Kernel gaussiano* — é um kernel de uso geral, aplicado quando não se tem conhecimento prévio dos dados. Utiliza a função Gaussiana<br>*RBF (Função de Base Radial Gaussiana)* — a funções de base radial usam um ponto central e definem uma distância (módulo) entre os pontos a serem selecionados e o centro. Os pontos de RBF são normalizados antes de serem utilizados na função. Como o kernel gaussiano, é empregado quando não se tem conhecimento prévio dos dados. É um kernel de uso geral.<br>*Laplace RBF* — baseado em RBF, a fórmula de Laplace também utiliza uma função de distância dos pontos a partir de um centro definido, entretanto, normaliza os dados. Também é usada quando não se tem conhecimento prévio dos dados, sendo um kernel de uso geral.<br>Outros exemplos: tangente hiperbólica, sigmoide, Bessel, ANOVA e Splines Lineares de uma dimensão. Todos esses kernels podem ser aplicados e testados em casos da vida real. Para o leitor que deseja se aprofundar no tema, aconselhamos acessar nossa *bibliografia*. |
|---|---|

Usaremos o mesmo dataset do capítulo de regressão linear para resolver o mesmo problema: existe uma relação entre os anos de experiência e o salário? Podemos prever o salário de um funcionário dessa empresa ficcional a partir da quantidade de anos de trabalho?

Entretanto, podemos dizer, o algoritmo utilizado será mais sofisticado do que aquele que retorna uma função linear.

A seguir, nosso algoritmo em Python.

Carga das bibliotecas

```
#!/usr/bin/env python3
# -*- coding: utf-8 -*-
import pandas as pd
import numpy as np
import matplotlib.pyplot as plt
from sklearn.preprocessing import StandardScaler
from sklearn.svm import SVR
```

Listagem 15.1 — Carga das bibliotecas (svr.py — excerto).

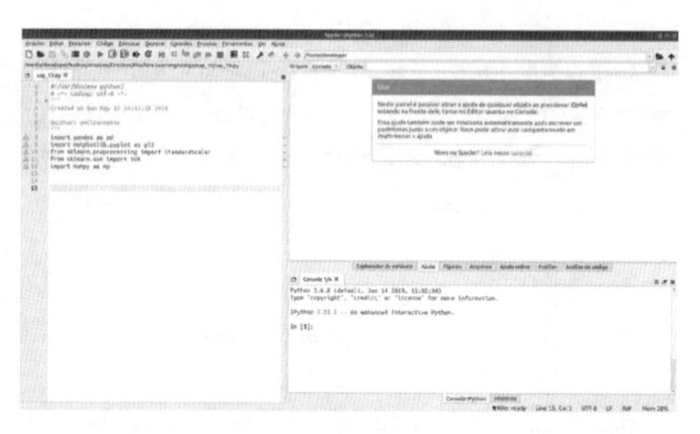

Figura 15.3 — Carregando as bibliotecas.

Importando as bibliotecas ***Pandas*** para a carga do arquivo, ***NumPy*** para funções de séries de dados, ***MatplotLib*** para a plotagem dos gráficos, sklearn.preprocessing para a padronização dos dados e o *Regressor* do nosso algoritmo **SVR.**

Carga dos dados e identificação das variáveis dependentes e independentes

```
dataset = pd.read_csv('tempo_salarios.csv')
X = dataset.iloc[:,0].values
y = dataset.iloc[:,1].values
```

Listagem 15.2 — Carga do dataFrame e seleção das variáveis (svr.py — excerto).

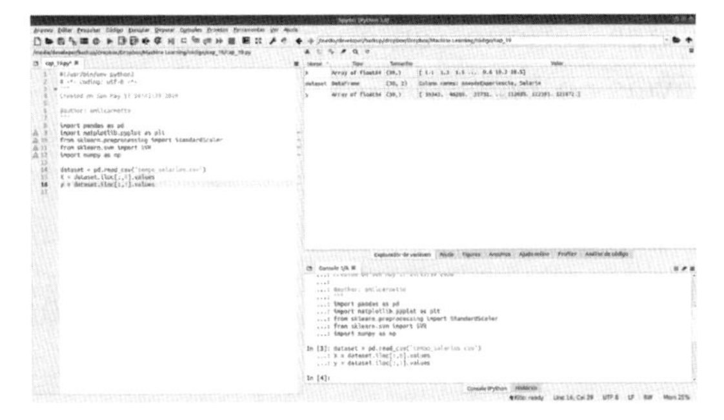

Figura 15.4 — Carga do dataFrame.

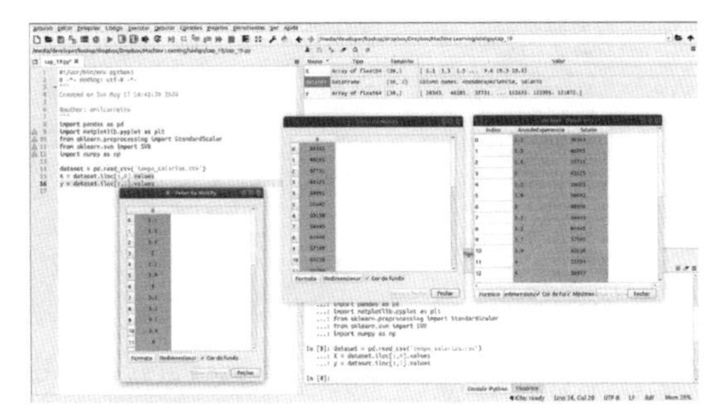

Figura 15.5 — Visualização das variáveis.

# Padronização dos dados

Como dito anteriormente, precisaremos padronizar (*standardize*) as entradas de forma a utilizar o **SVR**. Para isso, precisamos transformar a variável série *numpy* em um *array* (matriz) de duas dimensões.[1] As funções da biblioteca de pré-processamento (no nosso caso, utilizadas para a padronização dos valores) esperam receber uma matriz de duas dimensões. O *Regressor*, no entanto, espera uma variável do

1 As funções deste tipo esperam como argumento uma matriz de duas dimensões, ou em inglês, um "2D Array", em vez de uma lista de escalares. Uma lista de escalares é uma lista simples do Python do tipo ([ 1.2, 4.5, 2.3 ]). Uma matriz de duas dimensões tem a seguinte forma: ([ [1.2], [4.5], [2.3] ]). Um erro mostrando exatamente essa informação é lançado se tentarmos enviar para o algoritmo os dados em uma forma diferente.

tipo lista de valores. Teremos, então, que voltar à forma anterior para utilizar as variáveis no *Regressor*.

```
X = X.reshape(len(X),1)
y = y.reshape(len(y),1)
```

Listagem 15.3 — Alterando uma lista de escalares em uma matriz de 2D (svr.py — excerto).

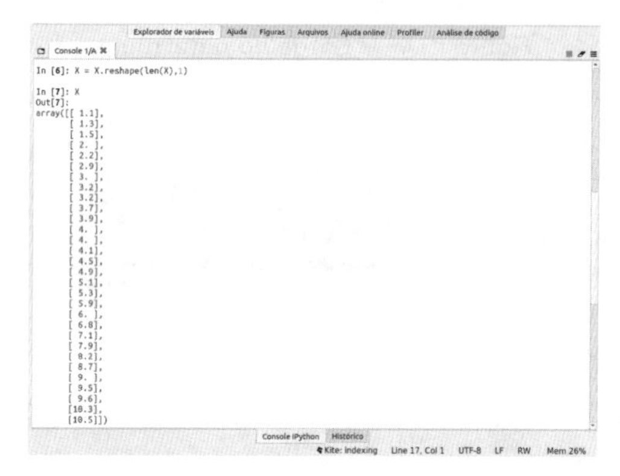


Figura 15.6 — Detalhe da alteração da lista de escalares para uma matriz 2D.

Com os valores de X e y no formato de matriz 2D, poderemos aplicar o método do pré-processamento StandardScaler. O método fit_ transform( ) é utilizado para padronizar os dados.

```
sc_X = StandardScaler( )
sc_y = StandardScaler( )
X = sc_X.fit_transform(X)
y = sc_y.fit_transform(y)
```

Listagem 15.4 — Criação dos dois módulos para padronização dos dados (svr.py — excerto)

## Treinamento do algoritmo

Agora poderemos enviar para o *Regressor* a matriz em 2D com os valores padronizados e chamar o método *.fit( )*. Este método é usado pelo object *Regressor* para criar a função que retornará os valores da previsão, com o método .predict( ). Várias funções podem ser utilizadas com o **SVR**, basta escolhermos um *kernel* diferente. Para fins de exemplo, criaremos dois regressores: um com o núcleo linear, outro com o rbf *(radial basis funcion)*.

```
# KERNEL Linear
regressor_linear = SVR(kernel='linear')

# KERNEL Gaussian Radial Basis Function
regressor_rbf = SVR(kernel='rbf')
```

Listagem 15.5 — Criação dos dois objetos Regressor com dois kernels diferentes (srv.py — excerto)

Como dito anteriormente, o objeto *Regressor* recebe como argumento dados como uma lista de valores, o que nos obriga a converter novamente a matriz 2D em uma lista de valores. A função .ravel( ) do ***NumPy*** é utilizada nesse caso.

```
y = np.ravel(y)
```

Listagem 15.6 — Alterando uma lista de escalares em uma matriz de 2D (svr.py — excerto).

Finalmente, a função que recebe as variáveis e cria a função com o *kernel* escolhido.

```
regressor_linear.fit(X,y)
```

Listagem 15.7 — Alterando uma lista de escalares em uma matriz de 2D (svr.py — excerto).

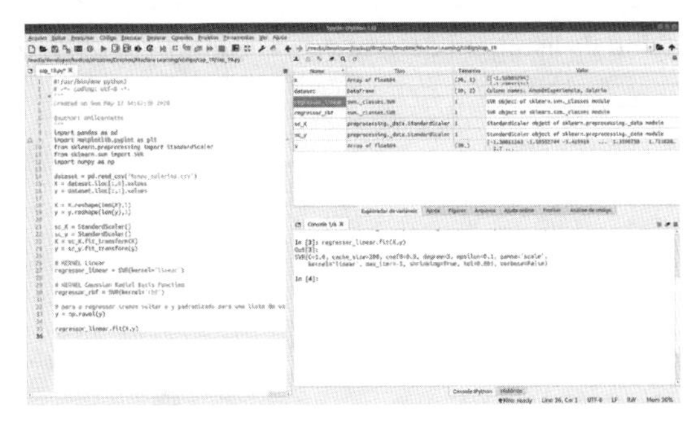

Figura 15.7 — Detalhe da listagem de criação do Regressor com *kernel* linear.

# Visualização dos resultados

Regressor criado, é hora de visualizarmos a função criada. Utilizando o ***MatplotLib***, criaremos um gráfico de dispersão com os pontos do nosso *dataset* e uma reta com nosso *Regressor* utilizando a função *predict( )*.

```
plt.scatter(sc_X.inverse_transform(X), sc_y.inverse_transform(y),\
        color = 'red')
plt.plot(sc_X.inverse_transform(X), sc_y.inverse_transform(regressor_linear.predict(X)), color = 'blue')
plt.title('Regressão Linear usando SVR - kernel Linear')
plt.xlabel('Anos de Experiência')
plt.ylabel('Salário')
plt.show( )
```

Listagem 15.8 — Carga e exibição do gráfico de dispersão em conjunto com a função do SVR (svr.py — excerto).

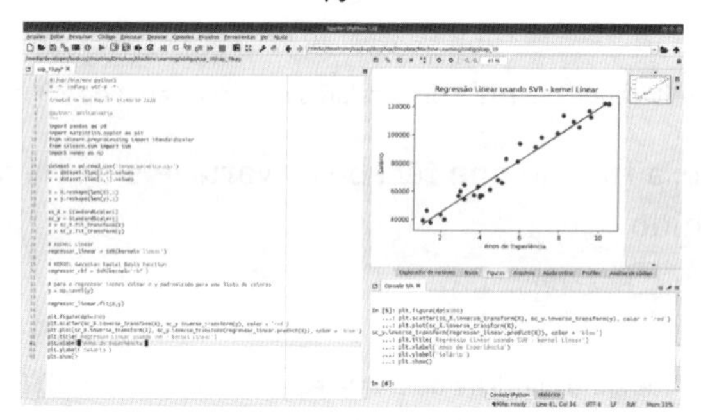


Figura 15.8 — Detalhe da listagem do gráfico utilizando Regressor com *kernel* linear.

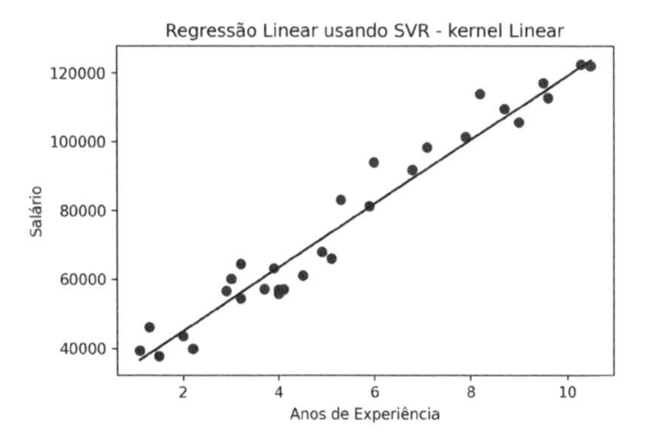


Figura 15.9 — Detalhe da figura que exibe o Regressor com *kernel* linear.

O **SVR** retornou uma função com excelente previsão de valores, representada pela reta que atravessa os pontos. Testaremos a previsão do algoritmo com o *kernel* **RBF**. Basta chamar o método *.fit( )* do *Regressor* rbf criado anteriormente.

```
y = np.ravel(y)
```

Listagem 15.9 — Alterando uma lista de escalares em uma matriz de 2D (svr.py — excerto).

```
regressor_rbf.fit(X,y)
```

Listagem 15.10 — Criação do objeto Regressor com o kernel RBF (svr.py — excerto).

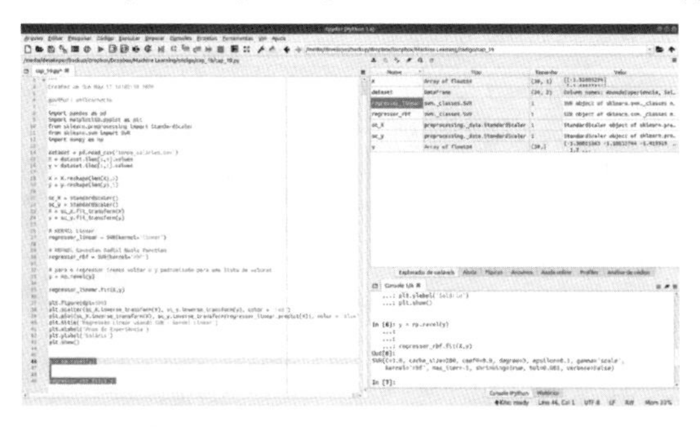

Figura 15.10 — Detalhe da listagem de criação do Regressor com *kernel* RBF.

Novamente, criaremos um gráfico de dispersão com os pontos do nosso *dataset* e uma reta com nosso *Regressor* utilizando a função *predict( )*, desta vez utilizando o *kernel* **RBF.**

```
plt.scatter(sc_X.inverse_transform(X), sc_y.inverse_transform(y),
color = 'red')
plt.plot(sc_X.inverse_transform(X), sc_y.inverse_transform(regres-
sor_rbf.predict(X)), color = 'blue')
plt.title('Regressão usando SVR - kernel RBF')
plt.xlabel('Anos de Experiência')
plt.ylabel('Salário')
plt.show( )
```

Listagem 15.11 — Carga e exibição do gráfico de dispersão em conjunto com a função do SVR utilizando o kernel RBF (svr.py — excerto).

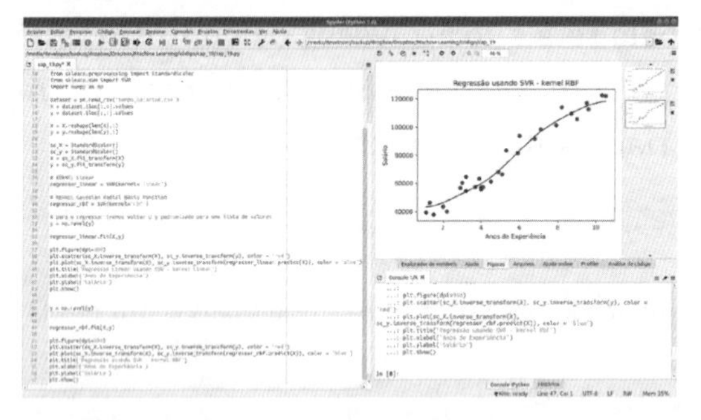

Figura 15.11 — Detalhe da listagem do gráfico utilizando *Regressor* com *kernel* RBF (svr.py — excerto).

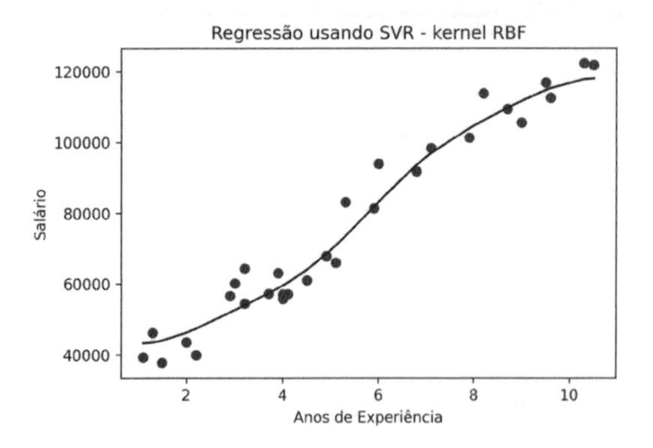


Figura 15.12 — Detalhe da figura que exibe o Regressor com *kernel* linear.

Verifique, caro leitor, o efeito que se apresenta quando utilizamos o **RBF** que define uma curva suave para nossa regressão. O algoritmo teve um comportamento muito próximo ao de um algoritmo de regressão polinomial, o que podemos interpretar como sendo o mais perto possível da realidade. Como exercício, utilize os mesmos dados, mas crie *Regressores* utilizando os *kernels* informados no quadro do início do capítulo.

```
#!/usr/bin/env python3
# -*- coding: utf-8 -*-
import pandas as pd
import matplotlib.pyplot as plt
from sklearn.preprocessing import StandardScaler
from sklearn.svm import SVR
import numpy as np

dataset = pd.read_csv('tempo_salarios.csv')
X = dataset.iloc[:,0].values
y = dataset.iloc[:,1].values

X = X.reshape(len(X),1)
y = y.reshape(len(y),1)

sc_X = StandardScaler( )
sc_y = StandardScaler( )
X = sc_X.fit_transform(X)
y = sc_y.fit_transform(y)

# KERNEL Linear
regressor_linear = SVR(kernel='linear')

# KERNEL Gaussian Radial Basis Function
regressor_rbf = SVR(kernel='rbf')

# para o regressor, iremos voltar o y padronizado para uma lista de
valores
y = np.ravel(y)

regressor_linear.fit(X,y)
```

```
plt.figure(dpi=300)
plt.scatter(sc_X.inverse_transform(X), sc_y.inverse_transform(y),
color = 'red')
plt.plot(sc_X.inverse_transform(X), sc_y.inverse_transform(regres-
sor_linear.predict(X)), color = 'blue')
plt.title('Regressão Linear usando SVR - kernel Linear')
plt.xlabel('Anos de Experiência')
plt.ylabel('Salário')
plt.show( )

y = np.ravel(y)

regressor_rbf.fit(X,y)

plt.figure(dpi=300)
plt.scatter(sc_X.inverse_transform(X), sc_y.inverse_transform(y),
color = 'red')
plt.plot(sc_X.inverse_transform(X), sc_y.inverse_transform(regres-
sor_rbf.predict(X)), color = 'blue')
plt.title('Regressão usando SVR - kernel RBF')
plt.xlabel('Anos de Experiência')
plt.ylabel('Salário')
plt.show( )
```

**Listagem 15.12 — Código completo do capítulo (svr.py).**

# 16
# K-Nearest Neighbors (K-NN)

Neste capítulo, examinaremos o algoritmo K-Nearest Neighbors, ou simplesmente **K-NN**, um algoritmo de ***classificação***. Este é um dos algoritmos clássicos mais conhecidos, tendo sido proposto já em 1975. Sua finalidade é rotular uma amostra de acordo com as amostras próximas, a partir de um conjunto de treinamento. Por exemplo, suponha que você está tentando prever qual marca de sabão em pó eu comprarei para minha casa este mês. Se você não tiver nenhuma informação a meu respeito, mas souber qual a marca favorita de meus vizinhos mais próximos, um possível raciocínio seria: as pessoas da mesma região devem fazer escolhas parecidas, pois convivem em um ambiente semelhante, por isso, provavelmente ele comprará a mesma marca que os vizinhos. Tudo bem, isso é basicamente um "chute", mas ainda é melhor que o "chute cego" que você teria que dar se não tivesse a informação acerca da vizinhança.

Em muitas classes de problemas, esse raciocínio fornece uma aproximação muito boa para a resposta verdadeira, e a partir dele foi criado o algoritmo ***K-Nearest Neighbors***,[1] que estudaremos neste capítulo.

## Descrição do algoritmo

O algoritmo **K-NN**, grosso modo, começa selecionando os K vizinhos mais próximos a um novo item que será incluído no conjunto. Para isso, é importante que sejam definidos antecipadamente:

---

1 Em algumas obras, você encontrará o nome do algoritmo traduzido para "K-Vizinhos Mais Próximos".

1. Uma função de distância, usada para encontrar os vizinhos mais próximos.
2. Um valor para o parâmetro ***K***, que deve, ***preferencialmente***, ser um número ímpar.

Na realidade, seria necessária uma razão ***muito boa*** para usar um valor par para K, pois isso implicaria a ocorrência de possíveis ***empates*** na avaliação da quantidade de vizinhos mais próximos, obrigando a implementação de um procedimento de ***desempate*** no código do modelo, tornando-o mais complexo, e se isso for ***realmente*** necessário, talvez o **K-NN** não seja o algoritmo mais indicado para a questão.

Um dos problemas clássicos para a aplicação desse algoritmo é o de determinar em qual candidato um eleitor votará em um dado pleito: imagine que as ***únicas informações*** que você tem acerca de um determinado eleitor (ou mesmo uma determinada região — condomínio, rua, bairro etc.) seja a de como seus ***vizinhos imediatos*** votarão. Para tentar estimar qual será o voto daquela pessoa, na falta de mais informações, poderíamos considerar que o eleitor será influenciado ao máximo pela forma como os vizinhos votarão (o chamado "efeito manada", muito usado para explicar, por exemplo, decisões de compra no mercado de ações). Logo, o **K-NN** faz sua estimativa considerando as categorias dos N vizinhos mais próximos e classifica o novo dado na mesma categoria que a ***maioria*** de seus vizinhos imediatos. Considere a situação da Figura 16.1. Em qual das duas categorias o novo ponto será classificado?

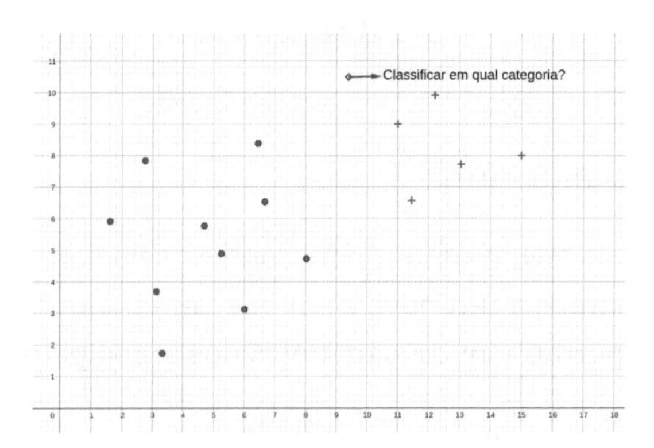


Figura 16.1 — A qual grupo o novo ponto pertence?

No caso da imagem, é possível perceber ***visualmente*** que o novo ponto está mais próximo daqueles representados por pequenos sinais de +. E se não fosse tão fácil identificar essa distância? E se, em vez de uma distância que pudesse ser representada em um plano em duas dimensões, o dado fosse um vetor com cinquenta ou cem dimensões?

**K-NN** resolve esses problemas com um requerimento muito simples: basta uma ***função*** que, dados dois pontos, compute a ***distância*** entre eles. Para problemas que possam ser representados graficamente em um plano, a "velha" fórmula da ***distância euclidiana*** serve muito bem:

$$D(A,B)=\sqrt{(x_2-x_1)^2+(y_2-y_1)^2}$$

Se você não se recorda dela, está na hora de "tirar a poeira" daquele seu livro de matemática do ensino médio. Brincadeirinha! Não se preocupe, a biblioteca fará todos os cálculos para você.

Seu funcionamento é bastante fácil de entender: o algoritmo calcula a distância para cada novo ponto para os demais no conjunto. Em seguida, ele classifica os pontos por ordem crescente de distância para o ponto que será rotulado. Finalmente, ele escolhe os K elementos mais próximos e ***rotula*** o ponto com a categoria majoritária entre aqueles K elementos. Para evitar ***empates***, que complicariam a implementação, deve-se escolher um valor ***ímpar*** para K. Tradicionalmente, usa-se 5, mas isso pode ser ajustado de acordo com o problema em que o algoritmo for aplicado.

Algumas de suas características:

- Facilidade de implementação.
- Não necessita que os dados sobre os quais será aplicado sigam uma distribuição específica qualquer — característica bastante conveniente, pois na maior parte dos casos reais, você não encontrará dados "bem-comportados".
- É dito um ***algoritmo não paramétrico***, ou seja, ele utiliza uma quantidade flexível de parâmetros para chegar a um

resultado (e, em geral, quanto maior a quantidade de dados sobre a qual o algoritmo operará, maior a quantidade de parâmetros utilizados e maior o ***custo computacional*** para executá-lo). Por outro lado, ele faz menos suposições acerca dos dados.

- Não requer, ao contrário de outros algoritmos de classificação para ***Machine Learning***, uma extensa lista de parâmetros: basicamente, só precisa receber a quantidade de vizinhos K e a função que calcula a distância entre pontos "vizinhos".
- É possível incluir novos pontos de dados a qualquer momento e simplesmente recalcular todas as distâncias.
- Em comparação com outros algoritmos de classificação, costuma ser bastante rápido, não necessitando de uma etapa de "treinamento".
- Se usado com ***variáveis categóricas***, seu desempenho pode cair bastante, pois o cálculo das "distâncias" pode não ser trivial. "Distância", neste contexto, pode ser interpretada de uma maneira mais "frouxa", ou seja, não é, necessariamente, um deslocamento espacial — pode inclusive ser medida em um espaço vetorial com mais de três dimensões. Por exemplo, poderíamos considerar um certo ponto com as dimensões (x, y, z, peso, altura) e, dependo do caso, um ponto A com coordenadas espaciais (x1, y1, z1) geometricamente mais próximo de outro ponto B = (x2, y2, z2), poderia,então ser preterido pelo algoritmo em relação a um terceiro ponto C = (x3, y3, z3), que, apesar de mais distante de A que B, tivesse peso e altura mais significativos para o problema em estudo (***peso*** e ***altura***, neste caso, são meros exemplos, poderia haver quaisquer outros dados relevantes ao problema). Pense nas informações representadas pelo ponto não como uma primitiva geométrica, mas como uma *tupla* de dados.
- A duração de seu processamento pode ser prejudicada pelo aumento da quantidade de informações e dimensões envol-

vidas, devido ao tempo necessário para calcular distâncias entre um grande número de pontos, cada um com muitas dimensões.

Grosso modo, este algoritmo calcula a "distância" entre novos pontos de dados e aqueles existentes e faz com que os que estiverem mais próximos entre si sejam tratados como um grupo. A abstração geométrica é útil, pois em muitos problemas, pode-se representar o dado como um ponto de um espaço bi ou tridimensional, por exemplo.

## A "maldição da dimensionalidade"

Um problema que pode degradar consideravelmente o desempenho do algoritmo **K-NN** é a chamada "maldição da dimensionalidade": basicamente, ao acrescentar características a um modelo, nem sempre isso implicará aumento de desempenho; na verdade, pode ocorrer justamente o ***contrário***: muitas vezes, quando um problema tem centenas ou até milhares de atributos (chamados aqui de ***dimensões*** — lembre-se de que seus dados serão representados por vetores ***multidimensionais***), a adição de novos atributos introduz mais complexidade no modelo e nem sempre melhora o desempenho do algoritmo.

Os pontos, em espaços com alta dimensionalidade, tendem a ser distantes uns dos outros (diz-se que os espaços de dimensões mais altas são ***vastos***).

Suponha que um conjunto de dados seja descrito por cinquenta atributos, porém, destes, apenas cinco são relevantes para o modelo. Os demais poderiam ter problemas como alta correlação, grande quantidade de valores ausentes ou incorretos etc. Em geral, o desempenho de um algoritmo de classificação tende a decair a partir de um dado número de variáveis independentes, mesmo que elas sejam úteis ao modelo.

Considere a média da distância entre os pontos da amostra: em um espaço com poucas dimensões, os pontos mais próximos ***tendem a ter uma distância entre eles menor que a média***. Porém, dois pontos só estão, ***de fato***, próximos se o estiverem em ***todas as dimensões***, e, portanto, cada dimensão nova acrescentada ao modelo é uma possibilidade de o ponto distanciar-se, o que faz com que, em espaços de ***alta dimensionalidade***, as amostras tornem-se esparsas e com pouca similaridade entre elas.

Se na fase de pré-processamento não tratarmos adequadamente esses problemas, o resultado dos algoritmos pode ser muito prejudicado — em particular, o **K-NN** é sensível à ***maldição da dimensionalidade***.

## Executando o K-NN com o dataset Bank Note Authentication

Para compreendermos o funcionamento do algoritmo, usaremos o dataset Bank Note Authentication,[2] do repositório UCI. Para facilitar seus estudos, há uma cópia no material para download do livro, na pasta /codigo/cap_16/, com o nome de bank_note.csv.

Os dados desse conjunto originam-se de imagens que foram tiradas de amostras genuínas e falsificadas de notas bancárias. Os dados contêm medidas estatísticas das notas digitalizadas e uma categorização em duas classes: legítimo (classe 1) e fraude (classe 0).

## Importando as bibliotecas e os dados

Começaremos, como de costume, importando as bibliotecas e os dados:

```
import pandas as pd
import numpy as np
import matplotlib.pyplot as plt

df = pd.read_csv('bank_note.csv')
```

Listagem 16.1 — Importando as bibliotecas e os dados (k_nn.py).

---

2 Disponível em <https://www.kaggle.com/ritesaluja/bank-note-authentication-uci-data/download>.

Após executarmos essa listagem no ***Spyder***, podemos visualizar o conteúdo do *DataFrame* df, como mostra a Figura 16.2.

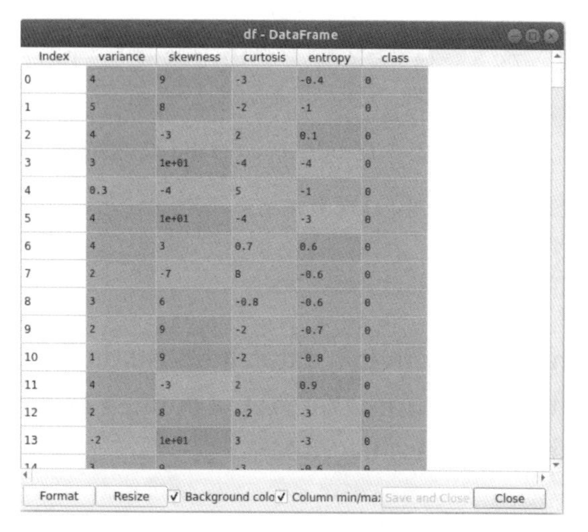


| Index | variance | skewness | curtosis | entropy | class |
|---|---|---|---|---|---|
| 0 | 4 | 9 | -3 | -0.4 | 0 |
| 1 | 5 | 8 | -2 | -1 | 0 |
| 2 | 4 | -3 | 2 | 0.1 | 0 |
| 3 | 3 | 1e+01 | -4 | -4 | 0 |
| 4 | 0.3 | -4 | 5 | -1 | 0 |
| 5 | 4 | 1e+01 | -4 | -3 | 0 |
| 6 | 4 | 3 | 0.7 | 0.6 | 0 |
| 7 | 2 | -7 | 8 | -0.6 | 0 |
| 8 | 3 | 6 | -0.8 | -0.6 | 0 |
| 9 | 2 | 9 | -2 | -0.7 | 0 |
| 10 | 1 | 9 | -2 | -0.8 | 0 |
| 11 | 4 | -3 | 2 | 0.9 | 0 |
| 12 | 2 | 8 | 0.2 | -3 | 0 |
| 13 | -2 | 1e+01 | 3 | -3 | 0 |

Figura 16.2 — Explorando o conteúdo do dataFrame.

Os atributos dos dados representados nesse dataFrame são:

- Variância.
- **Assimetria.**
- Curtose.
- Entropia.
- Classe.

Os quatro primeiros são medidas estatísticas que fornecerão a base para nosso classificador identificar se a nota avaliada é verdadeira (classe 1) ou falsa (classe 0).

## Análise exploratória

Dada a simplicidade do conjunto de dados em estudo, temos pouco a comentar sobre a fase de análise exploratória.

Vamos conferir as dimensões do *dataset* e os primeiros cinco registros:

```
In [4]: df.shape
Out[4]: (1372, 5)

In [5]: df.head()
Out[5]:
   variance  skewness  curtosis  entropy  class
0   3.62160    8.6661   -2.8073 -0.44699      0
1   4.54590    8.1674   -2.4586 -1.46210      0
2   3.86600   -2.6383    1.9242  0.10645      0
3   3.45660    9.5228   -4.0112 -3.59440      0
4   0.32924   -4.4552    4.5718 -0.98880      0
```

Figura 16.3 — Dando uma olhada nos dados.

# Pré-processamento dos dados

Vamos começar dividindo o dataframe em dados de treino e teste. Altere a Listagem 16.1 para que fique como a Listagem 16.2 — os trechos alterados estão em ***negrito***.

```
1. import pandas as pd
2. import numpy as np
3. import matplotlib.pyplot as plt
4. from sklearn.model_selection import train_test_split
5.
6. df = pd.read_csv('bank_note.csv')
7. print(df.shape)
8. print(df.head( ))
9. X = df.iloc[:,0:4].values
10.y = df.iloc[:,4].values
11.X_treino, X_teste, y_treino, y_teste = train_test_split(X, y,\
12.                    test_size=0.3, random_state=3)
```

Listagem 16.2 — Acrescentando a análise exploratória e divisão da amostra (k_nn.py).

O código nas linhas de 1 a 8 apenas repete os passos já explicados; na linha 9, são carregados na variável X, os atributos ***independentes*** — não se esqueça de que, em Python, os intervalos são ***abertos à direita***, logo, **df.iloc[:,0:4].values** seleciona os ***quatro*** primeiros atributos do *DataFrame* df. Na linha 10, a variável y recebe o atributo previsor, ***Classe***.

Como de costume, nas linhas 11 e 12, a amostra será dividida em dados de "treino" e teste. Usamos o parâmetro ***random_state=3*** para que você possa reproduzir nossos resultados, mas em um caso ***real***, isso não deve ser feito. Perceba que, como citado, o **K-NN** não precisa, de fato, de um treinamento.

## Padronizando os dados

A próxima alteração que faremos no código será introduzir uma chamada à classe StandardScaler, na linha 14, bem como chamadas ao método fit_transform( ), nas linhas 15 e 16, para ***padronizar*** nossas variáveis independentes, evitando que diferenças de escala distorçam os resultados. Altere o código para que fique como na Listagem 16.3.

```
1. import pandas as pd
2. import numpy as np
3. import matplotlib.pyplot as plt
4. from sklearn.model_selection import train_test_split
5. from sklearn.preprocessing import StandardScaler
6.
7. df = pd.read_csv('bank_note.csv')
8. print(df.shape)
9. print(df.head( ))
10.X = df.iloc[:,0:4].values
11.y = df.iloc[:,4].values
12.X_treino, X_teste, y_treino, y_teste = train_test_split(X, y,\
13.                    test_size=0.3, random_state=3)
14.escalonador = StandardScaler( )
15.X_treino = escalonador.fit_transform(X_treino)
16.X_teste = escalonador.fit_transform(X_teste)
```

Listagem 16.3 — Acrescentando a análise exploratória e divisão da amostra (k_nn.py).

## Executando a classificação e avaliando os resultados

Finalmente, chamaremos o classificador e avaliaremos os resultados. Altere, mais uma vez, o código anterior, para que fique como na Listagem 16.4.

```
1. import pandas as pd
2. import numpy as np
3. import matplotlib.pyplot as plt
4. from sklearn.model_selection import train_test_split
5. from sklearn.preprocessing import StandardScaler
6. from sklearn.neighbors import KNeighborsClassifier
7. from sklearn.metrics import confusion_matrix, accuracy_score
8.
9. df = pd.read_csv('bank_note.csv')
10.print(df.shape)
11.print(df.head())
12.X = df.iloc[:,0:4].values
13.y = df.iloc[:,4].values
14.X_treino, X_teste, y_treino, y_teste = train_test_split(X, y,\
15.                         test_size=0.3, random_state=3)
16.escalonador = StandardScaler( )
17.X_treino = escalonador.fit_transform(X_treino)
18.X_teste = escalonador.fit_transform(X_teste)
19.
20.        algoritmo = KNeighborsClassifier(n_neighbors=3)
21.algoritmo.fit(X_treino, y_treino)
22.
23.previsoes = algoritmo.predict(X_teste)
24.        matriz_confusao = confusion_matrix(y_teste, previsoes)
25.acuracia = accuracy_score(y_teste, previsoes)
```

26.print(f'Matriz de Confusão: {matriz_confusao}')

27.print(f'Acurácia do modelo: {acuracia}')

Listagem 16.4 — Realizando a classificação dos dados com o algoritmo K-NN (k_nn.py).

A saída da execução da Listagem 16.4 mostra:

```
(1372, 5)
   variance  skewness  curtosis  entropy  class
0   3.62160    8.6661   -2.8073 -0.44699      0
1   4.54590    8.1674   -2.4586 -1.46210      0
2   3.86600   -2.6383    1.9242  0.10645      0
3   3.45660    9.5228   -4.0112 -3.59440      0
4   0.32924   -4.4552    4.5718 -0.98880      0
Matriz de Confusão: [[239   1]
 [  0 172]]
Acurácia do modelo: 0.9975728155339806
```

Figura 16.4 — Resultado da execução da Listagem 16.4.

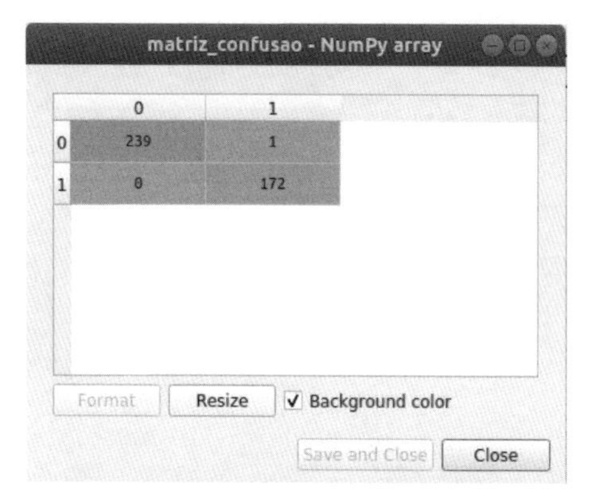


Figura 16.5 — Matriz de confusão.

E a Figura 16.5 exibe, no ***Spyder***, a *matriz de confusão* para a nossa análise. Perceba, na Figura 16.4, que a ***acurácia*** de nossa previsão foi de, aproximadamente, 99,76%! Sem dúvida, um ótimo resultado. A matriz de confusão mostra que houve apenas uma previsão errada, em um total de 412 registros.

A nossa escolha inicial de K = 3 produziu esse resultado, mas, em modelos reais, nem sempre se consegue tal grau de perfeição. Sempre que você estiver elaborando um estudo e, ao testar ficar insatisfeito com alguma métrica acerca do resultado, tente ajustar os parâmetros do algoritmo.

# 17
# Programação Visual com ORANGE

O ávido leitor de Data Science & Mining deve estar se perguntando: "Puxa, quantas funções de console preciso aprender para utilizar no meu projeto ['científico', 'comercial', 'hobby', 'de startup revolucionária']! Mas eu não sou da área de ['computação', 'engenharia', 'matemática', 'exatas']. Existiria uma forma mais simples (de preferência gráfica, que ajude na apresentação) de utilizar os algoritmos de aprendizado de máquina?" Bem, a resposta curta é: Sim. A resposta longa é: desenvolvido em meados de 1997, por Janez Demšar e Blaž Zupan, ambos do Departamento de Ciência da Computação da Universidade de Liubliana, capital da Eslovênia, o Orange (Laranja) foi desenvolvido incialmente como uma biblioteca de funções de pre-processamento, criação de amostras e manipulação de dados, escritas em C++ (uma linguagem de programação orientada a objetos muito utilizada em desenvolvimento de sistemas, derivada do C — que foi desenvolvido para escrever o sistema operacional Unix).

Entretanto, eles perceberam que dificilmente precisavam escrever aplicações especializadas que utilizassem essa biblioteca de funções. A maioria das vezes, o Orange era utilizado para exploração de dados em diversas combinações de preprocessamento e algoritmos de aprendizado de máquina com testes usando validação cruzada. Dessa forma, os componentes foram organizados de modo que pudessem ser utilizados via console, sendo desenvolvida uma interface para utilização daqueles via Python. Já em 1999, a maioria dos usuários do Orange utilizava sua biblioteca Python no lugar do C++. Mais ainda, a criação desses módulos Python facilitou o desenvolvimento de uma interface gráfica para o Orange.

Em 2005, necessitando utilizar as funções da biblioteca Orange no campo da biomedicina, de forma gráfica, junto a outros departamentos da mesma universidade, foram desenvolvidos compontentes gráficos que vieram a se tornar o Orange conhecido hoje.

Com seus várias componentes gráficos (chamados de *widgets*), o Orange é uma ferramenta incrível de pesquisa e ensino, desde a exploração de dados, escolha de um ou mais componentes que recebem esses dados tratados e operam uma função de Regressão ou Classificação, análise da qualidade do resultado desse algoritmo, até a apresentação utilizando vários tipos de gráficos, sendo todos os componentes interativos. Mas como isso tudo funciona? Apresentaremos um exemplo simples de Regressão Linear, utilizado no Capítulo 9.

Como visto no capítulo de Regressão Linear Simples, obedecendo o fluxograma das etapas de um projeto de análise de dados, já teríamos o problema, que é decidir se existe ou não uma relação linear entre anos de experiência em uma determinada empresa e o salário que se recebe. Esse problema foi resolvido utilizando-se Pandas para a carga do arquivo CSV, separando o *dataframe* em dois: a variável independente (que consideramos os anos de experiência) e a dependente (o salário que *depende* do tempo de experiência na empresa), teoricamente. Separamos as variáveis independente e dependente em treino e teste (70% para treino e 30% para teste do algoritmo). Criamos um objeto LinearRegression do módulo sklearn.linear_model e utilizamos o método *fit* para treinar o modelo com os dados de treino. Com o modelo treinado, utilizamos o método *predict*, com os dados de teste, e verificamos quais valores são retornados. Essa lista é utilizada no gráfico *matplotlib*, que nos mostrará, felizmente, uma reta.

Ufa! Este tipo de abordagem é muito útil para ser apresentada em *notebooks* Ipython via web, mas exige um grau de familiaridade com Python e programação que não é comum a profissionais da área de saúde, por exemplo.

Então, como seria solucionado o problema anterior utilizando o Orange? (Para aqueles que não têm o Orange instalado, apresentamos um passo a passo no anexo deste livro. Navegaremos na interface do Orange e então tentaremos solucionar o problema de Regressão Linear indicado anteriormente.)

## Introdução ao Orange

A tela principal do Orange é composta de uma área livre à direita, chamada de tela (*canvas*). Do lado esquerdo há uma lista de categorias de ferramentas, e abaixo, algumas opções de criação de legendas e setas.

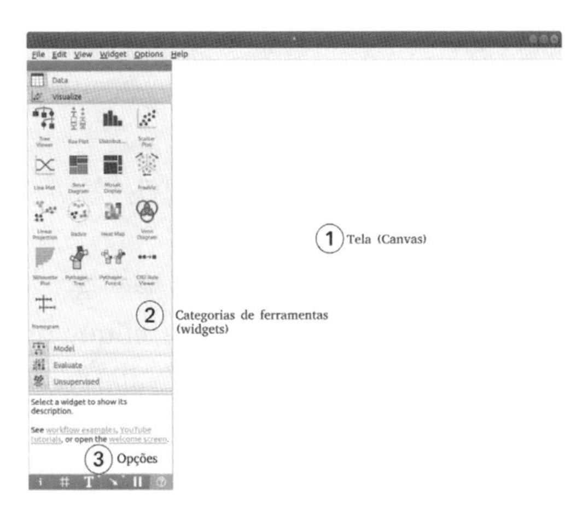


Figura 17.1 — Tela inicial do Orange.

O *workflow* básico de qualquer projeto de *Data Science* começa com a carga dos dados e sua exploração. No Orange, essa etapa é extremamente simples. Utilizaremos a ferramenta Arquivo (File) arrastando-o para a área da tela vazia. Aproveitaremos para resolver um problema sobre Regressão Linear.

## Projeto 1 — Regressão Linear Simples

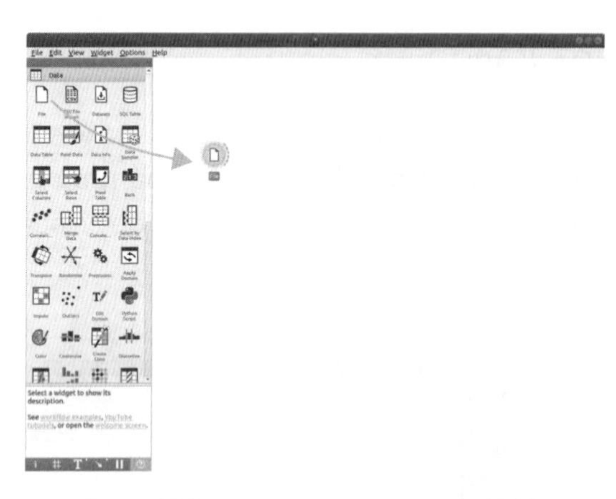

Figura 17.2 — Ferramenta Arquivo (*File*).

Clicando duas vezes na ferramenta, um diálogo de janela padrão de abertura de arquivo é mostrado. Em File, clique no botão com reticências [...] e procure pelo arquivo *tempo_salarios.csv*. Basta fechar clicando em fechar.

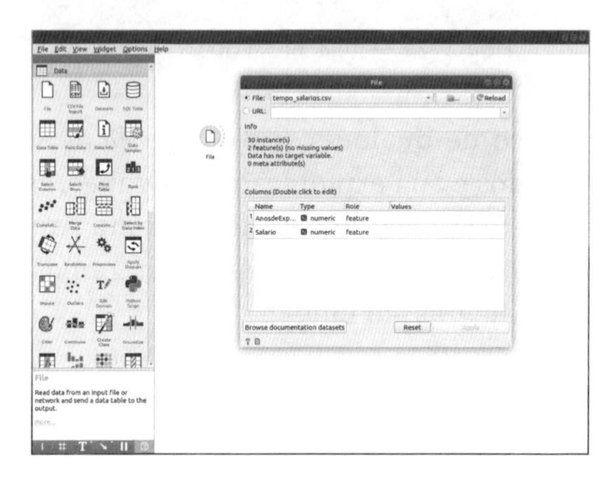


Figura 17.3 — Ferramenta Arquivo (*File*).

O arquivo já foi carregado e o observaremos com outra ferramenta, chamada Tabela (*Table*), para visualizar os dados. Para isso, clique na área em forma de arco da ferramenta Arquivo, arraste para que o menu apareça e selecione Data Table (Tabela de Dados). Fácil, não?

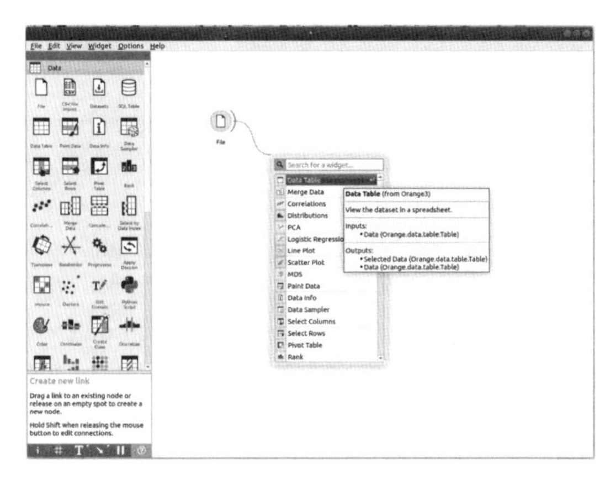


Figura 17.4 — Ferramenta Tabela (*Table*).

Clicando duas vezes na ferramenta chamada Tabela (*Table*), uma janela é apresentada para visualizar os dados. Fácil, não?

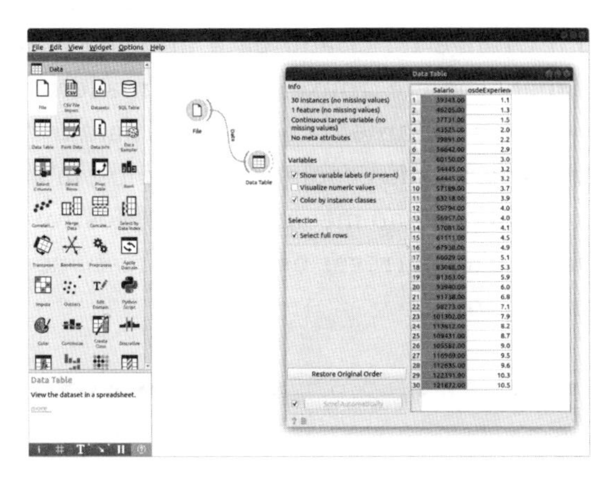


Figura 17.5 — Ferramenta Tabela (*Table*).

**Importante**

**Avaliação dos algoritmos de regressão**

A avaliação da qualidade dos algoritmos de regressão geralmente utiliza valores de erros em relação ao que o modelo previu e aos dados da vida real. Esses erros são medidos usando-se métricas como a MSE, RMSE, MAE e R-Squared (ou $R^2$).

- **MSE** (Mean Squared Error — Erro quadrático médio) é calculado da média ao quadrado da diferença entre os dados originais e a previsão.
- **MAE** (Mean absolute error — Erro absoluto médio) representa a média absoluta da diferença entre os dados originais e a previsão.
- **RMSE** (Root Mean Squared Error — Raiz do Erro Quadrático Médio) é a taxa de erro calculada pela raiz quadrada do MSE.
- **R-squared** (R2 ou Coeficiente de Determinação) representa o quanto os valores previstos concordam (se parecem) com os valores originais. O valor entre 0 e 1 é interpretado em porcentagem. Quanto mais próximo a 1, melhor o modelo.

Para verificarmos se existe uma relação linear entre as variáveis Salario e AnosdeExperiencia, utilizaremos a ferramenta *LinearRegression*. Como o Orange foi criado para apresentação e ensino do aprendizado de máquina, ele trouxe consigo uma ferramenta chamada *Test and Score*. Essa ferramenta é utilizada para testar e avaliar os modelos utilizados para cada problema. Podemos, inclusive, carregar vários modelos e avaliá-los ao mesmo tempo. Mostraremos isso logo a seguir. Os passos são: carregar os *widgets Test and Score* e *Linear Regression* e conectá-los.

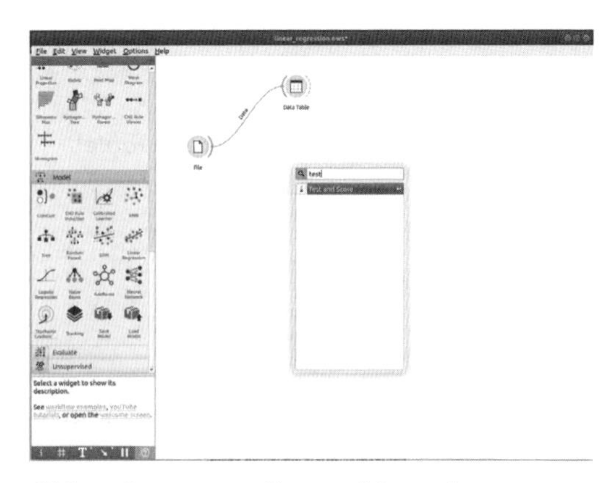

Figura 17.6 — Rerramenta Test and Score (*testar e pontuar*).

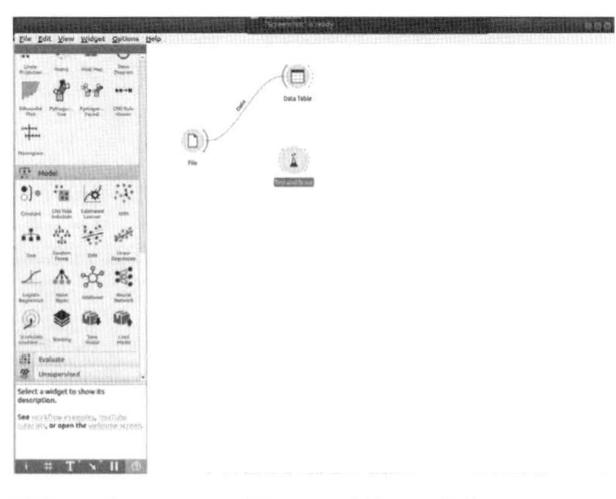

Figura 17.7 — Ferramenta Test and Score 2 (*testar e pontuar*).

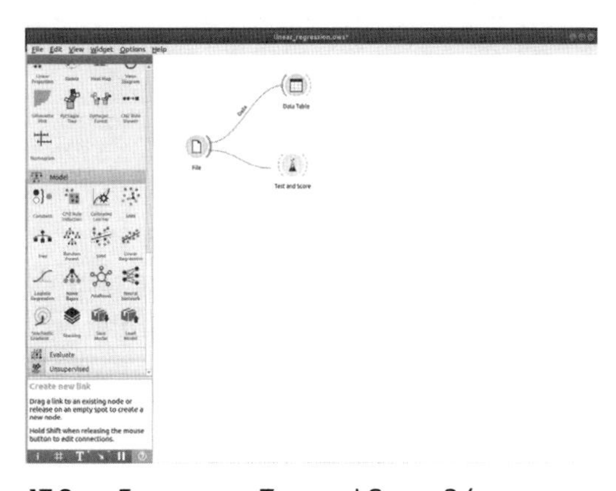

Figura 17.8 — Ferramenta Test and Score 3 (*testar e avaliar*).

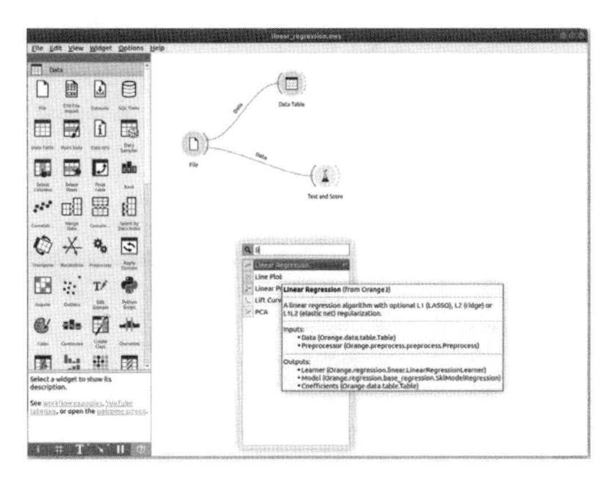

Figura 17.9 — Ferramenta Linear Regression 1 (*Regressão Linear*).

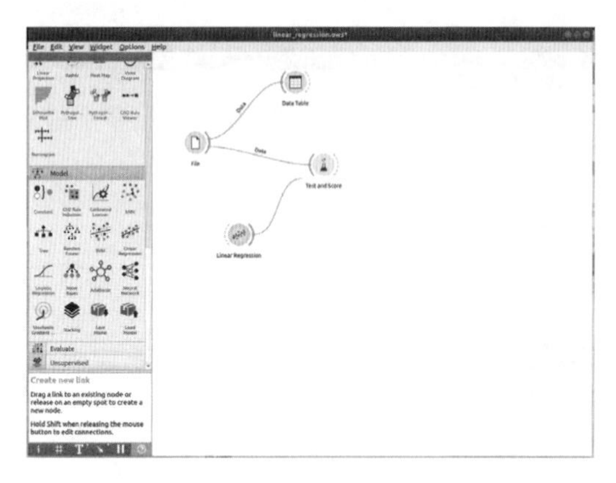

Figura 17.10 — Ferramenta Linear Regression 2 (*Regressão Linear*).

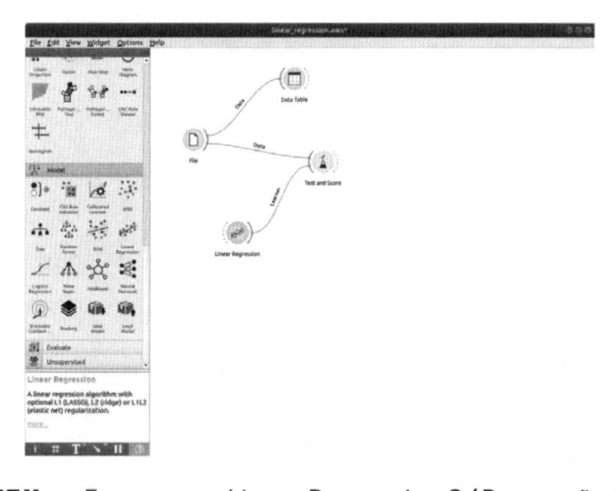

Figura 17.11 — Ferramenta Linear Regression 3 (*Regressão Linear*).

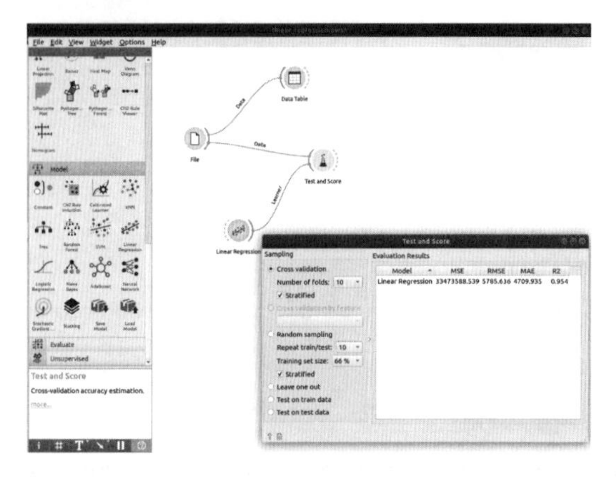

Figura 17.12 — Teste e avaliação da Regressão Linear.

Figura 17.13 — Detalhe de teste e avaliação da Regressão Linear.

Com estes poucos passos, todos do tipo arrastar e soltar, carregamos nosso *dataset*, o regressor linear, e verificamos facilmente que existe uma relação linear forte entre os dados e o alvo. O valor do erro quadrado (R2) é muito próximo de 1. Excelente!

Se no seu Dataflow não apareceu o valor de Teste e Avaliação, e no lugar dele foi mostrada uma exclamação, significa que não houve a definição da variável dependente, que o Orange chama de *Target*. Mas como faremos essa definição? Se estivéssemos utilizando o Python, deveríamos selecionar o X e o y das colunas de nosso Dataframe Pandas e enviar para o *Regressor*. Como faremos no Orange?

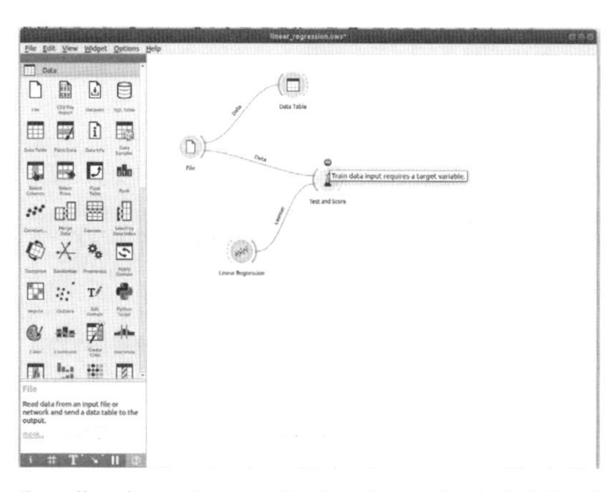

Figura 17.14 — Detalhe de teste e avaliação alerta de definição de variável Alvo.

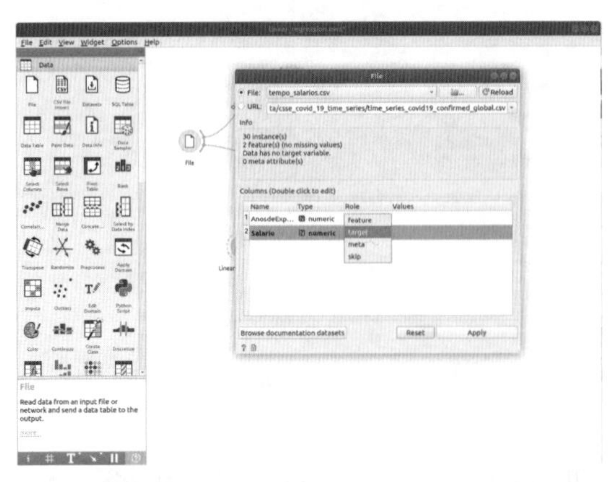

Figura 17.15 — Detalhe da alteração do alvo no Widget Arquivo.

Se quisermos observar as relações entre as variáveis dependente e independente, podemos usar a ferramenta *Correlations* (correlações).

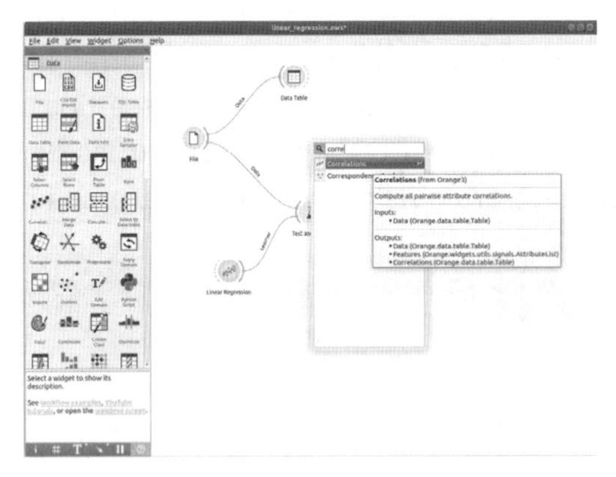

Figura 17.16 — Ferramenta Correlações 1.

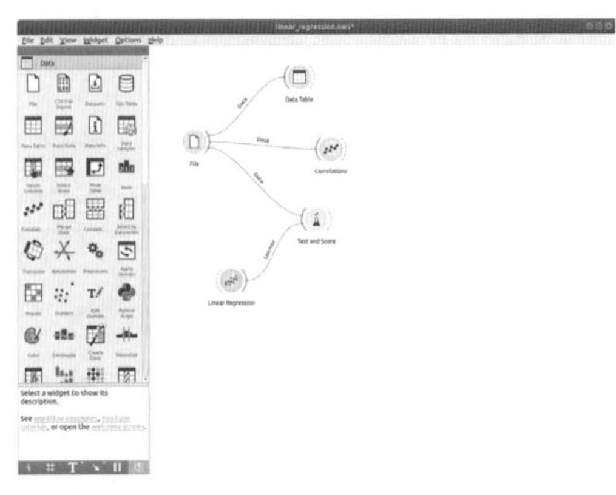

Figura 17.17 — Ferramenta Correlações 2.

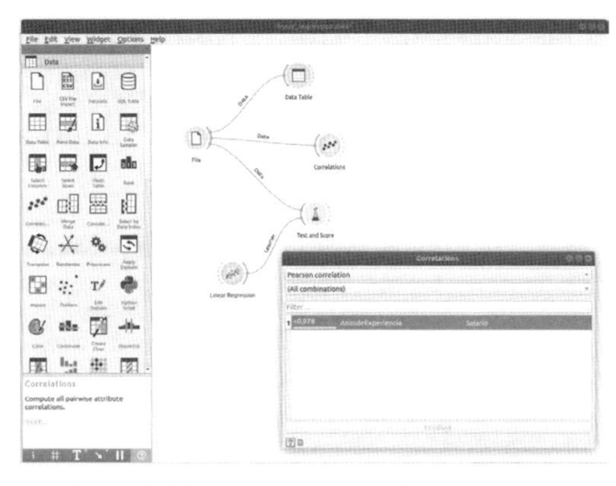

Figura 17.18 — Ferramenta Correlações 3.

Já sabíamos que existia uma relação entre anos de experiência e salário, portanto, encontrar uma correlação de Pearson forte (próxima a 1) entre as duas variáveis já era esperado. O que não era esperado é encontrar essa relação de forma tão simples!

Podemos ver o gráfico mostrando aquela linda reta que representa o *Regressor*? Sim! Os gráficos têm importância especial no Orange. Vários são os tipos, variando entre gráficos de dispersão (os mais utilizados), distribuições, mapa de calor, diagrama de caixa (e seu bigode) etc. Além destes, é possível importar uns tantos mais, e, se desejar, o leitor pode desenvolver o seu próprio, pois todo o Orange é de código aberto. Agora visualizaremos essa relação que sabemos existir e que foi mostrada pela ferramenta *Correlations,* pois uma imagem vale mais do que mil palavras, não é?

Carregaremos o *widget* do gráfico de dispersão (*Scatter Plot)* e o ligaremos diretamente ao *widget* Arquivo (*file*).

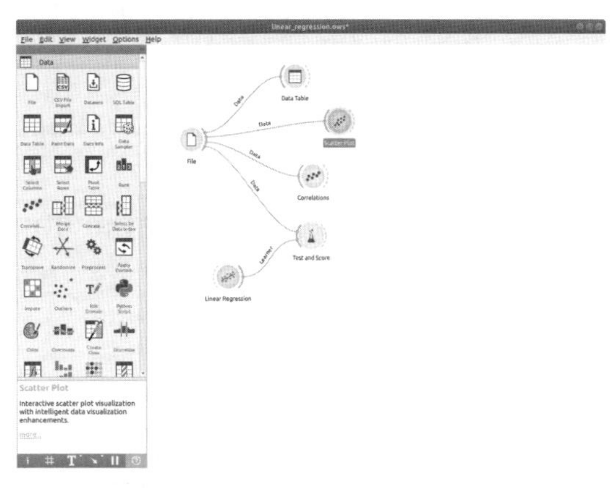

Figura 17.19 — Ferramenta Gráfico de Dispersão.

Clicando-se duas vezes na ferramenta Gráfico de Dispersão, veremos as duas variáveis plotadas. Lembre-se de deixar a opção ***Show Regression Line*** ativada e veja o gráfico mostrando a relação linear entre as duas variáveis *sem nenhum esforço*.

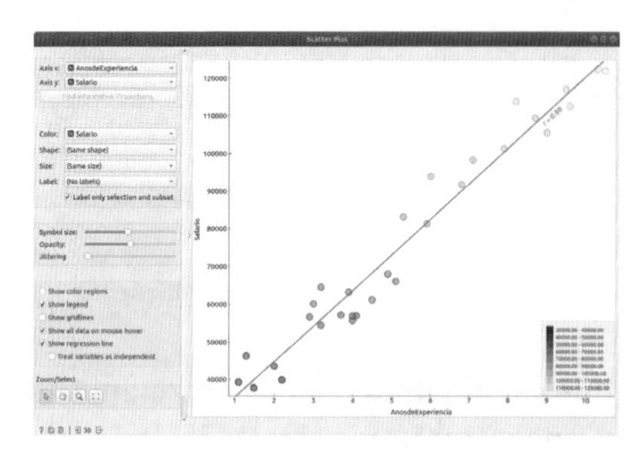

Figura 17.20 — Ferramenta Gráfico de Dispersão.

Esta ferramenta tem alguns botões e informações no seu canto inferior esquerdo. O botão com o sinal de interrogação apresenta a ajuda da ferramenta. Os outros dois botões, disquete e folha, permitem salvar a imagem e criar um relatório em PDF, respectivamente, ou seja, sua apresentação está pronta! Após a barra vertical, são mostrados dois números, representando as variáveis de entrada da ferramenta e as variáveis de saída. No nosso caso, não temos variáveis de saída. Poderíamos selecionar algumas variáveis e utilizá-las em outra ferramenta. Conectar ferramentas é uma das mais importantes características do workflow do Orange.

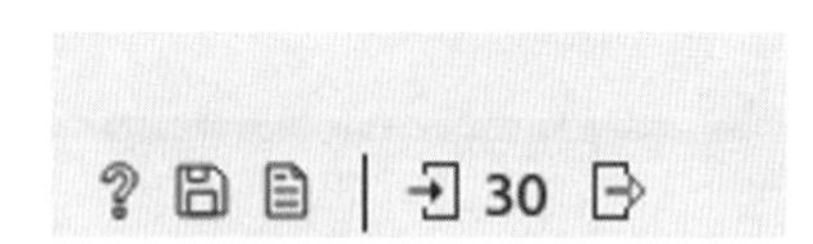


Figura 17.21 — Detalhe dos botões do gráfico de Dispersão.

Mas será que analisar uma regressão linear múltipla seria assim fácil? Senão vejamos!

## Projeto 2 — Regressão Linear Múltipla

Os passos serão os mesmos que utilizamos anteriormente, entretanto, carregaremos o *dataset* do capítulo referente e verificaremos se podemos utilizar as mesmas ferramentas. Recomendamos que o leitor passe pelo capítulo de mesmo nome ou, se já o tiver feito, revise-o. Essa leitura prévia torna este projeto mais divertido... :)

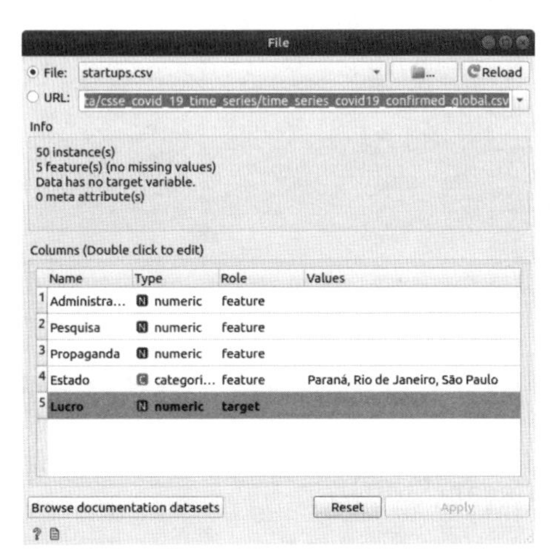


Figura 17.22 — Carregando o dataset de *Regressão* Linear Múltipla — startups.csv.

Carregado o nosso *dataset*, verificaremos (sem alteração de nenhuma ferramenta) se existe uma correlação entre alguma variável (ainda não sabemos qual — na verdade, já sabemos, queremos testar o Orange) e o lucro.

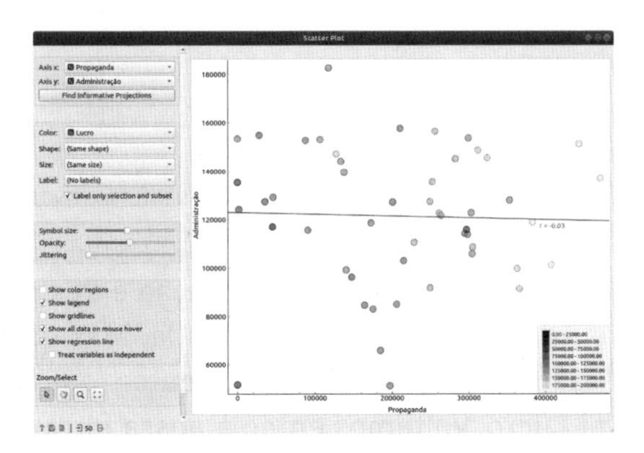


Figura 17.23 — Gráfico de dispersão da Regressão Linear Múltipla.

Ok, não era bem o que estávamos esperando... mas veja que o gráfico foi carregado inicialmente com dois eixos marcados nas variáveis Propaganda e Administração. Para encontrarmos outras Projeções Informativas (como o Orange chama as correlações entre as características de um *dataset*), clicaremos em "Find Informative Projections".

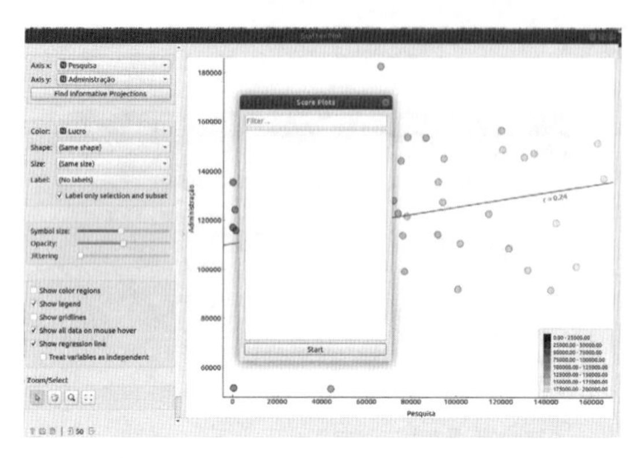


Figura 17.24 — Encontrando projeções informativas.

Clique em Começar (*Start*).

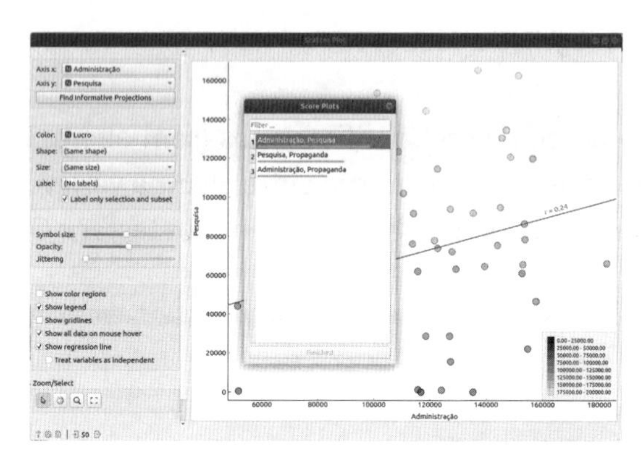


Figura 17.25 — Encontradas projeções informativas.

Encontramos relações entre Administração e Pesquisa, Pesquisa e Propaganda e Administração e Propaganda. Mas queremos identificar qual dessas três variáveis independentes (*a priori*) influencia mais na variável Lucro. Voltemos então à nossa ferramenta *Correlações*. Será que ela encontrará a resposta para nossa pergunta?

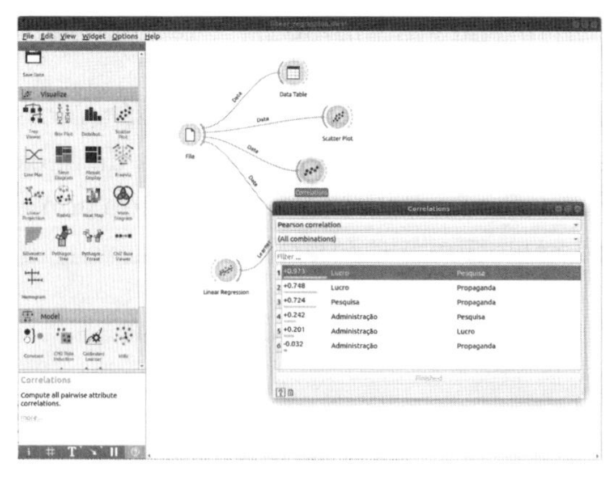

Figura 17.26 — Correlações entre variáveis.

E bingo! A ferramenta *Correlações*, sem a necessidade de nenhuma carga de bibliotecas, seleção de variáveis ou métodos do objeto *Regressor*, já identificou que, das variáveis de nosso *dataset*, a que tem a relação mais forte com o Lucro é a Pesquisa. Aqui não estamos querendo dizer que não houve cálculo do Orange, ou criação do objeto e chamada de seus métodos, somente mostramos que tudo isso foi feito de forma transparente e gráfica, o que facilita muito o trabalho daqueles que não são da área de computação ou informática.

Sabemos agora que, dentre as variáveis carregadas, a que exerce maior influência no Lucro é a Pesquisa. Voltaremos ao nosso gráfico de dispersão e selecionaremos Pesquisa e Lucro.

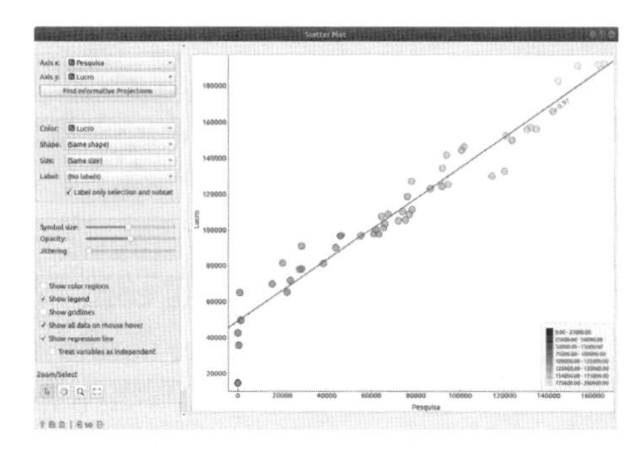

Figura 17.27 — Gráfico de dispersão Regressão Linear Múltipla.

Calcular a Regressão Linear de um problema agora é simples e divertido!

## Projeto 3 — Árvores de Decisão

Nosso projeto de árvores de decisão utilizará o mesmo *dataset* das flores de íris, estudado no capítulo de árvores de decisão — regressão e classificação. Este *dataset* já vem incluído como biblioteca no Orange, bastando selecioná-lo a partir de *File*.

Figura 17.28 — Carga do *dataset* Iris — 1.

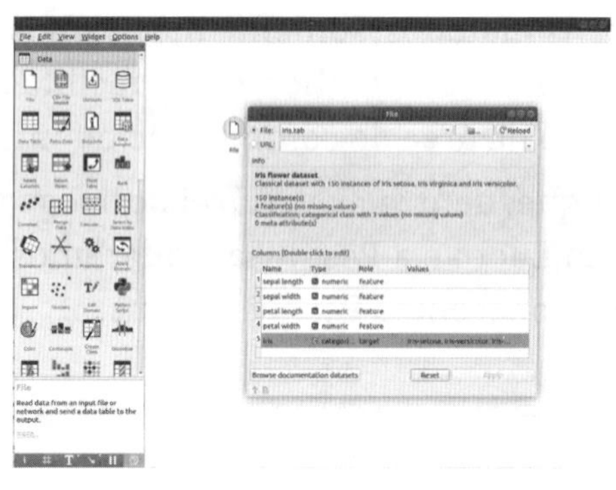

Figura 17.29 — Carga do *dataset* Iris — 2.

Carregado o dataset iris.tab, relembraremos rapidamente o que ele armazena: um conjunto de 150 entradas com 5 colunas de características de 3 espécies de íris, seu nome, sendo setosa, versicolor ou virgínica, a largura e altura de suas pétalas e a largura e altura de suas sépalas (pequena folha que protege o botão da flor). De maneira semelhante aos projetos anteriores, carregaremos a ferramenta Árvore (Tree) e ligaremos a saída da ferramenta Arquivo à entrada da ferramenta Árvore. Esse widget  já faz todo o serviço pesado e tem um visualizador específico para árvores, chamado de Visualizador de

Árvores. Nas imagens a seguir, mostraremos cada uma dessas ferramentas e seu resultado.

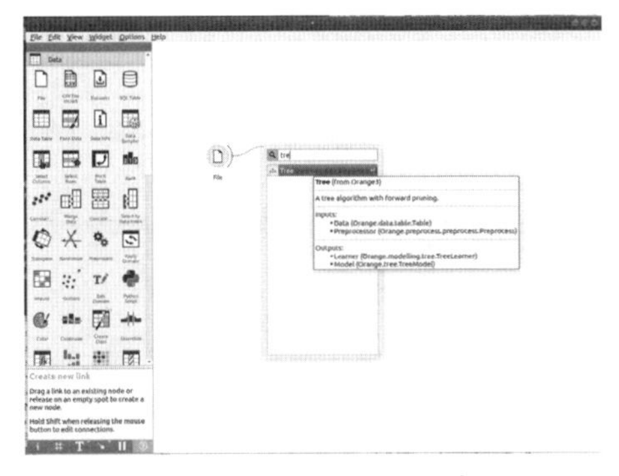

Figura 17.30 — Ferramenta Árvore.

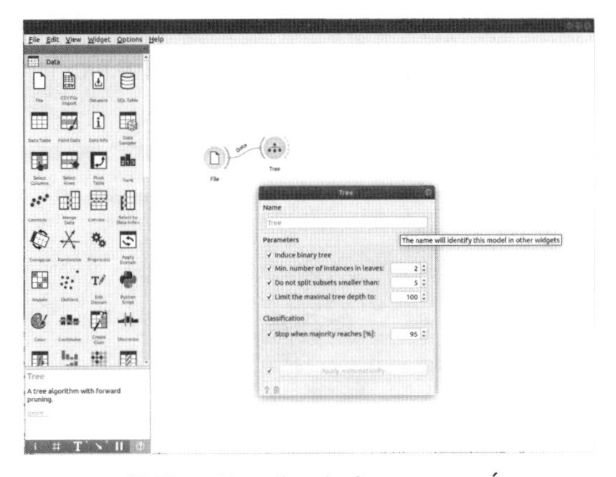


Figura 17.31 — Detalhe de ferramenta Árvore.

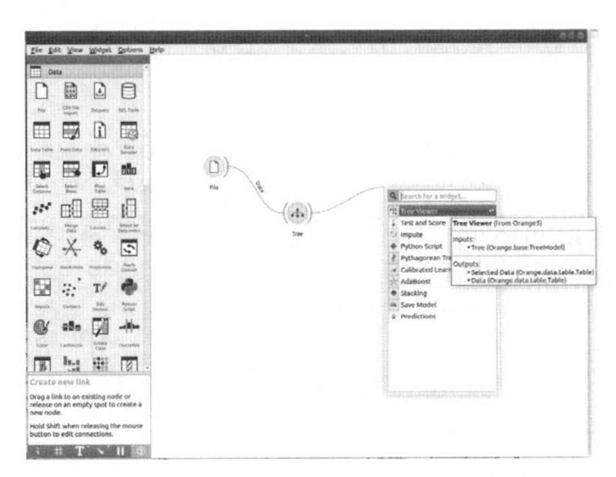


Figura 17.32 — Ferramenta Visualização de Árvores.

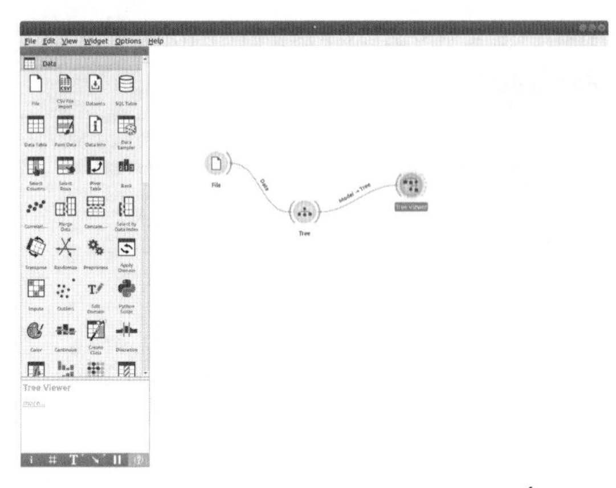


Figura 17.33 — Ferramenta Visualização de Árvores.

Agora veremos se a ferramenta Árvore conseguiu agrupar as espécies de íris pelas suas características. Basta agora um clique duplo da ferramenta Visualizador de Árvores (*Tree Viewer*).

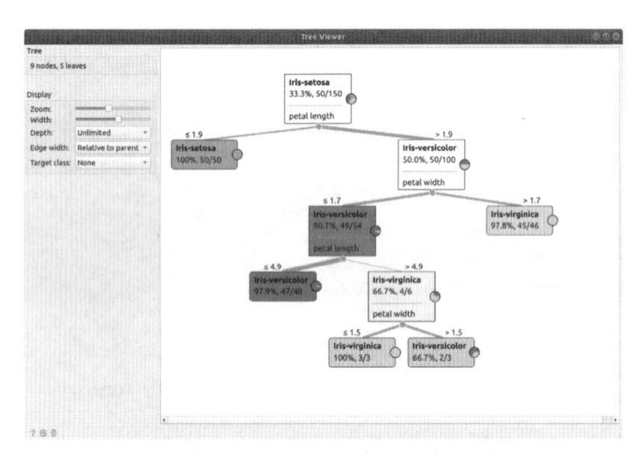


Figura 17.34 — Detalhe da ferramenta Visualização de Árvores.

Este gráfico é extraordinário no sentido de mostrar claramente que as características que melhor agrupam as espécies são o comprimento (agrupando 33,3% das espécies entre > ou <= que 1,9cm) e a largura (agrupando 50% das espécies entre > ou <= a 1,7cm).

Poderíamos, também, verificar o gráfico de dispersão e buscar por projeções que fossem significativas. Basta carregar a ferramenta e ligá-la à saída do arquivo.

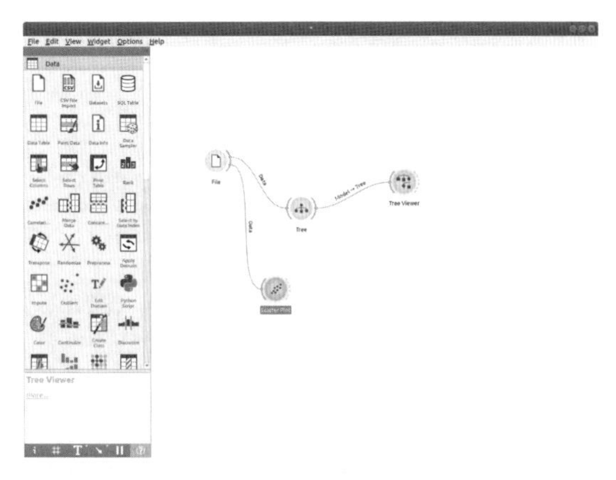

Figura 17.35 — Carga da ferramenta Gráfico de Dispersão.

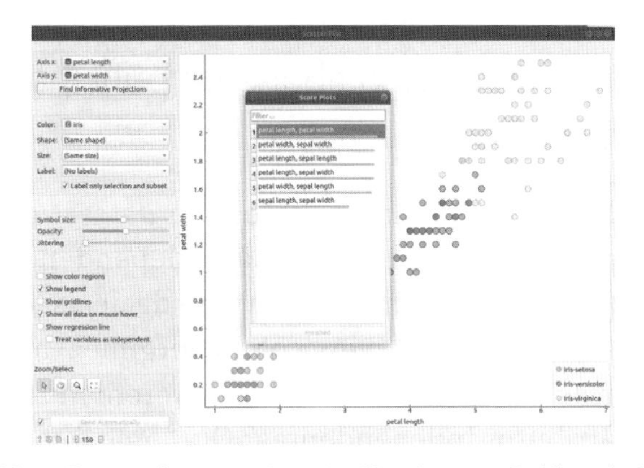

Figura 17.36 — Buscando projeções significativas no Gráfico de Dispersão.

O gráfico agora mostra que a relação entre as características Comprimento e Largura da pétala são as que mais conseguem agrupar as espécies de íris. Mostraremos o gráfico final.

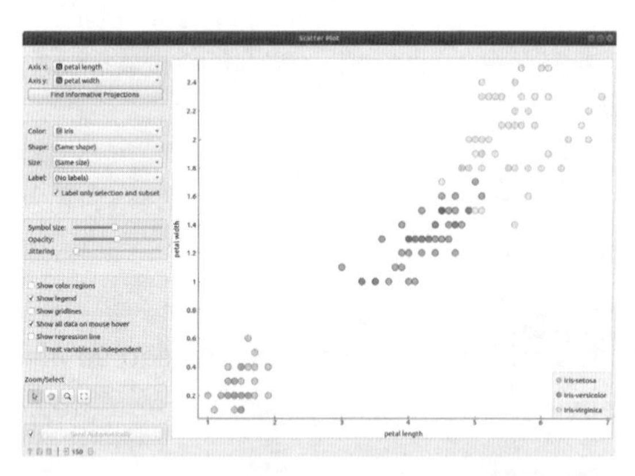


Figura 17.37 — Gráfico de Dispersão — espécies de íris.

## Projeto 4 — Análise de componente principal para diagnóstico de qualidades de vinho

Imagine o leitor que tenha em mãos um *dataset* com várias características que influenciam uma variável dependente. No exemplo anterior, utilizamos um algoritmo de árvore de decisão para classificar as espécies de íris (setosa, versicolor e virgínica) a partir de quatro características. Mas e se nossos dados tiverem muitas características? Muitos atributos independentes? Ou, como é comum aparecer em exemplos de *Data Mining*, muitos *features*? Muitos quantos, alguém poderia perguntar: dez, cinquenta, mil?

Essa análise parte do pressuposto de que algumas variáveis exercem mais influência do que outras, mesmo em conjunto. Um exemplo clássico é a análise de genes que exercem influência no desenvolvimento de doenças degenerativas ou mesmo na *performance* dos atletas. Um exemplo mais simples foi proposto por estudiosos portugueses do Porto (região norte de Portugal, famosíssima pelos seus vinhos encorpados que recebem o mesmo nome), para identificar quais características químicas estariam mais relacionadas com a qualidade (em testes cegos) de vinhos tintos e brancos. O detalhe aqui é que este banco de dados tem 11(!) características medidas para cada uma das 1.599 marcas de vinho tinto e classificadas com notas entre 3 e 8.

A abordagem PCA (Principal Component Analysis — Análise dos Componentes Principais) ataca esse problema selecionando os atributos que tenham uma relação mais "clara" ou "forte", tanto direta quanto inversa com a variável alvo. Por essa razão, é também chamada de redução de dimensionalidade, pois diminui as dimensões (*features*) que estão sendo testadas em relação ao alvo. Ela também serve para remover variáveis que sejam fortemente correlacionadas entre si, evitando o *sobreajuste* (já falamos sobre ele em capítulos anteriores).

Ok, apesar de lindo na teoria, o PCA, na prática, envolve uma área da matemática chamada de álgebra linear, que utiliza matrizes e determinantes, e operações entre eles, para solucionar equações lineares — por essa razão, não nos aprofundaremos na matemática adjacente ao tema.

De forma simples, o que o PCA faz é definir novas variáveis que sejam formadas por transformações nas variáveis anteriores (ou seja, não perderemos as informações de cada uma das variáveis), de modo que se reduza a quantidade de variáveis sem perder a *qualidade* das informações que elas têm.

O resultado do algoritmo é uma coleção de variáveis, todas criadas a partir de transformações nas variáveis anteriores, retirando completamente as relações lineares entre elas, mas que contribuem para uma porcentagem da variância (escolhida pela quantidade de variáveis novas). Essa escolha depende do que o pesquisador definiu como percentual da variância a ser atingida. Dessa forma, ele pode escolher mais ou menos variáveis para abranger um percentual maior ou menor. Assim, obtém-se uma coleção menor de variáveis, mas que representa mais fielmente o conjunto de características, inclusive podendo identificar a característica mais relevante.

Ufa! Mãos à obra!

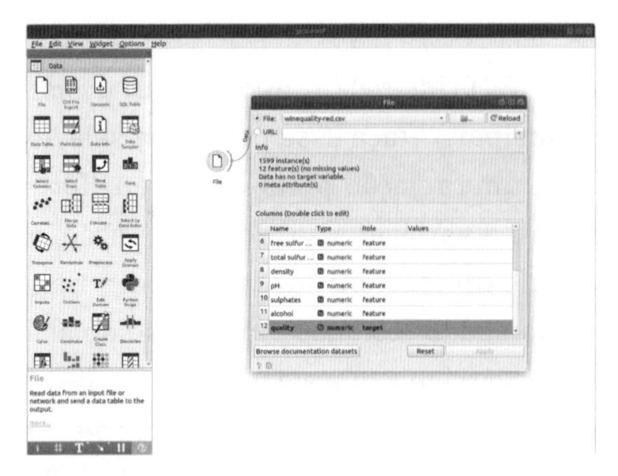

Figura 17.38 — Carga do *dataset* winequality-red.csv.

## Visualizando o *dataset*

Data Table

Info
1599 instances (no missing values)
11 features (no missing values)
Continuous target variable (no missing values)
No meta attributes

Variables
Show variable labels (if present)
Visualize numeric values
Color by instance classes

Selection
Select full rows

Restore Original Order

Send Automatically

| | quality | fixed acidity | volatile acidity | citric acid | residual sugar | chlorides | free sulfur dioxide | total sulfur dioxide | density | pH | sulphates | alcohol |
|---|---|---|---|---|---|---|---|---|---|---|---|---|
| 1406 | 7 | 7.7 | 0.280 | 0.30 | 2.00 | 0.062 | 18.0 | 34.0 | 0.99520 | 3.28 | 0.90 | 11.3 |
| 1409 | 7 | 8.1 | 0.290 | 0.36 | 2.20 | 0.048 | 35.0 | 53.0 | 0.99500 | 3.27 | 1.01 | 12.4 |
| 1418 | 7 | 7.3 | 0.340 | 0.33 | 2.50 | 0.064 | 21.0 | 37.0 | 0.99520 | 3.35 | 0.77 | 12.1 |
| 1434 | 7 | 6.1 | 0.400 | 0.16 | 1.80 | 0.069 | 11.0 | 25.0 | 0.99550 | 3.42 | 0.74 | 10.1 |
| 1441 | 7 | 7.2 | 0.370 | 0.32 | 2.00 | 0.062 | 15.0 | 28.0 | 0.99470 | 3.23 | 0.73 | 11.3 |
| 1451 | 7 | 7.2 | 0.370 | 0.32 | 2.00 | 0.062 | 15.0 | 28.0 | 0.99470 | 3.23 | 0.73 | 11.3 |
| 1452 | 7 | 7.8 | 0.320 | 0.44 | 2.70 | 0.104 | 8.0 | 17.0 | 0.99732 | 3.33 | 0.78 | 11 |
| 1453 | 7 | 6.6 | 0.580 | 0.02 | 2.00 | 0.062 | 37.0 | 53.0 | 0.99374 | 3.35 | 0.76 | 11.6 |
| 1460 | 7 | 7.9 | 0.200 | 0.35 | 1.70 | 0.054 | 7.0 | 15.0 | 0.99458 | 3.32 | 0.80 | 11.9 |
| 1467 | 7 | 7.3 | 0.480 | 0.32 | 2.10 | 0.062 | 31.0 | 54.0 | 0.99728 | 3.30 | 0.65 | 10 |
| 1469 | 7 | 7.3 | 0.480 | 0.32 | 2.10 | 0.062 | 31.0 | 54.0 | 0.99728 | 3.30 | 0.65 | 10 |
| 1476 | 7 | 5.3 | 0.470 | 0.11 | 2.20 | 0.048 | 16.0 | 89.0 | 0.99182 | 3.54 | 0.88 | 13.5667 |
| 1478 | 7 | 5.3 | 0.470 | 0.11 | 2.20 | 0.048 | 16.0 | 89.0 | 0.99182 | 3.54 | 0.88 | 13.6 |
| 1495 | 7 | 6.4 | 0.310 | 0.09 | 1.40 | 0.066 | 15.0 | 28.0 | 0.99459 | 3.42 | 0.70 | 10 |
| 1535 | 7 | 6.6 | 0.560 | 0.14 | 2.40 | 0.064 | 13.0 | 29.0 | 0.99397 | 3.42 | 0.62 | 11.7 |
| 1542 | 7 | 7.4 | 0.250 | 0.29 | 2.20 | 0.054 | 19.0 | 49.0 | 0.99666 | 3.40 | 0.76 | 10.9 |
| 1545 | 7 | 8.4 | 0.370 | 0.43 | 2.30 | 0.063 | 12.0 | 19.0 | 0.99550 | 3.17 | 0.81 | 11.2 |
| 1556 | 7 | 7.0 | 0.560 | 0.17 | 1.70 | 0.065 | 15.0 | 24.0 | 0.99514 | 3.44 | 0.68 | 10.55 |
| 1585 | 7 | 6.7 | 0.320 | 0.44 | 2.40 | 0.061 | 24.0 | 34.0 | 0.99484 | 3.29 | 0.80 | 11.6 |
| 268 | 8 | 7.9 | 0.350 | 0.46 | 3.60 | 0.078 | 15.0 | 37.0 | 0.99730 | 3.35 | 0.86 | 12.8 |
| 279 | 8 | 10.3 | 0.320 | 0.45 | 6.40 | 0.073 | 5.0 | 13.0 | 0.99760 | 3.23 | 0.82 | 12.6 |
| 391 | 8 | 5.6 | 0.850 | 0.05 | 1.40 | 0.045 | 12.0 | 88.0 | 0.99240 | 3.56 | 0.82 | 12.9 |
| 441 | 8 | 12.6 | 0.310 | 0.72 | 2.20 | 0.072 | 6.0 | 29.0 | 0.99870 | 2.88 | 0.82 | 9.8 |
| 456 | 8 | 11.3 | 0.620 | 0.67 | 5.20 | 0.086 | 6.0 | 19.0 | 0.99880 | 3.22 | 0.69 | 13.4 |
| 482 | 8 | 9.4 | 0.300 | 0.56 | 2.80 | 0.080 | 6.0 | 17.0 | 0.99640 | 3.15 | 0.92 | 11.7 |
| 496 | 8 | 10.7 | 0.350 | 0.53 | 2.60 | 0.070 | 5.0 | 16.0 | 0.99720 | 3.15 | 0.65 | 11 |
| 499 | 8 | 10.7 | 0.350 | 0.53 | 2.60 | 0.070 | 5.0 | 16.0 | 0.99720 | 3.15 | 0.65 | 11 |
| 589 | 8 | 5.0 | 0.420 | 0.24 | 2.00 | 0.060 | 19.0 | 50.0 | 0.99170 | 3.72 | 0.74 | 14 |
| 829 | 8 | 7.8 | 0.570 | 0.09 | 2.30 | 0.065 | 34.0 | 45.0 | 0.99417 | 3.46 | 0.74 | 12.7 |
| 1062 | 8 | 9.1 | 0.400 | 0.50 | 1.80 | 0.071 | 7.0 | 16.0 | 0.99462 | 3.21 | 0.69 | 12.5 |
| 1091 | 8 | 10.0 | 0.260 | 0.54 | 1.90 | 0.083 | 42.0 | 74.0 | 0.99451 | 2.98 | 0.63 | 11.8 |
| 1121 | 8 | 7.9 | 0.540 | 0.34 | 2.50 | 0.076 | 8.0 | 17.0 | 0.99235 | 3.20 | 0.72 | 13.1 |
| 1203 | 8 | 8.6 | 0.420 | 0.39 | 1.80 | 0.068 | 6.0 | 12.0 | 0.99516 | 3.35 | 0.69 | 11.7 |
| 1270 | 8 | 5.5 | 0.490 | 0.03 | 1.80 | 0.044 | 28.0 | 87.0 | 0.99080 | 3.50 | 0.82 | 14 |
| 1404 | 8 | 7.2 | 0.330 | 0.33 | 1.70 | 0.061 | 3.0 | 13.0 | 0.99600 | 3.23 | 1.10 | 10 |
| 1450 | 8 | 7.2 | 0.380 | 0.31 | 2.00 | 0.056 | 15.0 | 29.0 | 0.99472 | 3.23 | 0.76 | 11.3 |
| 1550 | 8 | 7.4 | 0.360 | 0.30 | 1.80 | 0.074 | 17.0 | 24.0 | 0.99419 | 3.24 | 0.70 | 11.4 |

Figura 17.39 — Detalhe do *dataset* de Qualidade de Vinhos.

Verifique a quantidade de *features* que este *dataset* tem: 11. Acidez fixada, acidez volátil, ácido cítrico, açúcar residual, cloretos, dióxido de enxofre livre, dióxido de enxofre total (os sulfitos, como são chamados genericamente os aditivos para conservação do vinho, incluem o dióxido de enxofre e seus sais em suas fórmulas com sódio, potássio e cálcio), densidade, pH, sulfatos e álcool.

Carregado o *dataset* adicionaremos a ferramenta PCA.

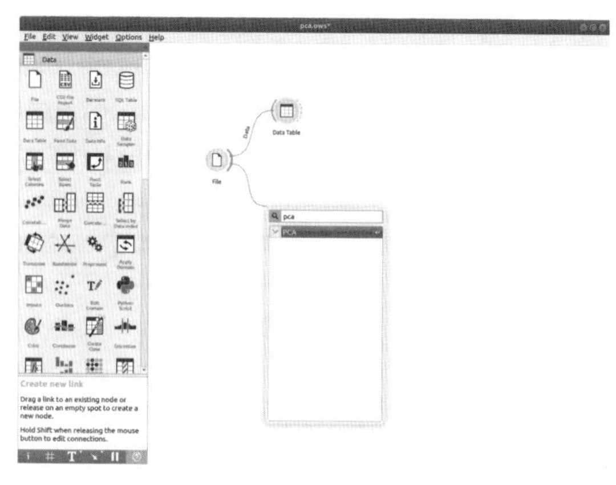


Figura 17.40 — Carga da ferramenta PCA.

A ferramenta PCA é autoexplicativa, como todas as ferramentas do Orange. Ela oferece a escolha da quantidade de componentes que podem ser utilizados e quanto esses novos componentes representarão certo percentual da variância. Quanto mais componentes criados, maior será o valor percentual de variância em relação à variável independente que eles representarão. Clicando duas vezes na ferramenta, poderemos escolher essas informações. No canto superior esquerdo, temos *Components*. Quanto maior a quantidade de componentes, maior será a variância que representará as *features* de nosso problema. Obviamente que aqui temos que chegar em um equilíbrio entre a quantidade de *features* e o total de componentes a serem criados.

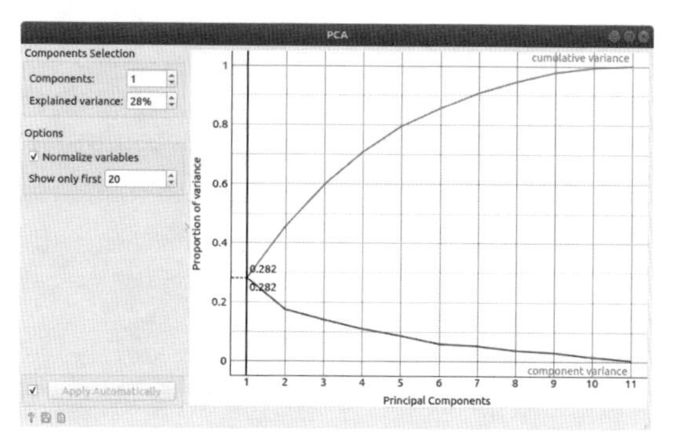


Figura 17.41 — Escolha de um componente.

Criando um componente, teremos com ele cerca de 30% da variância que todos os componentes teriam em separado. Podemos admitir que esse valor é bem baixo em termos representativos. Continuaremos aumentando a quantidade de componentes para identificar quantos serão necessários para uma cobertura maior.

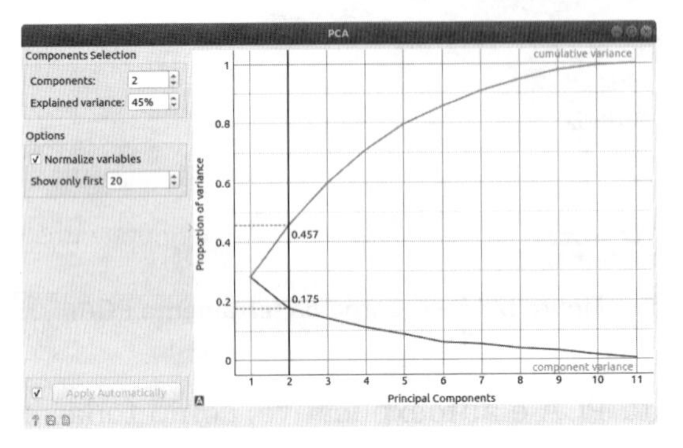


Figura 17.42 — Escolha de dois componentes.

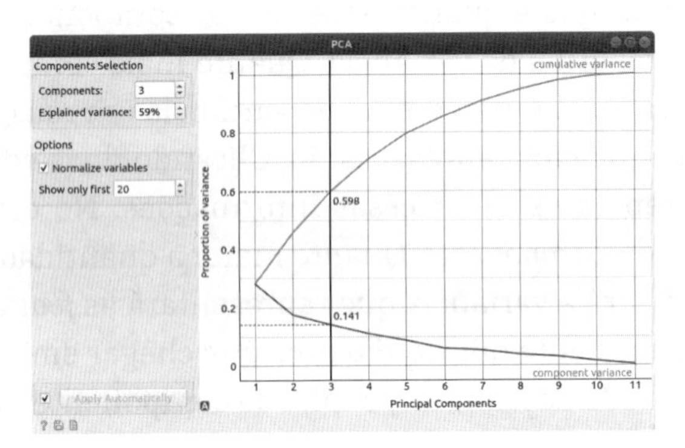


Figura 17.43 — Escolha de três componentes.

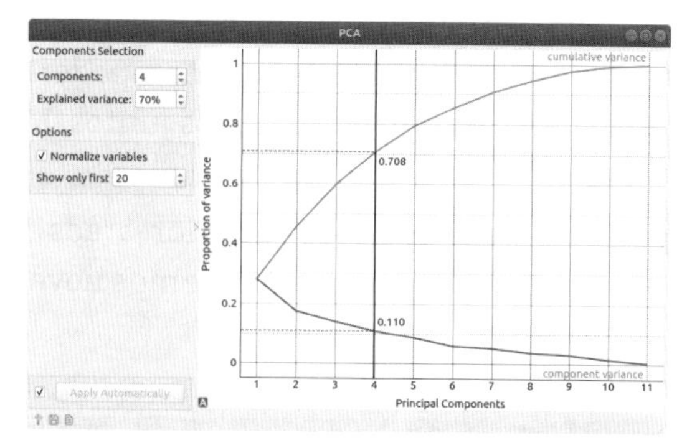


Figura 17.44 — Escolha de quatro componentes.

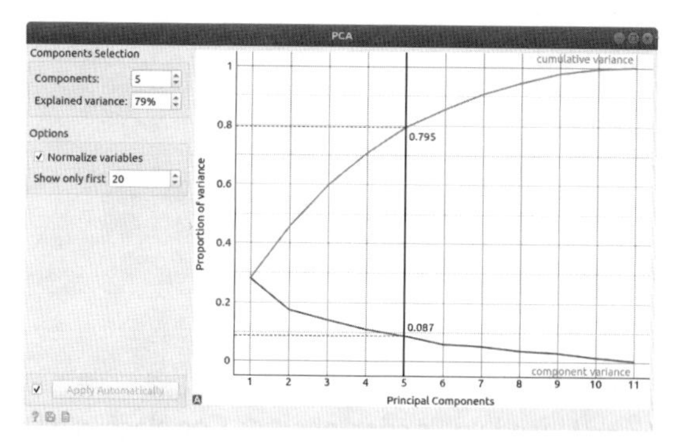


Figura 17.45 — Escolha de cinco componentes.

Com cinco componentes, temos perto de 80% da variância acumulada entre todos os atributos. Estamos chegando perto!

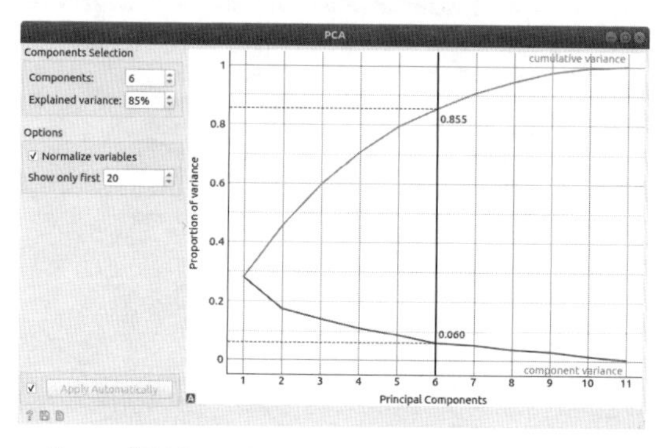


Figura 17.46 — Escolha de seis componentes.

Finalmente, com seis (quase metade dos atributos originais), temos 85% de variância acumulada. Ou seja, esses seis atributos criados especificamente para este problema têm o poder de prever e de representar 85% de todos os outros atributos juntos. Muito bom, não acham?

Agora compararemos as relações anteriores aos novos componentes e veremos como eles se saíram. Usaremos novamente a busca de projeções.

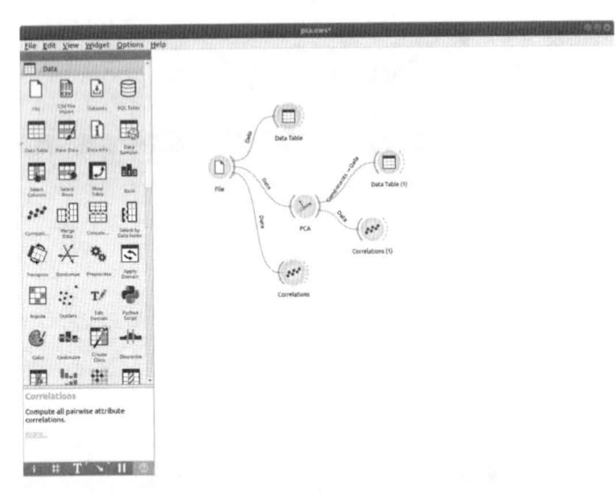


Figura 17.47 — Ligando dois componentes Correlações e Data Table.

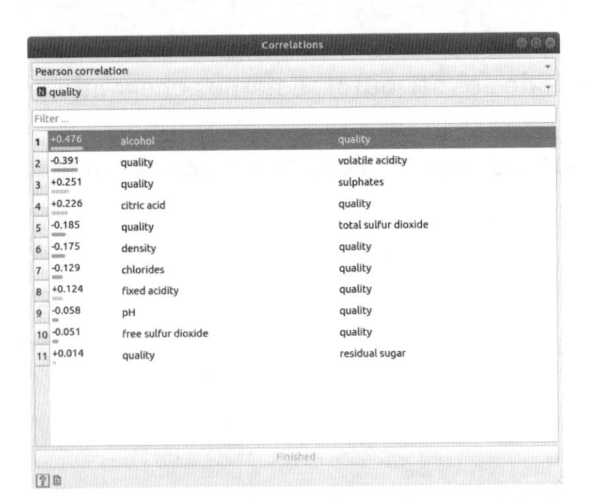


| | | | |
|---|---|---|---|
| 1 | +0.476 | alcohol | quality |
| 2 | -0.391 | quality | volatile acidity |
| 3 | +0.251 | quality | sulphates |
| 4 | +0.226 | citric acid | quality |
| 5 | -0.185 | quality | total sulfur dioxide |
| 6 | -0.175 | density | quality |
| 7 | -0.129 | chlorides | quality |
| 8 | +0.124 | fixed acidity | quality |
| 9 | -0.058 | pH | quality |
| 10 | -0.051 | free sulfur dioxide | quality |
| 11 | +0.014 | quality | residual sugar |

Figura 17.48 — Correlações dos atributos originais.

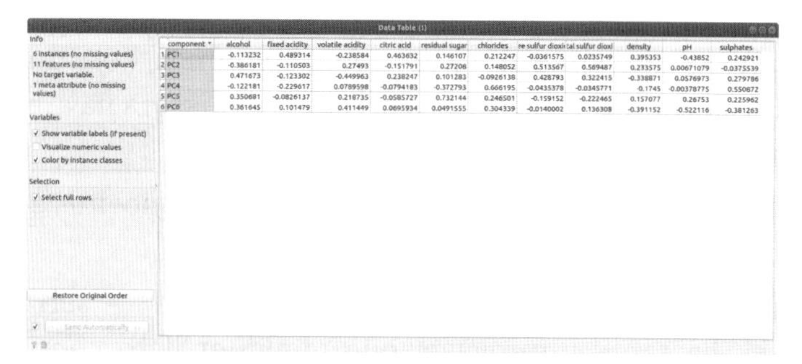


| | component | alcohol | fixed acidity | volatile acidity | citric acid | residual sugar | chlorides | ee sulfur dioxi | tal sulfur dioxi | density | pH | sulphates |
|---|---|---|---|---|---|---|---|---|---|---|---|---|
| 1 | PC1 | -0.113232 | 0.489314 | -0.238584 | 0.463632 | 0.146107 | 0.212247 | -0.0361575 | 0.0235749 | 0.395353 | -0.43852 | 0.242921 |
| 2 | PC2 | -0.386181 | -0.110503 | 0.27493 | -0.151791 | 0.27208 | 0.148052 | 0.513567 | 0.569487 | 0.233575 | 0.00671079 | -0.0375539 |
| 3 | PC3 | 0.471673 | -0.123302 | -0.449963 | 0.238247 | 0.101283 | -0.0926138 | 0.428793 | 0.322415 | -0.338871 | 0.0576973 | 0.279786 |
| 4 | PC4 | -0.122181 | -0.229617 | 0.0789598 | -0.0794183 | -0.372793 | 0.666195 | -0.0435378 | -0.0345771 | -0.1745 | -0.00378775 | 0.550872 |
| 5 | PC5 | 0.350681 | -0.0826137 | 0.218735 | -0.0585727 | 0.732144 | 0.246501 | -0.159152 | -0.222465 | 0.157077 | 0.26753 | 0.225962 |
| 6 | PC6 | 0.361645 | 0.101479 | 0.411449 | 0.0695934 | 0.0491555 | 0.304339 | -0.0140002 | 0.136308 | -0.391152 | -0.522116 | -0.381263 |

Figura 17.49 — Percentual da variância de cada um dos componentes.

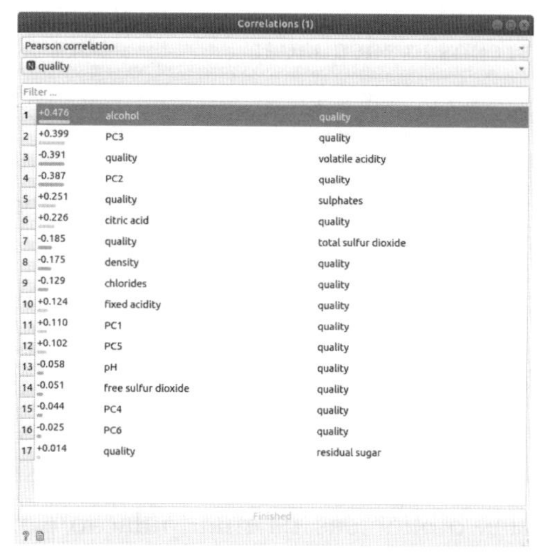


| | | | |
|---|---|---|---|
| 1 | +0.476 | alcohol | quality |
| 2 | +0.399 | PC3 | quality |
| 3 | -0.391 | quality | volatile acidity |
| 4 | -0.387 | PC2 | quality |
| 5 | +0.251 | quality | sulphates |
| 6 | +0.226 | citric acid | quality |
| 7 | -0.185 | quality | total sulfur dioxide |
| 8 | -0.175 | density | quality |
| 9 | -0.129 | chlorides | quality |
| 10 | +0.124 | fixed acidity | quality |
| 11 | +0.110 | PC1 | quality |
| 12 | +0.102 | PC5 | quality |
| 13 | -0.058 | pH | quality |
| 14 | -0.051 | free sulfur dioxide | quality |
| 15 | -0.044 | PC4 | quality |
| 16 | -0.025 | PC6 | quality |
| 17 | +0.014 | quality | residual sugar |

Figura 17.50 — Correlações dos atributos originais e os componentes criados.

Em uma análise breve, vemos que a qualidade observada está diretamente relacionada à quantidade de álcool e inversamente relacionada à quantidade de acidez volátil. Os componentes PC3 e PC2 mostram isso e ajustam com os outros atributos. Legal, não?

Terminamos este capítulo propondo que o leitor navegue por outros componentes e acesse o canal do YouTube do Orange (na época da criação deste livro, apontando para a url <https://www.youtube.com/channel/UclKKWBe2SCAEyv7ZNGhIe4g>).

## Uma última palavra

Chegamos (juntos) ao final do que, esperamos, seja o livro que despertará sua atenção para uma carreira promissora na área de *Machine Learning/Data Science.*

Tentamos cobrir neste material os principais conceitos e técnicas desse vasto assunto.

Sabemos que apenas arranhamos a superfície — seria, se não impossível, bastante improvável que qualquer livro cobrisse todo o material necessário para um completo domínio dessa instigante área. Apesar dessas limitações, esperamos que, ao final do livro, você tenha uma compreensão adequada:

- Dos conceitos e fundamentos de *Data Science/Machine Learning.*
- Do contexto em que são realizados estudos com grandes volumes de dados.
- Da linguagem de programação Python (não esperamos que esta simples introdução o(a) capacite a trabalhar como programador(a) nessa linguagem, mas acreditamos que, no que tange aos métodos mostrados, você consiga entender os códigos que encontrar e desenvolver os seus próprios).
- Das várias bibliotecas de manipulação e visualização de dados.
- Dos algoritmos de *Machine Learning* que foram apresentados.

E que, depois de tudo isso, consiga caminhar com as próprias pernas daqui para a frente. Consulte os materiais sugeridos ao longo do texto, aprimore-se, testando novas ideias, e ***compartilhe seu conhecimento***. Participe de fóruns, grupos de discussão etc., pois uma das melhores formas de aprender é ensinar aos outros! Dizemos isso por experiência própria: escrever este livro foi um grande aprendizado para nós.

Um grande abraço.

*Os autores.*

# Referências Bibliográficas


ANKAM, V. **Big Data Analytics**. Birmingham, UK: Packt Publishing Ltd., 2015.

AWAD, Mariette e KHANNA, Rahul. **Efficient Learning Machines:** Theories, Concepts, and Applications for Engineers and System Designers. Kindle Edition, Apress, 2015.

BECKER, Barry. **Census Income Data Set.** 1996. Disponível em: <https://archive.ics.uci.edu/ml/datasets/Census+Income>. Acesso em: 7 maio 2020.

BROWNLEE, J. **Machine Learning Mastery With Python Ed. V1.6**. Vermont Victoria, AU: Machine Learning Mastery Pty. Ltd. All Rights Reserved, 2018.

CHEN, Daniel Y. **Pandas for Everyone:** Python Data Analysis. Kindle Edition, Pearson Education, Inc., 2018.

COELHO, Luis P. **Building Machine Learning Systems with Python.** 2. ed. Kindle Edition, Packt Publishing, 2015.

DAVISON, Joe. **No, Machine Learning is not just glorified Statistics**. 2018. Disponível em: <https://towardsdatascience.com/no-machine-learning-is-not-just-glorified-statistics-26d3952234e3>. Acesso em: 18 mar. 2020.

EMC. **IDC Study: Digital Universe in 2020.** 2019. Disponível em: <https://www.emc.com/collateral/analyst-reports/idc-the-digital-universe-in-2020.pdf>. Acesso em: 22 set. 2019.

EREMENKO et al. **Machine Learning A-Z: Hands-On Python & R In Data Science.** 2020. Disponível em: <https://www.udemy.com/course/machinelearning/>. Acesso em: 1º maio 2020.

GRUS, Joel. **Data Science do Zero.** Rio de Janeiro: Alta Books, 2016.

HASTIE, T; TIBSHIRANI, R; FRIEDMAN, J. **The Elements of Statistical Learning.** Data Mining, Inference, and Prediction. 2. ed. Nova York: Springer-Verlag., 2009.

NELLI, F. **Python Data Analytics.** Nova York: Apress. Springer Science+Business, 2015.

OZDENIR, S; KAKADE, S; TIBALDESCHI, M. **Principles of Data Science.** 2. ed. Birmingham, UK: Packt Publishing Ltd., 2018.

LARSON, R.; FARBER, B. **Estatística Aplicada.** 6. ed. São Paulo: Pearson Education do Brasil, 2015.

RASCHKA, S. **Python Machine Learning.** Birmingham, UK: Packt Publishing Ltd., 2016.

RODRIGUES, Rodrigo Lins. **Curso de Ciência e Dados e Analytics.** 2018. Disponível em: <https://pt.slideshare.net/rodrigomuribec/aula-5-modelo-de-regresso-lostica>. Acesso em: 20 abr. 2020.

# Apêndice I
## Instalação das Ferramentas

Este guia apresenta os passos necessários para a instalação do Orange nos sistemas operacionais Windows 10 e Linux, especificamente a distribuição Ubuntu. Para este último, foram testados os procedimentos de instalação para as versões Ubuntu 16 (Xenial Xerus) até a 18 (*Bionic Beaver*). Como o Orange está sempre em atualização, aconselhamos verificar se sua distribuição tem um guia mais atualizado diretamente no site https://orange.biolab.si/. Se o leitor já tiver o aplicativo Anaconda instalado, de modo a executar o Spyder, esses passos são desnecessários. Basta executar o Anaconda e o Orange. Esses passos servem para o que chamamos de instalação *standalone*, de modo que pode ser executado sem nenhum outro sistema de apoio.

## Instalação no Windows 10

Acessando o site do Orange, orange.biolab.si, procuramos pelo link Download.

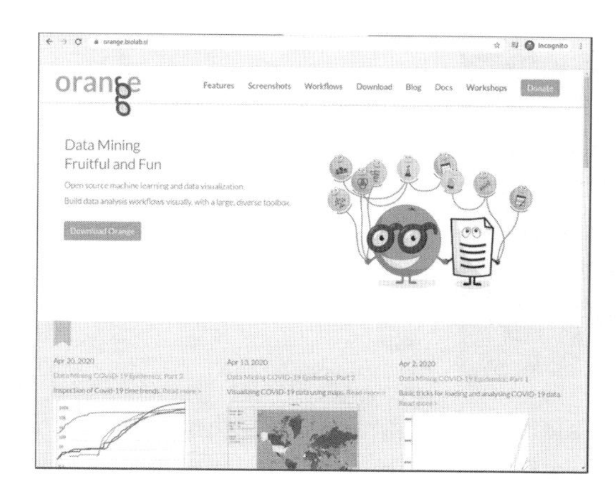


Figura A.1 — Site Orange Data Mining.

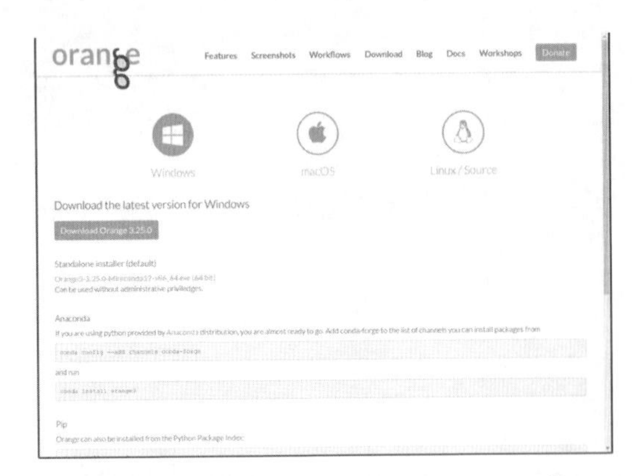


Figura A.2 — Site Orange Data Mining — Downloads — Windows.

Clicando no link "Download Orange 3.25.0", iniciará o download do arquivo em seu navegador. Na edição deste livro, a versão 3.25.0 era a mais atualizada.

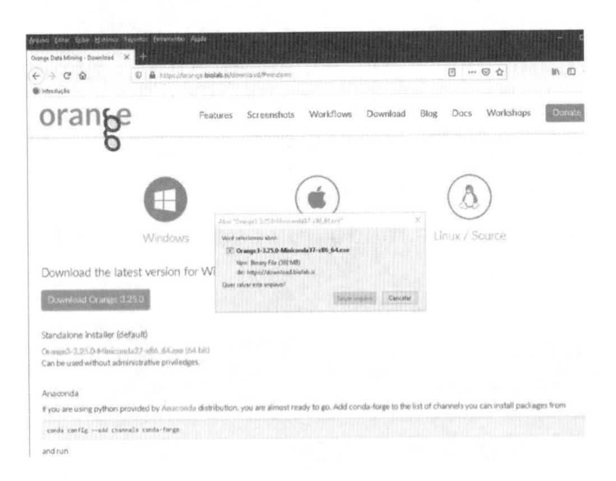


Figura A.3 — Salvando o arquivo de instalação.

Execute o arquivo para a instalação do Orange.

Figura A.4 — Aviso de instalação.

O Windows 10 mostra um alerta de segurança, perguntando se o usuário deseja permitir que o arquivo de instalação faça alterações em seu computador. Sem esse passo, não é possível instalar o Orange.

Após este passo, o arquivo de instalação executa a conhecida tela de instalação padrão do Windows. Clicando em Next (próximo), veremos as opções de instalação. Recomenda-se que sejam fechados todos os aplicativos antes da instalação.

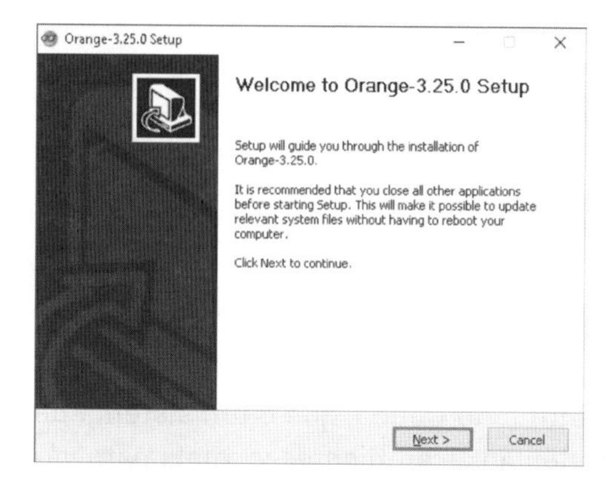


Figura A.5 — Início da instalação.

A tela de aceitação de licença é apresentada.

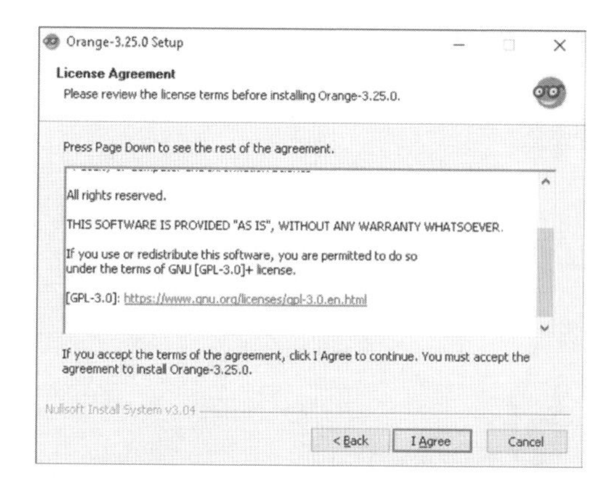


Figura A.6 — Licença do software.

Este passo define se o Orange será instalado para todos os usuários ou somente na conta do usuário que o está instalando. Aconselhamos que seja instalado somente para o próprio usuário, de modo a não alterar o comportamento padrão das outras contas que porventura tenham algum interpretador Python.

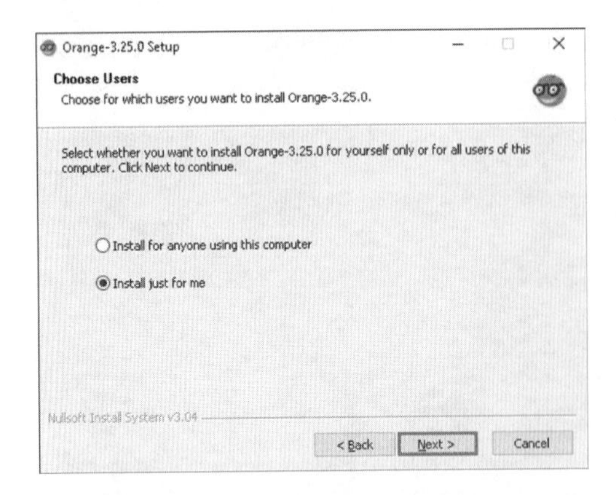


Figura A.7 — Tipo de instalação.

O Miniconda é uma versão mínima do Conda, que é um sistema de gerenciamento de pacotes, dependências e ambientes virtuais para várias linguagens, tais como Python, R, Ruby, Lua, Java, Javascript, C/C++, indo até Fortran. Não é possível optar por não instalá-lo. Clica-se em próximo (*next*).

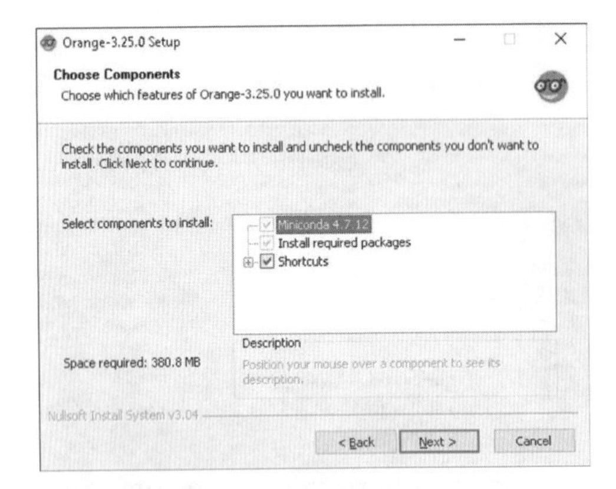


Figura A.8 — Escolha de componentes.

A próxima tela mostrará o local onde será instalado o Orange. Alguns usuários optam por escolher o local de instalação dentro de um disco separado de dados, não sendo o disco comum do sistema operacional.

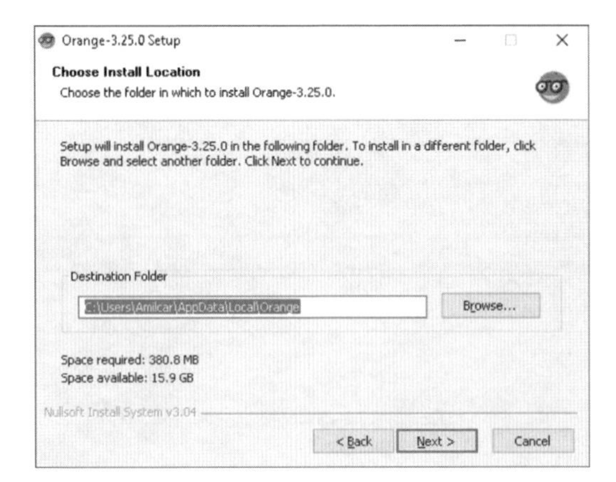


Figura A.9 — Escolha do local.

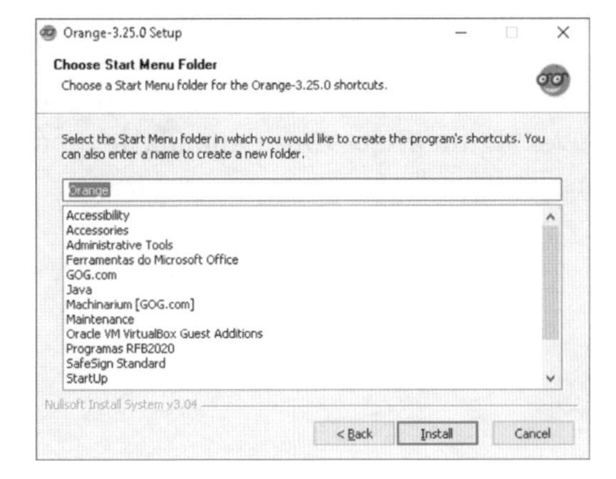


Figura A.10 — Escolha do item de menu.

Este passo instalará o Miniconda.

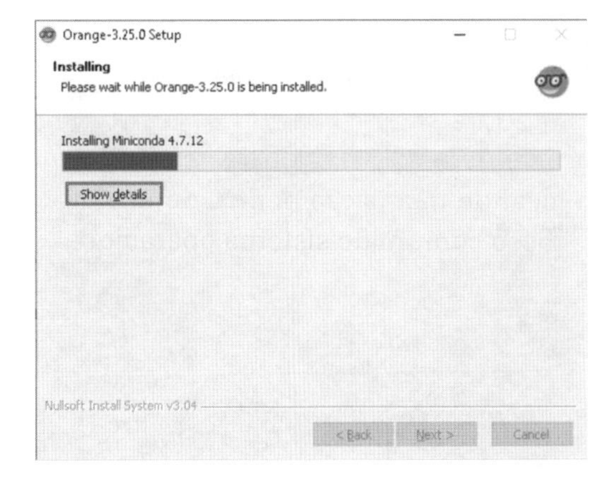


Figura A.11 — Instalação do Miniconda.

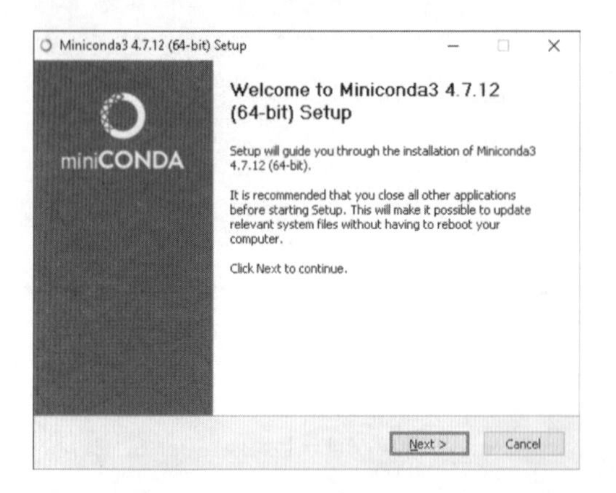


Figura A.12 — Instalação do Anaconda.

Este passo é importante para definir qual versão do Python será a padrão para o sistema operacional Windows. O Conda sobrescreverá qualquer outra versão de Python que estiver sido instalada anteriormente nos registros do sistema. Se houver algum projeto que dependa de uma versão anterior do Python, aconselhamos desmarcar essa opção.

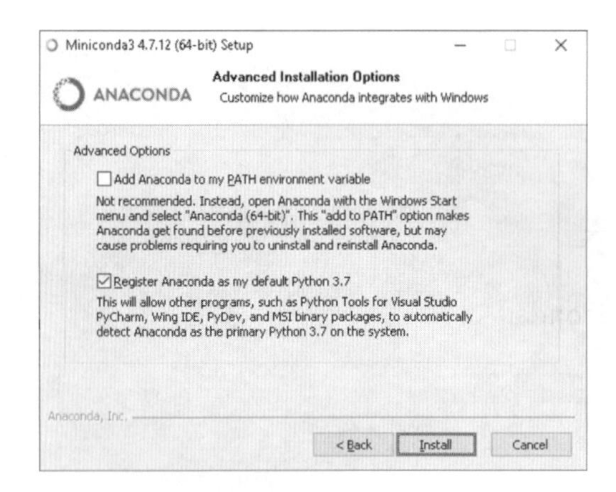


Figura A.13 — Registro do Python 3.7.

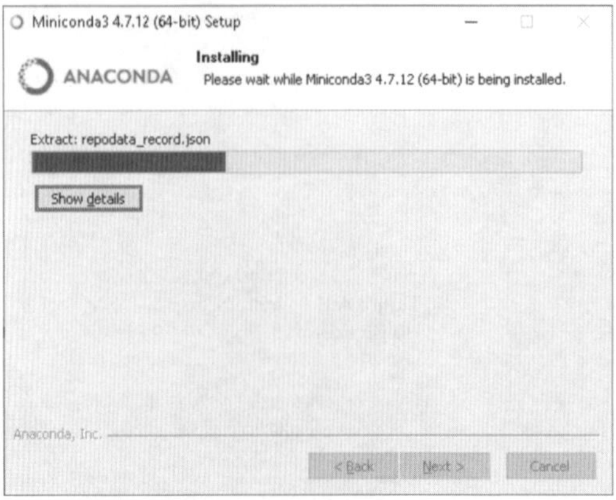

Figura A.14 — Instalação do Anaconda.

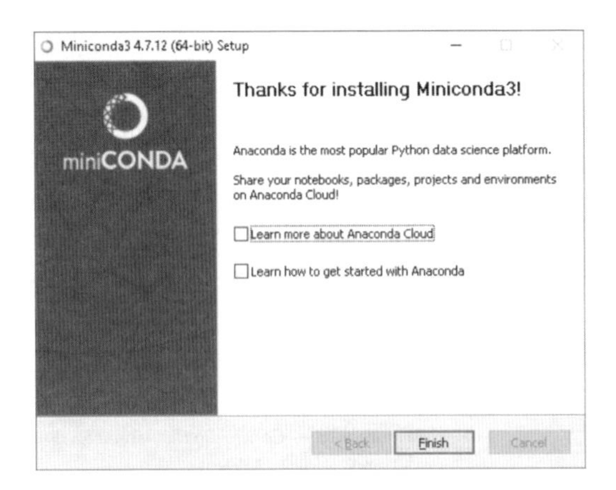


Figura A.15 — Conclusão da instalação do Miniconda.

Após a instalação do Miniconda, começa a instalação do pacote Orange propriamente dito.

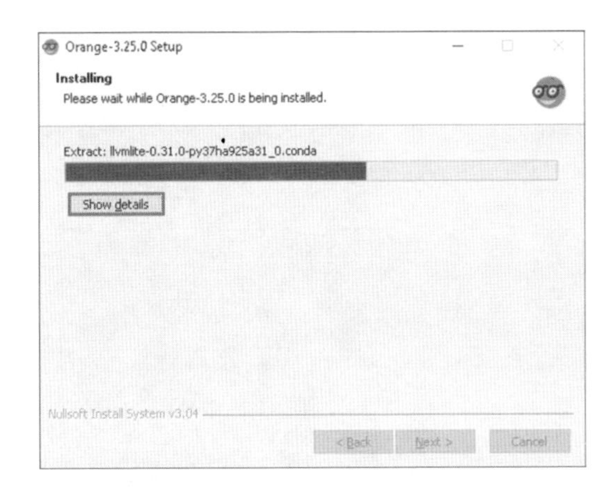


Figura A.16 — Instalação do pacote Orange.

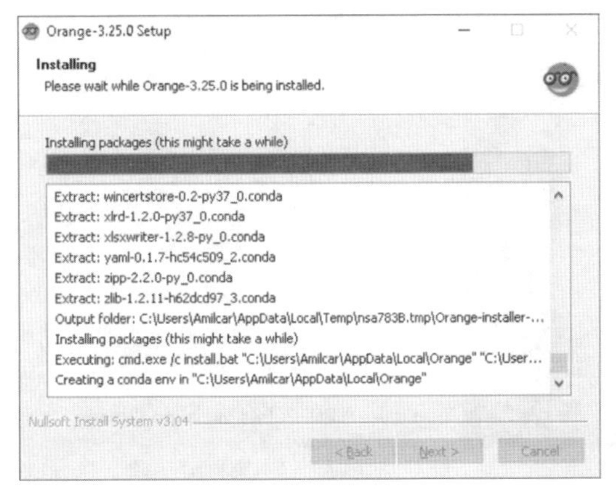


Figura A.17 — Instalação do pacote Orange em detalhes.

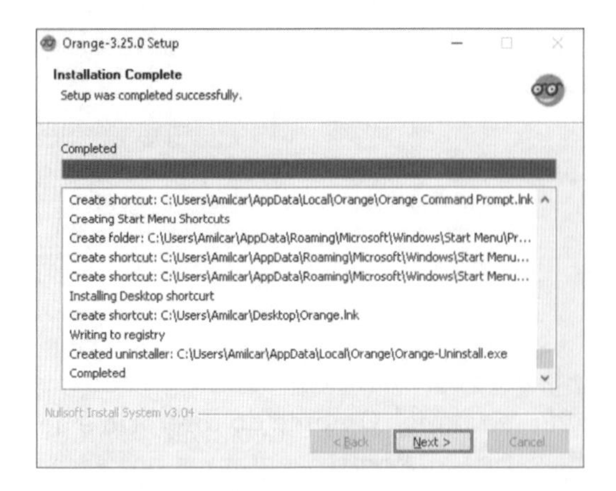


Figura A.18 — Conclusão da instalação do Orange, último passo.

Após alguns minutos, dependendo de sua configuração, a última tela do aplicativo de instalação é mostrada, optando por executar o Orange ao finalizar.

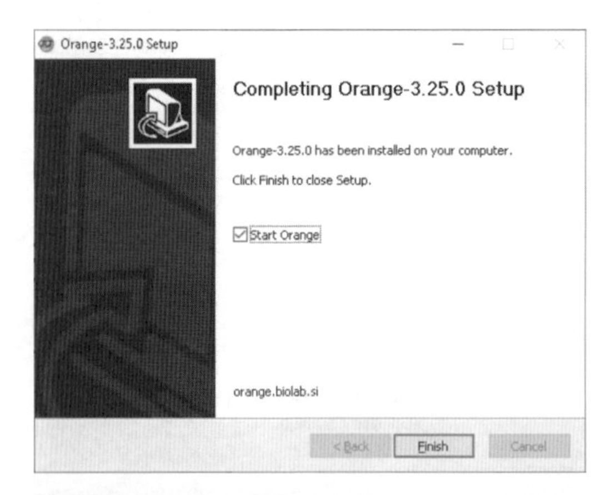


Figura A.19 — Conclusão da instalação do Orange.

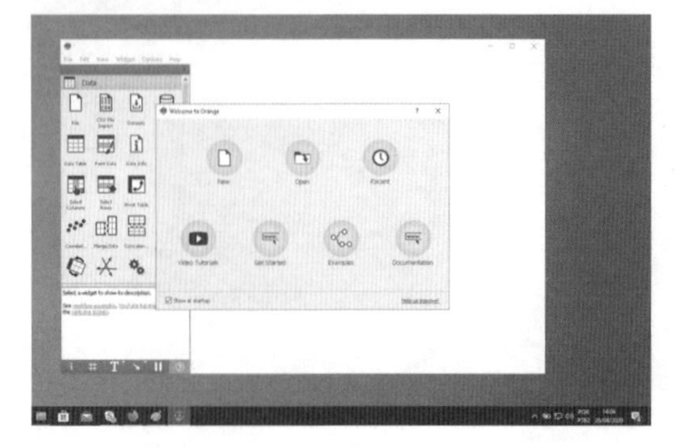

Figura A.20 — Tela inicial do Orange para Windows.

# Instalação no Linux — Ubuntu 18.04

A instalação no Ubuntu pode ser feita de várias maneiras. A mais comum é utilizando o Anaconda Navigator. Em outro ponto do anexo deste livro, mostramos como instalar o Anaconda Navigator. Por essa razão, mostraremos como instalar o Orange *standalone* utilizando um ambiente virtual, opção apresentada pelo site.

No Ubuntu 18.04, execute um console shell padrão *Bash*. Criaremos um ambiente virtual Python utilizando o comando *virtualenv*. A sintaxe do comando é *virtualenv [nome_do_diretorio]*. O nome do diretório é de livre escolha. Como podemos ter vários ambientes, optamos por escolher um nome sugestivo da versão do Python e do aplicativo que será instalado. Para escolher uma versão específica de interpretador Python, é utilizada a *flag* '-p'. No nosso caso, utilizaremos python3. O comando completo então ficaria virtualenv -p python3 py3orange.

Figura A.21 — Criação do ambiente virtual Python para o Orange.

Para utilizarmos esse ambiente virtual, executamos o comando *source* no arquivo *activate* dentro do diretório *bin* criado anteriormente.

Figura A.22 — Ativando o ambiente virtual Python para o Orange.

Dessa forma, *source py3orange/bin/activate* seria o comando completo.

Com o ambiente virtual ativado (note o nome do ambiente entre parênteses *py3orange* antes da informação de usuário e login do bash *developer@machine*), todas os pacotes que forem porventura instalados não afetarão o resto do sistema operacional, mantendo a integridade e estabilidade do sistema operacional. Utilizaremos o padrão PIP (Python Instalation Package). O nome do pacote de instalação do Orange é orange-canvas. Assim, o comando a ser executado é *pip install orange3*. A velocidade de instalação dependerá da configuração de seu sistema e da velocidade de sua internet.

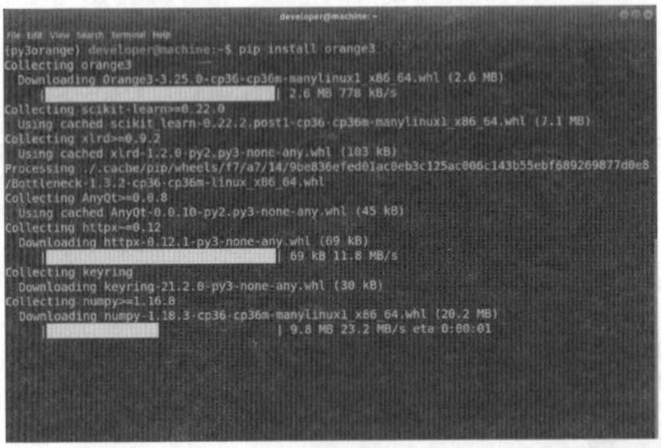

Figura A.23 — Ativando o ambiente virtual Python para o Orange.

No ambiente testado Ubuntu 18.04 LTS, uma dependência ainda é esperada, o pyqt5. Portanto, usando o *pip*, podemos executar *pip install pyqt5*. Isso, além de instalar o pacote necessário, não altera o sistema, pois somente será instalado no diretório do ambiente virtual.

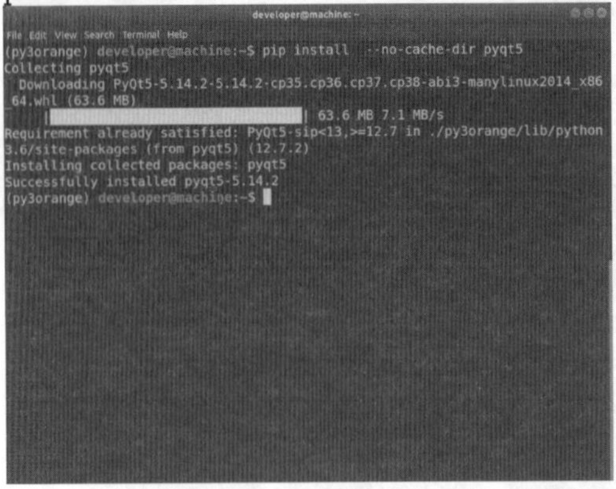

Figura A.24 — Instalando a dependência pyqt5.

Para executar o Orange, basta lançar o comando *orange-canvas*.

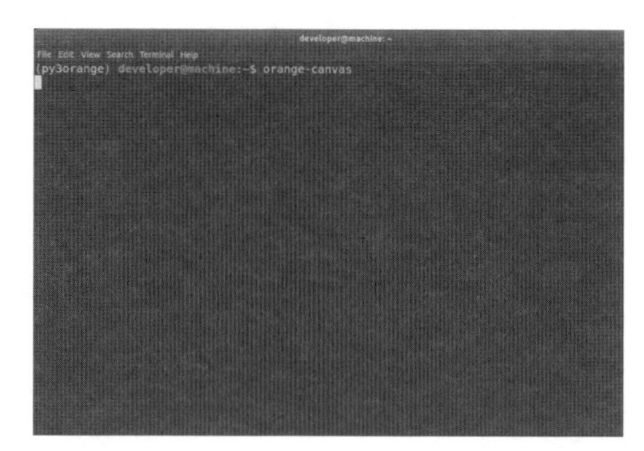


Figura A.25 — Executando o Orange pelo console.

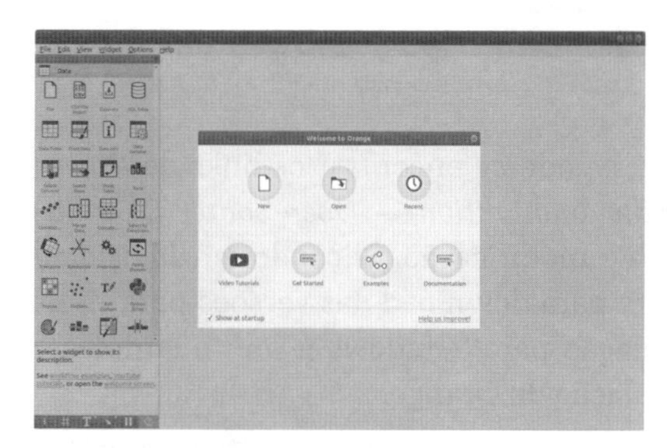

Figura A.26 — Orange em execução.

# Instalação do Anaconda Navigator

O Anaconda Navigator é uma ferramenta que unifica vários programas relacionados à *Data Science* e *Machine Learning*, além de ter a função de ser um gerenciador de pacotes do Python para essa finalidade. Essa ferramenta faz parte do Conda, que é um gerenciador de pacotes para várias linguagens. A facilidade em utilizar o Anaconda reside em ter todas as ferramentas (Python, Orange, Spyder, Jupyter etc.) agrupadas em uma única instalação, um único diretório e sem afetar o Python de sua distribuição Linux. Isso é muito importante em projetos em que se precisará distribuir (*deployment*) a solução encontrada (desenvolvida) de aprendizado de máquina em um servidor na web, pois os componentes desenvolvidos utilizando Anaconda podem ser transferidos diretamente para o Anaconda Enterprise, que é a versão corporativa (e que requer uma assinatura paga) e que tem funcionalidades de gerência que a versão da comunidade (de uso livre) não tem.

Essa instalação pode ser feita tanto no Windows como no Linux, bastando baixar a versão correspondente do Anaconda no site anaconda.com.

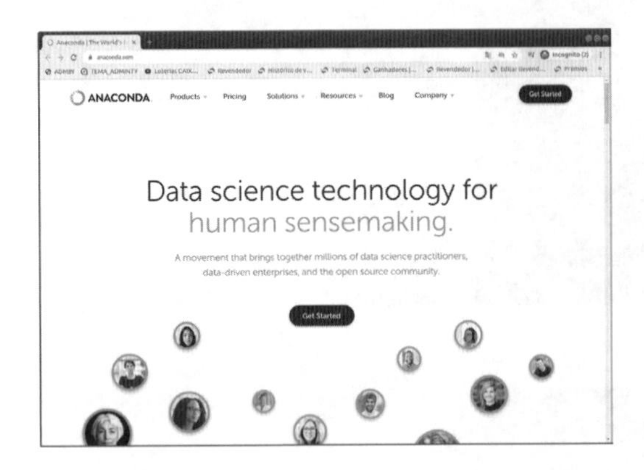


Figura A.27 — Site Anaconda.

Navegando pelo link *Products*, pode-se encontrar os links de *Download*. A versão escolhida é a *Individual Edition — Open Source Distribution*. Essa versão é de livre uso e modificação. Clicando em *Individual Edition*, o site apresenta os links para download das versões para Windows, MacOS e Linux. A instalação para Windows é muito simples e segue o mesmo padrão de instalação do Orange.

Abordaremos a instalação no Linux, que requer alguns comandos extras.

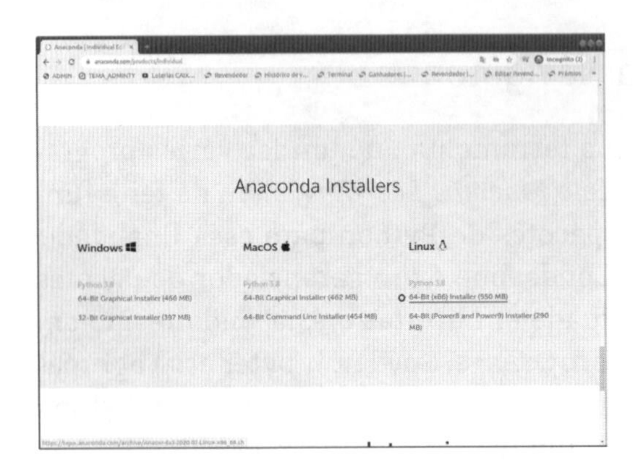


Figura A.28 — Instalador Linux.

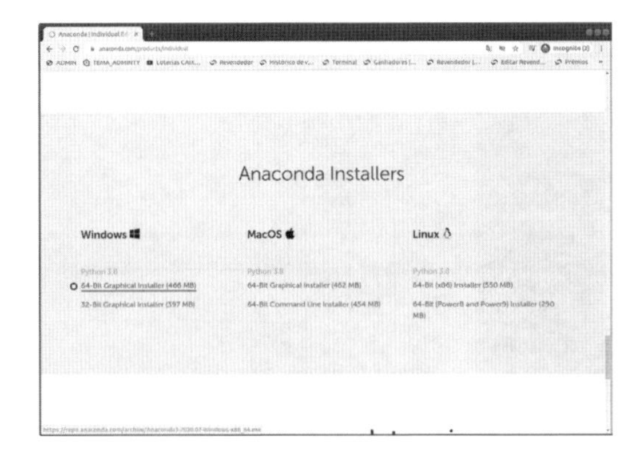


Figura A.29 — Instalador Windows.

Após clicar no link para download do instalador Linux, o arquivo **Anaconda3-2020.02-Linux-x86_64.sh** (acessado na data de edição deste livro) é baixado em seu diretório padrão de Downloads. Na versão Ubuntu 18.04 LTS, o diretório padrão do Chrome é o diretório *Downloads* no *home* do usuário. Esse arquivo com extensão .sh é um arquivo to tipo Bash, compactado, que executa o instalador. Dessa forma, executaremos um interpretador de comandos Bash para executar o referido arquivo.

Figura A.30 — Executando o instalador Linux.jpg.

No diretório Downloads, executaremos o arquivo usando o comando *./Anaconda3-2020.02-Linux-x86_64.sh*. Se o comando não for reconhecido, será necessário alterar a permissão de execução do referido arquivo utilizando o comando *chmod* com a flag +x. Desse modo, o comando completo ficaria *chmod +x Anaconda3-2020.02-Linux-x86_64.sh*. Executando o referido arquivo, a tela do console apresenta o acordo de licença de uso.

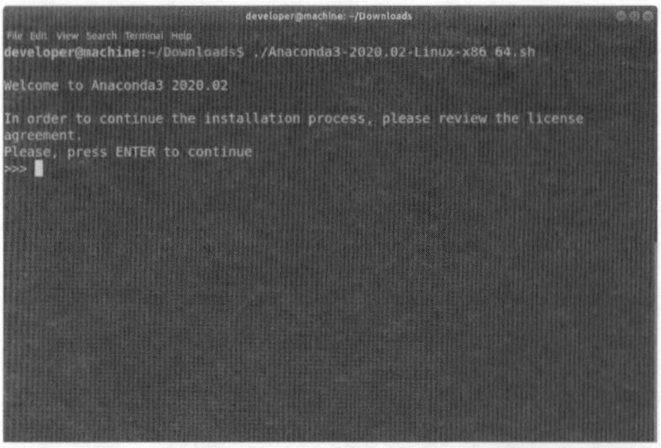

```
developer@machine:~/Downloads$ ./Anaconda3-2020.02-Linux-x86_64.sh

Welcome to Anaconda3 2020.02

In order to continue the installation process, please review the license
agreement.
Please, press ENTER to continue
>>>
```

Figura A.31 — Executando o instalador Linux 2.jpg.

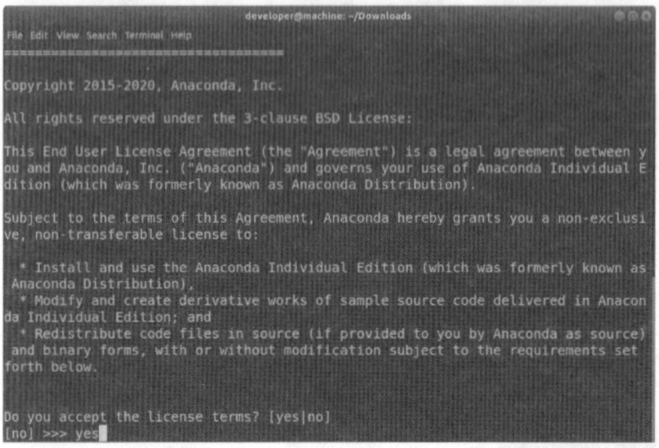

```
===================================

Copyright 2015-2020, Anaconda, Inc.

All rights reserved under the 3-clause BSD License:

This End User License Agreement (the "Agreement") is a legal agreement between y
ou and Anaconda, Inc. ("Anaconda") and governs your use of Anaconda Individual E
dition (which was formerly known as Anaconda Distribution).

Subject to the terms of this Agreement, Anaconda hereby grants you a non-exclusi
ve, non-transferable license to:

  * Install and use the Anaconda Individual Edition (which was formerly known as
 Anaconda Distribution),
  * Modify and create derivative works of sample source code delivered in Anacon
da Individual Edition; and
  * Redistribute code files in source (if provided to you by Anaconda as source)
 and binary forms, with or without modification subject to the requirements set
forth below.

Do you accept the license terms? [yes|no]
[no] >>> yes
```

Figura A.32 — Licença de uso — Anaconda para Linux.

É necessário aceitar a licença de uso para continuar a instalação. Aceita a licença, o instalador apresenta um local padrão de instalação. Nesta etapa, é possível alterar o local de instalação para outro disco rígido, por exemplo. Manteremos o local padrão confirmando com Enter.

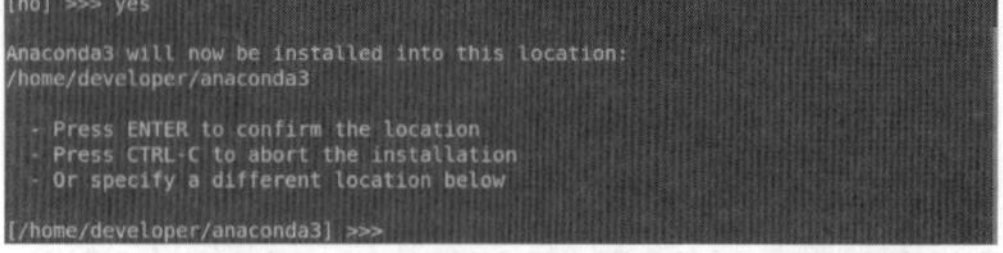

```
Subject to the terms of this Agreement, Anaconda hereby grants you a non-exclusi
ve, non-transferable license to:

  * Install and use the Anaconda Individual Edition (which was formerly known as
 Anaconda Distribution),
  * Modify and create derivative works of sample source code delivered in Anacon
da Individual Edition; and
  * Redistribute code files in source (if provided to you by Anaconda as source)
 and binary forms, with or without modification subject to the requirements set
forth below.

Do you accept the license terms? [yes|no]
[no] >>> yes

Anaconda3 will now be installed into this location:
/home/developer/anaconda3

  - Press ENTER to confirm the location
  - Press CTRL-C to abort the installation
  - Or specify a different location below

[/home/developer/anaconda3] >>>
```

Figura A.33 — Definindo o local da instalação

Após este passo, todos os arquivos são descompactados no diretório informado anteriormente, e o instalador apresenta a opção de alterar os arquivos de inicialização (bash.rc). Aconselhamos para o fim da estabilidade do sistema que os referidos arquivos não sejam modificados.

```
developer@machine: ~/Downloads
File Edit View Search Terminal Help
  werkzeug           pkgs/main/noarch::werkzeug-1.0.0-py_0
  wheel              pkgs/main/linux-64::wheel-0.34.2-py37_0
  widgetsnbextension pkgs/main/linux-64::widgetsnbextension-3.5.1-py37_0
  wrapt              pkgs/main/linux-64::wrapt-1.11.2-py37h7b6447c_0
  wurlitzer          pkgs/main/linux-64::wurlitzer-2.0.0-py37_0
  xlrd               pkgs/main/linux-64::xlrd-1.2.0-py37_0
  xlsxwriter         pkgs/main/noarch::xlsxwriter-1.2.7-py_0
  xlwt               pkgs/main/linux-64::xlwt-1.3.0-py37_0
  xmltodict          pkgs/main/noarch::xmltodict-0.12.0-py_0
  xz                 pkgs/main/linux-64::xz-5.2.4-h14c3975_4
  yaml               pkgs/main/linux-64::yaml-0.1.7-had09818_2
  yapf               pkgs/main/noarch::yapf-0.28.0-py_0
  zeromq             pkgs/main/linux-64::zeromq-4.3.1-he6710b0_3
  zict               pkgs/main/noarch::zict-1.0.0-py_0
  zipp               pkgs/main/noarch::zipp-2.2.0-py_0
  zlib               pkgs/main/linux-64::zlib-1.2.11-h7b6447c_3
  zstd               pkgs/main/linux-64::zstd-1.3.7-h0b5b093_0

Preparing transaction: done
Executing transaction: done
installation finished.
Do you wish the installer to initialize Anaconda3
by running conda init? [yes|no]
[no] >>> no
```

Figura A.34 — Conda init.

Finalizando a instalação.

```
developer@machine: ~
File Edit View Search Terminal Help
You have chosen to not have conda modify your shell scripts at all.
To activate conda's base environment in your current shell session:

eval "$(/home/developer/anaconda3/bin/conda shell.YOUR_SHELL_NAME hook)"

To install conda's shell functions for easier access, first activate, then:

conda init

If you'd prefer that conda's base environment not be activated on startup,
   set the auto_activate_base parameter to false:

conda config --set auto_activate_base false

Thank you for installing Anaconda3!

===========================================================================

Anaconda and JetBrains are working together to bring you Anaconda-powered
environments tightly integrated in the PyCharm IDE.

PyCharm for Anaconda is available at:
https://www.anaconda.com/pycharm

developer@machine:~/Downloads$ cd
```

Figura A.35 — Finalização.

Para executar o Anaconda, são necessários alguns passos, já que nossos arquivos de inicialização não foram alterados. O instalador nada mais fez que criar um ambiente virtual (do mesmo modo que criamos anteriormente quando da instalação do Orange), e para executá-lo, precisaremos carregar esse ambiente. O comando padrão é *source anaconda3/bin/activate*

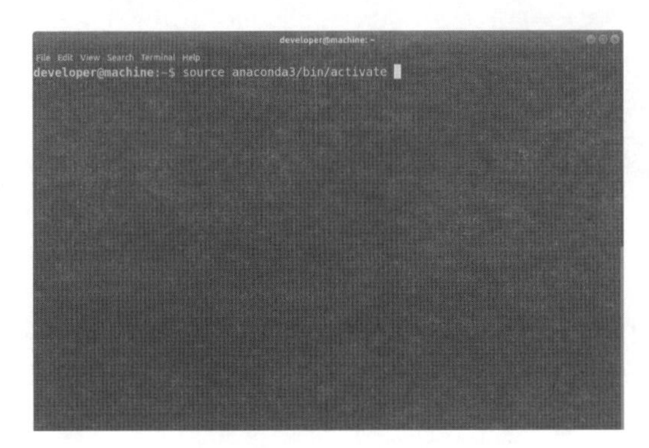


Figura A.36 — Carregamento do ambiente.

Carregado o ambiente, o console altera a informação padrão para *(base)*. Assim, basta executar as bibliotecas do Anaconda neste ambiente utilizando *conda activate*.

Figura A.37 — Ativação Conda.

Ambiente carregado, poderemos executar o Anaconda utilizando o comando *anaconda-navigator*.

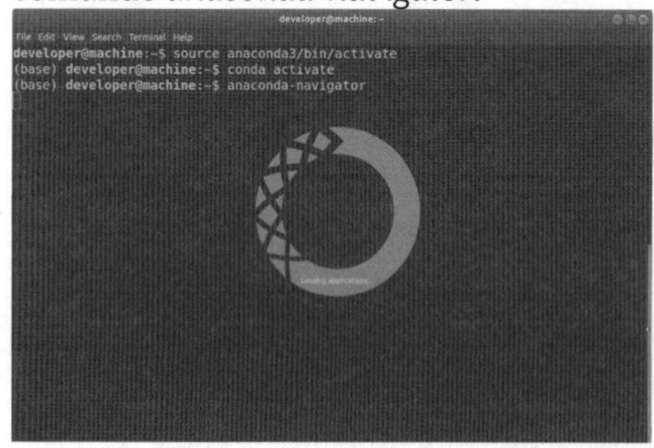


Figura A.38 — Executando o Anaconda Navigator.

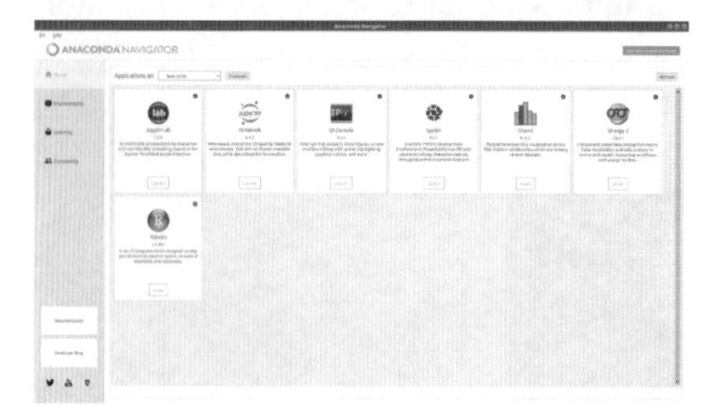


Figura A.39 — Tela inicial do Anaconda Navigator.

Podemos executar ou instalar várias ferramentas, sem alterar a configuração do Python ou de suas bibliotecas padrão, utilizando o Anaconda Navigator.

## Python 3 Standalone

Existe a possibilidade de criar uma instância do Python 3 no Linux em uma instalação autônoma (*standalone*) para testar uma versão específica. Esta opção deve ser utilizada com cautela e por usuários experientes, já que necessita de comandos de compilação do código-fonte. É necessário, ainda, o carregamento de bibliotecas do sistema para a compilação do executável, já que o interpretador Python padrão foi escrito na linguagem C. Dessa forma, desaconselhamos a instalação do Python 3 de forma standalone (compilado a partir dos arquivos fontes) nem no sistema operacional Windows nem no Linux. Aconselhamos fortemente ao leitor utilizar a ferramenta Anaconda para os exemplos deste livro, já que ela dispõe de uma interface simples e segura para a execução de todos os exemplos apresentados.

# Índice

E



F



G



H



I

## N



## O



## P



## Q



## R



## S

Este livro foi impresso nas oficinas gráficas da Editora Vozes Ltda.,
Rua Frei Luís, 100 – Petrópolis, RJ.